Michael von Jung — Ausgewählte Werke

Michael von Jung
Ritter des Königl. Württemb. Civil-Verdienstordens

Nach einem Gemälde im Pfarrhaus in Kirchdorf,
unsigniert und undatiert, 13 × 11 cm.

# Michael von Jung

Melpomene

✴

Der heilige Willebold

✴

Marienklage

Herausgegeben von der Gemeinde
Kirchdorf an der Iller

CIP-Kurztitelaufnahme der Deutschen Bibliothek

Jung, Michael von:
Melpomene. Der heilige Willebold [u. a.] /
Michael von Jung. Hrsg. von d. Gemeinde Kirchdorf
an d. Iller. [Einf. u. Red.: Ewald Gruber]. –
Bad Buchau: *Federsee-Verlag,* 1985.
ISBN 3-925171-04-5
NE: Jung, Michael von: [Sammlung]

© 1985   Verlag und Herstellung: *Federsee-Verlag,*
Vereinigte Buchdruckereien, A. Sandmaier u. Sohn, Bad Buchau
Einführung und Redaktion: Dr. Ewald Gruber

Inhalt

Bürgermeister Harald Notz:
Geleitwort 7

Ewald Gruber:
Michael von Jung –
ein ländlicher Aufklärer 9

Michael von Jung:
Melpomene oder Grablieder

1. Bändchen 52
2. Bändchen 379
Melodien 677

Der heilige Willebold 693

Marienklage 798

Geleitwort

Das Schicksal so manchen Vertreters der schönen Künste ist es, daß sein Werk erst lange nach seinem Tod Bedeutung erlangt und seinem künstlerischen Erbe die verdiente Aufmerksamkeit geschenkt wird. Nicht anders erging es Ritter Michael von Jung, dem dichtenden und singenden Pfarrer von Kirchdorf. Erst die Feier des 200. Geburtstags am 29. September 1981 brachte Leben und Werk von Jungs wieder richtig in Erinnerung und machte seinen hohen Stellenwert deutlich. Die Gemeinde Kirchdorf an der Iller ehrte ihren berühmten Pfarrer dabei, indem sie ihrer Grund- und Hauptschule seinen Namen gab.

Es ist uns eine angenehme Pflicht und ein großes Bedürfnis, Ritter Michael von Jung – seinen Namen, sein Leben und Werk – im Bewußtsein zu erhalten und der Nachwelt zu überliefern. Wir sind deshalb sehr dankbar und freuen uns, daß wir anläßlich der Einweihung des Erweiterungsbaus unserer Michael-von-Jung-Schule dieses Buch herausgeben können. Mit der kompletten Wiedergabe der Grablieder, dem Williboldspiel und dem noch regelmäßig am Karfreitag gesungenen „Abschied Jesu von seiner Mutter" ist es das Umfassendste, was je erschienen ist. Wir danken allen herzlich, die an diesem Buch mitgearbeitet und seine Herausgabe ermöglicht haben.

Die in der Michael-von-Jung-Schule eingerichtete Dauerausstellung soll ein Übriges tun, um den einstigen Pfarrer, Poeten und Sänger von Kirchdorf in steter Erinnerung zu behalten.

18. Oktober 1985
Gemeinde Kirchdorf an der Iller Harald Notz
Landkreis Biberach Bürgermeister

Ewald Gruber

Michael von Jung – ein ländlicher Aufklärer

Als im Jahre 1878 ein ungenannter Verfasser in der Besonderen Beilage des Staatsanzeigers für Württemberg über Michael von Jung ausführlich referierte, war dieser für die breite Öffentlichkeit „ein vergessener Poet Schwabens" – so die Überschrift jenes Artikels. Die Rede war vom Verfasser der „Melpomene", der Grablieder, die Jung 1839 in zwei Bändchen, jedes 100 Lieder enthaltend, mit einem Anhang von Melodien herausgegeben hatte. Der anonyme Ausgräber der Grablieder fand auch die oft wiederholte Formel für den dichtenden Pfarrherrn von Kirchdorf: „Eine Erscheinung einzig in ihrer Art und absolut unnachahmlich". Die Grablieder verschafften ihm Nachruhm, allerdings nur im Kuriositätenkabinett der Literaturgeschichte als Genie des unfreiwilligen Humors; nach Gebühr gewürdigt, als aufklärerischer Seelsorger und eigenwilliger Repräsentant des Zeitgeistes, wurde er selten. Und dies sei vorweg gesagt: Michael von Jung war vielleicht schrullig und eigensinnig, ein Komödiant und ein Narr war er sicher nicht. Was und wie er auf dem Friedhof sang, war todernst und erbaulich gemeint; er war ein in Reimen und nach Noten predigender Seelsorger aus der Schule des späten 18. Jahrhunderts, ein ländlicher Aufklärer. Der komische Effekt ergibt sich für die Nachgeborenen zunächst aus dem Kontrast von pastoraler Absicht und Wirkungsmitteln, die unangemessen erscheinen, ein Eindruck, den poetische Schnitzer noch verstärken, zum andern aus der historischen Distanz zur Gedankenwelt des Pfarrers Jung; dieser letztere Aspekt wird uns im folgenden vor allem beschäftigen.

Michael von Jung hinterließ drei gedruckte Werke. Der „Melpomene", die im hier vorliegenden Buch ungekürzt erscheint, ging ein 400 Seiten starker Band „Deutsche Vespergesänge zur öffentlichen Gottesverehrung auf alle Sonn- und Fest-Tage des katholischen Kirchenjahres nebst einem Anhange von Metten und Liedern für die Charwoche..." voraus, den er 1813 ohne literarischen oder liturgischen Erfolg veröffentlichte; er benutzte das Buch auch kurze Zeit in den Nachmittagsgottesdiensten seiner Gemeinde; aber nur die „Marienklage" ist von dieser Art geistlicher Dichtung Jungs lebendig geblieben. Die „Vespergesänge" sind als Dokument des aufklärerischen Katholizismus jener Zeit nur noch von historischem Interesse und wurden deshalb in diesen Auswahlband nicht aufgenommen. Weil aber Jung zeitlebens an den Anschauungen festhielt, die man ihm vor dem Examen beigebracht hatte, werden wir dieses Frühwerk vorstellen und einiges daraus zitieren.

1820 erschien das kuriose Schauspiel „Der heilige Willebold". Es ist noch heute im Illertal unvergessen und gehörte früher einmal nach dem Zeugnis der „Schwäbischen Litteraturgeschichte" von Rudolf Krauß (1897/99) „zu den beliebtesten Repertoirestücken der oberschwäbischen Volksbühne".

I

Wenden wir uns zunächst der Persönlichkeit Michael Jungs und ihrem Werdegang zu. Am 29. September 1781, am Fest seines Namenspatrons, wurde er als Sohn eines Schneidermeisters in Saulgau geboren. Als Spätberufener – der Vater nahm ihn mit neun Jahren zunächst in die Lehre – durfte er 1796 die Lateinschule in Überlingen besuchen; er studierte 1801–05 mit Hilfe einer Stipendienstiftung in Salzburg Theologie, machte in Freiburg Examen – Saulgau war ja noch vorderösterreichisch –, schloß seine Ausbildung im Priesterseminar der Konstanzer Diözese in Meersburg ab und feierte 1806 Primiz in der eben württembergisch gewordenen Heimatstadt. Bis hierher handelt es sich um den nahezu typischen Werdegang eines begabten Jungen aus bescheidenen Verhältnissen. Auch die geistliche Laufbahn ließ sich durchschnittlich an; Jung wurde Vikar in Erolzheim und nach dem Konkurs, bei dem er die Note „vorzüglich fähig" erhielt, mit 30 Jahren Pfarrer in Kirchdorf.

Bestimmend für seine weitere Entwicklung wurde indes nicht der Alltag des Landgeistlichen, sondern das außerordentliche Ereignis gleich zu Beginn seiner Amtszeit: die Typhusepidemie von 1814. Pfarrer Jung kurierte zunächst sich selbst gegen ärztlichen Rat mit einem starken Brechmittel und setzte dann kraft geistlicher Autorität zweckmäßige hygienische Maßnahmen durch, so daß die Seuche in seinem Sprengel nur wenige Opfer forderte. Der Lohn entsprach der vorbildlichen Leistung: der König von Württemberg verlieh ihm einen hohen Orden und den persönlichen Adel. In „Melpomene" (S. 61) schildert Jung selber diese Erfahrungen. Der Pfarrer von Kirchdorf hieß fortan Michael von Jung, Ritter des Königl. Württemb. Civilverdienst-Ordens; so ließ er sich malen und so unterschrieb er auch, sogar bei der Amtsroutine in den Kirchenbüchern; davon kann man sich in der Pfarregistratur überzeugen. Anekdoten wollen wir nicht wiederholen, sie berichten vielleicht nicht immer Zutreffendes, aber die Wahrheit treffend: Orden und Nobilitierung steigerten das Selbstbewußtsein des Herrn von Jung, sie stiegen dem Saulgauer Kleinbürger zu Kopf.

Schon 1812 hatte er nach eigenen Angaben begonnen, gereimte Leichenreden zu verfassen und zur Laute auf dem Friedhof zu singen. Das Imprimatur für den Druck dieser Grablieder wurde ihm 1837 verweigert; sie besäßen „im ganzen nicht eben viel religiösen und moralischen Gehalt und noch viel weniger poetischen Werth, zumal viel Unpassendes und auch einzelne Verstöße gegen die reine Lehre enthalten und insbesondere die Darstellung unwürdig ist und zuweilen ins Triviale fällt". Der Ritter von Jung ließ sich aber nicht einschüchtern, hielt an seiner eigenwilligen Reform des Beerdigungsrituals fest und ließ seine Lieder im Selbstverlag erscheinen. „Melpomene" nannte er die Sammlung nach der „Trauermuse"; sie ist auf dem Titelbild zu sehen als antik gewandete Frauengestalt auf einem christlichen Friedhof mit einer exakt gezeichneten Gitarre im Arm.

Im Alter von 68 Jahren wurde Jung auf eine Kaplanei in Tettnang versetzt. Bis heute wird das Gerede von einer Strafversetzung kolportiert, wobei, nebenbei gesagt, noch niemand eingefallen ist, die Geduld der Kirchenbehörde zu rühmen, die das Ärgernis des singenden Pfarrers 30 Jahre lang ertrug. Tatsächlich handelte es sich um „eine allergnädigste Verleihung eines seinem gebrechlichen Alter angemessenen Postens". Seine Beerdigungspraxis scheint kein skandalöses Aufsehen erregt zu haben, denn in den Visitationsberichten ist nie davon die Rede. Es gab dörfliche Querelen, aber das Gesamturteil ist doch stets das von 1844: „Mit seiner amtlichen Wirksamkeit ist man wohl zufrieden". Auch die Kirchdorfer Verkündbücher verraten nichts Ungewöhnliches in seiner Amtsführung und keine Neuerungssucht. In Gunst und Ansehen stand Michael von Jung bei seinen Oberen wohl nicht, denn er bekam trotz Orden und Adel zeitlebens keine bessere Stelle, und Kirchdorf war eine magere Pfründe. Vielleicht machte er sich wie seine namhaftern Geistesverwandten als Anhänger der Aufklärung mißliebig, als die katholische Erneuerung an Boden gewann.

Die Personalakten der Pfarrgeistlichkeit aus dem 19. Jahrhundert sind eingestampft, so daß sich Jungs Laufbahn nur fragmentarisch rekonstruieren läßt. Diese Wissenslücke ist aber nicht allzu schmerzlich, denn von Interesse ist nicht der vielleicht etwas schwierige Dorfpfarrer, sondern der Schriftsteller Michael von Jung als Beispiel für ein Kapitel Geistesgeschichte, wie es sich an der Basis der Gesellschafts- und Kulturpyramide abspielte, und die Frage, die seine Erscheinung exemplarisch aufwirft, lautet: Was wird aus großen Ideen und geistigen Bewegungen, wenn sie einmal nach unten, zu den kleinen Kirchenlichtern und ins alltägliche Leben, durchgedrungen sind?

Bevor wir uns Jungs Schriften zuwenden, müssen wir an einen Hauptvertreter der Aufklärung in der katholischen Kirche Deutschlands erinnern: Ignaz Heinrich v. Wessenberg, 1802–15 Generalvikar der Konstanzer Diözese, dann Koadjutor und Kapitularvikar bis 1827. Unter Wessenbergs Regiment genoß Jung seine Ausbildung zum Priester, verbrachte er zwei Jahrzehnte seiner Amtszeit – ein bisher nicht beachteter Zusammenhang, der das Phänomen Michael von Jung verständlicher macht. Wessenbergs kirchenpolitische Auffassungen und Ziele können wir hier übergehen, weil sich von ihnen keine Spur in Jungs Schriften findet. Um so mehr ist er geprägt von Wessenbergs seelsorgerlichen und liturgischen Reformideen. Die Ausbildung des Klerus, wie sie Wessenberg ordnete und förderte, erstrebte die „reinere Denk- und Sinnesart" im Geiste der Aufklärung. Deshalb dämmte er fast alle Formen der Volksfrömmigkeit ein. In seiner Seminarordnung von 1803 strich er Dogmatik vom Ausbildungsplan; sie sollte auch von Kapitelkonferenzen ferngehalten werden. Mit Nachdruck betrieb er den Ausbau der Christenlehre und des Religionsunterrichts und erklärte die Predigt zum „wichtigsten Teil der Seelsorge".

Er war ein Freund und Verehrer Pestalozzis und wollte seine Geistlichen zu den „ersten Volksbildnern in unseren christlichen Staaten" machen; diesem Ziel dienten auch die von ihm gegründeten Zeitschriften.

Vorbereitet durch sein Studium in Salzburg und Freiburg, damals Hochburgen des Josephinismus, machte sich Jung den volkserzieherischen Auftrag ganz und gar zu eigen; aus den geistigen Strömungen der Zeit fischte er sich diesen Gedanken heraus, denn der pädagogische Eifer der Aufklärung ist der Grundzug seiner Schriften, Belehrung ist ihr eigentlicher Inhalt und Zweck.

Wessenbergs Liturgiereform räumte der deutschen Sprache einen breiteren Raum im Gottesdienst ein. Nach der Gottesdienstordnung von 1809 sollte an Sonn- und Feiertagen ein Amt und nachmittags eine Vesper mit deutschem Gesang gehalten werden. Wessenberg schrieb Preisaufgaben für geeignete Texte aus; ob sich der Vikar Jung an solchen Dichterwettbewerben beteiligt hat, wissen wir nicht. Kirchenmusik und Gemeindegesang lagen damals auf dem Land im argen, und einen musikliebenden Mann wie ihn mußte dieses neue Element bei der Gestaltung des Gottesdienstes reizen; er wurde bei der Visitation 1827 für seine Bemühungen auf diesem Gebiet auch besonders gelobt.

In diesen Zusammenhängen sind die „Vespergesänge" zu sehen. Sie folgten 1813 dem Gesang- und Andachtsbuch für das Bistum Konstanz, das 1812 erschienen war, und setzten sich die gleichen Ziele wie die offizielle Publikation. Wenn die Lieder „mit Aufmerksamkeit und Empfindung, mit Eifer, Andacht und Liebe, mit gänzlicher Theilnahme der Seele und aus der Fülle des Herzens gesungen werden", so hofft der Verfasser im Vorwort, „werden sie zur Verherrlichung Gottes und Veredlung der Menschen gewiß nicht wenig, und zur wahren Heiligung der Sonn- und Festtage viel beytragen, und uns nebst andern

Mitteln dem hohen Ziel unsrer Bestimmung, der Tugend und Seligkeit näher führen". Auch das Konstanzer Gesangbuch will vor allem das versittlichende Beten lehren; „deßhalb hat sie (die Kirche) verordnet, daß jeder Gottes Dienst durch Unterricht lehrreich und eindringend gemacht, und ein Mittel werden soll, dem Geist eine wichtige Wahrheit einzuprägen, die Herzen zur Besserung zu bewegen, heilsame Entschließungen in ihnen zu erwekken, sie zur Tugend zu ermuntern".

Michael von Jung ist diesen Auffassungen zeitlebens treu, ein Zögling Wessenbergs geblieben; auch die Grablieder und sein Theaterstück sollten vor allem rühren und belehren. Im weiteren geschichtlichen Zusammenhang ist Jung einer der vielen Aufklärer in beiden Konfessionen, die pastorale und volkserzieherische Ziele mit Hilfe des belehrenden und erbaulichen Liedes zu fördern suchten. Gegen Ende des 18. Jahrhunderts schwoll die Lyrik-Produktion, vor allem von Gebrauchslyrik für den gesellschaftlichen Bedarf jeder Art, gewaltig an. Ein beträchtlicher Anteil entfiel auf die geistlichen Dichter, denn in den volkspädagogischen Theorien der Zeit wurde dem Gedicht, insbesondere dem durch Vertonung tiefer zu Herzen gehenden Gedicht, eine große Bedeutung für die sittliche Erziehung beigemessen.

Zur Abrundung dieser Skizze des Bildungshintergrundes, der Michael Jung formte, zitieren wir den Anfang des Liedes „Bey der Investitur eines Pfarrers" aus dem Konstanzer Gesangbuch; es spricht das Selbstverständnis des aufgeklärten Klerus aus.

>   Wohl uns, wohl uns! daß Gott uns liebt,
>   Uns immer gute Hirten giebt,
>   Die uns zum Himmel führen;
>   Die, aufgeklärt durch Wissenschaft,
>   Voll Tugendliebe, Geist und Kraft,
>   Der Sünder Herzen rühren!

So begriff der Seelsorger und Schriftsteller Michael v. Jung seinen pastoralen Auftrag, und in diesem Geist amtierte er auch auf dem Friedhof.

II

Michael Jungs „Deutsche Vespergesänge" sind ein rustikales Zeugnis geistlicher Dichtung im Zeichen der Aufklärung.
Alle Vespern sind nach traditionellem Muster aufgebaut. Zunächst werden drei „Lieder", in der Fastenzeit „Betrachtungen" genannt, mit je 30–40 vierhebigen, gereimten Doppelversen im Wechselgesang nach gregorianischen Choralmelodien gesungen; sie erzählen vom Festgeheimnis und werten es, wo immer es angeht, moralisierend aus. Im Vorwort beruft sich der Verfasser auf das Vorbild Davids und erklärt seine Absicht, „den königlichen Sänger durch Verfassung ähnlicher Lieder nachzuahmen, und seinen Psalmen deutsche von zweckmäßigem Inhalte an die Seite zu stellen, die auch dem gemeinen Volk verständlich, unserm Gehör angenehm und zum Singen abgemessen sind". Außer inhaltlichen Anklängen, wie sie sich in allen Kirchenliedern finden, haben Jungs Psalmen mit den biblischen Dichtungen nichts gemein. Das kurze „Kapitel", das der Priester liest, faßt den Tenor der Lieder in Prosa zusammen. Es folgen ein den Grundgedanken des Tages zum dritten Mal wiederholender „Lobgesang" in Strophenform, ein Gebet und zum Schluß ein Marienlied. Intensität der Wirkung und Lerneffekt sucht Jung durch Wiederholung zu erreichen; die Weitschweifigkeit und penetrante Lehrhaftigkeit teilt er mit den meisten seiner aufklärerischen Geistesverwandten. Nach dem gleichen Strukturprinzip sind die Metten gestaltet.

> Vom Schöpfer schöne Spuren.
> Im Fische schwimmt, im Thiere geht
> Und hüpft auf allen Wegen,
> Im Vogel fliegt, im Winde weht
> Uns Gottes Kraft entgegen.

Dann kommen Sonne, Mond und Sterne dran, bis eben 80 Verse voll sind.

Mit seinem Lob Gottes aus der Natur steht Jung auch in einer literarischen Tradition; es ist ein Leitthema der Lyrik des 18. Jahrhunderts. Gellerts „Die Himmel rühmen..." war allbekannt, der Gesang der Erzengel in Goethes „Faust" ist der Höhepunkt der Entfaltung des Motivs. Wir erinnern an diese Gedichte nicht, um Jung durch unfaire Vergleiche zu diskreditieren, sondern um das aufklärerische Zweck- und Nützlichkeitsdenken zu verdeutlichen, wie es sich bei Jung noch 1813 zeigt. So ist z. B. die Sonne für ihn einfach Energiequelle:

> Die Sonne wärmt mit Strahlenkraft,
> Daß uns die Erde Früchte schafft...

Das Lob des Schöpfers geschieht durch Veranschaulichung der vernünftigen Schönheit, d. h. zweckmäßigen Einrichtung der Natur, deren Krone und Endzweck der Mensch ist:

> Gott ist der Schöpfer dieser Welt,
> Und o wie schön ist sie bestellt!
> Es tragen alle Kreaturen
> Von Gottes Daseyn holde Spuren;
> Denn was er schuf zur Menschen-Freud
> Verkündet seine Herrlichkeit.

Ein langes Lied widmet er der „Erkenntniß Gottes aus dem Leibe des Menschen"; darin wird der perfekte Mechanismus des Leibes ausführlich besungen: die Füße, die Hand, die Sinne, das unermüdliche Herz und ihre Funktionen. Jung ist umständlich und reichlich pedantisch, ergeht sich in Reihungen und Aufzählungen ohne Verdichtung und Dynamik; aber er verfällt nicht in banalen Tiefsinn oder Spitzfindigkeiten, denn er schreibt nicht für verzwickt denkende, gebildete Vernünftler, sondern für das einfache Volk.

Wie die theologischen und philosophischen Wortführer der Aufklärung verlegt Jung das Humanitätsideal in das Wesen Gottes und betont die „Tugenden" des Höchsten: Weisheit, Wahrhaftigkeit, Gerechtigkeit, Liebe. Was rationalem Zugriff unerreichbar ist, bleibt außer Betracht, auch für Jung. So werfen für ihn Allwissenheit, Gerechtigkeit und Vorsicht (Vorsehung) Gottes nicht eigentlich das Problem der Unerforschlichkeit seines Willens auf. Allwissend und gerecht ist Gott als Moralhüter:

> Denn Gott ist heilig und gerecht
> In seinem ganzen Wesen,
> Belohnt daher den guten Knecht
> Und züchtiget den Bösen.

Nach Gottes Willen trifft den Menschen auch Unheil.

> Er laßt das Kriegesfeur entstehn,
> Und heißt die Friedensfahne wehn,
> Und Krankheit, Pest und Hungersnot
> Stehn seinem Willen zu Geboth;
> Er schickt auf wunderbare Weis
> Aus leichten Wolken Schnee und Eis;
> Er überschwemmt der Erde Schoos,
> Und schießt die Pfeil der Blitze los.
> Doch unsres besten Vaters Hand
> Regiert der Uebel hartes Band,
> Und zieht es nach der Liebe Plan
> Zum Besten seiner Kinder an.
> Er sorgt für alles väterlich,
> Und was da lebt, erfreuet sich.
> Nach Regen giebt Er zum Gedeihn
> Der Früchte wieder Sonnenschein ...

Das Buch ist in drei Abteilungen gegliedert: 1. Sonntägliche Vespern, 2. Vespern auf die Feste des Herrn, 3. Vespern auf die Feste der Heiligen, insgesamt 36 Andachten; dann folgen vier Metten, Litanei und Lied zu den Bittgängen und zuletzt ein Gedicht „Die Pracht der Welt im May", das offensichtlich angehängt ist, um den begonnenen Druckbogen zu füllen.

Jung legt für sein Andachtsbuch die traditionelle Anordnung nach dem Kirchenjahr zugrunde. Dieser liturgische Aufbau wird aber überlagert von einem systematischen Ordnungsprinzip, wie es in Gesang- und Gebetbüchern der Aufklärungszeit öfter begegnet: die einzelnen Sätze des Glaubensbekenntnisses oder des Katechismus nahm man als Kapitelüberschriften, Lieder und Gebete wurden inhaltlich zugeordnet. Jung fand eine eigene Gliederung, die seiner lehrhaften Intention entspricht. So entwickelt er in der ersten Abteilung einen fundamentaltheologischen Kursus, logisch beginnend mit dem Gottesbeweis, sodann das Wesen Gottes beschreibend. Die zweite Abteilung und der Mettenanhang sind von den Fragenkreisen der Christologie bestimmt; diese Andachten ergeben einen Leben-Jesu-Zyklus, vorwiegend beschreibend, aber jeweils mit erbaulichen und moralisierenden Auslegungen. In der dritten Abteilung tritt praktische Theologie im Sinne der Zeit, also Tugendlehre, in den Vordergrund; die Gottesmutter und die Heiligen werden als Tugendspiegel und Vorbilder dargestellt. Die sittliche Unterweisung, für die Aufklärer ein wichtiger, wenn nicht der eigentliche Zweck des Gottesdienstes, fließt auch in die erste und zweite Abteilung ein. Jung verzichtet dabei aber auf Systematik und läßt sich von lern- und motivationspsychologischen Überlegungen des Gemeindeseelsorgers leiten. Die Belehrungen werden jeweils dem Festgeheimnis zugeordnet: „Von unserm Betragen im Tempel zur Ehre Gottes und unserm Heile" am Kirchweihfest, „Von dem

Zwecke zeitlicher Güter" am Dankfest, „Von dem öffentlichen christlichen Unterrichte" am Pfingstmontag, wobei der Heilige Geist nur Aufhänger und tertium comparationis ist.

Wenn man die Entstehungsgeschichte der Vespergesänge zu rekonstruieren sucht, so kann man sich vorstellen, daß Pfarrer Jung einfach seinen Predigtzyklus eines Jahres versifizierte, wobei er ein dogmatisches oder philosophisches Kollegheft an den Sonntagen nach Pfingsten abhandelte, ein Leben Jesu und hagiographisches Material zu anderen Festen umsetzte und immer wieder zum jeweiligen Festtag passende Kapitel einer moraltheologischen Vorlesung einschob. So hat sein Frühwerk einen durchaus persönlichen Stil; es ist durch und durch lehrhaft.

Mit einer Prüfung der Inhalte der Vespergesänge wollen wir keinen postumen Inquisitionsprozeß anstrengen; an den theologischen Aussagen interessiert uns vielmehr das Zeittypische. Jungs Gottesvorstellung ist vom Deismus der Aufklärung beeinflußt. Dieser begriff die Welt als sinnvolle Konstruktion, erdacht und erschaffen von einem höchsten, vollkommenen Wesen, und von der Vernunft durchschaubar, weil der Mensch Anteil an der Allvernunft hat. Einer besonderen Offenbarung oder der Erlösung bedarf eine solche „natürliche Religion" nicht. Auch Jung verstrickte sich gelegentlich in die Schwierigkeiten, die sich für den christlichen Theologen aus diesen Auffassungen ergeben. Die Themen der Vespergesänge für die Sonntage nach Pfingsten lassen erkennen, daß Gott als Demiurg, als der allmächtige Weltenbaumeister verstanden wird. Die Texte sprechen fast nur vom Schöpfer und führen dieses Gottesbild wort- und metaphernreich aus:

> Sieh, Berg und Thal, und Erd und Meer,
>   Und fruchtbewachs'ne Fluren,
> Sind, wie der Thiere zahllos Heer,

Eine einfache Theodizee, eine Erklärung des Bösen in der Welt, die deistischen Theologen so viel Mühe machte, ist für Jung, wie man sieht, bei der Hand, wobei allerdings schwer zu entscheiden ist, ob aus seinen Versen aufklärerischer Optimismus und verstandesmäßige Einsicht in die beste aller möglichen Welten spricht, oder aber unangefochtener Kinderglauben an die Geborgenheit der Welt in Gott. In den Grabliedern bewältigt er das Problem immer wieder nach dem Schema, das wir „Bei dem Grabe einer vortrefflichen Sängerin, die an der Kolera starb" (S. 434) hören:

> Sie hätt' vielleicht auf dem Theater,
> Das oft der Sünde Gift versüsst,
> Die Herzensunschuld in zu spater
> Verzweiflung schmerzlich eingebüsst,
> So, daß die Kolera sogar
> Für ihre Seele besser war.

Auch hier spricht vielleicht weniger der Theologe, sondern eher ein einfacher Mann aus dem Volk, dessen Grübeleien ja gern in der Hoffnung enden, daß schließlich alles sein Gutes habe.

Eines von Jungs Gebeten beginnt: „Ewiges, unerschaffenes Wesen! Das du alles, was außer Dir ist, voll gütiger Allmacht aus dem Nichts hervorgebracht, und die ganze Schöpfung zum sichtbaren Zeugen deines Daseyns aufgestellet hast..." Das ist auch der Sprachgebrauch der französischen Revolutionäre. Es bleibt merkwürdig, daß den aufgeklärten katholischen Kirchenmännern die geistige Nachbarschaft zu den jakobinischen Christenverfolgern anscheinend nicht zu denken gab. Denn andere Autoren und Jungs aufklärerischer Oberhirte gingen noch weiter in der dogmatischen Verdünnung; Wessenberg, der 1825 seine gesammelten „Lieder und Hymnen zur Gottesverehrung des Christen" herausgab, läßt sich nur über religiöse Inhalte aus, die der Vernunft noch zugänglich sind, und nimmt z. B. das Wort Dreifaltigkeit nicht in den Mund. Auch Jung läßt sich auf dieses Thema nicht ein; für das Dreifaltigkeitsfest verfaßte er keine eigenen Texte, sondern singt von der Allmacht, Beständigkeit und Größe Gottes.

In seiner Abendmahlslehre zeigt Jung mehr dogmatische Glaubenssubstanz. In der Fronleichnamsvesper erzählt er von der Einsetzung des Altarsakramentes und fährt fort:

> Die Jünger hörten, glaubten, schwiegen,
>   Genossen Jesu Fleisch und Blut,
> Und dachten: Jesus kann nicht trügen,
>   Und wahr ist, was Er sagt und thut.
> So gab sich Jesus in dem Saale
>   Zum Opfer hin auf dem Altar,
> Das dann den andern Tag am Pfahle
>   Des Kreuzes ganz vollendet war.
> So zeiget uns der wahre Glaube,
>   Was der Verstand nicht fassen kann.

Manche zeitgenössischen Autoren verweisen in motivgleichen Texten nicht mehr eindeutig auf Transzendenz und praktizieren die Transsubstantiation mit vagen Begriffen weg, so daß die Eucharistie zu einem Symbol, einem Gedächtnismahl, einer bloßen Erinnerungsfeier wird. Jung stellt die moralische Wirkung des Sakraments in den Vordergrund:

> Er will in unsern Herzen seyn,
>   Und sie mit Gnad erfüllen,
> Damit wir sie der Tugend weih'n
>   Nach seinem heil'gen Willen.

Der Geist der Aufklärung befremdet, wenn Jesus nur als Verkörperung aufklärerischer Tugendideale begriffen wird. Auch bei Jung entschwindet das Geheimnis des Gottmenschen fast ganz aus dem Blickfeld; Erlösung – das Wort kommt selten vor und wird als traditionelle Formel gewichtslos. Die Sendung Jesu umschreibt er am

Karfreitag so: „Jesus stand am Ende seiner irrdischen Laufbahn; er hatte das himmlische Geschäft, Wahrheit und Tugend unter den Menschen zu verbreiten, nach dem Willen des Vaters vollendet, und war jetzt im Begriffe, die Göttlichkeit seiner Sendung mit seinem Blute zu versiegeln." Nach Andreas Reichenberger, einem um 1800 einflußreichen Pastoraltheologen, war es der Zweck der Tätigkeit Jesu, „eine reine, uneigennützige Tugend zu verbreiten, die Menschen mit richtigeren Grundsätzen und moralischen Vorschriften vertrauter zu machen und ihr sittliches Gefühl in Thätigkeit zu setzen".

Aufklärung reinsten Wassers sind Jungs Texte zu den Marien- und Heiligenfesten.

> Um Gottes Mutter zu verehren,
> Sey dein Gehör geneigt, o Christ!
> Von ihren Tugenden zu hören,
> Wovon dieß Lied erfüllet ist.

So beginnt ein Lied zum Fest der Unbefleckten Empfängnis, das an allen Marienfeiertagen gesungen wird. Die Tugenden werden dann umständlich aufgezählt und zur Nachahmung empfohlen. Auch die Verklärung der Gottesmutter ist ein wohlverdienter Tugendlohn. Charakteristisch ist, wie die Vorstellung von Maria als Fürbitterin reduziert wird: „Erbitt uns bey Gott, o Maria! die Erkenntniß deiner Tugend und Würde und die Gnade dich würdig nachzuahmen."

Jungs Marienverehrung und -dichtung sind repräsentativ für die Epoche, und Theologie wie literarische Gestaltung lassen die gleichen Strukturen erkennen: kein Platz für das Wunder und kein Bedarf an Erlebnishaftem in einem rein rationalen System. Da die Erlösung im theologischen Denken zurücktrat, verlor auch die Gottesmutter an Bedeutung. Jung schlägt keinen hymnischen Ton an, verwendet keines der poetischen Bilder der älteren Marienlyrik; statt dessen trockene Aufzählung moralischer Verhaltensmuster, logische Deduktionen und Moralpaukerei. Man versteht sehr gut den Widerstand des einfachen Kirchenvolkes gegen die Progressiven von damals. Der Marienkult des 17. Jahrhunderts lebte noch im Volk, für viele Kirchenobere wie jede Art der Volksfrömmigkeit eine Verlegenheit oder sogar ein Ärgernis; man suchte sie zurückzudrängen oder umzufunktionieren und pädagogisch zu nutzen. So kann auch Jung mit der Mystik des Rosenkranzes gar nichts anfangen. In den Lied- und Gebetstexten zu seinem Fest wird nicht einmal das Wort Rosenkranz erwähnt, auch Maria nicht; gesungen wird von der Gottes- und Nächstenliebe und von der christlichen Wohltätigkeit.

Machen wir es mit den Heiligen kurz. Was Jung bietet, sind gereimte Biographien von Tugendhelden samt Nutzanwendung. In den Liedern zu ihrem Lob stehen Tugend und Komposita mit diesem Leitwort in jeder Zeile, mindestens in jedem Satz.

> O Martin, unser Schutzpatron!
> Du reines Tugendbild!
> Das uns beym ersten Anblick schon
> Mit Tugendliebe füllt,
> Es leucht uns auf der Tugendbahn
> Dein Wandel stets voran.

Und die gleichen Stereotypen bei allen Heiligen. „Tugend ist ein ewiger unaufhörlicher Gottesdienst; und Gebeth um Tugend die dem Höchsten angenehmste Andacht". Jung scheint diesen Satz Werkmeisters, eines einflußreichen geistlichen Publizisten in Württemberg, wortwörtlich zu verwirklichen.

In diesem Zusammenhang ist ein Wort über die Qualität der Verse Jungs im Vergleich mit denen seiner gleichstrebenden Zeitgenossen angebracht. Er war, um es vorweg zu sagen, kein Dichter; der Anspruch lag ihm auch fern, und das Ästhetische als Selbstwert war aufklärerischem Nützlichkeitsdenken überhaupt fremd. Jungs Texte zeugen mehr von der Fähigkeit zu flüssigem Reimen als von Poesie und Tiefe der Empfindung. Die rationalistische Grundeinstellung der Aufklärung war dem Lyrischen nicht eben förderlich, und die geistlichen Liederdichter bieten vielfach schwunglose, schulmeisterliche, nicht selten banale Produkte. Das gilt vor allem für den katholischen Raum, der keinen Gellert und keinen Klopstock hervorbrachte. Jungs Verse halten den Vergleich mit manchen Zeitgenossen, die größere Publizität errangen, sehr wohl aus; als Naturtalent war er noch eher berufen als andere geistliche Reimeschmiede. Sein Schriftdeutsch mit gelegentlichen Dialekteinschlägen bleibt in Wortwahl und Satzbau der gesprochenen Sprache nahe, Bilder und Vergleiche sind unmittelbar anschaulich. Manchmal nicht ganz reine Reime, unpassende Bilder stören ihn ebensowenig wie grammatikalische Unebenheiten, Wiederholungen, Füllsel und andere Kunstfehler. Dagegen stimmt das Metrum immer, und dieses unfehlbare Taktgefühl deutet auf eine primär musikalische Begabung. Der Sprachgestus, geprägt von der erzieherischen Intention, ist sozusagen der Zeigestock; Aufmerksamkeit heischende Formeln – hör, sieh, vernimm, o Christ – und schlußfolgernde Aufforderungen – laßt uns daher..., so wollen wir..., – gliedern die Texte; häufig rhetorische Fragen haben die gleiche Funktion. Die moralische Nutzanwendung ist auf das Fassungsvermögen und die Lebensgewohnheiten eines ländlichen Publikums, das er offensichtlich im Auge hatte, zugeschnitten. Auch theologische Aussagen knüpft Jung gern an bäuerliche Erfahrung an; z. B. geht er immer wieder vom Jahreslauf und von der Witterung aus, um seinen Zuhörern das Gefühl schlechthiniger Abhängigkeit von Gott zu vermitteln.

Jung war fixiert auf den Erziehungsgedanken und das Menschenbild der Aufklärung. Gott leistet Hilfestellung bei der Selbsterlösung des Menschen, zu der ihn Verstand und freier Wille befähigen; dies ist Jungs Begriff von Gnade. Aus dieser Prämisse ergeben sich seine pädagogischen Grundsätze. Am Oster- und Pfingstfest macht er die christliche Erziehung zum Festinhalt und legt sein Programm dar: Der Mensch soll tugendhaft und glücklich werden; deshalb ist auf Gesundheit des Leibes und des Geistes zu achten, der Verstand aufzuklären und der Wille zu bilden. Auch der Glaube wird durch Unterricht, durch Aufklärung vermittelt; dies wird wiederholt eingeschärft.

Vor allem aber ist die Tugend Gott wohlgefällig. Zähmung der Leidenschaft durch Vernunft, Ruhe des Gemüts im Bewußtsein erfüllter Pflicht, Streben nach Erkenntnis des Guten, weil dies der Würde des Menschen entspricht, Besonnenheit, Gelassenheit – das sind die sittlichen Grundwerte, die er unablässig lehrt, auch wenn er sich traditioneller Terminologie bedient und z. B. über die Werke der Barmherzigkeit oder die Ergebung in den Willen Gottes predigt. Die bürgerlichen Tugenden – Fleiß, Sparsamkeit, Zucht und Ordnung in der Familie, anständiges Betragen in der Öffentlichkeit – kommen nicht zu kurz. In den Grabliedern tritt die lebenspraktische Unterweisung ganz in den Vordergrund; die Theologie wird auf den ersten und letzten Satz des Apostolicums reduziert; von der Erlösung, von der Kirche, von den Sakramenten ist kaum die Rede, die Bibel wird so gut wie nie zitiert, Maria und die Heiligen als Fürbitter kommen nicht vor, der Gedanke der Heilsamkeit guter Werke für die armen Seelen wird nie erwähnt. Daß er sich damit in Übereinstimmung mit herrschenden Auffassungen befand, haben wir schon angedeutet.

Die Kirchdorfer Verkündbücher geben Einblick in Jungs Seelsorgepraxis. Während seiner ganzen Amtszeit notierte er jeden Sonn- und Feiertag das Thema der Predigt und der Christenlehre; Vorgänger und Nachfolger taten dies nicht. Häufig predigte er über die fundamental- und moraltheologischen Themen, die er in seinen Vespergesängen versifizierte. Sittliche Unterweisung herrscht vor, und zwar als Belehrung allgemeiner Art: „Von der tugendhaften Gesinnung; Achte auf Kleinigkeiten, denn sie führen zu Lastern und Tugenden; Leiden erleuchten den Verstand und bessern den Willen; Sey im Glück demüthig, dankbar und wohlthätig, und auf seinen Verlust gefaßt", oder als Unterricht zu speziellen Fragen: „Es ist schwer, aber nothwendig, Abgaben zu entrichten; Wider den Geiz, den Neid usw.; Von den Pflichten der Schuldner und Gläubiger; Von der Wohlthat des Schlafes". Oft knüpft er an einzelne Bibelverse an, und solche Homilien sind zum Teil ausgesprochen aufklärerisch: „Vom Lichte der Vernunft und des Glaubens" zu Lk. 18,42 (Wunsch des Blinden von Jericho, wieder sehen zu können); „Vom falschen Religionseifer" zu Joh 16,2 (Sie werden euch aus den Synagogen ausstoßen). Gerne moralisiert er bei diesen Gelegenheiten: „Bethe und arbeite" zu Lk 5,5 (Wir haben die ganze Nacht gearbeitet und nichts gefangen); „Wie wir uns mit andern vergleichen sollen" zu Lk 18,11 (Jeder, der sich selbst erhöht...); „Vom guten Gebrauch des Gehörs und der Sprache" zu Mk 7,37 (Heilung eines Taubstummen). Pädagogische Fragen werden oft erörtert: „Vom Nutzen guter Kinderzucht, Von den Folgen schlechter Kinderzucht" u. ä.; „Von den Vortheilen der Schule", anknüpfend an Mt 19,14 (Laßt die Kinder zu mir kommen). Immer wieder predigt er im Laufe der Jahre über das Thema „Warum die Predigten so wenig nützen!" In der Christenlehre wird vor allem der Katechismus abgehandelt; aber auch naturkundliche Themen und Instruktionen über Kauf-, Miet- und Pachtvertrag u. a. kommen vor.

„Die Religion ist nur ein Erweckungsmittel der Tugend, das Ziel derselben ist Gemeinnützigkeit", postulierte

Franz Berg, ein Wortführer der Aufklärung im katholischen Raum. So weit geht Michael von Jung zwar nicht, aber die folgende Maxime, die V. A. Winter 1809 in seiner Theorie der öffentlichen Gottesverehrung formulierte, hätte er wohl bejaht: „Ja, Sittlichkeit als das unbedingte Gut des Menschen sey und bleibe immer das Vorzüglichste was hier (im Gottesdienst) zur Sprache kommen soll! Sittenlehre ertöne von den Kanzeln! Sittenlehre von den Beichtstühlen!..." Warum also nicht im Theater und auf dem Friedhof bei Beerdigungen?

III

„Der heilige Willebold", im Juli 1820 in Berkheim uraufgeführt, ist volkstümliche Literatur, eine schauerlich-erbauliche Mischung von blutrünstiger Räuberklamotte und rührseligem Legendenspiel.

Die Handlung des aufwendig besetzten Stückes, der wir zunächst kommentierend folgen, beginnt am Nachmittag des 2. November 1230 und endet gegen Morgen des nächsten Tages; sie spielt in den Wäldern um und in der „Krone" in Berkheim. Zu Beginn treffen wir die Bande des Räuberhauptmanns Leo im Wald ganz so, wie man sich Räuber vorzustellen hat: sie „liegen um ein Faß herum und lassen einen Humpen herum gehen, den sie öfter füllen und austrinken". Dabei berichten sie von ihren Untaten – Diebstahl, Raub, Schändung, Brandstiftung, Mord – und diskutieren die Frage, ob es ratsam sei, ihre Opfer allesamt zu töten, weil diese als Zeugen gefährlich werden könnten. Die meisten halten diese Maxime für zweckmäßig, vor allem will dies der Hauptmann, ein Erzbösewicht: „Blut und Tod ist seine Losung..." Auch ein Verwandter von Schillers schurkischem Räuber Spiegelberg ist unter der Bande; mit vollendetem Zynismus argumentiert er: „Gibt es wohl größere Menschenfreunde als wir?

Wir rauben ihnen ja nur zeitliche Güter und ein irdisches Leben, das sie ohnehin verlieren müssen, geben ihnen dafür das ewige Leben. Und was kann man einem Menschen besseres geben als den Himmel?" Dann gibt es da zwei, Benz und Mattes, welche die Diskussion auslösten, weil sie einem armen Pilger, dem Titelhelden, wie sich später herausstellt, das Leben schenkten. Die Begegnung mit dem Heiligen weckte einen Rest von Gewissen und verschüttete Menschlichkeit. Nicht uninteressant ist, wie diese beiden sich vorläufig auf den Befehlsnotstand hinausreden: „Wir sind einmal in den Dienst unseres Herrn Hauptmanns getreten und haben ihm Gehorsam geschworen, wie der Landsknecht seinem Ritter, und diesen Schwur sind wir zu halten schuldig; wenn uns daher unser Hauptmann etwas Unrechtes befiehlt, so mag er es verantworten; wir sind unter seinem Kommando gerade was der Dolch in unsern Händen, blos Werkzeuge seiner Taten und also ganz unschuldig... Das ist freilich ein elender Trost, aber doch ist er besser, als keiner."

Die Bande lauert einem reichen Kaufmann auf, der sich später als Willebolds Bruder Heinrich entpuppt. Auch Benz und Mattes beziehen Posten und treffen zunächst wieder auf ihren Heiligen. Es kommt zu einer bewegten Bekehrungsszene, untermalt durch fortwährendes Blitzen und Donnern; wortgewaltig redet St. Willebold auf die von Reue und Verzweiflung geschüttelten Schächer ein. Er wirkt ein Wunder und vertreibt das Gewitter, das Benz wie das hereinbrechende Weltgericht in wahnsinnige Angst versetzt. Die reumütigen Räuber – sie sind jetzt sehr lyrisch und erweisen sich als erstaunlich bibelfest – lassen ihrem Vorsatz die Tat folgen und machen sich auf den Weg zum Kloster Roth, um dort Buße zu tun und Lossprechung zu erlangen, während Willebold in Ohnmacht sinkt. Drei kurze, kontrastreiche monologische Auftritte folgen: Heinrich und Leo erhalten Gelegenheit, sich selbst zu charakterisieren, ein Engel erscheint und labt den Heiligen. Mit einem Dankgebet des Geretteten erhält der erste Aufzug einen erhebenden Schluß.

Zu Beginn des zweiten Aktes vollendet sich die Bekehrung der beiden Exräuber beim Pater Sigmund in Roth unter Assistenz des heiligen Willebold, der bei verschlossener Tür durch die Mauer kommt. Zur Belehrung der Zuschauer schildern Benz und Mattes ihr Vorleben: Tanzen, Saufen, Spielen, Müßiggang und Fleischeslust haben sie auf die abschüssige Bahn gebracht. Die Szene wechselt, wir befinden uns in der „Krone" in Berkheim unter Bauern, die ihren Dämmerschoppen trinken, ehrbar Karten spielen und „Freut euch des Lebens, weil noch das Lämpchen glüht" singen; das 1773 geschriebene Lied des dichtenden Züricher Kaufmanns Johann Martin Usteri begann damals gerade populär zu werden, und sicherlich war dieser Schlager auch für den musikliebenden Autor ein Ohrenschmaus; außerdem wußte er um das Unterhaltungsprinzip der Abwechslung und daß man einem Theaterpublikum nicht nur salbungsvolle Reden bieten durfte. In die Gemütlichkeit stürzt Heinrich herein und erzählt atemlos, wie ihn der Kettenhund des Wirts in letzter Minute vor dem verfolgenden Räuber rettete. Für die alte Bürgerklage über zu milde Strafpraxis und zu wenig Polizeischutz dürfte der Dichter wie für andere kritische Raunzer, über zu hohe Steuern etwa oder über die großen Diebe, die man laufen läßt, noch heute beifälliges Kopfnicken ernten.

Dann passiert einiges, noch mehr wird erzählt. Der verwegene Leo, als Jäger verkleidet, kommt ins Wirtshaus und entspringt mit knapper Not. Willebold wird hereingetragen, sterbenselend, und von Heinrich für einen verkappten Räuber gehalten; gleichwohl gibt ihm der Wirt mitleidig ein Obdach im Schopf. Heinrich enthüllt seine Identität als Graf von Calw und gibt seine und seiner Brüder

Geschichte zum besten. Der jüngste hatte sich eines Tages davongemacht, um als armer Pilger in der Welt herumzuziehen; seit Jahr und Tag ist Heinrich unterwegs, um den verlorenen Bruder zu finden; der Zuschauer ahnt etwas. Der Knappe Heinrichs ist mit der Reisekasse den Räubern in die Hände gefallen. In der nächsten Szene schleppen die Banditen seinen Leichnam, „schrecklich massakriert", auf die Bühne; nach längeren Reden und Beschreibungen ist wieder Aktion nötig. Leo bereitet seinen nächsten verwegenen Streich vor. Damit der Zuschauer nicht auf eine falsche Spur gerät, macht er auf offener Bühne Maske als Pilger, um sich so in der „Krone" einzuschleichen. Seine Bande wird mittlerweile mattgesetzt: sie wird von einer Streifschar unter Ritter Rudolph von Kronburg umstellt und gefangen.

Der letzte Akt präsentiert zwei kontrastierende Handlungsstränge: das erbauliche Sterben und die Apotheose Willebolds, daneben und dazwischen ein komisches Spiel um den falschen Pilger Leo, dem man in der „Krone" nicht recht traut. Der Autor bündelt die Überraschungseffekte, häuft die Spannungsmomente, gerade weil der Ausgang schon absehbar ist. Zunächst wird der Hausknecht Zeuge einer Engelserscheinung, dann belauscht der Wirt die „heiligen Selbstgespräche" des Sterbenden: „Er ist ganz verzuckt! – ich wag es nicht, ihn zu stören, in seinem himmlischen Entzücken. – Komm doch näher Michel! und sieh! – Heiligkeit und Unschuld umstrahlen sein Angesicht, und das sanfte Lächeln seines Mundes ist ein Beweis für die Seligkeit seines Herzens." Solche eingebauten Regieanweisungen, die gleichzeitig der Schauspielkunst der Darsteller nachhelfen, gehören zur dramaturgischen Technik Jungs; sie zeigen, daß er sich in das Theaterwesen hineinlebte und für die Bühne schrieb. Heinrich erscheint im Nachtgewand, verstört durch einen Traum von zwei Pilgern, von denen der eine zum Himmel aufschwebte, der andere mörderisch einen Dolch zückte. Der Wirt beruhigt ihn mit psychologischem Feingefühl: „Nichts als die Wirkung des gehabten Schreckens..." Dann taucht Leo in seiner frommen Verkleidung auf, erregt Verdacht, wird unter Bewachung hinter dem Ofen festgesetzt, „der Hundskerl", und versucht mit List und Lügen wieder herauszukommen. „Ich weiß gar nicht, was heut in unserm Haus für eine unruhige Nacht ist"; diesen Eindruck des Knechtes Hansjörg hat auch der Zuschauer vom ganzen Durcheinander. Als Ritter Rudolph mit den Gefangenen eintrifft, wird Leo entlarvt. Durch seinen Traum schon stutzig gemacht, bekommt Heinrich Gewißheit, daß der sterbende Pilger sein gesuchter Bruder ist, und zwar durch ein Kleinod, das Leo diesem geraubt hat und das nun in seine Hände gerät; Jung, der Aufklärer, mißtraut Träumen und Eingebungen, handfeste Beweisstücke sind ihm lieber, auch in der Legende.

Alle sind nun um Willebolds Sterbelager versammelt, einschließlich der ganzen Räuberbande, „um ihre gefühllosen Herzen durch diesen Anblick zu rühren und vielleicht zu bekehren". Die Kirchenglocken beginnen von selbst zu läuten. „Und diese Musik in der Höhe?" sinniert Ritter Rudolph, „und dieser ambrosianische Geruch? ganz wunderbare Erscheinungen! – hm! hm! – was das noch werden mag!" Es wird ein wortreich kommentiertes lebendes Bild, wie sie damals auf Laienbühnen eben in Mode kamen. Engel erscheinen mit einer goldenen Tugendkrone, Instrumentalisten werden aufgeboten, ein Chor der Engel erklingt:

    Komm Willebold!
    Heiliger Erbe des Himmels!
    Komm und empfange diese Krone
    Deiner erhabenen Tugend zum Lohne
    Komm heiliger Pilger Willebold!

Da ist sie wieder, die Tugend, für Michael von Jung der Inbegriff alles Werthaften! Der Pfarrer, wie der Autor von Adel, und Ritter Rudolph geben die nötigen Erklärungen zum Gezeigten.

Den Stoff für das Legendenspiel entnahm der Autor lokaler Überlieferung, von der Stadelhofer, der Chronist des Klosters Roth, und eine 1786 in Ottobeuren erschienene Druckschrift berichten. Der selige Willebold – nur Jung erhob ihn zum Heiligen – kam 1230 als unbekannter Pilger nach Berkheim und starb hier unter wunderbaren Zeichen; seine Gebeine ruhen bekanntlich noch heute in der Pfarrkirche. Das Räuberspektakel, der zweite Handlungsstrang, knüpft an literarische Vorbilder und sicher auch an zeitgeschichtliche Ereignisse an. Seit Ende Mai 1819 saßen in Biberach nicht weniger als 73 Gefangene ein, deren Prozesse sich jahrelang hinzogen. Es handelte sich um die Mitglieder und Helfershelfer von drei Diebes- und Räuberbanden, die vom Frühjahr 1818 bis Mai 1819 die Oberämter Biberach, Waldsee, Ravensburg und Saulgau unsicher gemacht hatten. Sie kampierten meist in den Wäldern, brachen mit Vorliebe in alleinstehende Häuser ein, stahlen Lebensmittel und Gegenstände, die sich an Hehler absetzen ließen, erpreßten Geld durch Drohungen und Mißhandlungen und verübten gelegentlich auch einen Straßenraub. Am 20. Juli 1819 wurde Xaver Hohenleiter, der Schwarze Vere, im Gefängnis in Biberach vom Blitz erschlagen, ein Ereignis, das nicht Jung, sondern Gustav Schwab balladesk bearbeitete. Einer der Ganoven, der Schleiferstone, gab zu Protokoll: „Mein Gewissen ist wie ein Zehentstadel, der hinten und vornen ein Tor hat." Die Bürger von Biberach waren durch solche ebenso unfreiwilligen wie unwillkommenen Gäste erheblich beunruhigt, vor allem als einigen der Ausbruch gelang, und sie schoben zusammen mit dem Militär allnächtlich Wache. Dieser Aktualität wegen brachte Jung seinen Heiligen in die Gesellschaft von Raubgesindel, und dem Publikum der Uraufführung mag das Stück ein Gruseln beschert haben; jeder hatte von der Sache gehört, mancher war wohl geschädigt, viele sicherlich geängstigt worden.

Was die literarischen Anregungen betrifft, so waren Schillers „Räuber" unvergessen und hatten eine umfangreiche Nachfolge in Dramen- und Romanform gefunden; Theodor Körners „Hedwig", um nur ein Beispiel zu nennen, wurde 1815 uraufgeführt, war jahrzehntelang ein Kassenschlager und auf den volkstümlichen Bühnen sehr beliebt. Daneben liefen Volkslieder und triviale Erzählungen von italienischen Banditen, vom Bayerischen Hiesl und vom Schinderhannes um. Schillers Räuberlied „Ein freies Leben führen wir" war auch auf fliegenden Blättern verbreitet, und selbst wenn Jung den Klassiker nicht gelesen hat, muß er doch diese Verse gekannt haben, denn mit dem Lied:

    Ein flottes Leben führen wir,
    Ein Leben voll Entzücken...,

läßt er sein Stück beginnen. Die Umdichtung soll nicht die Entlehnung kaschieren, was man damals gar nicht für nötig hielt; Jung fügt das Lied vielmehr in die Handlung seines Spiels ein und tilgt vor allem das anarchische Freiheitspathos der Vorlage, das dem Aufklärer und Volkspädagogen anrüchig war.

Die Wahl des Stoffes zeigt uns Michael von Jung als Volksschriftsteller mit Gespür für die Interessen und den Geschmack seines Publikums. „Der heilige Willebold" ist Volkstheater und ohne viel Kunstverstand, aber mit Sinn fürs Theatralische und Instinkt für Publikumswirkung bei einfachen Leuten gemacht. Die Personen des Stückes sind Typen, am besten gelungen die Räuber; sie haben die einfache, leicht ablesbare Physiognomie der Figuren auf den Bilderbogen der Moritatensänger. Das übrige Personal ist farbloser. Möglicherweise nahm der Autor Rücksicht auf die Berkheimer, denn er beachtet eine Art Ständeklausel: etwas einfältig und komisch sind nur die Dienstboten, nicht die Bauern. So ließe sich auch die Zeichnung des Kronenwirts als Musterexemplar eines ehrlichen Gastronomen und fürsorglichen Herbergsvaters erklären; vielleicht ist sein Auftreten auch als szenischer Unterricht in gutem Benehmen gedacht. Mit dem Heiligen weiß Jung wenig anzufangen; er ist dem Tode und der Verklärung nahe, fast schon hinüber: „Er hat so kränklich, so blaß und blutleer ausgesehen, daß ich zweifle, ob ein Tropfen Blut geflossen wäre, wenn wir ihn mitten durchstochen hätten". Dramatisch agieren kann Willebold kaum; er dient vor allem als erbauliches Demonstrationsobjekt. Zur Erbauung ist auch das dramatische Prinzip von Spieler und Gegenspieler eingesetzt; der Räuberhauptmann Leo wird als Kontrastfigur teuflisch schwarz gemalt, und um den Gegensatz ja deutlich zu machen, steckt ihn der Autor zum Schluß noch in das gleiche Kostüm wie den Heiligen. Ein eigentlicher dramatischer Bau fehlt. Um die Verklärung Willebolds, der das ganze Stück hindurch am Sterben ist, hinauszuschieben, bietet Jung seine dramaturgische Phantasie auf: er häuft Verkleidungs- und Verwechslungsmotive, um die Spannung zu halten. Am Schluß drängeln sich alle Mitspieler auf der Bühne, um mit den Zuschauern die Ansprachen anzuhören, in denen nicht nur die Aussage, sondern auch die Machart des Stückes erläutert wird. Darauf kommt es dem Autor vor allem an: auf das lehrhafte und erbauliche Exempel. „Der heilige Willebold" besteht aus zwei Jung'schen Friedhofsmoritaten, die eine vom erbaulichen Tod eines Tugendhelden, die andere vom bösen Ende eines teuflischen Schurken, in Szene gesetzt auf einer dörflichen Laienbühne. Die Intention ist die gleiche wie in den Grabliedern, und auch auf der Bühne nützt Jung die Wirkungsmittel der volkstümlichen Kunst, um Aufmerksamkeit zu wecken, zu rühren, zu belehren.

Der Autor hatte, wie eingangs erwähnt, mit seinem „Willebold" beachtlichen Erfolg. Das Stück hat, neben vielen Schwächen und Ungeschicklichkeiten, auch eine Reihe von Vorzügen des volkstümlichen Genres. Es bietet Abwechslung und etwas zum Schauen, es ist unterhaltend. Man hat zu lachen und zu weinen, Jung mischt hohen Ernst und Erbauliches mit komödiantischen Rüpelszenen; man kann sich vorstellen, daß nicht nur Kinder den einnickenden Hausknecht aufwecken wollen, damit ihm der gefährliche Leo nicht entschlüpfe. Der Zuschauer konnte damals voll mitleben, um so mehr, als die gezeigte Welt die seine war; Jung verzichtet auf Historisierung und läßt das Stück im ländlichen Milieu um 1820 spielen. Das wichtigste Erfolgsrezept geschäftstüchtiger Produzenten populärer Literatur wendet auch der volkspädagogisch engagierte Pfarrer Jung an; auch er weiß oder spürt: man darf das Publikum mit Kunst und Geist nicht allein lassen, es will sicher geführt werden. Deshalb erläutert er für jedermann verständlich, was geschieht und was es bedeutet, und er tut dies ausführlich, bildhaft und sentenziös wie in den Grabliedern; ästhetische Subtilitäten kümmern ihn nicht. Auch der Dramatiker Michael von Jung ist „eine Erscheinung einzig in ihrer Art und absolut unnachahmlich".

IV

Michael von Jung ist bekannt, ja berühmt geworden durch seine Grablieder. Das Bild des zur Klampfe gereimte Leichenreden singenden Pfarrers prägt sich unvergeßlich ein, wenn man es sich nur ein einziges Mal vor Augen gestellt hat.

Wie kam dieser Mann dazu, seinen Pegasus an offenen Gräbern kapriolen zu lassen? Der Einfall war gar nicht so absonderlich, wie es uns heute vorkommt. Im 18. Jahrhundert bestand noch vielfach der Brauch, ein Leichencarmen am Grab verteilen oder vortragen zu lassen; in Reichsstädten gab es dazu privilegierte Gelegenheitsdichter, die Spruchsprecher. In Kirchengesangbüchern finden sich seit dem späteren 18. Jahrhundert häufig Begräbnislieder, die nach Alter, Geschlecht, besonderen Lebensumständen und Todesarten differenzieren. Das verbreitete Gesangbuch von Ignaz Franz (1771) enthält nicht weniger als 43 Nummern dieser Art, und der Autor ergeht sich wie Jung in ausführlichen moralisierenden Betrachtungen. Rührselige Abschiedsreden der Sterbenden und emphatische Trauerkundgebungen der Hinterbliebenen, in denen Franz und andere schwelgen, kommen bei dem eher nüchternen Jung allerdings nicht vor; auch hat er Geschmack genug, die Physiologie des Sterbens, den Verwesungsvorgang, Würmerfraß und stinkendes Fleisch nicht zu beschreiben.

Jungs Spezialität in „Melpomene" ist die hochdramatische balladeske Schilderung außergewöhnlicher Vorkommnisse, Verbrechen und schrecklicher Unglücksfälle, in pädagogischer Absicht. „Der Verfasser", schreibt er im Vorwort, „hat die meisten dieser Grablieder auf Gräbern gesungen, und schon seit 25 Jahren die Beobachtung gemacht: daß sie mit mehr Aufmerksamkeit angehört werden, als Leichenreden", letzteres eine durchaus glaubhafte Behauptung. Er rechnete mit der Erschütterung der Zuhörer im Angesicht des Todes, „denn eines jeden Menschen Leben, Leiden und Sterben enthält für uns ein Warnungs- und Nachahmungsbeispiel, und während uns die weisesten Lehren ohne Beispiele ungerührt lassen, äußern sie in unmittelbarer Verbindung mit Todesfällen eine unwiderstehliche Überzeugungs- und Bewegungskraft, und wer bei Todesfällen unüberzeugt, unbelehrt und ungerührt bleiben kann, bei dem ist Tauf und Krisam verloren". Deshalb inspirierten ihn besonders die Ausnahmefälle, die Aufmerksamkeit erregen, die Zuhörer fesseln, ihnen Schauer über den Rücken jagen und sie so für die nachdrücklich vorgetragene Belehrung aufgeschlossen machen konnten: der sechsfache Mörder (S. 314), Kinder, die im Kohlendampf erstickten oder in siedende Kessel fielen (S. 149, 167), der Mann, der mit einem Regenschirm erstochen wurde (S. 130), der Dieb, der sich selbst versehentlich erhängte (S. 248), der Tod der Frau, „bei deren letzten Zügen der mit Menschen angefüllte Kammerboden brach (S. 230).

Ein zweiter Typus der Grablieder, ein elegischer, ergibt sich, wenn der Sänger das Unfaßbare nur beklagen, das Unausweichliche nur feststellen kann: den Tod eines hoffnungsvollen Knaben, einer frommen Greisin, eines Singvereins-Mitglieds (S. 334, 285, 116) usw. Der Verfasser berichtet auch hier teilnehmend, aber weniger wirkungsvoll; die Lehren, die er ableitet, fallen blaß und konventionell aus.

Mit naiver Bauernmalerei sind Jungs Verse gelegentlich verglichen worden; man muß vor allem an die Votivbilder in Wallfahrtskirchen denken, die ein ähnliches Panoptikum von Unglücksfällen vorführen: Wasser- und Feuersnot, Stürze vom Gerüst, durchgehende Gespanne usw. Ein möglicher Zusammenhang mit alter Predigttradition oder auch mit aufklärerischen Erziehungskonzepten, in denen das Exempel eine zentrale Rolle spielte, können hier nicht untersucht werden. Jedenfalls war dem Pfarrer Jung sonnenklar, was jeder Lehrer und jeder Volksredner weiß: blasse Begrifflichkeit im Vortrag wirkt nicht und haftet weniger als farbig illustrierendes Beispiel.

Zu den Inhalten kam die Verfremdung durch Vers und Reim und Gesang. Jung war sich dessen sogar bewußt: „Grablieder! eine paradoxe Erscheinung. Allein in unserer allgemein zum Gesang gestimmten Zeit dürfte es nicht unzweckmäßig seyn, den größtentheils herrschenden

Durton des Leichtsinns bisweilen in den sanften Mollton des Ernstes übergehen zu lassen, und den Schleyer der Zukunft ein wenig zu lichten, um den in irdischen Freuden blindlings dahin Taumelnden das Ende derselben in einer nahen Perspektive zu zeigen, sie aus ihrem Taumel aufzuschrecken, und für die höheren Freuden des Geistes begierig, würdig und empfänglich zu machen". Ein schlechter Motivationspsychologe war Jung jedenfalls nicht. Mit pädagogischem Übereifer und dem Optimismus vieler Aufklärer verbohrte er sich in seine Idee. Seine Praxis sollte allgemeine Verbreitung finden. Deshalb baute er seine Sammlung lehrreicher Exempla systematisch aus, „daß es nicht schwer sein dürfte, für jeden vorkommenden Todesfall ein passendes Grablied zu finden". Und er beruft sich auf die Gottesdienstordnung von 1837, die für Leichenbegängnisse deutsche Gesänge anordnet; diese Vorschrift läßt er gesperrt drucken und verschafft sich so – naiv oder bauernschlau – eine Rechtfertigung. Er empfiehlt seine Grablieder auch als erzieherisch fruchtbare Lektüre, vor allem für die Jugend, und gerade die eindrucksvollsten Schöpfungen, Schwerverbrecherbiographien z. B., können überhaupt nur zum Lesen gedacht sein.

Wir kennen Michael von Jung schon als naiven Sprachgestalter mit viel Sinn für das Volkstümliche. Bekanntschaft mit der deutschen Dichtung seiner Zeit läßt sich nicht nachweisen; die Rhetorik und Poetik der Lateinschule, die er lernte, waren irrelevant für seine Muse. Aber das Vorbild der Moritatensänger ist unverkennbar, und zwar im Sprachniveau der Grablieder, im spannungsreichen Aufbau und der plastischen Ausformung der Einzelszenen der Bilderbogen, in den Strophenformen, in der Pointierung auf die Moral und in der gelegentlichen Sentimentalität; vor allem aber in der Art des Vortrags mit Musik. Zum Vergleich mit Jung'schen Versen hier die

Schlußstrophe des Liedes von der Verurteilung, Begnadigung und Verbannung des württembergischen Leutnants Koseritz, das 1833 gesungen wurde und vom Schicksal dieses Meuterers erzählt:

> Drum Leute, flieht den Hochverrat
> Als brave Württemberger!
> Denn eine solche schlimme Tat
> Bringt nur Verdruß und Ärger!
> Er büßet nun im fremden Land
> Die Schuld als Essigfabrikant.

Das ist der Ton, in dem es Michael von Jung zur Meisterschaft brachte.

Die Melodien zu den Grabliedern, ihre Herkunft und Zusammenstellung sind merkwürdig. Einige konnten als populäre Singweisen des frühen 19. Jahrhunderts identifiziert werden, andere finden sich in Kommersbüchern; Nr. XI fällt für einige Takte in eine Arie aus Mozarts „Zauberflöte"; nur Nr. VII und Nr. XX sind wahrscheinlich Kirchengesangbüchern entnommen. Verzierungen und Schnörkel stammen wohl von Jung. Bei Nr. XVII spielte der Notenkopist dem Herausgeber einen Streich: er schrieb aus einer mehrstimmigen Vorlage die zweite Stimme ab. Wie Jung zu diesen Melodien kam, ist unerfindlich. Nach allgemein üblicher Praxis seiner Zeit unterlegt er ihnen die Texte metrisch und rhythmisch einigermaßen passend. Nach seiner Anweisung sollten die Lieder langsam gesungen werden, was ihrem musikalischen Charakter des öfteren durchaus widerspricht; wie er selbst interpretierte und wie das klang, wissen wir nicht. Möglicherweise war auch der Stil seines Vortrags den Jahrmarktsbarden abgelauscht.

Die pädagogische Intention und die Lehren der Grablieder Michael von Jungs – wir werden gleich sehen, daß es dieselben sind wie in den Vespergesängen und in seinem

Volksschauspiel – lassen sich anhand von Beispielen am klarsten fassen.

> Hier schloß ein armer Sünder sein
> Verfluchtes Lasterleben ...

So hebt der 45strophige Gesang „Bei der Leiche eines Brudermörders" an, und dem geneigten Leser ist nun zu raten, dieses Grablied S. 178ff. dieser Ausgabe aufzuschlagen.

Erziehungsfehler sind die Ursachen charakterlicher Mißbildung; die Eltern des jungen Bösewichts „ließen seiner Leidenschaft die nöthigen Zügel fehlen", und als dem jüngeren Sohn „zum wohlverdienten Tugendlohn die Heimat übergeben" werden soll, bringt Kain seinen Bruder um. Der Verbrecher wird überführt; bei einem Fluchtversuch schlägt er der Magd des Gefängniswärters an der Wand den Schädel ein. Dann greift der Autor im letzten Drittel des Gedichts erst richtig in die Saiten und läßt den Brudermörder vom Schafott herab eine bewegende Rede halten, den grausigen Tathergang noch einmal schildern und kommentieren, ein Schuldbekenntnis ablegen und einen eindringlichen Appell an das Publikum richten:

> Bekehre dich o Lasterknecht!
> Und du, Gerechter! bleib gerecht,
> Und werde noch gerechter.

Und diese Moral bekräftigt der Sänger in der Schlußstrophe.

Ganz ähnlich enden alle Nachrufe. Die Quintessenz, die Jung aus abschreckenden und erbaulichen Beispielen zieht, ist stets das Lob der Tugend, die himmlischen Lohn nicht nur erhoffen läßt, sondern verbürgt. Diese Grundeinstellung wird auch exemplarisch ausgesprochen „Bei dem Grabe eines vorzüglichen Schullehrers" (S. 140). Wiederholt ist in diesem Nachruf von Wissenschaft und Tugend die Rede, mit denen man sein Glück in dieser

Welt und sein Heil in jener sichern kann; sogar die „Heileswissenschaft" dient dem Aufbau der sittlichen Persönlichkeit im individuellen und auch im gesellschaftlichen Interesse, das Jung ausdrücklich hervorhebt. Der Lehrer wird zu einer Pestalozzi-Figur stilisiert, und so wichtig ist für Pfarrer Jung das Hauptamt des Verblichenen, daß er dessen Kirchendienst als Mesner und Organist nicht einmal erwähnt.

Typisch aufklärerisch ist Jungs Abscheu vor Unverstand und Leidenschaft, die er unermüdlich geißelt; auf sie sind alle Sünden und Laster zurückzuführen. Im Schlußlied der „Melpomene" (S. 650) rechtfertigt sich der Tod vor dem Verfasser und legt dar, wie – nächst Adams Schuld – die Lasterhaftigkeit und Leidenschaft der Menschen ihm Millionen Opfer zutreiben: der Stolz, der Kriege verursacht, die Habsucht, die Wollust, die alle Lebenskraft verzehrt, „der Vielfraß der Unmäßigkeit", Zorn, Trägheit, Müßiggang – sie alle, deren üble Folgen die Grablieder illustrierten, werden noch einmal warnend und mahnend aufgezählt. Die lebenspraktischen Nutzanwendungen und Lehren wiederum, die Jung aus seinen Exempeln entwickelt, entfalten den Tugendkatalog der Aufklärung, empfehlen vor allem stets die Grundtugenden Vernunft und Mäßigkeit. So belehrt er etwa „Bei dem Grabe eines Mannes, der in der Betrunkenheit erfror" über mäßige und bekömmliche Trinkgewohnheiten (S. 272), und eine ähnliche, heute erheiternde Mahnung hören wir „Bei dem Grabe eines Jünglings, der sich zu todt tanzte" (S. 417) als Folgerung einer ausführlichen Anamnese der moralischen – „ein Sklav der Leidenschaft" – und medizinischen Todesursachen:

> Sey also mässig jederzeit
> In dem Genuß der Freuden,
> Denn Freuden ohne Mässigkeit
> Verwandeln sich in Leiden; ...

Dieser Tugend der Mäßigkeit befleißigt sich Pfarrer Jung selber, denn er stellt nur moralische Forderungen, die für Durchschnittsmenschen erfüllbar sind; seine sittlichen Normen übersteigen nie die Konventionen bürgerlicher Wohlanständigkeit, und sogar die Hölle macht er den Sündern nicht allzu heiß.

Wo und in welcher Gestalt auch immer der Tod auftritt – er fordert Michael von Jung zu belehrenden Versen heraus. „Bei dem Grabe Napoleons des Großen" (S. 88) schildert er Gewaltherrschaft und endlichen Sturz des Kaisers, den er als Gottesgeißel deutet; dann wendet er sich dem Hörer zu und warnt eindringlich vor napoleonischen Gelüsten. Als Gegenstück dazu (S. 71) wird König Friedrich von Württemberg als wahrer Tugendspiegel dargestellt und als „der Große" apostrophiert; schließlich hatte er ja unseren Sänger geadelt. Untertänig und knechtsselig ist Jung aber durchaus nicht. Sein bürgerlich-vernünftiger moralischer Sinn unterzieht auch die spezifischen Wertvorstellungen der adeligen Oberschicht unverblümter Kritik. „Bei dem Grabe des jungen edlen Grafen von Illerfeld, der in einem Duell erstochen wurde" (S. 121), nennt er die feudale Gesellschaft, die den Zweikampf billigt, einen „Mörderbund"; der Sieg im Duell beweise gar nichts, denn so folgert er unwiderleglich, „sonst wäre jeder Straßenräuber zugleich der größte Ehrenheld".

Das erzieherische Engagement beflügelt Michael von Jung zu hochdramatischen Schilderungen der Sünden und Laster, die beim gewöhnlichen Volk zuweilen vorkommen. Die abschreckende Wirkung steigert er oft mit dem krassen Realismus eines Bauern-Brueghel, so daß seine Zuhörer sich in ihrer Welt unfehlbar wiedererkennen mußten. Vom Maul abgelesen sind z. B. die unflätigen Reden eines Trunkenboldes an seine Frau, die ihn im Wirtshaus abholen will (S. 268f.).

Wir haben Jungs Moralkodex aus den Negativ-Beispielen zusammengestellt. Natürlich kann man auch das Loblied auf Fleiß, haushälterische Sparsamkeit, Standes- und bürgerliche Tugenden im allgemeinen aus den Nachrufen auf anständige Leute herauslesen. Auch sie sind aufschlußreich und charakteristisch für Pfarrer Jung und den Geist seiner Zeit – aber ihre Lektüre ist sehr viel weniger spannend und unterhaltsam, eher langweilig, wie Moralpredigten im allgemeinen zu sein pflegen.

Die geschilderte moralisierende Ausprägung der Gattung Begräbnislied bei Jung und anderen Autoren ist theologiegeschichtlich ein Ausdruck empfindsamer Religiosität und anthropozentrischer Betrachtung der Grundfragen menschlicher Existenz. Geistes- und kulturgeschichtlich betrachtet, kann man diese Rhetorik als einen Beleg für die seit dem 18. Jahrhundert sich verändernde Einstellung zum Tod ansehen, wie sie Philippe Ariès dargestellt hat. Der Sterbende wird seines „eigenen" Todes beraubt, sein Hinscheiden wird dramatisiert und zur Schau gestellt; die Hinterbliebenen beginnen in allen mit dem Todesfall verbundenen Vorgängen die Hauptrolle zu spielen. Das wird frappierend deutlich in Jungs Grabgesängen. Das Sterben eines Menschen ist für ihn, wir haben es gehört, ein „Warnungs- und Nachahmungsbeispiel", das „eine unwiderstehliche Uiberzeugungs- und Bewegungskraft" besitzt. Der „Tod des Anderen", wie Ariès es nennt, wird zu Nutz und Frommen der Lebenden pädagogisch verwertet, geradezu ausgeschlachtet; Jung wendet sich auch immer an die Öffentlichkeit und bedenkt die nächsten Angehörigen allenfalls beiläufig mit einem tröstenden Wort.

Besonders krass tritt dies zutage, wenn Jungs aufklärerisches Nützlichkeitsdenken ins Spiel kommt. Er ist oft eigentümlich fixiert durch sein Schlüsselerlebnis, den Heil- und Verhütungserfolg bei der Typhusepidemie; wo immer es angeht, gibt er medizinisch-hygienische Ratschläge, auf die er im Vorwort ausdrücklich empfehlend hinweist. Ein Beispiel ist „Bei dem Grabe eines Jünglings, der an der Wasserscheu (Tollwut) starb" (S. 301). Dabei ist sein Verhältnis zu den Medizinern gestört. „Bei dem Grab eines Arztes, der ertrank" (S. 585) zieht er zuerst über „approbirte Pfuscher" her, dann erst rühmt er die Tüchtigkeit des so jäh Verstorbenen. Vielerlei nützliche Ratschläge weiß Jung zu geben, z. B. über das Verhalten bei Gewittern; die alten Bauernregeln ergänzt er weltlich-fortschrittlich und seelsorgerlich in einem Atemzug durch die Empfehlung des Blitzableiters und eines tugendhaften Lebens (S. 577). Er verbreitet sich bei Gelegenheit auch über land- und hauswirtschaftliche Fragen und manches andere, ja, er erteilt seinen andächtigen Zuhörern sogar Fahrunterricht. Dies ist nicht nur unfreiwillige Komik eines schrullig gewordenen Landpfarrers; der aufklärerisch-pädagogische Zeitgeist streift hier die Grenze des Absurden.

Die Schulmeisterei eines Michael von Jung hat verschiedene Wurzeln. Deistische Grundeinstellung führt zu einer klaren Maxime sittlichen Handelns: der Pflicht, sich vernünftig in Gottes Weltplan einzuordnen. „Es ist überhaupt Aufgabe des Religionslehrers, diese Welt als eine moralische vorzustellen, in welcher Sittlichkeit der oberste, höchste Zweck ist, der Allem vorgeht", denn Gott will „an den vernünftigen Geschöpfen Sittlichkeit als die Endabsicht ihres Daseyns und eine mit derselben harmonisierende Glückseligkeit erzeugen und befördern". Solchen Postulaten – wir zitierten Andreas Reichenberger, dessen Auffassungen als repräsentativ für die um 1800 herrschende Lehre gelten können – suchte Jung gerecht zu werden. Zum andern war das Staatskirchentum im 18. und beginnenden 19. Jahrhundert bestrebt, die Geistlichen zu Hilfsorganen der Polizei zu machen. „Die Seelsorge betreffende" Verordnungen trugen den Pfarrern die Überwachung der Hebammen, die Bekämpfung des Schmuggels und der Steuerhinterziehung „sowohl von der Kanzel als in dem Beichtstuhle" auf; sie sollten vor Kurpfuscherei warnen und sich medizinische Kenntnisse zum Besten der Kranken aneignen – die Liste dieser österreichischen Beispiele ließe sich verlängern; in den Kirchdorfer Verkündbüchern ist nachzulesen, daß Pfarrer Jung wiederholt zur Pockenimpfung aufforderte. Die Pastoraltheologie, die damals zur wissenschaftlichen Disziplin ausgebaut wurde, rechtfertigte diese Praxis und brachte sie in ein System. Sie rückte Volksaufklärung und humanitäre Aktivitäten ins Zentrum der Seelsorgetätigkeit. Karl Schwarzl, zu Jungs Studentenzeit Professor in Freiburg, faßte einen Leitgedanken so zusammen: „Wenn nach dem Beyspiele des heiligen Paulus ein Seelsorger Allen Alles werden soll, so soll er in allen Kenntnissen bewandert seyn; und sind ihm nicht alle gleich nothwendig, so sind sie doch nützlich." Ein Schüler Schwarzls konkretisierte noch 1840: „Die Pastoraltheologie schöpft aus allen theologischen, philosophischen und Naturwissenschaften, darf eigentlich auch die Oekonomie und Medizin nicht übersehen."

Der aufklärerische Grundzug in Michael von Jungs Schriften liegt klar zutage. Wir wollen aber nicht seine innersten Überzeugungen abstempeln. Die Erinnerung an Gottes Gericht und der Ausdruck unerschütterlichen Vertrauens auf seine Barmherzigkeit, auf die der Tugendhafte rechnen und der Sünder wenigstens hoffen darf, ist immer der Höhepunkt der Grablieder. Deshalb schlägt er auf seinen Gedankenbahnen oft seltsame Haken, um vom Blitzableiter oder Maurergerüst wieder auf sein zentrales Anliegen zu kommen:

> Drum wach und bethe Jeder
> Bei jedem Glockenschlag;

> Denn seht: ihr wisset weder
> Die Stunde, noch den Tag.
>
> Ja haltet euch durch bethen
> Und Tugend stets gefaßt,
> Dieß wird die Seele retten,
> Wenn ihr im Tod erblaßt.
>
> Denn mag zusamen brechen
> Der Bau der ganzen Welt,
> Wir können furchtlos sprechen:
> Gott ist es, der uns hält.

Er formuliert diesen Gedanken auch viel nachdrücklicher als die meisten seiner Zeitgenossen in ihren Begräbnisliedern.

Jungs unablässig verkündete eschatologische Überzeugung ist gewiß „substantiell christliches Glaubensgut", wie Helmut Thielicke schreibt. Es ist aber nur schwer auszumachen, ob der Pfarrer von Kirchdorf deistisch angehauchte Theologie verkündete, ob er den Tod total pädagogisierte, oder ob sich ein schlichter Kinderglaube ausspricht, der von der gelehrten Theologie der Zeit nur überformt wurde. Seine Lösung des Problems der Theodizee, die wir schon im Zusammenhang der Vespergesänge berührten, läßt letzteres vermuten. Auch die offensichtliche Befriedigung, wenn er am Schicksal eines Bösewichts demonstrieren kann, wie sich alle Schuld auf Erden rächt, muß nicht notwendigerweise einer spekulativ gewonnenen aufklärerischen Überzeugung von offenbarer Vernunft im Weltlauf entspringen. Jeder einfache Mensch empfindet es als Beruhigung und mit Genugtuung, wenn er die ausgleichende Gerechtigkeit Gottes gelegentlich zu erkennen glaubt.

Wir wollen auch am Menschen Michael Jung nicht vorübergehen. Er meinte es gut und war ehrlich besorgt um das zeitliche und ewige Heil der ihm Anvertrauten. Er war wohl rechthaberisch, aber trotz seines Belehrungseifers kein Eiferer. Es scheint auf den ersten Blick wieder nur ergötzlich zu sein, wenn wir ihn auf einer nicht ganz konsequenten moralischen Deduktion ertappen. „Bei dem Grabe eines Mannes, der von Jägern erschossen wurde", sympathisiert er – seine bäuerlichen Zuhörer taten dies ganz gewiß – zuerst mit dem Wilddieb (S. 100):

> Und ach! was ist ein Menschenleben
> In einem wilden Jäger-Blick!
> Sie schössen einen todt, und gäben
> Um keinen Haasen ihn zurück ...

Dann erinnert er sich offenbar wieder an die Normen, die er als Amtsperson zu vertreten hat, und übergangslos wendet er sich in der nächsten Strophe dem Wilderer zu:

> So gehts, wenn auf verbothne Weise
> Sich Jemand zu ernähren sucht; ...

„Bei dem Grabe eines erschossenen Jägers" hat er das Dilemma bewältigt, ohne sich auf spitzfindige Distinktionen einlassen zu müssen:

> Seyd also, Jäger! nicht so streng ... (S. 106)

Der gute Mann möchte einfach nicht, daß irgendwer ernsthaft zu Schaden kommt, Recht und Ordnung hin oder her.

Michael Jung nimmt den Tod ganz selbstverständlich hin als etwas, das zum Menschsein gehört. Diese Haltung ermöglicht erst die überraschende Direktheit, Nüchternheit und Beschränkung auf den gesunden Menschenverstand, wenn er von ihm spricht. Hören wir unbefangen hin, so ist es nicht erheiternd, sondern rührend, wie er den dahingegangenen Lehrer beweint und dabei ganz unsentimental auf gleichwertigen Ersatz durch die Schulbehörde hofft. Es ist nicht zum Lachen, wenn er Gott für die Untaten eines Giftmischerehepaares um Vergebung bittet (S. 622) und auch für Säufer und Rohlinge (S. 272), sogar für die

Kindsmörderin (S. 583) und den Selbstmörder (S. 618) noch ein mitfühlendes und verzeihendes Wort findet. Dann spricht kein Kauz und kein Aufklärer zu uns, sondern ein Menschenfreund und Christ, der in seiner Einfalt liebenswert ist.

Der Tod eines Menschen führt ins Zentrum seiner Existenz und ist wahrhaftiger als alle seine Reden zu Lebzeiten. Ordentlich, wie es sich gehörte, und als guter Christ ist Michael von Jung am 24. Juli 1858 gestorben. Auf seinem letzten Krankenlager ließ er sich regelmäßig rasieren, wie eine nachgelassene Barbierrechnung bezeugt. Er empfing die Sterbesakramente, und sein Testament – er hatte nicht viel zu vererben – unterfertigte der schon vom Schlag Gelähmte mit drei zittrig gezeichneten Kreuzen.

Bibliographie zu Michael von Jung

[1] (Jung, Michael von): Deutsche Vespergesänge zur öffentlichen Gottesverehrung auf alle Sonn- und Festtage des katholischen Kirchenjahres, nebst einem Anhang von Metten und Liedern für die Charwoche, und einer Litaney für die Bittwoche, Kempten 1813.

[2] Jung, Michael von: Der heilige Willebold. Schauspiel in drei Aufzügen, Memmingen (1820).

[3] Jung, Michael von: Melpomene oder Grablieder. Zwei Baendchen, jedes hundert Grablieder enthaltend, mit zwanzig Melodien, Ottobeuren 1839.
dasselbe, in Faksimile herausgegeben vom Katholischen Pfarramt in Kirchdorf an der Iller, 1974.

[4] ders.: Zwölf Grablieder. Ausgewählt und eingeleitet von Franz Hammer (= 3. Jahresgabe des Graph. Klubs Stuttgart), (Stgt. 1937).

[5] ders.: Fröhliche Himmelfahrt oder die höchst merkwürdigen Grablieder des ~. In Auswahl neu hrsg., Zürich u. Leipzig (1939).

[6] ders.: Fröhliche Himmelfahrt oder Die höchst merkwürdigen Grablieder des ~. In Auswahl neu hrsg. von Sebastian Blau, Tübingen (1953).

[7] ders.: Melpomene. Ausgewählte Grablieder des ~. (Zum 100. Todestag Michael von Jungs am 24. Juli 1958 hrsg. von Franz Hammer), München 1958. = Veröffentlichung des Museums „Die Fähre" in Saulgau.

[8] ders.: Die erhebendsten Grablieder des ~, Kempten 1963. = Meister des unfreiwilligen Humors 1. Vorgestellt von Alfred Weitnauer.

[9] ders.: Fröhliche Grablieder zur Laute. Mit einem Essay von Helmut Thielicke, Freiburg 1976. Veröffentlicht als Herder-Taschenbuch (Nr. 599). Auswahlband, zusammengestellt für die Herderbücherei.

[10] Ein vergessener Poet Schwabens. Anonym in: Besondere Beilage des Staats-Anzeigers für Württemberg, Nr. 24 und 25. Stgt. 1878, S. 369–376, 385–394.

[11] Storz, Oliver: Der Don Quichotte in der Soutane. Stuttgarter Zeitung 14 (1958), Nr. 167, 8.
[12] Gruber, Ewald: Michael von Jung. Zum 100. Geburtstag. In: BC Heimatkundliche Blätter für den Kreis Biberach, 4. Jg. Heft 1, Biberach 1981.
[13] Gruber, Ewald: Michael von Jung – ein ländlicher Spätaufklärer. Rottenburger Jahrbuch für Kirchengeschichte, Bd. 3, 1984, Sigmaringen 1984. S. 45ff.

Zur Textgestaltung:
Die Originalausgaben von „Melpomene" und „Der heilige Willebold" sind auf schlechtem Papier und ohne große Sorgfalt gedruckt. Als Druckvorlagen für diese Ausgabe dienten Exemplare der Württembergischen Landesbibliothek in Stuttgart und der Stadtbibliothek Ulm sowie der 1974 vom Katholischen Pfarramt herausgegebene Nachdruck. Um die Lesbarkeit zu verbessern und um ein handliches Format zu bekommen, wurde der Satzspiegel von „Melpomene" leicht vergrößert. Der Herausgeber dankt für das Entgegenkommen der Bibliotheken. Die Druckvorlage für die Marienklage erstellte freundlicherweise Herr Alois Ruf, Chorleiter in Kirchdorf.

„Willibold" ist die geläufige Form des Namens des in Berkheim beigesetzten Seligen. Williboldus stand auch auf seinem ursprünglichen Grabmal. Michael von Jung dagegen schreibt „Willebold", und es ist deshalb korrekt, diese Version zu benutzen, wenn von seinem Schauspiel und dessen Titelhelden die Rede ist.

MELPOMENE

oder

Grablieder.

Zwei Baendchen
jedes hundert Grablieder
enthaltend,
mit
zwanzig Melodien

Verfaßt und herausgegeben,
von
Michael von Jung,
Ritter des Königl. Württemberg.
civil verdienst Ordens,
Ehrenmitglied der Kamera-
listisch. öconomischen Societät
zu Erlangen,
ehmal. Schulinspector und
Conferenzdirector,
und seit 28 Jahren

Pfarrer in Kirchdorf
bei Memmingen an der Iller
I Bändchen.
Ottobeuren, mit ganserschen Schriften.
1839.
Zu haben bei dem Verfasser.

In Frauen klagt auf Gräbern Melpomene,
Doch heben uns zum Himmel ihre Töne.

Vorwort.

Grablieder! eine paradoxe Erscheinung Allein in unserer allgemein zum Gesang gestimmten Zeit dürfte es nicht ganz unzweckmäßig seyn, den größtentheils herrschenden Durton des Leichtsinns bisweilen in den sanften Mollton des Ernstes übergehen zu lassen, und den Schleyer der Zukunft ein wenig zu lichten, um den in irdischen Freuden blindlings dahin Taumelnden das Ende derselben in einer nahen Perspektive zu zeigen, sie aus ihrem Taumel aufzuschrecken, und für die höhern Freuden des Geistes begierig, würdig, und empfänglich zu machen.

Nichts ist aber mehr fähig, unsre Herzen in eine ernsthafte Stimmung zu versezen, als Todesfälle; und es ist Balsam für das wunde Herz, sich in Klagliedern und wehmuthvollen Thränen erleichtern zu können, wozu die Trauermuse Melpomene nicht unpassenden Stoff liefert.

Der Verfasser hat die meisten dieser Grab=
Lieder auf Gräbern gesungen, und schon seit
26 Jahren die Beobachtung gemacht: daß
sie mit mehr Aufmerksamkeit angehört wurden,
als Leichenreden; und sie nun auf das An=
suchen mehrerer Liederfreunde herausgegeben.

Zwar ist es bekanntlich an den wenigsten
Orten üblich, Grablieder zu singen; allein
dieses mag einerseits aus dem Mangel an
tauglichern Sängern, andrerseits aus dem
Mangel passender Grablieder herrühren. Da
nun aber der deutsche Gesang in allen Schu=
len eingeführt ist, und kein des Singens un=
kundiger Schulmeister mehr angestellt wird;
so ist dadurch dem ersten Mangel abgeholfen,
und dem zweiten sucht die Melpomene eini=
germassen zu begegnen, da sie in 200 Grab=
Liedern eine solche Auswahl darbiethet, daß
es nicht schwer seyn dürfte, für jeden vorkom=
menden Todesfall ein passendes Grablied zu
finden; was besonders den Königlich Würt=
tembergischen Pfarrern willkommen seyn muß,
da die neueste Gottesdienstordnung des Hoch=
würdigsten Bischöflichen Ordinariats in Rot=
tenburg vom 5ten Juni 1837 S. 30. aus=

drücklich befiehlt: »Daß die kirchlichen Ge-
»bräuche bey den Leichenbegängnissen nach den
»bestehenden Ritualvorschriften, und unter
»deutschen Gesängen ꝛc. verrichtet wer-
»den sollen.«

Die Melodien sind nur in der ersten
Stimme gegeben, was für jeden Tonkünstler,
der die Begleitung leicht beifügen kann, wie
für den Nichtmusiker, genug seyn dürfte. Jedem
Grablied ist die passende Melodie angewiesen,
und es können demselben leicht noch mehrere
passende beigefügt werden.

Und sollten diese Grablieder auch nicht
gesungen werden, so verschaffen sie doch gewiß
eine interessante Lektüre, und wer sie benüzen
will, wird sie gewiß nicht ohne Theilnahme
lesen. Auch liefern sie reichhaltigen Stoff zu
Leichenreden.

Am zweckmässigsten scheinen sie von Werk-
und Sonntagschülern benuzt werden, ihnen
als Gegengift gegen die leichtsinnigen welt-
lichen Lieder dienen, sie zu einem heiligen Ernste

stimmen, mit heisser Sehnsucht nach 'tem ewig seligen Leben erfüllen, und sie auf die Bahn der Tugend leiten, und auf derselben erhalten zu können, als welche allein zu diesem erhabenen Ziel unsres unsterblichen Geistes führt. — Nicht minder enthalten sie Vorsichtsmaßregeln bei Krankheiten und Lebensgefahren, um durch die Beobachtung derselben nicht vor der Zeit des natürlichen Todes des Alters unter der Sense des Knochenmannes gewaltsam fallen zu müssen.

Die Herausgabe der Melpomene wäre daher vollkommen gerechtfertiget, und würde ihren erhabenen Zweck nicht ganz verfehlen, wenn sie das Leben eines einzigen Sterblichen auch nur um so länger fristete, daß er sich zu einem guten Tod vorbereiten könnte.

Die bearbeiteten Lebens-, Leidens-, und Todesgeschichten sind keine Gedichte, sondern treue Kopieen von Originalien, wie sie jeder aufmerksame Beobachter finden wird; denn eines jeden Menschen Leben, Leiden und Sterben enthält für uns ein Warnungs- oder Nachahmungsbeispiel, und während uns die weisesten Lehren ohne Beispiele ungerührt lassen, äussern sie in unmittelbarer Verbindung mit Todesfällen eine unwiderstehliche Überzeugungs- und Bewegungs-Kraft, und wer bei Todesfällen unüberzeugt, unbelehrt, und ungerührt bleiben kann, bei dem ist Tauf und Krisam verloren.

Das Evangelium gibt uns von dem Tod und seinen Folgen die richtigsten Kenntnisse, benimmt ihm alle seine Schrecken, und gibt ihn uns in seiner wahren Gestalt zu erkennen, liefert uns also die besten Trostesgründe, und lehrt uns gut leben und sterben; deswegen hat auch die Melpomene den meisten Stoff ihrer Grablieder aus den Lehren des Evangeliums genommen, und sie auf die vorkommenden Fälle anzuwenden gesucht. In wie fern ihr dieses gelungen sey, mögen ihre Freunde entscheiden: Gottes Gnade aber wolle sich dieser Grablieder als eines Mittels bedienen, die Sterblichen fromm leben und gut sterben zu lehren, und sie zur ewigen Seligkeit zu führen.

Der Verfasser.

Kirchdorf, den 1ten May 1838.

I.
Der Verfasser an den Tod.

Melod. I.

1. Mit Ehrfurcht leg ich hier, o Tod!
   Ein Werk zu deinen Knochen,
 Das ich, so oft du mich bedroht,
   Zu widmen dir versprochen,
 Wenn du noch lange mich erhältst,
 Nicht unvermuthet überfällst,
   Und gnädig noch verschonest.

2. Ich hab Respekt vor deiner Macht,
   Und deinen starken Gliedern,
 Und deiner oft mit Ruhm gedacht
   In diesen Grabesliedern.
 Fürwahr! du bist der größte Held,
 Vor dem die ganze weite Welt
   Sich winden muß im Staube.

3. Besonders aber bin ich dir
   Zum größten Dank verbunden;
 Denn öfters hab ich Gnade hier
   Vor deinem Thron gefunden;
 Du hast schon oft verschonet mich,
 Wenn in Gefahren fürchterlich
   Mein Leib und Leben schwebten.

4. Denn als am Nervenfieber hier
   Bei sechzig Menschen lagen,
Wie bange hatte da vor dir
   Mein armes Herz geschlagen!
Besonders, als des Fieberswuth
Mir schon im Eingeweid und Blut,
   Und in den Nerven tobte.

5. Allein da nahm ein Vomitiv
   Mir alle Fieberhitzen;
Du liessest mich, als ich entschlief,
   Am ganzen Leibe schwizen,
Und schon in dreien Tagen war
Die nervenfiberische Gefahr,
   Und du mit ihr, verschwunden.

6. Nach diesem kam die Wassersucht,
   Und ein Entzündungsfieber;
Doch gnädig nahmest du die Flucht,
   Und giengest mich vorüber:
Auch hat mich dir ein heisser Fluß
Sechs Jahre lang an einem Fuß
   Gedroht zu überliefern.

7. Und o wie hat schon oft gebebt,
   Mein Herz vor den Gefahren,
Worin mein Leben schon geschwebt
   Seit sechs und fünfzig Jahren;
Beim Reiten, Fahren, Steigen, Geh'n;
Denn ach es ist so bald geschehen
   Um eines Menschen Leben.

8. So fiel ich mehr als zwanzigmal
   Vom Pferd auf allen Seiten,

Und hatte doch in keinem Fall
  Mit deiner Macht zu streiten;
So waif ich auch beim Fahren schon
  Wohl zehnmal um, und kam davon
  Gesund am Leib und Leben.

9. Auch bin ich einmal zwanzig Schuh
  Im Thurm herabgestürzet,
Doch ohne daß dabei mir du
  Das Leben abgekürzet;
Zum Glücke war der Boden hohl,
Sonst hätte dieser Fall mir wohl
  Den dummen Kopf zerschmettert.

10. Auch hab ich leider öfter schon;
  Du mußt's am beßten wissen,
Bei harter Kost und schlechtem Lohn
  Mein Leben wagen müßen;
Allein ich bin genug belohnt,
Denn du hast gnädig mich verschont;
  Ich danke dir von Herzen.

11. Das aber werd mein Lebetag
  Ich nimmermehr vergessen,
Wie du in einem halben Schlag
  Mir auf der Zung gesessen,
Und aus den Augen mir geschaut:
Da hat es wirklich mir gegraut
  Vor deinem Sensenschwunge.

12. Deswegen bin ich auch mit dir
  Bisher sehr wohl zufrieden;
Nur bitt ich dich: erlaube mir
  Gesund zu seyn hienieden

So lang, bis ich des Lebens müd
Mit Freude sing mein Srerbelied,
Und dich willkommen heiße.

13. Allein ich fürchte nur, du wirst
Mir nicht so lange borgen;
Es lebet ja der größte Fürst
Vor dir in steten Sorgen,
Als wie der Bettler auf dem Stroh;
Und alle Menschen müßen so
Vor dir beständig zittern.

14. Du bist daher so sehr verhaßt,
Als allgemein du wüthest;
Denn Alles, was da lebt, erblaßt,
Sobald du es gebiethest;
Du raubest ja die Lebenslust
Dem Säugling an der Mutter Brust,
Als wie dem kahlen Greisen.

15. Der hoffnungsvolle Knabe spielt
In lebensfrohen Scherzen;
Da greift ihn deine Hand, und wühlt
In seinem zarten Herzen,
Und stürzet ihn ins frühe Grab;
So fällt die zarte Blüthe ab,
Berührt von deinem Hauche.

16. Das liebevolle Mädchen blüht
Dem Leben froh entgegen,
Auf seinen rothen Wangen glüht
Der Unschuld reicher Segen:
Vergebne Hoffnung! plötzlich wird
Es ja von deiner Hand berührt,
Erblaßt, und sinkt zu Grabe.

17. Der Jüngling träumet voll der Lieb
 Von seinem Lebensglücke;
Auf einmal wird sein Auge trüb,
 Und stirbt in deinem Blicke,
Und ach! es ist vor deinem Hauch,
Als wie vor einem Sturm der Rauch,
 Sein Lebensglück verschwunden.

18. Die Jungfrau hänget voll der Lust
 An des Geliebten Bliken,
Und fühlt, geschmiegt an seine Brust,
 Ein himmlisches Entzüken,
Und hofft ihr Glück im Ehestand:
Auf einmal wird ihr Lebensband
 Von dir entzwei gerissen.

19. Hier lebt ein junges Ehepaar
 In grenzenloser Liebe,
Und seiner Wünsche höchster war:
 Wenns immer doch so bliebe!
Vergebner Wunsch! ein Augenblick,
Und ach! es bricht ihr Lebensglück
 In deiner Hand zusammen.

20. Die Eltern fühlen sich entzückt
 Beim Anblick ihres Kindes;
Allein dein Knochenarm zerknikt
 Es, wie der Sturm des Windes
Die kaum geborne Blume pflückt,
Und ihre Freude ist zerknikt
 In deinen starken Knochen.

21. Der Reiche schätzet glücklich sich
 Bei seinen vielen Schätzen,

Und sagt: nun kann ich lange mich
An ihnen noch ergötzen;
Gott aber spricht zu ihm: Du Thor!
Bereite dich zum Tode vor!
Noch heute mußt du sterben.

22. Der Sünder will bekehren sich
Auf seinem Sterbebette,
Und thäte dieß auch sicherlich,
Wenn er die Zeit noch hätte;
Doch plötzlich machst du einen Strich,
Du unbarmherz'ger Wüterich!
Durch seine ganze Rechnung.

23. O gönne doch dem Bösewicht
Noch Zeit, sich zu bekehren,
Und laß ihn auf die Bahn der Pflicht
Vorher zurücke kehren,
Und brenn ihn durch die Leidenglut
So lange, bis er Buße thut,
Und so gerettet werde.

24. Hingegen läßt du lange sich
Nach dir den Frommen sehnen,
Schon viele Jahre ruft er dich
Mit lauten Klagetönen
Auf seinem Schmerzenlager dort;
Du thust, als hörtest du kein Wort
Von seinem Sehnsuchtrufe.

25. Wie kannst du ihn so lange doch
Unschuldig leiden lassen?
Befrey ihn von dem Leidenjoch,

Und laß ihn sanft erblassen;
Sey doch barmherzig und gerecht,
Und führe den getreuen Knecht
Zur Freude seines Herren.

26. Der arme seufzet Jahr und Tag,
Durchwühlt von Qual und Schmerzen
Und sehnt sich nach dem letzten Schlag
Im freudenleeren Herzen;
Und doch! wie du so grausam bist,
Und seiner gleichsam ganz vergißst,
Als sollt er ewig leiden.

27. Und überhaupt; wie ungerecht
Und blind ist dein Verfahren?
Du bist fürs menschliche Geschlecht
Der ärgste der Barbaren,
Und trennst mit mörderischer Hand
Der Menschenliebe festes Band,
Und schmiedest Leidenketten.

28. Und ach! kein Menschenopfer kann
Dich sättigend versöhnen!
Du siehst nicht Weib und Kinder an,
Dich rühren keine Thränen,
Dich rühret nicht der Waisen Noth,
Du hörst nicht ihr Geschrey um Brod,
Und mordest ihre Eltern.

29. So tödtest du den Volksfreund,
Und schonest des Tirannen,
Der deshalb nur zu herrschen scheint,
Um uns ans Joch zu spannen;
Die Bösewichte werden alt,

Die Frommen aber müßen bald
Als deine Beute fallen.
30. Und wenn es Gott geschehen läßt,
So wüthest du in Seuchen,
Und rufst die Cholera und Pest,
Und thürmest Leich auf Leichen,
Und doch bei allem dem, es ist
Dir nie genug; und kurz: du bist
Der schrecklichste Würgengel.
31. Zum deutlichsten Beweis hievon
Leg diese Grabeslieder
Ich hier vor deinem Knochenthron
In tiefster Ehrfurcht nieder.
O würd'ge sie mit einem Blick,
Du wirst mit Abschou selbst zurück
Vor deinen Thaten beben.
32. Hab also mit uns Sterblichen
Doch Gnade und Erbarmen,
Verschmäh nicht unser heisses Fleh'n,
Und schließ mit deinen Armen
Die alten Lebensmüden ein,
Dann wirst du uns willkommen seyn,
Und alles Lob verdienen.
33. Laß uns daher zum höchsten Ziel
Der Lebenszeit gelangen,
Dann werden wir im Vorgefühl
Der Freude dich umfangen,
In die du uns hinüber führst,
Denn dort, in jenen Höhen wirst
Du uns nicht mehr berühren.

2.
Am Grabe des Erlösers.

Melod. XIII.

1. Hülle dich in Trauer, fromme Seele!
    Und zerfließ in Thränen, edles Herz!
Uiberlaß an dieser Grabeshöhle
    Dich den lauten Klagen und dem Schmerz,
Denn sie deket des Erlösers Hülle
    Mit der fürchterlichsten Todesnacht,
Der nach des gerechten Gottes Wille
    Sich für uns zum Opfer dargebracht.

2. Klage hier dem Himmel und der Erde,
    Sterblicher! die Größe deiner Noth,
Denn der Schöpfer Himmels und der Erde,
    Er, der Allen Leben gab, ist todt.
Ach! was kann dich nun vom Tode retten,
    Wenn das Leben selbst zu Grabe geht,
Und des Todes Hauch die zarten Ketten
    Aller Lebenshoffnungen verweht.

3. Doch, der Hoffnung süße Zweige grünen
    Schon auf des Versöhners Leichenstein,
Und des Leibes Tod muß Ihm nur dienen,
    Um durch ihn verherrlichet zu seyn;
Seine Seele tröstet nun die Frommen,
    Die voll Sehnsucht waren, Ihn zu seh'n,
Und am dritten Tage wird Er kommen,
    Um vom Tode siegend aufzusteh'n.

4. Jesu! sieh, ich sink am Grabe nieder,
   Wälz hinweg den großen Leichenstein,
Salbe deine wundenvollen Glieder
   Dir mit Dank= und Buße=Thränen ein;
Ja ich bring dir mit gerührtem Herzen,
   Was ein armer Erdenwurm vermag.
Ruh nun sanft von deinen Todesschmerzen,
   Heil'ge Leiche! bis zum dritten Tag.

3.
Bußlied am Grabe Jesu.

Melod. II.

1. O Sünder! sink in tiefe Trauer
   Am Grabe des Erlösers hin,
Es fahre kalter Todesschauer
   Dir durch das Herz, und durch den Sinn,
Gedenk in dieser Trauerzeit
   An Tod, Gericht und Ewigkeit.

2. Entreisse dich dem blinden Stolze,
   Lern' demuthvoll um Gnade fleh'n,
Denn geht es so dem grünen Holze,
   Was wird dem dürren dann geschehen?
Bekehre dich noch in der Zeit,
   Und zittre vor der Ewigkeit.

3. Sieh, die beliebten Erdengüter
   Sind eitler Tand und falscher Schein,

Und hüllen sterbliche Gemüther
 In Irrthum und Verblendung ein,
Denn alles, Ehre, Lust und Geld,
 Ist nichts als Eitelkeit der Welt.

4. Entwinde doch dem weichen Bande
 Der Wohllust dein verführtes Herz,
Sonst zieht es dich in Spott und Schande,
 Bringt Reue dir, und bittern Schmerz,
Und auf der Wohllust kurze Zeit
 Folgt eine Schmerzenewigkeit.

5. Dir folgen einst bei deinem Sterben
 Allein nur deine Werke nach,
Und auf die Sünde folgt Verderben,
 Denn Jesus, unser Lehrer, sprach:
Mein Reich ist nicht von dieser Welt,
 Weil sie es mit der Sünde hält.

6. So ist das Reich des wahren Christen
 Auch nicht von dieser eitlen Welt,
Er fröhnet nicht verbothnen Lüsten,
 Er thut nur das, was Gott gefällt;
Denn alle Augenblicke fällt
 Ihm ein die Eitelkeit der Welt.

7. Verlaß dich nicht auf viele Jahre,
 Du liegst vielleicht ja morgen schon
Erstarret in der Todtenbahre,
 Und ärndtest deiner Thaten Lohn;
Drum sei noch heute weis, o Christ!
 Und denke: daß du sterblich bist.

8. Bekämpfe nun den Reiz der Sünden,
 Thu deine Pflicht mit Heldenmuth,

Du wirst gewiß Belohnung finden;
  Denn der hier in dem Grabe ruht,
Steht von dem Tode siegend auf,
  Und nimmt auch dich in Himmel auf.

―――――

4.
Auf den Tod Seiner Majestät Friederichs, des ersten Königs von Würtemberg.

Melod II

1. Hier schlummert Friederich der Große,
    Der erste König Würtembergs,
  Und ruht im kühlen Erdenschooße
    Am Ende seines Tagewerks;
  Er legte ab die Königskron,
    Und stieg empor zu Gottes Thron.

2. Auf hohem Fürstenthron gebohren
    Ward von der weisen Vorsicht Hand
  Er zum Regenten auserkhren
    Für unser theures Vaterland,
  Und Ihm der Unterricht zu Theil
    Für seiner Unterthanen Heil.

3. Begabt mit allen Eigenschaften
    Begriff sein heller Geist geschwind
  Die Summe aller Wissenschaften,
    Die einem Herrscher nöthig sind,
  Wo mit erleuchtetem Verstand
    Er stets ein edles Herz verband.

4. Er wählte Preisens großen König
    Den Friederich zum Exemplar,
Und schon in Bälde fehlte wenig:
    Daß Er demselben ähnlich war;
Dann diente Er aus freyer Wahl
    In Rußlands Heer als General.

5. Dann trat Er kühn dem Feind entgegen,
    Der zahlenlos am Rhein erschien,
Um ihn zum Rückzug zu bewegen
    Mit weisheitvollem Heldensinn,
Und nur vor seiner Uibermacht
    War auf den Rückzug Er bedacht.

6. Und als Europa zwanzig Jahre
    Erschüttert war vom Kriegessturm,
So stand, gegründet auf das Wahre
    Und Rechte, Er als wie ein Thurm,
Und schwang zum wohlverdienten Lohn
    Sich auf zu seinem Königsthron.

7. Allein wie fielen seinem Herzen
    Die Friedensopfer doch so schwer!
Sein Vaterauge schwam vor Schmerzen
    In einem heissen Thränenmeer,
Als Er sein schönstes Heldenkohr
    In Rußlands blutg'em Krieg verlor.

8. Nun schloß Er mit Europas Mächten
    Aus freyer Wahl ein Freundschaftsband,
Die deutsche Freiheit zu erfechten
    Die uns geraubt der Feinde Hand,
Und zog mit seinem Kriegesheer
    Mit ihnen aus zu Sieg und Ehr.

9. Er gab den Kronprinz ihm zum Führer
   Auf seiner neuen Heldenbahn,
Und dieser gieng mit Lust zu ihrer
   Begeisterung voll Muth voran,
Und führte sie voll Tapferkeit
   Mit weiser Vorsicht in dem Streit.

10. Er führte sie voll Heldenmuthes
   Bei Montereau in Kampf und Schlacht,
Und zog zur Schonung ihres Blutes
   Nur vor zu großer Uibermacht
Der Feinde, welch ein Heldenstück!
   In schönster Ordnung Sich zurück.

11. Allein Er rückte plötzlich wieder
   Voran mit neuem Heldenmuth,
Und schlug die Reihn der Feinde nieder,
   Als wie die Saat der Schlossen Wuth,
Besetzte Sens und bald Paris,
   Das der besiegte Feind verließ.

12. So hatte uns den holden Frieden
   Der Fürsten Allianz gebracht,
Und Friederich war ohn' Ermüden
   Auf seines Volkes Wohl bedacht,
Und heilte bald in Fried und Ruh
   Des Krieges blut'ge Wunden zu.

13. Er führte, dieses zu bezwecken,
   Die ständische Verfassung ein,
Um das Vertrauen zu erwecken:
   Er woll Sich nur dem Volke weihn,
Und schloß nach seines Herzens Rath
   Sogleich mit Rom ein Konkordat.

14. Voll Vaterlieb organisirte
 Er der Regierung weisen Plan,
Nach dem er liebevoll regierte
 Und stellte weise Räthe an,
Nahm Selbst an der Regierung Theil
 Zu seiner Unterthanen Heil.

15. Er herrschte streng nach den Gesetzen,
 Die Er zu unserm Wohle gab,
Und sollte Jemand sie verletzen,
 So brach Er ihm sogleich den Stab.
Mit steter Unparteilichkeit;
 Doch war Er gnädig jederzeit.

16. Er strafte mächtige Verbrecher,
 Als wie den schwachen Bösewicht,
Und war der armen Unschuld Rächer,
 Gerecht und weis war sein Gericht:
Doch fand die wahre Besserung
 Gewiß bei Ihm Begnadigung.

17. Hingegen wurden die Verdienste
 Belohnt von seiner Vaterhand,
Und hätte sie der Allermindste,
 Er war ihm gnädig zugewandt.
Das Strafen schmerzte seine Brust,
 Und Wohlzuthun war seine Lust.

18. Kein Wunder also, wenn die Bösen,
 Aus Furcht vor seinem Strafgericht,
Ihm immer abgeneigt gewesen,
 Troz ihrer Unterthanenpflicht,
Die ihnen ihre Obrigkeit
 Wie Gott zu ehren streng gebeut.

19. Aus dieser bösen Herzensquelle
   Entsprang der kühne Mordanschlag,
Der, als ein Werkzeug aus der Hölle,
   Zum Königsmord bereitet lag;
Zum Glücke war dieß Attentat
   Entdekt, eh es gereift zur That.

20. Doch wehe den Regentenmördern,
   Die offenbar hienieden schon
Den nahen Untergang befördern
   Für ihre ganze Nation,
Die kühn sich gegen Gott empört;
   Wie deutlich die Geschichte lehrt.

21. Nicht so die braven Würtemberger;
   Sie lieben ihren König treu,
Indem ja kein Verbrechen ärger,
   Als Majestätsverbrechen sey,
Und sicher ist auf seinem Thron.
   Des Königs heilige Person.

22. Denn Allen machts der beßte König
   Bei größter Weisheit niemal recht,
Selbst den Gesetzen unterthänig,
   Ist Er, des höchsten Königs Knecht,
Und muß ihm einst von jeder Kraft
   Ablegen strenge Rechenschaft.

23. So ward vom Höchsten abgefodert
   Der erste König Würtembergs,
Und während seine Hülle modert
   Am Ende seines Tagewerks,
Geniesset schon den Tugendlohn
   Sein Geist bei Gottes Gnadenthron.

24. Denn immer hielt Er Sich zum Sterben
   Bereitet auf der Bahn der Pflicht,
Den Lohn der Tugend zu erwerben
   Beim strengen göttlichen Gericht,
Und machte noch sein Testament.
   Fünf Jahre schon vor seinem End.

25. Auf einmal kam ganz unerwartet
   Ein unbedeutender Katharr,
Der doch in kurzem ausgeartet
   In einen Krampf der Lunge war;
Verstärkt kam öfter dieser Krampf,
   Und brachte seinen Todeskampf.

26. Und ach! drei lange Tage währte
   Der fürchterlichste Todeskampf,
Weil stets der Anfall wiederkehrte
   Mit immer neu verstärktem Krampf;
Allein Er trug der Schmerzen Wuth
   Mit unbesiegtem Heldenmuth.

27. Am Ende mußte unterliegen,
   Den Schmerzen seine Kraftnatur,
Und Ihn des Todes Macht besiegen;
   Es schwand der Hoffnung letzte Spur:
Gelähmet war der Lunge Kraft,
   Und Er vom Tode hingerafft.

28. Die Pulse wurden immer schwächer,
   Es kam sein letzter Athemzug;
Er trank den bittern Todesbecher,
   Indem Gott sprach: Es ist genug.
Er rief in seiner Todesnacht,
   Wie Jesus aus: Es ist vollbracht.

29. So starb nach weiser Vorbereitung
    Der große König Friederich,
Und übergab Sich Gottes Leitung;
    Und sicher nahm Ihn Gott zu sich,
Und zeiget Ihm bei dem Gericht
    Gewiß ein holdes Angesicht.

30. Bei seiner Leiche stehn die Sprossen
    Des königlichen Stamms umher
In einen Thränenstrom zerflossen;
    Denn ach! ihr Vater ist nicht mehr!
Und des Kronprinzen Heldenherz
    Erbebte bei der Trennung Schmerz.

31. Mit Blitzesschnelle fuhr die Kunde
    Von seinem Tod durchs ganze Reich
Vertausendfacht in Merkurs Munde,
    Und traf als wie ein Donnerstreich
Der Unterthanen treues Herz,
    Und unbeschreiblich ist ihr Schmerz.

32. So starb im schönsten Mannesalter
    Der große König Friederich
Von Würtemberg, Dem als Verwalter
    Des Reiches nie der Stern verblich,
Der Ihm im Wohl fürs Vaterland
    Stets unverrückt vor Augen stand.

33. Deswegen schwimmt an seinem Grabe
    Des Vaterlandes Genius
Gebeugt an dem gebrochnen Stabe
    In einem heissen Thränenfluß,
Und blickt durch seinen Trauerflor
    Zu dem verlaßnen Thron empor."

34. Auf einmal sieht mit holden Blicken
    Er des Verklärten ersten Sohn,
Hebt Ihn voll Wonne und Entzücken
    Auf den verwaisten Königsthron,
Und gibt für den verlornen Schatz
    Ihn uns als König zum Ersatz.

35. Voll Hoffnung heben heitern Blickes
    Wir unterm düstern Trauerflor
Zum Unterpfande unsres Glückes
    Das tief gebeugte Herz empor
Zum König Wilhelm, Dessen Geist
    Den Vater zu ersetzen weist.

36. Laßt uns daher die Thränen hemmen,
    Die uns des Königs Tod erpreßt,
Und uns nach Gottes Rath bequemen,
    Der ja die Seinen nie verläßt,
Und uns der Hoffnung festen Stab
    In unserm König Wilhelm gab.

37. Nun ruhe sanft, zu früh Verklärter!
    Erhoben zu des Höchsten Thron,
Geniesse dort als treu Bewährter
    Den wohlverdienten Tugendlohn,
Wo Du als ein erprobter Fürst
    Mit Gott auf ewig herrschen wirst.

5.
Bei der Todesfeyer Seiner Erlaucht des Herrn Grafen von Erbach Warttemberg, Räth.

Melod. V.

Chor. Töne traurig, dumpfe Todtenglocke!
Bei dem Sarge unsres Grafen hier.

Duet. 1. Denn in wehmuthvoller Trauer,
Und noch nie gefühltem Schauer,

Chor. Klagen bebend unsre Herzen hier.

2. Schon der Brief mit schwarzem Siegel
War für uns ein Schreckenspiegel;
Und mit Angst eröffnen wir den Brief.

3. Ach! da lesen wir mit Grauen,
Kaum ist unsrem Aug zu trauen:
Daß der edle Graf in Gott entschlief.

4. Und es eilt von Mund zu Munde,
Wie der Blitz, die Schreckenskunde:
Ach! der Graf, der edle Graf ist todt!

5. Laut ertönt in aller Ohren:
Ach! es ist für uns verloren
Graf von Erbach Warttemberg und Rath.

6. Und aus schwer beklemmten Herzen
   Lösen sich die stummen Schmerzen
   Mit Gewalt in laute Klagen auf.

7. Und ein heisser Strom von Thränen,
   Nimmt bei unsern Klagetönen
   Unaufhaltsam seinen raschen Lauf.

8. O mit welchen Schmerzgefühlen,
   Muß der Gräfin Herz durchwühlen
   Ihres theuren Gatten früher Tod!

9. Denn wo wahrhaft edle Seelen
   Sich in heil'gem Bund vermählen,
   O da trennt sie schmerzlich nur der Tod.

10. Und der Kinder zarte Herzen,
    Ach! wie wurden sie von Schmerzen
    Bei des beßten Vaters Tod durchwühlt;

11. Dieses läßt sich nicht beschreiben,
    Alle Schilderungen bleiben
    Weit von dem, was sie dabei gefühlt.

12. Doch es ist ihm wohl gegangen,
    Denn sein einziges Verlangen
    War gestillt in einem guten Tod;

13. Und nach überstandnen Leiden
    Aerndtet er des Himmels Freuden
    Dort in ew'ger Seligkeit bei Gott.

14. Denn sein Wandel war voll Adel,
    Und beständig ohne Tadel,
    Und gemäß dem göttlichen Geboth.

15. Noch als Mann, wie in der Jugend,
    Uibte er die reinste Tugend
    Liebte mehr als Alles seinen Gott.

16. Jeden wie sich selbst zu lieben,
    Und sich stets im Wohlthun üben,
    War hienieden seine höchste Lust.

17. Und im schweren Tugendstreite
    Mit der Sinnlichkeit, entweihte
    Nie ein böser Willen seine Brust.

18. Dieses Alles soll uns trösten:
    Daß er dort bei dem Erlößten
    Ewig seinen Tugendlohn empfieng;

19. Und sein Geist in jenen Höhen,
    Wo wir ihn einst wieder sehen,
    Ein zu grenzenlosen Freuden gieng.

20. Unter wemuthvollen Thränen
    Innigst uns nach ihm zu sehnen,
    Ist uns immer angenehmste Pflicht;

21. Und so edel stets zu handeln,
    Und nach seinem Vorbild wandeln,
    Bis auch unser Herz im Tode bricht.

22. Denn was nuzen unsre Klagen?
    Warum wollen wir verzagen,
    Und verzweifeln ohne Trostesgrund?

23. Mag sein Leib im Grabe modern;
    Unsre treuen Herzen lodern
    Auf zu seinem Geist im Liebebund.

24. Zwar noch bluten sie, die Wunden,
Welche unser Herz empfunden
Als es hieß: der edle Graf ist tod;

25. Doch ein Blick auf seinen Erben
Läßt nicht unsre Hoffnung sterben,
Und erleichtert unsre schwere Noth.

26. Denn in seines Sohns Gemüthe
Lebet noch des Vaters Güte,
Lieget noch der Eltern Tugendschatz,

27. An der Seite seiner Mutter
Wird der Sohn gewiß als guter,
Wahrhaft edler Graf für uns Ersatz.

6.
Bei dem Grabe des hochwürdigen gnädigen Herrn Nikolaus Betscher, des letzten würdigen Prälaten des ehmaligen Klosters Münchroth.

Melod. III. XVIII.

1. Ach endlich ist es ihm gelungen,
   Des Menschenlebens größtem Feind,
Und endlich hat er ausgerungen,
   Im Todeskampf, der beßte Freund!
Schon hat sein letzter Puls geschlagen,
   O Brüder! weint ein Thränenmeer,
Und stimmet ein in unsre Klagen:
   Ach unser Freund! er ist nicht mehr.

2. Wie trug er nicht der Krankheit Schmerzen
   Mit gänzlicher Ergebenheit!
Wie war er nicht mit Ruh im Herzen
   Zum Sterben willig und bereit!
Doch ach! für uns ist er verloren,
   Denn wer ersetzt ihn, saget, wer?
Daher ertönt in Aller Ohren:
   Ach unser Freund! er ist nicht mehr.

3. Mit welcher Seligkeit erfüllte
   Sein Instrument oft unser Herz!

Mit süssen Harmonien stillte
   Er aller Leiden bittern Schmerz;
Nun aber schweigen seine Saiten
   Vor unserm lauschenden Gehör,
Nur sanfte Schwingungen begleiten
   Den Klageton: er ist nicht mehr.
4. Er war ein Vater wahrer Armen,
   Des Blinden Aug, des Tauben Ohr,
Und stand voll Mitleid und Erbarmen
   Den Wittwen und den Waisen vor;
Und nun, wer wird sie künftig nähren?
   Wer geben ihrem Fleh'n Gehör?
Vergebens fliessen ihre Zähren,
   Denn ach! ihr Vater ist nicht mehr.
5. Er stillte fremde Seelenschmerzen,
   Bemühte sich, ihr Trost zu seyn,
Und flößte kummervollen Herzen
   Vertrauen auf die Vorsicht ein;
Nun werden sie sein Grab umschlingen,
   Und suchen seine weise Lehr,
Verzweiflungvoll die Hände ringen,
   Denn ach ihr Trost! er ist nicht mehr.
6. Er both sein treues Herz dem Bunde
   Der Freundschaft in der Liebe dar,
Und Weisheit floß von seinem Munde,
   Wenn er in unsrer Mitte war;
Er würde freundlich uns noch sagen:
   Vergesset nicht die weise Lehr;
Bald wird auch eure Stunde schlagen,
   Bald Freunde! seydt auch ihr nicht mehr.

7. O laßt uns also seine Lehren,
 Und seine Tugend heilig seyn,
Wie er, des Höchsten Ruhm vermehren,
 Und uns der Menschenliebe weih'n;
Dann werden wir zu ihm erhoben
 Mit ihm besingen Gottes Ehr,
Und ewig seine Güte loben,
 Und selig seyn im Geisterheer.

―――――

7.
Bei dem Grabe des hochwürdigen Herrn Pfarrers Vinzenz Luz von Münchroth.

Melod. V.

Tiefe Trauer füllet unsre Seelen
 Bei des beßten Seelenhirten Grab.

1. Ach zu früh für seine Heerde
 Sank er in den Schoos der Erde,
Und mit ihm brach unsrer Hoffnung Stab,

2. Denn der Schlag, der ihn getroffen,
 Ließ uns keine Rettung hoffen,
Und es brach sein Lebensfaden ab,

3. Und von seinen Pfarrgenossen
 Wird ein Thränenstrom vergossen,
Denn ihr Führer, ach! er ist nicht mehr!

4. Und bei seiner jungen Leiche
 Jammern Arme, klagen Reiche:
Unser Liebling, ach! er ist nicht mehr.

5. Seine Lehre, seine Tugend
 War dem Alter wie der Jugend
War für alle stets ihr Tugendgrund,

6. Denn wie rein und lieblich floßen
 Stets vor seinen Pfarrgenossen
Jesu Lehren treu von seinem Mund!

7. Bei der Jugend in der Schule
 Wie im Beicht- und Predigtstuhle
War er stets ihr treuer Seelenhirt;

8. Bei den Kranken bis zum Tode
 War er stets ein Friedensbothe
Der getreulich sie zum Himmel führt.

9. Ja er war der Waisen Vater,
 Und der Wittwen Schutz und Rather,
Und der Schwachen ungebeugter Stab;

10. Alle Leiden zu versüssen,
 Wüschte er, wo Thränen fliessen,
Sie mit liebevollen Händen ab.

11. Ach! und doch so früh und plötzlich
 Riß der Tod, so unersetzlich,
Seinen kurzen Lebensfaden ab!

12. Alle, die ihn kannten, weinen
 Laut um ihn, und finden keinen,
Ach! sie finden keinen Rettungstab.

13. Ihm allein ist wohl gegangen,
 Weil er hier nach tausend bangen
Leidensstunden wahre Ruhe fand.

14. Selig wird er nun dort oben
 Gottes Weisheit ewig loben,
Dort in unserm wahren Vaterland.

15. Denn nicht ohne Vorbereitung,
 Und nicht ohne Gottes Leitung,
Schlief er ein in sanfter Todeshand.

16. Dort, in jenen sel'gen Höhen,
 Werden wir ihn wieder sehen,
Wenn auch uns der Tod bereitet fand.

17. Laßt uns also seine Lehren
 Durch Befolgung treu bewähren,
Wie er uns durch Wort und That verband;

18. Dann erstehen wir zum Leben,
 Und wir werden uns erheben
Auch wie er ins wahre Vaterland.

8.
Die Vergeltung.

Melod. XV.

Bei dem Grabe Napoleons des Großen.

1. Hier liegt der größte Mann bedeckt
   Von einem Grabeshügel;
   Gezwungen hat er abgelegt
   Die Despotismuszügel:
   Nun hat er auch den Wanderstab
   Des Lebens abgelegt,
   Und sich in diesem Felsengrab
   Zur Ruhe hingestreckt.

2. Er war der Leidenschaften Spiel,
   Die seine Brust zerrissen,
   Und hatte weder Rechtgefühl,
   Noch Tugend, noch Gewissen;
   Nun aber ist ihr wilder Sturm
   Im Grabe hier gestillt,
   Weil nun dafür des Todes Wurm
   Die hohle Brust durchwühlt.

3. Wie geizte er nach Geld und Gut,
   Nach Herrschsucht, Ruhm und Ehre!
   Wie lechzte er nach Menschenblut,
   Als wenn es ihn ernähre!

35

Hier aber ist sein armes Herz
  Sogar vom Blute leer,
Und todt und kalt, wie Stein und Ertz,
  Und regt sich nimmermehr.

4. Europas Herrscher krochen hin
  Vor ihm gebeugt im Staube,
Und wurden seinem Herrschersinn,
  Besiegt von ihm, zum Raube;
Hier aber ward er selbst ein Raub
  Der starken Todeshand,
Und seine Macht zerfällt in Staub,
  Aus welcher sie entstand.

5. Er spielte wie mit einem Ball
  Mit Königen und Kaisern,
Und schmückte sich nach ihrem Fall
  Mit ihren Lorbeerreisern;
Allein sie schlossen einen Bund,
  Erwiederten das Spiel,
Und setzten ihn gefangen, und
  An seiner Thaten Ziel,

6. Dort schlug er jede Völkerschaft
  Europas in die Ketten
Der Sklaverey, um ihre Kraft
  Und Freiheit zu zertretten;
Hier hat der Völker Allianz
  Die Freiheit ihm geraubt,
Zertretten ihm den Siegeskranz
  Auf seinem stolzen Haupt.

7. Es konnte sich kein andrer Held
    Mit seiner Größe messen;
Er hätte noch die ganze Welt
    Durch seine Macht gefressen:
Doch hier, im öden Grabe, mißt
    Mit ihm sein Leichenstein,
Und schmutziges Gewürme frißt
    Sein Fleisch und Mark und Bein.

8. Die Menschen gab er alle preis
    Als Mittel ihm zu dienen;
Er hatte millionenweis
    Gemordet unter ihnen:
Hier aber liegt er unbewegt,
    Und preis= und athemlos,
Vom Todespfeile hingestreckt,
    Bedeckt mit kaltem Moos,

9. Denn hatte er in einer Schlacht
    Zehntausend Mann verloren,
So hat Paris in einer Nacht
    Ihm zehnmal mehr geboren:
Hier aber kam die Reihe auch
    Zum Todeskampf an ihn;
Er gab in seinem letzten Hauch
    Sich der Verwesung hin.

10. Und wenn er durch die Helden ritt,
    Die starben, ihn zu retten,
So trieb er sein Gespött damit,
    Und sagte: pah! die Krötten!

Hier nahet sich an seiner Gruft
    Die Rache durch Gespött
In der pikanten Rede Luft:
    Hier liegt die kleine Krött!

11. Er führte seiner Helden Heer
    Nach Ost, Süd, West und Norden,
Und ließ sie dort zu seiner Ehr'
    In blut'gen Kriegen morden,
Und kehrte dann allein zurück
    Gekrönt mit Ruhm und Sieg:
Hier aber untergieng sein' Glück,
    Wo er zu Grabe stieg.

12. Und statt zu sterben in der Schlacht,
    Auf diesem Ehrenbette,
War vielmehr darauf er bedacht;
    Wie er sein Leben rette.
Aus feiger Todesfurcht ergriff
    Er in Gefahr die Flucht:
Hier aber wurde dieser Kniff
    Umsonst von ihm versucht.

13. Es ist sein Heldenleben so
    Im Osten, West und Norden,
Bei Leipzig und bei Waterloo,
    Durch Flucht gerettet worden;
Er wollte selbst auf Helena
    Entfliehen seiner Noth,
Und wurde seinen Hütern da
    Entführt sogar vom Tod.

14. Er brauchte die Religion
 Als Mittel seiner Zweke,
Und sprach von ihr mit Spott und Hohn,
 Der Frevlende, der Keke;
An seinem Grabe vindizirt
 Sie nun ihr altes Recht,
Wo Gottes' Hand die Waage führt
 Und jeden Frevel rächt.

15. Er hielt fünf Jahre lang in Haft
 Den Stellvertretter Gottes,
Und machte dessen Eigenschaft
 Zum Ziele seines Spottes;
Gerad so lang hat seine Haft
 Auf Helena gedaurt;
In ewige Gefangenschaft
 Ist er nun eingemauert.

16. Mit kühner undankbarer Hand
 Verstieß er Josephinen,
Und schloß ein neues Eheband
 Mit heuchlerischen Mienen;
So ward die zweite Kaiserin
 Entrissen seiner Hand,
Obwohl er stets mit festem Sinn
 Der Trennung widerstand.

17. Er hat durch seine Kriegeswuth
 Die ganze Welt erschüttert,
Und niemal hat sein Heldenmuth
 In diesem Kampf gezittert;
Hier aber hat sein Felsenherz

Gezittert vor dem Tod,
Denn dieser treibet keinen Scherz,
Und kennt kein Machtgeboth.

18. Nur seinem Machtgeboth allein
Muß Alles unterliegen;
Da helfen keine Schmeicheleyen,
Kein Fleh'n, kein betrügen,
Da hülft kein Pulver, keine Macht,
Kein Dolch, kein Bajonet,
Er respektiret keine Pracht,
Und keine Majestät.

19. So wurde dieser große Held
Von Gottes Hand ergriffen,
Um ihn am Ende dieser Welt
In jene einzuschiffen;
Die starke Hand des Todes griff
Das Ruder an mit Kraft
Und brachte ihn auf seinem Schiff
Ins Land der Rechenschaft.

20. Und nun! wie wird er beim Gericht
Vor Gottes Thron bestehen,
Der allergröste Bößewicht,
Den je die Welt gesehen? —
Verwegner, der in solchem Ton
Die kühne Frage wagt!
Hat nicht uns allen Gottes Sohn
Das Urtheil untersagt?

21. Er sagte: richtet nicht, damit
Ihr nicht gerichtet werdet;

Und als er für die Sünder litt,
　　Wie hat er sich geberdet?
Er bath zu seinem Vater um
　　Verzeihung Gnad und Huld,
Denn ach! sie sind so blind und dumm,
　　Und klein ist ihre Schuld.
22. Es bleibt uns also noch ein Strahl
　　Der süssen Hoffnung über:
Er komme durch des Todesthal
　　Ins Lebensreich hinüber,
Wenn auch noch eine Zögerung
　　Zu dieser Gnad besteht,
Und durch das Feu'r der Reinigung
　　Die grosse Reise geht.
23. Er wollte ja nach seinem Plan
　　Die Menschen nur beglücken,
Und ließ sich nur in blindem Wahn
　　Das hohe Ziel verrücken;
Auch hat die Vorsicht sicherlich
　　Das Meiste selbst gethan,
Und machte also einen Strich
　　Durch seinen Herrscherplan.
24. So hatte Gott zur Züchtigung
　　Als Geisel ihn gezwungen,
Dabei sich unsre Besserung
　　Zur Schonung ausbedungen;
Durch diese hatte Gott erreicht
　　Den vorgestekten Zweck,
Und warf, durch unser Flehen erweicht,
　　Die blut'ge Geisel weg.

25. Er hatte sicher noch bereut
　　　Die Thorheit seiner Thaten,
Und würde, hätte er noch Zeit,
　　　Des Bessern sich berathen;
Allein geschehen bleibt geschehen,
　　　Vorüber ist die Zeit;
Er konnte nur um Gnade fleh'n,
　　　Und um Barmherzigkeit.

26. Wie hat er schon für seine Schuld
　　　So schwer gebüßt auf Erden,
Mit heldenmüthiger Geduld
　　　Ertragen die Beschwerden,
Die Gottes Hand auf ihn gelegt
　　　Zur Strafe seiner Schuld!
Und wer die Strafe willig trägt
　　　Erwirbt sich Gottes Huld.

27. Gott hat ja noch Begnadigung
　　　Auch für den grösten Sünder,
Er will ja nur die Besserung
　　　Der se verirrten Kinder;
Er will den Tod des Sünders nicht,
　　　Und wenn er sich bekehrt,
So wird beim göttlichen Gericht
　　　Sein Fleh'n um Gnad' erhört.

28. Nun lasset uns bescheiden in
　　　Den eignen Busen greifen,
Und sehn, ob nicht in bösem Sinn
　　　Wir selbst zur Hölle reifen!
Denn öfter sitzt Napoleon

In unsrer stolzen Brust,
Nur kleiner, auf dem Lasterthron,
In und herrscht in böser Lust.

29. Nur fehlt es uns an seiner Kunst,
An seinen Fähigkeiten,
Und an des Glükes holder Gunst,
Und an Gelegenheiten;
Wir würden sonst vielleicht noch mehr,
Als er, des Bösen thun,
Und einstens nicht so sanft, wie er,
Im stillen Grabe ruh'n.

30. Denn Gott bestrafet, wie die That,
So auch den bösen Willen,
Wenn wir aus Ohnmacht gleich den Rath
Der Sünde nicht erfüllen;
Wer aber Gutes will, obgleich
Er es nicht üben kann,
Der wird belohnt im Himmelreich,
Als hätt' er es gethan.

31. Laßt uns daher zu jeder Zeit
Nichts Gutes unterlassen,
Wozu uns Gott die Kraft verleiht,
Und jede Sünde hassen;
Denn dort wird ja kein Bösewicht,
Der Böses will, verschont,
Hingegen, wo die Kraft gebricht,
Der Willen selbst belohnt.

32. Ihr aber, die ihr grosse Macht
Zum Gutesthun besitzet,

Seydt auf der Völker Wohl bedacht,
　　Und thut, was ihnen nützet;
Bedenkt: es kommt ja dort für euch
　　Auch die Vergeltungszeit;
Damit euch Gott im Himmelreich
　　Den Tugendlohn verleiht.

33. Nun ruhe sanft, erhabner Held!
　　In deinem Felsengrabe;
Wir hoffen: daß in jener Welt
　　Dir Gott verziehen habe,
Wir wenigstens verzeihen dir
　　Was du uns Leids gethan;
O kämen wir doch einst dafür
　　Mit dir im Himmel an.

―――――――

9.
Bei dem Grabe eines Mannes, der von Jägern erschossen wurde.
Melod. III. XVIII.

1. O welche trauervolle Leiche
    Versenkten wir in dieses Grab!
Er stürzte, wie vom Blitzesstreiche
    Getroffen, in den Tod hinab.
Er hatte kühn sich unterwunden,
    Zu üben eine Frevelthat,
Und leider seinen Tod gefunden,
    Und mußte sterben ohne Gnad.
2. Er war dem Müßiggang ergeben,
    Wie leider! viele Menschen sind,
Und hatte also nicht zu leben
    Genug für sich und Weib und Kind;
Verfiel daher auf den Gedanken:
    Das schöne Wild im Walde sey
Für Jedermann, und ohne Schranken
    Steh es zu schiessen jedem frey.
3. Er gieng daher mit zween Kamraten,
    In einer schönen Sommernacht,
Um sich zu holen einen Braten,
    In einen Wald mit Vorbedacht.
Sie standen an auf einer Höhe
    Und lokten durch das Rufsgeschrey
Das Wild herbei in ihre Nähe,
    Daß besser es zu treffen sey.

4. Es kam, und stand vor ihren Bliken,
    Sie sahns, und zielten alle drey,
Und im Begriffe; loszudrüken,
    Erschraken sie durch ein Geschrey;
Denn: Hallt! erscholls in ihren Ohren;
    Die Jäger hatten aufgepaßt,
Und sich zu ihrem Tod verschworen,
    Und sie schon auf die Muk gefaßt.

5. Sie wollten der Gefahr entspringen,
    Und flohn davon in rascher Eil;
Allein in einem Nu durchdringen
    Drei Schüsse sie wie Donnerkeil;
Sie stürzten hin an ihren Wunden,
    Und raften schnell sich wieder auf,
Doch als der Schreken kaum verschwunden
    Versagten ihre Füß den Lauf.

6. Sie sanken hin sich zu erhollen,
    Von der Entkräftung auszuruhen,
Und fragten sich zu spät: was sollen,
    Was können nun wir Arme thun?
Der eine lispelte: mir tosen
    Die Ohren, und ich seh nichts mehr,
Der andre sprach: und in den Hosen
    Lauft mir das warme Blut umher;

7. Der dritte sprach: ich kann nichts klagen,
    Als daß ich recht erschrocken bin;
Gott Lob und Dank; allein wo tragen
    Wir nun den Halbentseelten hin?
Der aber seufzte: laßt mich liegen,

Und bindet meine Wunden zu,
Sonst fall ich in die letzten Zügen,
Und schließ im Tod die Augen zu.
8. Sie thatens unter Thränenblicken,
Und trugen langsam ihn nach Haus;
Da mußte er im Blut erstiken
Und hauchte seine Seele aus. —
Und welch ein Schrecken! welche Schmerzen;
Als dieses Weib und Kinder sah'n
Drangs ihnen wie ein Dolch zum Herzen,
Sie fiengen laut zu schreien an.
9. Doch alles Schreyen war vergebens
Sein Leben kehrte nicht zurück;
Der Funken des erloschnen Lebens
Erwacht durch keinen Thränenblick;
Vergebens weinen sie, und winden
Sich klammernd ihre Hände wund,
Sie grämen sich umsonst, und finden
Doch nirgends einen Trostesgrund.
10. Sie rufen zwar des Himmels Rache
Um Straf für seine Mörder an;
Allein die Straf ist Gottes Sache
Gerechtigkeit sein weiser Plan.
Und ach! was ist ein Menschenleben
In einem wilden Jäger=Blick!
Sie schössen einen todt, und gäben
Um keinen Haasen ihn zurück.
11. Und wenn sie dir das Leben rauben
Als wie dem größten Bösewicht,
So sind sie schadenfroh, und glauben

Gethan zu haben ihre Pflicht,
Und ziehen jubelnd sich zurück
In ihrer Wälder schwarze Nacht,
Als hätten sie ein Heldenstück,
Und keinen Menschenmord vollbracht.
12. So gehts, wenn auf verbothne Weise
Sich Jemand zu ernähren sucht;
Die ungerecht erworbne Speise
Ist die für ihn verbothne Frucht,
Und bringet, statt ihn zu ernähren,
Das End von seinem Lebenslauf,
Und ungerechte Güter zehren
Auch die mit Recht erworbnen auf.
13. Laßt uns daher die Diebereyen
In Haus und Feld und Wäldern fliehn,
Und unser Brod aus einer treuen
Berufs= und Pflichterfüllung ziehn;
Dann strebt uns Niemand nach dem Leben
Wir leben lang und werden alt,
Und dürfen einstens nicht erbeben
Vor strenger Todes Allgewalt.
14. Nun ruhe sanft in deinem Grabe,
Du armer, mitleidwerther Mann!
O daß dir Gott verziehen habe,
Was du vielleicht aus Noth gethan.
Wir aber wollen stets zufrieden
Mit unserm Stand und Gute seyn,
Dann gehen, sind wir hier verschieden,
Wir sicher dort zum Leben ein.

10.
Bei dem Grabe eines erschossenen Jägers.

Melod. I.

1. In diesem neuen Grabe ruht
   Der Leib von einem Manne.
Er fiel durch seiner Feinde Wuth
   Als wie die Riesentanne,
Die gäh durch einen zacken Blitz,
Von todesschwangerm Wolkensitz,
   Gefällt zu Boden sinket.

2. Er gieng als Jäger in den Wald
   Auf Pfaden die ihn führen,
Um des Gewildes Aufenthalt
   Und Wechsel auszuspüren,
Und stürzte auf der Bahn der Pflicht
Von einem kühnen Bösewicht
   Durch Meichelmord erschossen.

3. Er fiel, und schwamm in seinem Blut,
   Und blieb im Walde liegen,
Und röchelte voll Schmerzenwuth
   In seinen letzten Zügen;
Und hauchte seine Seele aus,
Und kam daher nicht mehr nach Haus
   Zu der bestimmten Stunde.

4. Man harrte seiner lange Zeit
    Im Kreise seiner Lieben,
Und fragte sich: Wo ist wohl heut
    Der theure Mann geblieben?
Und wurde für sein Leben bang;
Denn ach! er hätte ja schon lang
    Zurüke kehren sollen.

5. Man fand daher für nöthig, ihn
    Im Walde aufzusuchen,
Und sah begierig her und hin
    Durch Birken, Tannen, Buchen,
Da blieb kein Dükicht undurchsucht,
Doch leider immer ohne Frucht
    Des glüklichen Entdekens.

6. Nun schrie man über kreuz und quer,
    Und nannte seinen Namen,
Wovon doch keine Töne mehr
    In seine Ohren kamen;
Vergebens schrie man hin und her,
Das Echo rief: er ist nicht mehr,
    Er ist nicht mehr am Leben.

7. Sein Perdei lag dem todten Herrn
    Getreu an seiner Seite,
Vernahm daher von weiter Fern
    Den Ruf bekannter Leute,
Verließ sogleich in rascher Eil
Den Herrn und kam im Klaggeheul
    Den Suchenden entgegen.

8. Er wedelte, und gieng voran!
 Durch Bäume und Gesträuche,
Und führte sie auf seiner Bahn
 Zu seines Herrn Leiche.
Und welch ein Klaggeschrey entstand
Als man die starre Leiche fand
 Vom Todesarm umschlungen!

9. Denn, welch ein Anblik! ach! da lag
 Der Jäger todtgeschossen;
Gekommen war sein letzter Tag,
 Sein Auge war geschlossen,
Und taub sein Ohr für jeden Ton,
Und seine kalte Lippe schon
 Von Füchsen angefressen.

10. Das hat, so sagte Jedermann
 Sogleich ganz unverholen,
Das hat ein Wilderer gethan,
 Der Teufel soll ihn holen,
Und sich dann aus dem Staub gemacht. —
Allein was nützte der Verdacht
 Beim Mangel an Beweisen?

11. Man machte also ein Gerüst,
 Die Leiche heimzutragen,
Da doch kein Trost vorhanden ist,
 Und hört nicht auf zu klagen,
Und schwört der wilden Mörderbrut
Der Wilderer in blinder Wuth
 Die fürchterlichste Rache.

12. Und erst noch: als die Jägerin
    Den todten Mann erblikte!
Sie sank wie todt in Ohnmacht hin,
    Und ihre Brust durchzükte
Der Anblik wie ein Donnerkeil,
Und ihrer Kinder Klaggeheul
    Erwekte sie zum Leben.

13. Allein die Frau erwachte nur
    Zu namenlosen Schmerzen;
Sie sah der Wunden tiefe Spur
    In ihres Gatten Herzen;
Er lag in ihrem Arm und ach,
Sie wusch in einem Thränenbach]
    Das Blut aus seinen Wunden.

14. O! rief sie aus: wer wird nun mich
    Und meine Kinder nähren?
O daß für meinen Mann doch ich
    Und sie gestorben wären!
Denn ohne seine Nahrung droht
Der fürchterlichste Hungertod
    Uns langsam aufzureiben.

15. Man mußte endlich ihrem Arm
    Den todten Mann entwinden,
Und ach! sie weißt für ihren Harm
    Kein Mittel auszufinden;
Ihr Ach verhallet in der Luft,
Und schon ist in die Todtengruft
    Ihr Mann hinabgesunken.

16. So ist der edle Jägerstand
	Nicht nur an sich beschwerlich,
Er wird auch durch die Mörderhand
	Der Wilderer gefährlich;
Denn, wie bei Wilden, herrschet auch
Noch unter beiden der Gebrauch,
	Einander todt zu schiessen.

17. Seyd also, Jäger! nicht so streng,
	Und wenn die Wildrer fliehen,
So laßt sie sich aus dem Gedräng
	In Gottes Namen ziehen,
Und schiesset ihnen blindlings nach,
Um durch des Feurgewehrs Gekrach
	Sie künftig abzuschreken.

18. Und merkt: wer lange leben will,
	Muß andre leben lassen;
Und stände auch ein Wildrer still,
	Euch auf die Muk zu fassen,
So fliehet lieber selbst davon,
Sonst ist am Ende beider Lohn,
	Daß ihr erschossen werdet.

19. Du aber, Wittwe! tröste dich
	Mit deinen armen Waisen,
Und denke: Gott wird sicherlich
	Sie, wie die Raben, speisen.
So tröste jede Wittwe sich,
Der allzufrüh der Mann verblich
	In kalten Todesarmen.

20. Verzeiht den Mördern seinen Mord,
 Wie Jesus einst verziehen,
Und denket nur, sie werden dort
 Der Strafe nicht entfliehen,
Denn wer des Bruders Blut vergießt,
Und Menschen wie das Wild erschießt,
 Ist reif zur Höllenstrafe.

21. Nun ruhe sanft, Unglüklicher!
 In deinem frühen Grabe,
Wir hoffen, daß dir Gott der Herr
 Die Schuld verziehen habe,
Die du aus Mangel an der Zeit
Vielleicht noch nicht genug bereut,
 Und noch bereuen würdest.

22. Laßt uns daher die Tugendbahn
 Mit weiser Vorsicht wallen;
Denn ohne einen Mörder kann
 Uns gäh der Tod befallen;
Dann werden wir bei dem Gericht
Besteh'n, und Gott von Angesicht
 Zu Angesichte sehen.

11.
Bei dem Trauergottesdienst für die im Jahre 1812 in Rußland gefallenen Brüder.

Melod. III.

1. Ach, ach! des Krieges Flamme lodert!
    Und welch ein fürchterlicher Krieg.
Denn ach! wie viele tausend fodert
    Er auf zum Sterben oder Sieg!
Da rollen millionen Thränen,
    Da fließet stromweis Menschenblut;
Nur dieses kann den Feind versöhnen,
    Nur hemmen dieß des Krieges Wuth.

2. Schon schlägt der Trennung bittre Stunde
    Zum letzten stummen Lebewohl,
Schlägt unsern Herzen eine Wunde,
    Die lang und schmerzlich bluten soll;
Denn ach! sie raubt uns unsre Brüder,
    Und ganz umsonst ist unser Fleh'n;
Nie kehren sie, die Theuren, wieder,
    Nie werden wir sie wieder seh'n.

3. Dort eilen sie dem Feind entgegen,
    Der schon zum Kampf bereitet steht,
Wo unter einem Kugelregen
    Der Tod von Glied zu Gliedern geht;

Nur Tod verkündet die Kanone,
  Die mordend Leich auf Leiche thürmt,
Vergebens rufen sie: verschone,
  Wenn sie des Feindes Schwerdt bestürmt.

4. Zwar streken sie der Feinde viele
  Zu Boden hin mit Löwenwuth,
Doch führt es nicht zu ihrem Ziele,
  Vergebens ist ihr Heldenmuth;
Der Feind ist zwar besiegt und weichet
  Der tapfrer Deutschen Macht und Drang,
Doch leider! dieser Sieg gereichet
  Den Siegern selbst zum Untergang.

5. Der grausam schlaue Feind verheerte
  Auf seinem Rückzug Stadt und Land,
Daß in der Hoffnung die er nährte,
  Der Sieger sich betrogen fand.
Dann wurde noch von Feindes Seite
  Des Siegers Rüken selbst bedroht,
Und unsre muthbeseelten Leute
  Geriethen so in größte Noth.

6. Aus diesem schreklichen Gedränge
  Zog man, zu retten sich zurük;
Allein da traf die ganze Menge
  Das fürchterlichste Mißgeschik:
Die Kälte stieg mit jedem Tage,
  Der Mangel wuchs mit jedem Schritt,
Und brachte sie in eine Lage,
  Wo Hoffnung mit Verzweiflung stritt.

7. An ihrem Eingeweide nagte
    Des heissen Hungers scharfer Zahn,
Und ihre trokne Zunge klagte
    Das Mißgeschik vergebens an:
Die Wärme wich aus allen Gliedern,
    Das Blut im Herzen blieb zurük,
Und unter starren Augenliedern
    Erstarb in Eis ihr Thränenblik.

8. Vor Hunger, Durst und Kälte fielen
    Die Krieger tausendweis, und Pferdt',
Und seine Rache abzukühlen
    Kam noch dazu der Feinde Schwerdt.
So starben sie, die theursten Brüder
    Den schönen Tod fürs Vaterland.
Doch weinet nicht in unsre Lieder,
    Sie starben ja in Gottes Hand.

9. Laßt uns voll Mitleid ihre Seelen,
    Des Höchsten Allbarmherzigkeit,
Und seiner Vaterhuld empfehlen;
    Denn Gott ist gnädig und bereit,
Der Liebe Bitten zu erhören,
    Und zu erfüllen unser Fleh'n.
Versieget nun ihr heissen Zähren!
    Dort werden wir sie wieder seh'n. —

12.
Bei dem Grabe des Konrad Bek, der am Nervenfieber starb.

Melod. I.

1. Hier gieng der Söldner Konrad Bek
  In jene Welt hinüber;
Er ward in beßter Kraft hinweg
  Gerafft vom Nervenfieber,
Er wurde nemlich angestekt,
Und so zum Tode hingestrekt
  Von dieser schweren Krankheit.

2. Das Kriegesloos war durch den Sieg
  Der Allianz entschieden,
Und aufgelößt der blut'ge Krieg
  In allgemeinen Frieden;
Der Weltenstürmer Bonapart,
Der einz'ge Friedensstörer, ward
  Verbannt auf Elbas Insel.

3. Die Sieger legten aus der Hand
  Die ruhmgekrönten Waffen,
Und kehrten heim ins Vaterland
  Sich Ruhe zu verschaffen.
So kam auch von dem großen Heer
Ein kleines Heldenchor hieher,
  Und wurde einquartiret.

4. Dabei befand sich, äusserst schwach,
    Ein Rekonvaleszente,
Der sich mit heissem Heimweh nach
    Dem theuren Herde sehnte,
Und dunstete im ganzen Haus
Das Gift des Nervenfiebers aus,
    Um andre anzusteken.

5. Von diesem wurden angestekt
    Der Mann mit Weib und Kindern,
Und hin aufs Krankenbett gestrekt.
    Um ihren Tod zu hindern
Rief man sogleich den Physikus,
Der allen Kranken den Genuß
    Der Schlottermilch empfohlen

6. Er wollte so die Fieberhitz
    Durch ihre Kälte dämpfen,
Und so des Uibels ersten Sitz
    Im Magen schon bekämpfen;
Doch bei dem theuren Konrad Bek
War dieser wohlgemeinte Zwek
    In Bälde schon vereitelt.

7. Die Macht des Fiebers widerstand
    Den angewandten Mitteln,
Und nahm gewaltsam überhand,
    Im Tod ihn einzurütteln;
Er fiel in Zukungen und Krampf,
Um in dem schweren Todeskampf
    Sein Leben zu beschliessen.

8. Er röchelte zehn Stunden lang
    In seinen letzten Zügen,
Und mußte endlich todesbang
    Im Kampfe unterliegen;
Er neigte sanft sein Haupt und starb
In einer Ledergelben Farb,
    Als wie am gelben Fieber.

9. Indessen lag das kranke Weib
    Bewußtlos an der Seite
Von ihres Mannes todtem Leib,
    Des Nervenfiebers Beute,
Und wußte nichts von seinem Tod,
Und wurde selbst von ihm bedroht
    In ihrer Krankheit Schwäche.

10. Da liegt er nun, des Todes Raub,
    Im kühlen Schoos der Erde,
Und schon zerfällt sein Leib in Staub,
    Daß er zur Asche werde;
Sein reiner Geist hingegen stieg,
Nach diesem schwer erkämpften Sieg,
    Empor zu seinem Schöpfer.

11. Denn immer war zum Tod als Christ
    Bereitet er durch Tugend;
Obwohl er nun gestorben ist
    In vollster Kraft der Jugend,
So fand er doch in jener Welt,
Wo Gott ein strenges Urtheil fällt,
    Gewiß des Richters Gnade.

12. Allein in Bälde hatte schon
      Sich ausgedehnt das Fieber,
Und gieng dem Widerstand zum Hohn;
      In viele Häuser über,
Es lagen von ihm angestekt,
Auf's Schmerzenlager hingestrekt,
      Schon siebenzehn Personen.

13. Man mußte also eiligst auf
      Die beßten Mittel denken,
Den todtgebährenden Verlauf
      Zum Leben einzulenken,
Um durch den pünktlichsten Gebrauch
Derselben doch den Gifteshauch
      Der Seuche zu erstiken.

14. Vor allem wurde dieß bezwekt
      Durch Trennung der Gesunden
Von denen, die schon angestekt,
      Und streng dazu verbunden,
Und dann gesorgt für reine Luft,
Durch sie den gifterfüllten Duft
      Der Kranken zu entfernen.

15. Dann drang man drauf mit Pünktlichkeit
      Die Kranken zu bedienen,
Gab ihnen zur bestimmten Zeit
      Die beßten Medizinen,
Und hielt sie reinlich früh und spät,
Und wich nicht ab von der Diät
      Vom Arzte vorgeschrieben.

16. So wurden nicht mehr angestekt,
    Von Kranken die Gesunden,
Und der Genesung Ziel erwekt
    In Bälde war verschwunden
Die nervensi'brische Gefahr,
In welcher doch ganz offenbar
    Schon sechzig Menschen schwebten.

17. So fand in einer kurzen Zeit
    Das Uibel seine Schranken.
Drum laßt uns Gott mit Herzlichkeit
    Für diese Gnade danken,
Und widmen unsre Lebenszeit,
Die er uns gnädig noch verleiht,
    Der Frömmigkeit und Tugend.

18. Denn ohne dieses lebten wir
    Zwar länger noch auf Erden,
Und würden einstens nur dafür
    Noch mehr gestrafet werden,
Wenn wir zur Lasterhaftigkeit
Die gnädig uns geschenkte Zeit,
    Und nicht zur Tugend, brauchten.

19. Am Ende der Epidemie
    Ist des Verdienstes Orden
Dem Pfarrer wegen seiner Müh'
    Zur Ehr verliehen worden,
Der nichts, als seine Pflicht gethan,
Er nahm ihn dankdurchdrungen an
    Als Gnade seines Königs.

20. Nun ruhe sanft in deinem Grab
  O Bruder! von den Leiden,
Die Jesus dir zu dulden gab;
  Sie werden dort in Freuden
Auf ewig nun verwandelt seyn,
Denn alle Frommen gehen ein
  Ins Reich des ew'gen Friedens.

———

12.
Bei dem Grabe eines Singvereins=Mitgliedes.

Melod. VI.

1. Hier stehen wir in tiefer Traur und beben,
  Und senken unsern düstern Blik hinab;
In schwarzen ahnungvollen Bildern schweben
  Vor unserm Thränenblike Tod und Grab:
Denn ach! hier modert einer unsrer Brüder,
  Hinabgesunken in die kalte Gruft,
Und laut ertönen unsre Klagelieder,
  Und wiederhallen fruchtlos in der Luft.

2. Wir sahen liebend ihn vor dreien Tagen
  Gesund und froh in unserm Singverein;
Auf einmal hat sein letzter Puls geschlagen,
  Und heute schliesset schon der Sarg ihn ein;

Er sang entzükt in unsern frohen Chören,
　Wir hörten seine Stimme nur mit Lust;
Als plözlich ihm vergiengen Seh'n und Hören,
　Und Ströme Bluts entquollen seiner Brust.

3. Da sank er nun in Todesblässe nieder,
　Der Athem blieb in seiner Brust zurük,
Gelähmet waren alle seine Glieder,
　Und trüb und stier sein sonst so holder Blik.
Man suchte zwar ihn wieder zu beleben,
　Und wandte sorglich alle Mittel an;
Doch leider! alle Hülfe war vergeben,
　Und keine Hoffnung, was man auch gethan.

4. Da wurden plözlich unsre frohen Lieder·
　Verwandelt in den tiefsten Klageton;
Verblichen war der theurste unsrer Brüder,
　Und sein so theures Leben floh davon:
Versteinert stehen wir um seine Leiche,
　Und bange schlägt beklommen unser Herz;
Doch seine Seele schwebet schon im Reiche
　Der Seligen, und hob sich himmelwärts.

5. Ja sicher steht er mit den Engelchören,
　Von Lieb entglüt, im höchsten Singverein,
Und stimmet dort, den Höchsten zu verehren,
　In ihre schönsten Harmonien ein;
Denn unzertrennlich ist das Band der Liebe,
　Das Gottes Hand um unsre Herzen schlang,
Der Tod befriedigt unsrer Freude Triebe,
　Und löst sie auf in himmlischen Gesang.

6. Ja, Gottes Hände leiten unser Leben
   Von der Empfängniß bis zum Leichenstein,
Denn er hat es ja liebend uns gegeben,
   Und wird auch ewig sein Erhalter seyn.
Bald wird auch unser Schikfal sich enthüllen,
   Bald auch sich enden unsre Lebenszeit.
Mit welchem Troste muß uns nun erfüllen
   Die feste Hoffnung auf Unsterblichkeit.

7. So möge dann die morsche Hülle brechen,
   Die unsre Seelen hier gefangen hält;
Wir können voll der festen Hoffnung sprechen,
   Beim Uibergang in jene beßre Welt:
Dort werden wir einander wieder sehen
   Mit allen Seligen im Singverein,
Auch unsre Leiber werden auferstehen,
   Und mit den Seelen ewig selig seyn.

8. Soll uns jedoch zu diesem Ziele führen
   Am Ende dieser Lebensbahn der Tod,
So muß auch unser Willen harmoniren
   Beständig mit dem göttlichen Geboth;
Denn sollten wir mit Gott noch dissoniren,
   So blieb auf ewig diese Dissonanz;
Wenn wir mit ihm hingegen harmoniren,
   So flicht er uns in seinen Liederkranz.

14.
Bei der Leiche einer jungen Frau, die auszehrte.
Melod. VIII.

1. Endlich ruht von ihren Schmerzen
    Unsre Schwester hier im Grab,
Die mit liebevollem Herzen
    Gottes Willen sich ergab.

2. In des Lebens vollster Blüthe
    Welkte langsam sie dahin,
Doch mit christlichem Gemüthe
    Gieng zu Gott ihr Herz und Sinn.

3. Schon vor vielen Monden fühlte
    Sie der Krankheit erste Spur,
Doch des Todes Zahn durchwühlte
    Ihre Brust in Stille nur.

4. Langsam schwanden ihre Kräften,
    Brust und Magen wurden schwach,
Und verdarben ihre Säften,
    Und die Schmerzen wurden wach.

5. Keine Mittel wollten frommen,
    Aller Hülfe Schein verschwand,
Bis zuletzt ihr Herz beklommen
    Todeswehen tief empfand;

6. Doch in bitterm Schmerz bereute
    Sie der Sünden große Schuld,
Und ihr Geist, getröstet, freute
    Sich in Gottes Gnad und Huld.

7. Engel sahen ihren Leiden
   Stets mit Wohlgefallen zu,
Und nach ihrem letzten Scheiden
   Gieng sie ein zur wahren Ruh.

8. So ist also dieses Leben
   Nichts als Tand und Eitelkeit;
Doch die meisten Menschen streben
   Nach den Freuden dieser Zeit.

9. Ehre, Reichthum, schöne Kleider,
   Wohlseyn, Wohlstand, Uiberfluß,
Sünd und Laster, ach! und leider
   Selten eine wahre Buß;

10. Dieses ist der Menschen Streben,
    Ohne Tugend, ohne Gott,
Doch wie wird ihr Herz erbeben
    Bei des Todes Machtgeboth.

11. Mensch! du mußt im Tod erblassen,
    Und die Güter dieser Welt,
Alle mußt du sie verlassen,
    Ehre, Reichthum, Lust und Geld.

12. Laßt uns also weise werden,
    Eh uns noch der Tod befällt,
Tugend üben hier auf Erden,
    Selig seyn in jener Welt.

15.

Bei dem Grabe des jungen edlen Grafen von Illerfeld, der in einem Duell erstochen wurde.

Melod. III.

1. Hier endete sein junges Leben
 Der edle Graf von Illerfeld,
Der selbst sich in den Tod begeben
 Zu sterben als ein Ehrenheld.
Er opferte der falschen Ehre
 Sein hoffnungsvolles Leben auf,
Und schloß durchbohrt vom Mordgewehre
 Des Gegners, seinen Lebenslauf.

2. Er war der Eltern Augenweide
 Und ihres Herzens höchste Lust,
Sie drükten ihn mit stiller Freude
 An ihre hochentzükte Brust;
Er war voll edler Eigenschaften,
 Voll Würde, Kraft und Majestät,
Und weihte sich den Wissenschaften
 Auf einer Universität.

3. Nur war der wirklich große Fehler
 In seinen eignen Augen klein:
Bisweilen seiner Freunde Quäler
 Durch seinen Witz und Spott zu seyn.

Zum Unglük wurde einst vom Weine
　　Sein sonst so kühler Kopf erhitzt,
Und vom Champagner Geiste seine
　　Verspottungswaffe scharf gespitzt.

4. Er zielte mit des Spottes Waffen
　　Auf seinen Herzensliebling Friz,
Der nicht gezögert zu verschaffen
　　Sich Satisfaktion durch Wiz.
Der Graf gerieth in Schamerröthen,
　　Und forderte nun auf der Stell,
Den Räuber seiner Ehr zu tödten,
　　Den Friz heraus auf ein Duell.

5. Der edle Friz war ganz betroffen,
　　Und sagte: beßter Freund! verzeih,
Du gehst zu weit; ich will nicht hoffen,
　　Daß es im Ernst gemeinet sey:
Allein der Graf blieb unbeweglich,
　　Und nannte seinen Gegner feig:
Dieß war für Frizen unerträglich
　　Als Sproß von einem edlen Zweig.

6. So will ich, sprach er zu dem Grafen,
　　Das Gegentheil beweisen dir,
Dir Satisfaktion verschaffen,
　　Wie du sie schuldig bist auch mir.
Die Glieder der Gesellschaft riethen:
　　Sie möchten doch versöhnen sich:
Allein so sehr sie sich bemühten,
　　Kam doch zu Stande kein Verglich.

7. Sie liessen sich den Kampf nicht wehren;
   Dieß fordere ihr *point d'honeur*,
Sie könnten sich ja sonst mit Ehren
   Vor dieser Welt nicht zeigen mehr.
Von dieser falschen Ansicht waren
   Noch andere geblendet auch;
Denn, sich die Schande zu ersparen,
   Sey dieß ein löblicher Gebrauch;

8. Denn besser sei es, nicht zu leben,
   Als in Verachtung, Schand und Spott,
Und der Entehrung widerstreben
   Sey Gottes= und Vernunft=Geboth;
Nur fügten sie dem Mörderbunde
   Die schlüßliche Bedingung bei:
Daß nur auf eine leichte Wunde
   Der Ehrenkampf zu führen sey.

9. Dieß schwuren auch die Duellanten
   Mit einem feyerlichen Eid,
Und wählten ihre Sekundanten,
   Und waren so zum Kampf bereit.
Sie zogen aus zu dem Duelle,
   Der beiderseitigen Gefahr,
Das leider bald die bittre Quelle
   Von millionen Thränen war.

10. Der Graf war sehr gewandt im Fechten,
    Und voll der Siegeszuversicht,
Und hielt den Friz für einen schlechten,
    Des Fechtens ungeübten Wicht:

Doch Friz war auch ein guter Fechter
    Voll nüchterner Besonnenheit;
Auch übertraf ihn sein Verächter
    Bei weitem nicht an Fertigkeit.

11. So kamen beide Duellanten
    Auf dem bestimmten Plaze an,
Mit ihren beiden Sekundanten,
    Wo blutig das Duell begann:
Sie zogen ihre scharfen Klingen
    Mit starken Armen aus der Scheid,
Einander Wunden beizubringen,
    Nach feyerlich geschwornem Eid.

12. Der Graf begann mit heissem Grimme,
    Und gieng auf seinen Gegner los,
Und gab in seinem Ungestümme
    Sich seinem schlauern Gegner blos;
Und patsch! bekam er eine Wunde
    Im unvertheidigten Gesicht,
Und war nach fest geschwornem Bunde
    Besiegt nach Duellanten Pflicht.

13. Allein, anstatt sich zu ergeben,
    Gerieth er in noch größre Wuth,
Und rief ergrimmt: Auf Tod und Leben!
    Und focht mit wahrem Löwenmuth;
Sein Gegner war dadurch gezwungen
    Sich muthig zu vertheidigen,
Und heftig auf ihn eingedrungen,
    Trotz beider Sekundanten Fleh'n.

14. Der Graf kam in die Defensive,
　　　Und Friz gewan die Oberhand,
Durchbohrte seine Herzenstiefe,
　　　Und warf ihn mordend in den Sand.
Ein Strom von Blut entstürzte wallend
　　　Des Grafen tief durchbohrter Brust:
Ich bin des Todes, rief er fallend,
　　　Sich seiner kaum noch selbst bewußt.

15. Er fieng zu röcheln an, und schaute
　　　Mit einem rachevollen Blik
Auf seinen Mörder; diesem graute
　　　Nun selbst bei diesem Mißgeschik;
Er wurde blaß, wie eine Leiche,
　　　Von Schreken ganz betäubt, und stand
Bewegunglos, wie eine Eiche,
　　　Den blut'gen Degen in der Hand.

16. Die beiden Sekundanten riethen
　　　Dem Friz die ungesäumte Flucht,
Weil die Geseze streng verbiethen
　　　Des Zweikampfs todesschwangre Frucht.
Sie reichten ihm noch ihre Börsen,
　　　Und schlichen jammervoll davon,
Er aber war auf leichten Fersen,
　　　Wie ein verscheuchter Hirsch, entfloh'n.

17. In Bälde war der Tod des Grafen
　　　Bekannt in der Gerichte Siz,
Die unverzüglich Anstalt trafen,
　　　Zu suchen den verschwundnen Friz;

Doch glüklich war es ihm gelungen,
  Zu fliehen über Land und Meer.
Nun irret er, von Reu durchdrungen,
  Als ein Verzweifelter umher.

18. Hier aber liegt die blut'ge Leiche
  Des edlen Grafen schon im Grab;
Er fiel, wie eine junge Eiche,
  Gefällt von einem Sturm, hinab;
Und seine Eltern und Geschwistern
  Sind trostlos der Verzweiflung Raub,
Zerfallen ist ihr Glük, von düstern
  Gefühlen unterwühlt, in Staub.

19. Denn er war ihre erste Stütze
  Der Erbe ihres Ritterguts,
Und daß er ihre Rechte schütze
  Voll hohen Sinns und edlen Muths;
Gerissen ist von ihrem Herzen
  Der stärkste Zweig, der neue Stamm,
Und unter namenlosen Schmerzen
  Dahingewürget wie ein Lamm.

20. So grenzenlos ist auch der Jammer
  Der Eltern vom verschwundnen Friz,
Und grausam schlug der Leidens Hammer
  Ihr armes Herz als wie der Bliz,
Sie sehen ihn entgegen gehen
  Verzweiflungvoll dem Hungertod,
Und sollten sie ihn wieder sehen,
  So wärs nur auf dem *Echafaut*.

21. So großes, grenzenloses Elend
 Entsteht aus einem stolzen Wahn,
Wo das gesunde Urtheil fehlend
 Nur blind und irrig schliessen kann:
Denn was beweisen die Duelle?
 Sie zeigen uns nichts anders an,
Als wer mit mehr geübter Schnelle
 Und mehr Gewandtheit fechten kann.

22. Daß aber der gewandtre Fechter
 Auch reicher sey an Tugendkraft,
Hingegen der Besiegte schlechter,
 Bleibt allemal noch zweifelhaft:
Sonst wäre jeder Strassenräuber
 Zugleich der größte Ehrenheld,
Da er der Wandrer schwache Leiber,
 Gewandt zu morden, überfällt.

23. Der Stolz kann sich beledigt finden,
 Wo Niemand ihn beleidigt hat,
Und vor der Leidenschaft verschwinden
 Der wahren Weisheit, Licht und Rath;
Und jeder ist sein eigner Richter
 In eigner Angelegenheit;
So schließt ein ganz gemeiner schlichter
 Verstand mit Folgerichtigkeit.

24. Und welche qualenvolle Hülle
 Entsteht in eines Edlen Brust,
Wenn er des Bruders Lebensquelle
 Durchsticht in schadenfroher Lust?

74

Es muß des Mordes ihn gereuen,
    Als wie den Brudermörder Kain,
Und statt des Lebens sich zu freuen,
    Kann er nur voll Verzweiflung seyn.

25. Drum, edle Jünglinge und Männer!
    Ihr, derer Blut für Ehre wallt,
O seydt der wahren Ehre Kenner
    Nach ihrem innern Gehalt,
Und suchet euern Seelenadel,
    Anstatt durch Rache gegen Spott,
In einem Wandel ohne Tadel,
    Gemäß dem göttlichen Geboth.

26. Verletzet nie der andern Ehre
    Durch feinen Wiz und Spöttereyn,
Befolget Jesu weise Lehre,
    Und lernt von ihm dem Feind verzeihn;
Und hätt er grausam euch beleidigt,
    So gibt euch die Religion,
Indem ihr schweigend euch vertheidigt,
    Die beßte Satisfaktion.

27. Entflammet eher nicht im Grimme,
    Und schonet eurer Herzen Blut,
Bis euch des Landesvaters Stimme
    Zum Kampfe ruft, und Heldenmuth;
Dann schwinget eure Mörderwaffen,
    Und stoßet sie mit Herzenslust,
Euch Ruhm und Freiheit zu verschaffen,
    In der empörten Feinde Brust.

28. Hingegen übet gegen Brüder
   Verzeihung, Sanftmuth und Geduld,
Und leget eure Waffen nieder
   Auch vor der streng erwiesnen Schuld;
Denn so hat Paulus uns befohlen,
   Was auch Vernunft und Ehr erlaubt,
Und seht: ihr sammelt feur'ge Kohlen
   Auf des ergrimmten Feindes Haupt.

29. Und habt ihr etwas abzumachen,
   Was eure Ehr nicht leiden kann,
So kämpfet nur, wer länger wachen,
   Und länger nüchtern bleiben kann;
Denn könnt ihr besser euch besinnen,
   Ersterben wird die Leidenschaft,
Des Wahnes Nebel wird zerrinnen,
   Und siegen leicht der Liebe Kraft.

30. Nun ruhe sanft in deinem Grabe,
   Du edler, unglückvoller Graf!
O daß dir Gott erlassen habe
   Die leichtsinnvoll verdiente Straf.
Du aber, Friz! du magst wo immer
   Befinden dich in dieser Welt,
Erheb der Reue Klaggewimmer,
   Bis einstens dich der Tod befällt;

31. Dann kannst du noch Verzeihung hoffen;
   Beim strengen, göttlichen Gericht,
Dann stehet dir der Eingang offen
   Zu Gottes reinstem Gnadenlicht.

Laßt uns den Duellanten beiden
>Noch eine Mitleidsthräne weih'n,
Und weislich ihre Thorheit meiden,
>Und unsern Feinden gern verzeih'n.

32. Laßt uns Beleidigungen dulden;
>Wir bethen ja zu Gott dem Herrn:
Vergib unsre Sündenschulden,
>Wie wir auch unsern Schuldigern.
So hat uns ja durch Wort und Leben
>Gelehret Gottes eigner Sohn;
Dann wird er einstens uns erheben
>Im Tod zu seinem Gnadenthron.

16.
Bei dem Grabe eines Mannes, der mit einem Regenschirm erstochen wurde.
Melod. III.

1. Hier schlummert eines Mannes Leiche,
>Und modert in der Todtenbahr,
Der selbst durch seine bösen Streiche
>Die Ursach seines Todes war.
Er war der Trunkenheit ergeben
>Der Spötterey und Händelsucht,
So ward von seinem bösen Leben
>Sein früher Tod die böse Frucht.

2. Er wollte dennoch sich vermählen,
    Und suchte eines Mädchens Hand,
Allein er mußte lange wählen,
    Bis er das Unglücksopfer fand:
Denn wo man seine Bosheit kannte,
    Da war vergeben seine Wahl,
Er kam, als er sich weiter wandte,
    Zuletzt ins schöne Illerthal.

3. Da fand er nun ein schönes Mädchen
    Von schlankem Wuchs und schwarzem Haar,
Das fleißig, wie am Spinnerädchen,
    In jedem Hausgeschäfte war;
Besonders war in ihrer Jugend
    Sie voll der Eingezogenheit,
Und weihte sich der wahren Tugend
    In unbefleckter Reinigkeit.

4. Sie hoffte nun ihr Glück zu machen
    Mit diesem Mann im Ehestand,
Doch ihrer Hoffnung Stützen brachen
    Nachdem sie sich mit ihm verband;
Er wallte nach gewohnter Weise
    Beständig auf der Lasterbahn,
Genoß zu viel von Trank und Speise,
    Und fieng mit andern Händel an.

5. Zwar wollte ihn sein Weib bekehren,
    Allein er gab ihr kein Gehör,
Verloren waren ihre Lehren;
    Und ach! wie fiel es ihr so schwer!

Denn als sie öfter deſſetwegen
　　Ihn doch um seine Beſſrung bath,
So wurde sie mit vielen Schlägen
　　Mißhandelt für den guten Rath.

6. Sie mußte nun geduldig leiden,
　　Was nimmermehr zu ändern war,
Um seine Schläge zu vermeiden,
　　Und jede tödtliche Gefahr;
Sie schwieg daher zu der Verblendung,
　　Die seinen Seelenblick umfieng,
Und zu der thörichten Verschwendung,
　　In der ihr Wohlſtand untergieng,

7. Sie weinte bitter manche Stunden
　　Und Niemand weinte tröſtend mit,
Und immer bluteten die Wunden,
　　Woran ihr armes Herze litt;
Denn ach! sie klagte ihre Schmerzen
　　Vertrauenvoll nur Gott allein,
Und wagte keinem andern Herzen
　　Zu klagen ihrer Seele Pein.

8. Sie konnte keine Stund mehr schlafen,
　　Und die Verdauung war geſtört,
Und durch die Leiden, die sie trafen,
　　Ward ihr so ſtarker Leib verzehrt:
Denn ach! es kam in ihre Seele
　　Kein sanfter Hoffnungſtrahl zurück,
Und in der ausgeweinten Höhle
　　Versank ihr düſtrer Thränenblick.

9. So lag sie einmal ohne Schlummer
 Die ganze Nacht im höchsten Schmerz,
Und wie ein Wurm zerfraß der Kummer
 Ohn' Unterlaß ihr armes Herz;
Der Mann war wieder ausgeblieben,
 Wie öfter schon, die ganze Nacht,
Um besser ihre Furcht zu üben
 Vor einer derben Schlägetracht.

10. Es schwand die Nacht, es kam der Morgen,
 Allein der Mann kam nicht zurück;
Da sah mit ahnungvollen Sorgen
 Entgegen ihm ihr Jammerblick.
Sie fieng nun ängstlich an zu beben,
 So lange blieb er niemal aus;
Es ward ihr bange für sein Leben:
 Sie suchte ihn von Haus zu Haus.

11. Sie fragte seine Spießgesellen:
 Wo doch ihr Mann geblieben sey,
Die unverholen ihr erzählen
 Von einer kleinen Schlägerey,
Die unter Wegs sich zugetragen,
 Veranlaßt durch Betrug im Spiel,
Und wie er, weil er sie geschlagen,
 Durch einen Stoß zu Boden fiel.

12. Er sey bald wieder aufgestanden,
 Hab zu verfolgen sie gesucht,
Sie aber nimmermehr zu Handen
 Bekommen auf der schnellen Flucht.

Sie konnten es beinah nicht fassen,
    Daß er nicht heim gekommen sey;
Er werde leicht sich finden lassen,
    Und standen ihr beim Suchen bei.

13. Sie suchten ihn den ganzen Morgen,
    Und fanden ihn am Nachmittag
In eines Waldes Nacht verborgen,
    Wo er an einem Stumpen lag.
Doch welch ein Anblick! Blut entstellte
    Das schwer verwundete Gesicht,
Und zu der Schmerzensqual gesellte
    Sich Mangel an Verstandeslicht.

14. Man säumte nicht, ihn heimzutragen,
    Und rief sogleich den Arzt herbei,
Der nicht ermangelte, zu sagen:
    Daß tödtlich er verwundet sey.
Man brauchte zwar der Mittel viele,
    Um zu entfernen die Gefahr,
Allein sie führten nicht zum Ziele,
    Weil sein Gehirn verletzet war.

15. Er wurde von der Wuth der Schmerzen
    In seinem schwer verletzten Haupt,
Im Kampfe mit gesundem Herzen
    Der Rettungshoffnung ganz beraubt:
Denn leider nahm die Hirnentzündung
    Unwiderstehlich überhand,
Wodurch am Ende die Verbindung
    Der Seele mit dem Leib verschwand.

16. So starb der Mann an seinen Wunden,
   In seiner beßten Lebenskraft,
Und hatte seinen Tod gefunden
   Im Sturme wilder Leidenschaft;
Denn hätte er nach Lib' und Frieden,
   Wie Jesus uns befiehlt, gestrebt,
So hätte er vielleicht hienieden
   Noch fünfzig Jahre lang gelebt.

17. Man untersuchte die Geschichte,
   Und fand das Uibel unheilbar,
Weil ihm die Wunde im Gesichte
   Bis ins Gehirn gedrungen war;
Sein Gegner hatte in der Hitze
   Des Streites ihm, ganz unbedacht,
Mit harter Regenschirmes Spitze
   Die Todeswunde beigebracht.

18. So geht es öfter bei Gesellen
   Der Sauf= und Spiel= und Händelsucht
Und öfter ist, wie bei Duellen,
   Der Tod hievon die böse Frucht;
Drum hüte dich vor diesen Fehlern,
   Und meide Spiel und Trunkenheit,
Entziehe vielmehr deinen Quälern
   Durch Fliehen die Gelegenheit.

19. Befolge treulich Jesu Lehren,
   Und biethe, schlägt man dich sogar
Ins Angesicht, statt dich zu wehren,
   Es nocheinmal zum Streiche dar;

Verzeih die Unbild deinen Brüdern,
 Neun hundert neun und neunzigmal,
Anstatt dieselbe zu erwiedern
 Durch eine noch so große Qual.

20. Und will mit dir dein Bruder rechten
 Um deinen Rock, so sei bereit,
Anstatt mit ihm darum zu fechten,
 Zu geben ihm dein Oberkleid:
Dann seydt ihr eures Vaters Kinder;
 Er läßt den milden Sonnenschein
Und Regen dem verstockten Sünder,
 Wie dem Gerechten angedeihn.

21. Ja, liebe wie dich selbst den Nächsten,
 Verzeih dem Feinde seine Schuld;
Lieb über Alles Gott den Höchsten,
 Dann wird dir seine Gnad und Huld;
Dann kannst du hoffnungvoll erblassen,
 Und froh dem Tod entgegensehn,
Gott wird dir deine Schuld erlassen,
 Und ewig dich begnadigen.

22. Allein was kann ein Sünder hoffen,
 Der immer sich zu rächen sucht?
Er wird, wenn ihn der Tod getroffen,
 Bei Gottes Richterstuhl verflucht:
Hinweg von mir, Vermaledeiter!
 So ruft ihm Gott im Grimme zu,
Du bist als unversöhnter Streiter
 Beraubt der ewig wahren Ruh.

23. Jedoch, wir wollen nicht verdammen
    Den armen Bruder hier im Grab,
Und hoffen: daß der Hölle Flammen
    Gott ihn zur Straf nicht übergab:
Wir wollen vielmehr für ihn bethen,
    Daß Gott ihm seine Schuld verzeih,
Und ihn von jeder Qual zu retten
    Voll Gnad und Huld bereitet sey.

24. Sein Unglück aber soll uns lehren,
    Sets gegen Feinde mild zu seyn,
Und wenn wir schwer beleidigt wären,
    Denselben dennoch zu verzeihn,
Und nur durch Wohlthun uns zu rächen
    An unseren Beleidigern,
Dann wird einst unser Richter sprechen:
    Geh in die Freude deines Herrn!

17.
Bei dem Grabe eines Mannes, der an Altersschwäche starb.

Melod. III.

1. Hier modert nun im düstern Grabe
   Der Leib von einem alten Mann;
Er sank an seinem Wanderstabe,
   Und schloß die Erdelebensbahn;
Er brachte zwar sein langes Leben
   Beinah auf acht und siebenzig;
Allein so viele Jahre geben
   Dem Tode nur den leichten Sieg.

2. So gieng bei seinen vielen Jahren
   Es unserm Bruder hier im Grab,
Es lief in Freuden und Gefahren
   Der Faden seines Lebens ab:
Denn plötzlich schwanden seine Kräften,
   Er sank auf's Schmerzenlager hin,
Und seinen Blick auf Gott zu heften
   War seiner Seele steter Sinn.

3. Er sah daher ohn' Angst und Beben
   Dem Tode frey ins Angesicht;
Er hatte ja sein ganzes Leben
   Erfüllet seine Christenpflicht,
Empfieng mit wahrer Vorbereitung

Der heil'gen Sakramente Gnad,
Und überließ sich Gottes Leitung,
Und wallte froh den Todespfad.

4. So lag er in den letzten Zügen
   Und war dabei sich stets bewußt,
Und mußte endlich unterliegen
   Dem schweren Kampf in seiner Brust;
Der Athem wurde langsam schwächer
   Das Blut im Herzen blieb zurück,
So trank er aus den Todesbecher,
   Und schloß den welken Thränenblick.

5. So schlief er, von des Todes Armen
   Umschlungen, sanft im Herren ein,
Und Gottes Gnade und Erbarmen
   Wird ihm zu Theil geworden seyn,
Denn wer auf Gott allein vertrauet,
   Und wandelt auf der Tugendbahn,
Und unverwandt zum Himmel schauet,
   Dem wird er sicher aufgethan.

6. Wollt ihr auch einst so sanft entschlafen,
   Und froh dem Tod entgegen sehn,
Und bei den auserwählten Schafen,
   Und nicht bei den Verworfnen stehn;
So müßt ihr jede Sünde meiden,
   Und gänzlich euch der Tugend weihn,
Dann wird euch nach dem letzten Scheiden
   Gott beim Gerichte gnädig seyn.

18.
Bei dem Grabe eines vorzüglichen Schullehrers.
Melod. I.

1. Hier legte seinen Wanderstab
    Ein Jugendlehrer nieder,
Und ach! an seinem stillen Grab
    Ertönen Klagelieder:
Er war der größte Kinderfreund
    Mit Jesus im Vergleiche,
Und seiner Schule Jugend weint
    Und klagt bei seiner Leiche.

2. Er suchte seiner Schüler Heil
    Mit väterlichem Herzen,
Und nahm an ihren Freuden Theil
    Als wie an ihren Schmerzen;
Und strebte, sie nach seiner Pflicht
    In allen ihren Pflichten,
Und in dem reinen Glaubenslicht
    Genau zu unterrichten.

3. Sie merkten also immerfort
    Mit Ohren Mund und Augen
Als wollten sie ein jedes Wort
    Von seinen Lippen saugen,
Und liebend hieng ihr zartes Herz
    An seinen holden Blicken,
So lernten sie mit Lust und Scherz,
    Mit Wonne und Entzücken.

4. So war für sie ein leichtes Spiel
   Das Lesen, Rechnen, Schreiben;
Sie werden es mit Lustgefühl,
   So lang sie leben, treiben;
Er wußte ihnen jede Lehr
   Mit Liebe beizubringen;
Auch lehrte er zu Gottes Ehr
   Die lieben Kleinen singen.

5. Und wenn die Heileswissenschaft
   Der Seelenhirt erklärte,
Und ihre schwache Tugendkraft
   Durch Unterricht vermehrte,
Und sie ermahnte, daß getreu
   Sie ihn befolgen sollen,
So war der Lehrer auch dabei
   Ihn oft zu wiederhollen.

6. So wuchs durch diesen edlen Mann
   Die unschuldvolle Jugend
Gebildet, hoffnungvoll heran
   Zur Wissenschaft und Tugend,
Und wird, durch ihn belehrt, ihr Glück
   In dieser Welt begründen,
Und einst im Todesaugenblick
   Ihr Heil in jener finden.

7. Wie unersetzlich ist daher
   Der Mann, den wir begraben!
Und ach! wie fällt es uns so schwer,
   Verloren ihn zu haben!
Deswegen hat zum größten Schmerz

Ihn uns der Tod entrissen,
Und immer wird ihn unser Herz
In tiefer Traur vermissen.

8. Wie wichtig ist daher im Staat
Ein Lehrer für die Jugend!
Er führt die Kinder auf den Pfad
Der Wissenschaft und Tugend;
Er führet sie zu ihrem Glück
In diesem Erdenleben,
Und lehrt durch Tugend ihren Blick
Zum Himmel sich erheben.

9. Hingegen welche Zunge kann
Das große Elend schildern,
Wenn Kinder schon von Jugend an
An Leib und Seel verwildern!
Sie werden ohne Unterricht,
Wie hier, so dort, verderben
Und einst beim göttlichen Gericht
Verworfen, wenn sie sterben.

10. Wer wird uns also diesen Mann
Im Grabe hier ersetzen,
Und künftig thun, was er gethan,
Und seine Stell besetzen?
Wer wird so liebevoll, wie er
Die Jugend unterrichten,
Und sie, wie er, durch weise Lehr
Zur Heiligkeit verpflichten?

11. Kein Wunder also, wenn wir ihn
    So schmerzlich nun vermissen,
Und sein Verlurst uns alle hin
    In tiefe Traur gerissen;
Es bleibt uns nur der Trost: daß ihn
    Die höchste Schulbehörde
Durch einen Mann von gleichem Sinn
    Und Werth ersetzen werde.

12. Drum trockne deine Thränen ab
    Du nun verwaißte Jugend,
Und wünsche sanfte Ruh im Grab
    Dem Lehrer deiner Tugend;
Und bleibe seiner Lehr getreu
    Bis an dein Lebensende,
Und übergieb dich ohne Scheu
    In Gottes Vaterhände.

13. Nun ruhe sanft von deiner Müh,
    Du beßter Jugendlehrer!
Und wir vergessen deiner nie
    Als Freunde und Verehrer.
Geniesse dort zum Tugendlohn
    Den du verdient hienieden,
Bei Gottes höchstem Gnadenthron
    Den ewig wahren Frieden.

19.
Bei dem Grabe eines guten Schülers.

Melod. IV.

1. Hier schloß ein braver Schüler
 Im Tod die Augen zu,
Und schlummert nun in kühler
 Und stiller Grabesruh.

2. Er folgte seinem Lehrer,
 Und seinen Eltern gern,
Und blieb als Tugendehrer
 Von allem Bösen fern.

3. In Kirch und Schule merkte
 Er auf den Unterricht,
Und Jesu Beispiel stärkte
 Sein Herz zu jeder Pflicht.

4. Er lernte lesen, schreiben,
 Und rechnen sehr geschwind,
Und hielt das Schulausbleiben
 Für eine große Sünd.

5. Und seine Krankheit schmerzte
 Denselben um so mehr,
Weil er die Schul verscherzte,
 Und manche weise Lehr.

6. Er floh das Weltgetümmel
   Mit seinem eitlen Tand,
Und schaute nur zum Himmel,
   Dem wahren Vaterland.

7. So brachte er die Jugend
   In reiner Unschuld zu,
Und suchte in der Tugend
   Des Herzens höchste Ruh.

8. Er liebte Gott den Höchsten
   In reinster Seelenfreud,
Und wie sich selbst den Nächsten
   In Wort und Thätigkeit.

9. Ihn also zu bewahren
   In seinem Gnadenstand,
Entriß den Weltgefahren
   Ihn Gottes Vaterhand.

10. Komm, tugendhafter Knabe!
    So rief ihm Jesu Wort,
Den Lohn der Tugend habe
    Ich dir beschieden dort.

11. Da kam das Scharlachfieber
    Mit unbesiegter Wuth,
Und führte ihn hinüber
    Zu Gott dem höchsten Gut.

12. Drum tröstet euch, ihr Kinder!
    Ihr Eltern! tröstet euch;
So kam er ja geschwinder
    Zu Gott ins Himmelreich.

13. Und seydt ihr arme Sünder,
   O so bekehret euch,
Und werdet wie die Kinder
   An reiner Tugend reich.

14. Dann möget ihr erblassen
   In Todes kalter Hand,
Gott wird euch kommen lassen
   Ins wahre Vaterland;

15. Dann werdet ihr dort oben,
   In höchster Seligkeit,
Die Güte Gottes loben
   In grenzenloser Freud.

20.
Bei dem Grabe einer frommen Schülerin.
Melod IV.

1. Hier schloß ihr junges Leben
   Die beßte Schülerin,
Und ihren Körper geben
   Wir der Verwesung hin.

2. Doch ihre Seele lebet,
   Und ist den Engeln gleich,
Ein reiner Geist, und schwebet
   Empor zum Himmelreich.

3. Denn engelrein bewahrte
    Sie stets ihr edles Herz
Von Sünden, und ersparte
    Sich Reue, Qual und Schmerz.

4. Und ihre größte Freude
    War Gott und sein Geboth,
Und in dem Unschuld Kleide
    Erschien sie nun vor Gott.

5. Sie lernte in der Schule
    Des Lehrers Unterricht,
Und in dem Kirchenstuhle
    Genau die Christenpflicht.

6. Und was sie da vernommen
    Befolgte sie getreu,
Wie alle wahren Frommen,
    Und war vergnügt dabei.

7. Sie folgte mit Entzücken
    Den Eltern jederzeit,
Und war, mit frohen Blicken,
    Auf ihren Wink bereit.

8. Die Bahn der Tugend wallen
    War ihres Lebens Ziel,
Und Gottes Wohlgefallen
    Ihr höchstes Lustgefühl.

9. Deswegen hat, bewogen
    Durch ihre Frömmigkeit,
Sie Gott der Welt entzogen,
    Zu unserm größten Leid.

10. Sie welkte in der Blüthe,
　　　Gleich einer Blume, hin,
Wie sehr man sich bemühte,
　　　Dem Tod sie zu entziehn.

11. Sie hob in heissen Thränen
　　　Den trüben Todesblick,
Mit liebevollem Sehnen,
　　　Empor zum Himmelsglück.

12. Dann fieng sie an zu röcheln,
　　　Verblich in Todesfarb,
Verzog in sanftem Lächeln
　　　Den kalten Mund, und starb.

13. Nun liegt ihr Leib, und modert
　　　Im kühlen Grabe schon,
Doch ihre Seele lodert
　　　Empor zu Gottes Thron.

14. Drum trocknet ab die Thränen,
　　　Die euch ihr Tod entriß;
Nun ist nach ihrem Sehnen
　　　Sie schon im Paradieß;

15. Und wallet bis zum Ende
　　　Die Bahn der Tugend hier,
Dann heben Gottes Hände
　　　Euch auch empor zu ihr.

21.
Bei dem Grabe dreier Kinder, die im Kohlendampf erstickten.

Melod. I.

1. Hier modern in der Todtenbahr
    Die Leichen dreier Kinder
Die Ursach ihres Todes war
    Ein vorsichtloser, blinder,
Und wohlgemeinter Unverstand
Der Mutter, welche sie der Hand
    Des Todes übergeben.

2. Es war ein schrecklich kalter Tag,
    Des Nordens Winde bliesen,
Des Winters weisse Decke lag
    Auf Wäldern, Feld und Wiesen;
Da war die Mutter auf die Nacht
Auf eine warme Ruh bedacht
    Für ihre lieben Kinder.

3. Die Kinder lagen ruhevoll
    In ihren warmen Betten,
In denen sie die Kälte wohl
    Gar nicht empfunden hätten;
Dieß war der Mutter nicht genug,
Indem sie noch die Sorge trug:
    Sie möchten ihr erfrieren.

4. Sie meinte es nur gar zu gut
 Mit ihren lieben Kindern,
Und setzte also eine Glut,
 Die Kälte zu verhindern,
Von Kohlen in ihr Schlafgemach,
Und sah aus weiser Vorsicht nach,
 Damit kein Feu'r entstehe.

5. Hievon versichert gieng sie auch
 Zu Bett mit ihrem Manne,
Und dachte nicht mehr an den Rauch,
 Und an die Kohlenpfanne,
Und sagte nichts zu ihrem Mann,
Und glaubte wunder was gethan
 Zu haben für die Kinder.

6. Sie kam am Morgen ahnunglos
 Zu ihnen in die Kammer,
Und rief sie aus dem Schlummerschoos,
 Doch leider, welch ein Jammer!
Denn alle dreie lagen kalt
Und athemlos, durch die Gewalt
 Des Kohlendampfs ersticket.

7. Der Mann vernahm das Klaggeschrey
 Der Mutter bei den Kindern.
Und eilte schreckenvoll herbey,
 Wo möglich zu verhindern,
Was ihr den Klageruf erpreßt;
Die raucherfüllte Kammer läßt
 Ihn fürchten: daß es brenne.

8. Wo brennt es denn? so rief er aus,
   Ich seh doch keine Flammen,
Und ließ sogleich den Rauch hinaus;
   Da brach das Weib zusammen,
Indem es ihr an Kraft gebrach,
Und seufzte laut: die Kinder! ach!
   Die Kinder! und verstummte.

9. Da nahm der Vater erst gewahr
   Den Tod der theuren Kinder,
Und was hievon die Ursach war,
   Erkannte er nicht minder,
Und rief sogleich den Arzt herbei,
Ob etwa noch ein Mittel sey,
   Sie wieder zu beleben.

10. Indessen kam das Weib zu sich
    Aus ihren Ohnmachtwehen,
Und schrie und weinte fürchterlich,
    Und wollte fast vergehen,
Und warf sich jammernd wechselweis
Auf ihre Leichen kalt wie Eis,
    Und konnte sich nicht fassen.

11. Der Arzt erschien aufs erste Wort,
    Die Mittel anzuwenden;
Doch ihre Seelen waren fort,
    Und schon in Gottes Händen,
Und ihre Leiber blieben todt,
Und Alles war umsonst, die Noth
    Der Eltern zu erleichtern.

12. Allein was nützt ihr Jammerschrey?
　　　Was helfen ihre Klagen? —
Man mußte also alle drei
　　　Entseelt zu Grabe tragen,
Und nichts versüßt der Eltern Schmerz,
Und nichts vermag ihr armes Herz
　　　In seinem Leid zu trösten.

13. Da kams der Mutter erst in Sinn:
　　　Sie hätte keine Kohlen,
Die Kinder zu erwärmen, in
　　　Die Kammer stellen sollen;
Sie that es aus Unwissenheit,
Deswegen hätte sie zur Zeit
　　　Der Mann belehren sollen.

14. Nun aber war es schon zu spät
　　　Beim Tod vor ihren Kindern,
Und die Belehrung nach der That
　　　Kann ihn nicht mehr verhindern.
Deswegen soll dieß Unglück uns
Als weise Regel unsres Thuns
　　　Zum Warnungsbeispiel dienen:

15. Die Kohlendämpfe taugen nicht
　　　Zum Athmen für die Lungen,
Erlöschen unser Lebenslicht,
　　　Wann sie hineingedrungen,
Und wer den gift'gen Kohlendampf
Einathmet, fällt in Todeskampf,
　　　Und muß an ihm ersticken.

16. Deswegen soll das Schlafgemach
   Die reinste Luft enthalten,
Sonst zieht es böse Folgen nach,
   Und, diese abzuhalten,
Soll es beim Tage offen stehn,
Damit wir, wenn wir schlafen gehn,
   Gesund und wohl erwachen.

17. Nun ruhet sanft im Erdenschoos
   Ihr unschuldvollen Kinder!
Beneidenswerth ist euer Loos;
   So kamet ihr geschwinder
Ins Reich der ew'gen Seligkeit,
Die ihr vielleicht im Kampf und Streit
   Der Welt verloren hättet.

18. So suchet nun in euerm Leid,
   Ihr Eltern! euch zu trösten,
Und denkt: sie sind in höchster Freud
   Schon dort bei den Erlößten,
Und bethet Gottes Vorsicht an,
Der nach der Liebe weisen Plan
   Dieß Unglück zugelassen.

19. Bestrebet euch, dieß Herzenleid
   Euch selbsten zu versüssen,
Die sträfliche Unwissenheit
   Durch Leiden abzubüssen,
Die euch der theuren Kinder Tod
Verursacht; und nach dem Geboth
   Die Tugendbahn zu wallen.

20. Dann werdet ihr im letzten Streit
　　Mit Heldenmuth bestehen,
Und einst im Reich der Seligkeit
　　Die Kinder wieder sehen,
Die euch, bei größter Zärtlichkeit
Für sie, doch die Unwissenheit
　　So früh entrissen hatte.

22.
Bey dem Grabe zweier Kinder, die Gift gegessen hatten.
Melod XIV. XVI.

1. Als in der schönsten Blumenzeit
　　Zwei Kinder sich erquickten,
Und sich in unschuldvoller Freud
　　Die schönsten Blumen pflückten;
Da fanden sie im Wiesengrund
　　Der Herbstzeitlose Samen,
Wo sie, entzückt bei diesem Fund,
　　In höchster Wonne schwamen.

2. Sie öffneten den Samenkelch
　　Worin sie Körnchen fanden
Von blühend weisser Farb; und welch
　　Entzücken sie empfanden!
Das müßen Zuckerkörnchen seyn,
　　So sprachen sie, und nahmen,
Betrogen von dem falschen Schein,
　　Für Zucker diesen Samen.

3. Zum Unglück war kein Mensch dabei
 Sie weislich zu belehren:
Daß dieser Samen giftig sey
 Wie viele schöne Beeren;
Auch waren sie zum Schulbesuch
 Zu jung, und nicht verpflichtet,
Sonst hätte sie sogleich ein Buch
 Von Giften unterrichtet.

4. Sie assen nun mit Lüsternheit
 Den giftgefüllten Samen,
Wovon sie schon in kurzer Zeit
 Die größte Qual bekamen;
Sie eilten zu den Eltern heim,
 Und klagten über Schmerzen,
Und trugen schon den Todeskeim
 In ihren bangen Herzen.

5. Die Schmerzen nahmen überhand
 Im aufgebäumten Magen,
Daß jedes wie ein Wurm sich wand,
 In grenzenlosen Plagen.
Man rief sogleich den Arzt herbei:
 Was doch den Kindern fehle,
Und was es für ein Uibel sey,
 Das sie so grausam quäle.

6. Der Arzt erschien, und sagte: daß
 Sie Gift bekommen haben,
Gab ihnen ohne Unterlaß
 Die allerbeßten Gaben;
Allein die Hülfe kam zu spat,

Dem Gift zu widerstehen,
Und ach! sie mußten ohne Gnad
Dem Tod ins Auge sehen.

7. Denn bald erschien des Todes Farb
Auf ihren Angesichtern,
Es brach ihr armes Herz, und starb
In Zuckungen und Gichtern.
Da lagen sie im Todesarm
Die starren Kinderleichen,
Und ihrer Eltern Gram und Harm
Ist keiner zu vergleichen.

8. Sie werfen auf die Leichen sich,
Befeuchten sie mit Thränen
Und ihr Geheul ist fürchterlich
Und lößt sich auf in Stöhnen;
Sie möchten bei der Kinder Tod
Auch sich zu Grabe stürzen,
Und ach! ihr grosser Jammer droht
Ihr Leben abzukürzen.

9. Und sicher wird es beim Gericht
Den Eltern beigemessen,
Wenn sie bei ihrem Unterricht
Die weise Lehr vergessen:
Die Kinder möchten ja doch nie
Was Unbekanntes essen,
Es sey ja öfter schon für sie
Der Tod darin gesessen.

10. Und o ihr Kinder! lasset euch
Durch diesen Fall belehren,

Und euch das Naschen doch sogleich
　　Von euern Eltern wehren,
Und esset ja doch nichts, als wenn
　　Die Eltern es erlauben,
Es könnte, wärs auch noch so schön,
　　Euch doch das Leben rauben.

11. Nun ruhet sanft im Erdenschoos,
　　Ihr unschuldvollen Kinder!
Denn glücklicher ist euer Loos
　　Als das verstockter Sünder.
Zwar hat des Todes Hand gepflückt,
　　Euch schon in zarter Blüthe,
Hingegen ewig euch beglückt
　　Des Allerhöchsten Güte.

23.
Bey dem Grabe eines Kindes, das von seinem Vater erstochen wurde.
Melod. IV.

1. In diesem Grabe modert
　　Ein unschuldvolles Kind,
Vom Tode abgefodert,
　　Weil Eltern thöricht sind.

2. Es war ein holder Knabe,
　　Und voll der Munterkeit
Und hatte auf dem Stabe
　　Zu reiten seine Freud.

3. Er war im Flügelkleide
 Der Eltern höchste Lust,
Sie drückten ihn mit Freude
 An die entzückte Brust.

4. Deswegen nahm der Vater
 Den Liebling immer mit,
Und leider! dieses that er
 Beim Fahren wie beim Ritt.

5. Er ließ ihn fahren, reiten
 Ins Feld und dann zurück
Nicht, ohne stets zu leiten
 Auf ihn den Sorgenblick.

6. So fuhr er einst ins Futter,
 Woran er Mangel litt;
Da sprach zu ihm die Mutter:
 Nimm doch das Büble mit.

7. Er that es ohne Zagen
 Gehorsam seinem Weib,
Und setzte auf den Wagen
 Das Kind zum Zeitvertreib.

8. Dann fieng er an zu mähen
 Den Klee vom Thaue schwer;
Der Knabe blieb nicht stehen,
 Und hüpfte hin und her.

9. Dann legte er sich nieder
 Ermüdet in die Ruh,
Und schloß die Augenlieder
 In sanftem Schlummer zu.

10. Der Vater sah ihn liegen
    Im Schlafe hingestreckt,
Und hatte vor den Fliegen
    Mit Klee ihn zugedeckt.

11. Dann fuhr er fort zu mähen
    Auf sein Geschäft bedacht,
Und ließ, was bald geschehen,
    Den Liebling ausser Acht;

12. Und hatte so indessen,
    In seinem Leichtsinn da,
Das arme Kind vergessen,
    Weil er es nicht mehr sah.

13. Dann lud er auf den Wagen
    Den abgemähten Klee,
Und stach in seine Lagen
    Den Dreizack ein — o weh!

14. Denn jetzt durchfuhr die Gabel
    Das Kind mit Klee bedeckt,
Er hatte es beim Nabel
    Mit selber angesteckt.

15. Das Kind begann zu grillen,
    Durchbohrt vom Gabelstich,
Und plötzlich zu verstillen
    Indem sein Aug verblich.

16. Man denke sich den Schrecken
    Des Vaters, als er da
Es an der Gabel stecken,
    Und so verbluten sah.

17. Er zog die Gabel plötzlich
   Aus dem durchbohrten Bauch;
Doch schon war unersetzlich
   Des Kindes letzter Hauch.

18. Er nahm die blut'ge Leiche
   Mit Zittern auf den Arm,
Und sah, wie sie erbleiche,
   Und schrie: daß Gott erbarm!

19. Allein, da half kein Schreyen,
   Die Reue kam zu spat,
Er kann sich nicht verzeihen,
   Was er aus Leichtsinn that.

20. Und erst der Mutter Klagen,
   Als er nach Hause kam,
Die Leiche auf dem Wagen,
   Und ganz in Thränen schwam.

21. Sie las die Mordgeschichte
   Von ihrem Kinde schon
In seinem Angesichte
   Und seinem Klageton.

22. Sie schrie: was ist geschehen?
   Was hast du doch gethan?
Und wollte fast vergehen
   Und fieng zu heulen an.

23. Er schluchzete: der Knabe
   Hat sich mit Klee bedeckt;
Ich wußt es nicht, und habe
   Ihn grausam angesteckt.

24. Unsäglich ist mein Jammer
    Bei diesem Mißgeschick.
Sie aber schrie: Grausamer!
    Gieb mir das Kind zurück.

26. Sie wollte ihn zerreissen,
    Er aber sprach zu ihr:
Du hast michs ja geheissen:
    Nimm doch das Kind mit dir.

26. Glaub sicherlich, ich habe
    Es nicht mit Fleiß gethan;
Getödtet ist der Knabe,
    Auch du bist Schuld daran.

27. So werfen sie tagtäglich
    Sich vor des Kindes Tod,
Und ach! es ist unsäglich
    Die Grösse ihrer Noth.

28. So bringet oft ein blinder
    Gedankenloser Sinn
Der Eltern ihre Kinder
    Dem Tod zum Opfer hin.

29. Versagt daher den Kleinen,
    O Eltern! ihre Bitt,
Und nehmt, auch wenn sie weinen,
    Sie nie zur Arbeit mit.

30. Sie müßen euch nur hindern,
    Ihr laßt sie außer Acht,
Und dieses hat den Kindern
    Schon oft den Tod gebracht.

31. Der Leichtsinn ist vermessen,
　　Die Reue nach der That,
Das müßt ihr nie vergessen,
　　Kommt allemal zu spat.

32. Bedenkt, daß Gott die Kinder
　　Zur Pfleg euch übergab,
Und stürzt sie nicht in blinder
　　Vergessenheit ins Grab.

33. Sorgt immer für ihr Leben,
　　Und ihren Unschuldsinn,
Und leitet ihr Bestreben
　　Zur wahren Tugend hin.

34. Dann stehen sie im Bunde
　　Mit Gottes Vaterhuld,
Uud gehen nicht zu Grunde
　　Durch eure eigne Schuld.

35. Dann wird, wenn sie erblassen
　　In Todes kalter Hand,
Sie Jesus kommen lassen
　　Ins wahre Vaterland.

24.
Bei dem Grabe eines Kindes, das bei einem Fuhrwerk umkam.

Melod. I.

1. Hier gieng ein hoffnungvolles Kind,
 Ein liebenswerther Knabe,
Weil Eltern unvorsichtig sind,
 Ach! viel zu früh zu Grabe.
Es war der Eltern höchste Freud,
 Ihr allerliebstes Söhnchen,
Sie machten für die künft'ge Zeit
 Mit ihm schon manches Plänchen.

2. Er mußte stets beim Vater seyn,
 Daß er ihn immer sähe,
Und niemal blieb der Knab allein
 Damit ihm nichts geschehe;
Er nahm ihn also immer mit
 Zu seinen Feldarbeiten,
Um ihn bei jedem Schritt und Tritt
 Mit Sicherheit zu leiten.

3. Bald trug er ihn, bald ließ er ihn
 Auf seinen Ochsen reiten,
Bald wieder fahren her und hin,
 Bald nebenher ihn schreiten,
Und ließ ihn niemal aus der Hand,
 Vielwen'ger aus den Augen,
Und konnte nie an diesem Pfand
 Der Liebe satt sich saugen.

4. Es war daher sogar der Knab
    Beim Feld und Wiesendüngen,
Da durfte er Berg auf und ab,
    Und hin und wieder springen;
Er wurde aber müd und träg;
    Da ließ, ihm zu ersparen
Nach Haus zurück den weiten Weg,
    Das Kind der Vater fahren.

5. Er setzte ihn aufs Bodenbrett
    Am hintern Wagenende,
Damit sich an der Küpfe nett
    Der Knabe halten könnte,
Und wankte sorglos nebenher,
    Verloren in Gedanken,
Und dachte also nimmermehr:
    Der Knabe könnte wanken.

6. Nun aber kam das Flügelkleid
    Des Kindes in die Nabe,
Und plötzlich fällt, noch eh er Zeit
    Zum Schreyen hat, der Knabe
Mit seinem Leib ins hintre Rad,
    Das plötzlich ihn erdrückte,
Und ihn gewaltsam, ohne Gnad,
    Als wie ein Rohr zerknickte.

7. Der Vater hörte das Genick
    Des Kinds im Rade brechen,
Und schaute schreckenvoll zurück,
    Und konnte nicht mehr sprechen;
Zwar hielt er schnell im höchsten Schmerz

Den Achsenzug am Wagen;
Doch hatte schon des Kindes Herz
Zum letztenmal geschlagen.

8. Er hatte Müh', die Leiche von
Dem Rade loszuwinden,
Und kann beim grellsten Klageton
Kein Rettungsmittel finden,
Und wusch die Leich von ihrem Blut
Mit einem Strom von Thränen,
Und drückte seine Schmerzenwuth
Durch Heulen aus und Stöhnen.

9. Er legte nun den todten Leib
Des Kindes auf den Wagen,
Und schluchzte: ach! was wird mein Weib
Zu seinem Tode sagen?
Du gabest auf das Kind nicht Acht,
So wird sie weinend schreyen,
Du, Mörder! hast es umgebracht!
Wie kann ichs dir verzeihen?

10. Und als sie nun des Kindes Leich
Auf seinem Arm erblickte,
So wars, als wenn ein Donnerstreich
Ihr Mutterherz durchzückte:
Sie sank in Ohnmacht hin wie todt
Vor Schrecken, Angst und Beben,
Und ach! man hatte Müh und Noth,
Sie wieder zu beleben.

11. Und als sie zu sich selber kam,
Vergieng sie fast im Harme,

Entriß dem Mann das Kind, und nahm
　　Es zitternd auf die Arme,
Und schrie: gieb mir das Kind zurück,
　　Du Mörder meines Kindes!
Verschwunden ist mein Lebensglück
　　Als wie der Hauch des Windes.
12. Doch er erzählte: wie es kam
　　Und gieng, und wie die Nabe
Das Kind bei seinem Kleide nahm,
　　Und so gerädert habe;
Er könne einmal nicht dafür
　　Und wenn er sterben müsse,
Und wie er selbst vor Leiden schier
　　Vergeh, und grausam büsse.
13. Da liegt er nun im Erdenschoos,
　　Der wunderschöne Knabe,
Er fand sein frühes Todesloos
　　Durch eine Radesnabe,
Die ihn bei seinem Flügelkleid
　　Ins Rad hinein gerissen,
Wo seine Eltern sich vor Leid
　　Nicht mehr zu fassen wissen.
14. Doch tröstet euch, und denkt dabei:
　　Gott hab es zugelassen,
Damit er ewig selig sey,
　　Und lernt euch wieder fassen;
Denn besser ists, daß hier ein Kind
　　In Unschuld schon erblasse,
Als daß man es durch eine Sünd
　　Zu Grunde gehen lasse.

15. Doch laßt bei seinem Grabe heut
  Uns weise Vorsicht lernen,
Und stets von den Gefahren weit
  Die Kinder doch entfernen;
Dann drücket euch doch keine Schuld,
  Wenn sie zu Grunde gehen,
Dann werdet ihr in Gottes Huld
  Sie selig wieder sehen.

25.
Bei dem Grabe eines Kindes, das in einen südenden Kessel fiel.

Melod. VII.

1. Hier liegt ein hoffnungvoller Knabe,
  Er starb als unschuldvolles Kin
So gehet manches Kind zu Grabe,
  Weil Eltern unvorsichtig sind.
Schon in der Kindheit erstem Kleide
War es der Eltern größte Freude,
  Als ihrer Liebe erste Frucht;
Sie haben nur für es zu leben,
Und es zum Glücke zu erheben,
  Und so sein wahres Heil gesucht.

2. Doch leider! bei dem beßten Willen
  Ist oft der Eltern Liebe blind,
Da ihre Pflichten zu erfüllen
  Sie manchmal gar nicht thätig sind;

Sie sind voll Leichtsinn und Verblendung
Bei aller Sorgfalt und Verwendung
    Für ihrer Kinder Wohlergehn;
Denn durch ihr kleinlichtes Versehen
Ists öfter um ein Kind geschehen,
    Wie wir aus diesem Beispiel sehn.

3. Die Affen lieben ihre Kinder,
    Und drücken sie aus Liebe todt,
Allein ihr Trieb ist nur ein blinder
    Sie kennen nicht Gefahr und Noth:
So ist es nicht bei Menschenkindern;
Die Eltern sollen das verhindern,
    Was ihren Kindern schaden kann:
Allein sie sind zu träg zum Denken,
Und ihre Handlungen zu lenken
    Nach der Erziehung weisem Plan.

4. So gieng es diesem armen Kinde
    Durch seiner Mutter leichten Sinn;
Man sollte der Verblendung Binde
    Von ihren blöden Augen ziehn:
Allein anstatt ihr Kind zu pflegen,
Und es in Sicherheit zu legen,
    Nahm sie es zu der Arbeit mit;
Es mußte also sie verhindern,
Und ihre Achtsamkeit vermindern,
    Bei einem jeden Schritt und Tritt.

5. So nahm sie einmal aus dem Sessel
    Den theuren Liebling auf den Arm,
Und gieng mit ihm zu einem Kessel
    Gefüllt mit Wasser siedend warm:

Allein sie brauchte beide Hände,
Und setzte ihn zu diesem Ende
 Auf schmalem Kesselrande hin,
Und gieng ein wenig auf die Seite,
Damit sie noch etwas bereite,
 Und ließ das Kind aus ihrem Sinn.
6. Nun regte sich der muntre Knabe,
 Er konnte ja nicht ruhig seyn,
Am Rand von seinem heissen Grabe,
 Und stürtzte umgekehrt hinein.
Die Mutter hörte in der Nähe
Den Fall und dachte: was geschehe:
 Und was im Kessel so gethan!
Und sprang herbei um nachzuschauen,
Und traf voll Beben, Angst und Grauen
 Im Kessel ihren Liebling an.
7. Bei diesem Anblick fuhr der Schrecken
 Als wie ein Schwerdt durch ihre Brust,
Ihr Athem blieb im Halse stecken;
 Sie stand betäubt und unbewußt.
Sie zog jedoch ganz unwillkührlich,
Denn dieses ist ja ganz natürlich,
 Den Liebling aus dem Sutt heraus;
Er lebte zwar noch einge Stunden,
Allein am ganzen Leib geschunden,
 Und hauchte dann das Leben aus.
8. Da liegt er nun in ihren Armen,
 Doch ohne alle Hoffnung todt;
Sie rief den Himmel um Erbarmen
 Und Rettung an in ihrer Noth:

Allein die Arme schrie vergebens
Um Rettung ihres Kindes Lebens,
    Des Himmels Ohren blieben taub,
Das Kind, gesotten und geschunden,
War rettunglos für sie verschwunden,
    Und ist und bleibt des Todes Raub.
9. Nun leidet sie die schwerste Strafe
    Für ihre Unvorsichtigkeit;
Ihr Liebling schreckt sie auf im Schlafe,
    Und raubt ihr jede Lebensfreud;
Sie sieht ihn Tag und Nacht geschunden;
Und welche Leiden sie empfunden,
    Seit sie verlor den zweiten Veit,
Das kann kein Menschenherz empfinden,
Denn alle andre Leiden finden
    Doch ihre Lindrung in der Zeit.
10. Gebt also immer Acht, ihr Eltern!
    Wenn euch die Kindeslieb durchdringt,
Damit euch ja in den Behältern
    Des Wassers nie ein Kind versinkt.
Ihr müßt für euer Kinder Leben
Dem strengen Richter Antwort geben,
    Dem Richter ohne Gnad und Huld;
Doch sorget mehr für ihre Seelen,
Denn wenn sie einst im Himmel fehlen,
    So ists gewöhnlich eure Schuld.
11. Bewahret sie vor jeder Sünde,
    Die ewig ins Verderben stürzt;
Denn besser wäre es dem Kinde,
    Sein Leben würde abgekürzt,

Als daß es einst in Sünden sterbe,
Und so an Leib und Seel verderbe,
   Es hätte besser nie gelebt;
Bewahret also von der Jugend
Bis in das Alter ihre Tugend,
   Die sie zur Seligkeit erhebt.

12. Doch tröstet euch, wenn ihr unschuldig
   An ihrem Tode seyd, und denkt:
Ich leide ihren Tod geduldig,
   Gott hat ihr Schicksal so gelenkt;
Und wenn in Unschuld sie vollenden,
So denkt: sie sind in Gottes Händen,
   Um dort in jenen selgen Höhn,
Dort werdet ihr sie wieder finden,
Wenn ihr gestorben ohne Sünden,
   Dort werdet ihr sie wieder sehn.

26.
Bei dem Grabe einer alten Jungfrau die todt im Bette gefunden wurde.

Melod. IX.

1. Hier modert im düsteren Grabe
   Kreszentia Seebergerin;
Sie brachte zur willigen Gabe
   Dem Schöpfer ihr Leben dahin;
Sie weihte die Kindheit und Jugend,

Das Alter, den ledigen Stand,
Und also sich gänzlich der Tugend,
Wozu sie der Heiland verband.

2. Sie lebte beständig zufrieden
   Mit Allem, was Gott ihr verlieh,
Und was ihr der Himmel beschieden,
   Und klagte und murrete nie;
Sie zog sich bescheiden zurücke
   Von dieser gefährlichen Welt,
Die immer mit heimlicher Tücke
   Der Unschuld und Tugend nachstellt.

3. Aus Liebe zur Tugend war immer
   Ihr Demuth und Einsamkeit lieb,
Weswegen sie ferne vom Schimmer
   Der Hoffart und Kleiderpracht blieb.
So blieb sie auch ferne vom Tanze,
   Und ferne von jeder Gefahr,
Die manchem jungfräulichen Kranze
   Zum Falle Gelegenheit war.

4. Sie wurde deswegen verachtet,
   Verspottet, verhöhnet, verlacht,
Doch hatte sie höcher geachtet
   Der Reinigkeit himmlische Pracht;
Deswegen gesellte sie immer
   Den weisen Jungfrauen sich bei,
Damit sie im Heiligkeit Schimmer
   Dem Höchsten gefälliger sey.

5. So war sie bereitet beständig,
   Wann immer der Bräutigam kam,

Ihr Glaubenslicht brannte lebendig
  Entgegen dem göttlichen Lamm;
Obwohl sie nun plötzlich gestorben
  An einem erstickenden Fluß,
So hat sie doch sicher erworben
  Den himmlischen Freudengenuß.

6. O möchten sich alle Jungfrauen
  Und Jünglinge spiegeln daran,
Und nie den Versuchungen trauen,
  Wie unsere Schwester gethan;
Sie würden sich sicher ersparen
  Der Reue so schreckliche Pein,
Und von den so vielen Gefahren
  Der Tugend gesicheret seyn.

7. Wohlan denn! wir wollen das Leben
  Der christlichen Frömmigkeit weihn,
Und redlich nach Besserung streben,
  Und unsere Sünden bereun;
Denn möge der Tod uns befallen
  Im Schlummer der nächtlichen Ruh;
Wir sterben bereitet, und wallen
  Der ewigen Seligkeit zu. —

27.
Bei dem Grabe eines jungen wohlthätigen Mannes.
Melod. XVII.

1. Ach! unvermuthet stehen
 Wir hier an diesem Grab
In tiefer Traur, und sehen
 Im Thränenblick hinab;
Denn es verschließt die Leiche
 Von einem jungen Mann,
Der schnell im Erdenreiche
 Vollendet seine Bahn.

2. Erst acht und dreißig Jahre
 Und fünfthalb Monat alt,
Und schon verschließt die Bahre
 Die Leiche starr und kalt;
Denn grausam war das Fieber
 Das plötzlich ihn befiel,
Und führte ihn hinüber
 Zu seinem Lebensziel.

3. Denn Alles war vergebens
 Zur Rettung angewandt,
Der Faden seines Lebens
 War schon zu sehr gespannt;
Mit jedem Glockenschlage
 Nahm zu der Krankheit Schmerz,
Und ach! am neunten Tage
 Brach sterbend schon sein Herz.

4. Allein er hielt zum Sterben
 Sich jederzeit bereit,
Und wird den Himmel erben
 Dort in der Ewigkeit;
Denn durch sein ganzes Leben,
 Bei Sense, Wagen, Pflug,
That er durch sein Bestreben
 Treu seiner Pflicht genug.

5. Und o! wie war so thätig
 Bei ihm die Bruderlieb,
Da man bei ihm, wars nöthig,
 Nie ohne Hülfe blieb.
Mit gänzlichem Ergeben
 Gab er sein Leben hin;
Denn Jesus war sein Leben,
 Und Sterben sein Gewinn.

6. Wir können also hoffen:
 Daß er am Grabesrand
Für sich den Himmel offen,
 Und Jesum gnädig fand.
Denn was er hier den Armen
 Aus Bruderlieb gethan,
Nimmt Jesus voll Erbarmen
 Als für sich selbsten an.

7. Drum laßt uns nach Vermögen
 Den Armen Gutes thun,
Dann wird auch Gottes Segen
 Auf unsern Werken ruhn.

Uns folgen einst im Grabe
 Nur unsre Werke nach,
Und jede gute Gabe
 Vergilt Gott tausendfach.

28.
Bei dem Grabe eines Mannes, der an langwährenden heftigen Leiden starb.
Melod. V.

Töne traurig, dumpfe Sterbeglocke!
Bei dem Sarge unsers Bruders hier.

1. Denn ein jeder Grabeshügel
 Ist für uns ein treuer Spiegel,
Und in tiefer Ahnung leben wir.

2. Und mit jedem Glockenschlage
 Nahn wir uns dem Sterbetage,
Heut an mir, und Morgen schon an dir.

3. Dieses Beispiel hat so eben
 Unser Bruder hier gegeben,
Dessen Leiche dieser Hügel deckt;

4. Lange war er schon gebrechlich,
 Und das Leiden unaussprechlich,
Welches Gottes Hand auf ihn gelegt.

5. Jedes Mittel war vergebens
 Zur Erhaltung seines Lebens,
Die Gesundheit kehrte nicht zurück;

6. Jede Hoffnung zur Genesung
 War umsonst, und nach Erlösung
Sehnte sich sein heisser Thränenblick.

7. Aber ach! sein Leiden währte
 Gar so lange, und er zehrte
Langsam ab in heisser Schmerzenglut.

8. Und er mußte fünfzehn Wochen
 Leiden, bis auf Haut und Knochen
Aufgezehret war sein Fleisch und Blut.

9. Ringend hob er seine Hände
 Auf zu Gott, und bath: o ende
Meiner Leiden grenzenlose Noth.

10. Endlich hatte Gott genügen,
 Und in seinen lezten Zügen
Kam für ihn der heiß ersehnte Tod.

11. Unter schwachen Herzensschlägen
 Sah er lächelnd ihm entgegen,
Schloß die matten Augenlieder zu;

12. Puls und Athem standen stille,
 Und die abgezehrte Hülle,
Fand im Grabe die ersehnte Ruh.

13. Seine Seele, frei vom Schmerzen,
 Schwang, mit hoffnungvollem Herzen,
Sich empor zu Gottes Gnadenthron!

14. Und nach überstandnen Wehen
 Aerntet er in jenen Höhen
Dort, gewiß den wohlverdienten Lohn.

15. Denn mit gottergebnem Herzen
 Litt er alle seine Schmerzen,
Und mit wahrhaft christlicher Geduld;

16. Und es ließ für seine Sünden
 Ihn gewiß Verzeihung finden
Gottes grenzenlose Vaterhuld.

17. Laßt uns nun geduldig leiden,
 Jede Sünde stets vermeiden,
Und uns ganz der wahren Tugend weihn.

18. O dann werden, wenn wir sterben,
 Wir auch Gottes Huld erwerben,
Und im Himmel ewig selig seyn.

29.
Bei der Leiche eines Brudermörders.
Melod. I.

1. Hier schloß ein armer Sünder sein
 Verfluchtes Lasterleben,
Der, wie der Brudermörder Kain,
 Dem Neide sich ergeben;
Er schlug, dem göttlichen Geboth
Zuwider, seinen Bruder todt,
 Und noch dazu ein Mädchen.

2. Er war der erstgebohrne Sohn
 Von seiner Eltern Liebe,
Und voll, als kleiner Bube schon,
 Von manchem bösen Triebe.

Die Eltern übersahen blind
Dem kleinen Böswicht jede Sünd,
   Anstatt ihn zu bestrafen.

3. Sie liessen seiner Leidenschaft
   Die nöthigen Zügel fehlen;
Er durfte also ungestraft
   Die armen Thiere quälen,
Und sich in wilder Grausamkeit,
Und mitleidloser Schadenfreud
   An ihrem Tod ergötzen.

4. So wuchsen Habsucht, Stoltz und Neid,
   Und Lust bei andrer Schmerzen,
Und ungezähmte Lüsternheit
   In seinen jungen Herzen,
Und zügellose Zorneswuth,
Mit einem heissen Durst nach Blut,
   Und einer blinden Rachsucht.

5. Die Eltern selbst erschracken zwar
   Vor seinen bösen Thaten,
Und vor der schrecklichen Gefahr,
   Worein ihr Sohn gerathen,
Und hatten ihn durch strenge Zucht
Derselben zu entziehn gesucht;
   Doch Alles war vergebens.

6. Der Vater suchte manchesmal
   Zu bessern ihn mit Schlägen,
Allein er war durch keine Qual
   Zur Besserung zu bewegen,

Auch kam er allemal in Streit
Mit seines Weibes Zärtlichkeit,
 Die ihren Liebling schützte.

7. Sie schmeichelte dem bösen Sohn
 Durch mitleidvolle Zähren,
Und bath in sanftem Klageton:
 »Ei Büble! laß dirs wehren!
»Du weißt, der Vater ist so bös,
»Und ach! am Ende könnte es
 »Dir noch weit schlimmer gehen;

8. »Vermeide doch die böse Welt;
 »Das können wir nicht dulden.«
So sagte sie, und gab ihm Gelt,
 Und tilgte seine Schulden,
Und hoffte, daß durch Schmeichelei
Ihr Liebling noch zu bessern sey;
 Allein er ward nur schlimmer.

9. Der Vater legte sich vor Gram
 Aufs frühe Sterbebette
Durch seinen frühen Tod bekam
 Des Sohnes Lasterkette
Noch freyern Lauf und größre Kraft,
Daß seine wilde Leidenschaft
 Die höchste Stuff erreichte.

10. Die Mutter hauste ein'ge Zeit
 Mit ihren beiden Söhnen,
Und suchte ihren Haß und Neid
 Durch Bitten zu versöhnen;

Allein der ältre Sohn war taub,
Und seine Seele blieb ein Raub
　　Der wilden Leidenschaften.

11. Am Ende drohte sie sogar:
　　Sie wolle ihn enterben,
Weil all ihr Flehn verloren war,
　　Und noch vor ihrem Sterben
Dem immer guten jüngern Sohn,
Zum wohlverdienten Tugendlohn,
　　Die Heimath übergeben.

12. Bey dieser Drohung stieg der Neid
　　Bei ihm zur höchsten Stuffe;
Er hatte voll Verwegenheit,
　　Trotz dem Gewissensrufe;
Der ihm den Brudermord verboth,
Wie Kain, den eignen Bruder todt,
　　Zu schlagen sich entschlossen.

13. Gedacht, gethan! — Er lockte ihn
　　Hinaus auf eine Wiese,
Durch die man einen Graben ziehn,
　　Und sie verzäunen müße,
Trat heimlich hinter ihn zurück,
Und schlug ihn plötzlich ins Genick
　　Mit umgekehrter Axte.

14. Der Bruder fiel, als wie ein Stier
　　Vom Schlächterbeil getroffen,
Und rief im Fall! Was thust du mir?
　　O laß mich Gnade hoffen!

Und schlage mich doch nicht zu todt!
Ich bitte dich beim lieben Gott
 Um Gnade und Erbarmen!

15. Allein er brüllte: »hin mußt seyn,
 »Du Räuber meines Gutes!« —
Und jener sprach: »Es sey ja dein!
 »Nur schone meines Blutes!
»Laß leben mich, ich schenk es dir
»Ja ganz, und will ja nichts dafür,
 »Als nur mein armes Leben.«

16. Allein des Brudermörders Herz
 War nicht mehr zu erweichen,
Er schwang das Mordbeil himmelwerts
 Zu wiederholten Streichen,
Bis seines armen Bruders Haupt
Zerschmettert war, und er beraubt
 Des Lebens ihn erblickte.

17. Dann kehrte er nach Haus zurück.
 Da sprach zu ihm die Mutter:
»Warum ist doch so scheu dein Blick?
 »Wo hast du deinen Bruder?
»Warum doch kommt er nicht mit dir?
»Vermuthlich habt, wie öfter, ihr
 »Gestritten miteinander!«

18. »Ich weiß nicht, wo mein Bruder ist,
 »Ich bin ja nicht sein Hüter;
»Er ist ja, wie ihr selber wißt,
 »Besitzer unsrer Güter;

»Er wird schon kommen, sorget nicht.«
So sprach der kühne Bösewicht
 Zur ganz bestürzten Mutter.

19. Indessen schrie des Bruders Blut
 Zum Himmel auf um Rache,
Und machte schon der Reue Wuth
 In seinem Mörder wache,
Daß er in ungesäumter Flucht
Der Strafe zu entgehn gesucht,
 Die auf dem Fuß ihm folgte.

20. Da wuchs der schrecklichste Verdacht
 Im Herzen seiner Mutter:
Der Flüchtling habe umgebracht
 Den ausgebliebnen Bruder;
Sie zeigte, banger Ahnung voll,
Die Sache an, und bath: man soll
 Die beiden Brüder suchen.

21. So wurde bald, noch lebenswarm,
 Der jüngre Sohn gefunden;
Allein es war im Todesarm
 Sein Leben schon verschwunden,
Vollendet schon sein Todeskampf,
Und seines Blutes warmer Dampf
 Schon himmelwerts gestiegen.

22. Die blut'ge Leiche wurde heim
 Ins Mutterhaus getragen,
Und nicht gesäumt, die Sache beim
 Gerichte anzusagen.

Der Mörder ward in kurzer Zeit
[Denn selten kömmt ein Mörder weit,]
    Bei Ravensburg ergriffen.

23. Das Blut an seinem Kleide war
    Des Brudermords Verräther,
Und macht, wie die Sonne, klar:
    Er sei der wahre Thäter.
Er konnte also seine That,
Bei diesem blutigen Verrath,
    Auf keine Weise läugnen.

24. Indessen lag der Mutter Herz
    In der Verzweiflung Armen,
Sie rief in jammervollem Schmerz
    Zum Himmel um Erbarmen
Für ihrer Söhne Seelenheil;
Denn ach! es lag ein großer Theil
    Der Schuld auf ihrem Herzen.

25. Sie hatte bei der Kinderzucht
    Zu vieles übersehen,
Und sah daher die böse Frucht
    Am bösen Baum entstehen:
Gemordet ihren zweiten Sohn
Durch ihren ersten, welchen schon
    Des Rächers Hand ergriffen.

26. Und dennoch war das Sündenmaaß
    Des schrecklichen Verbrechers
Nicht voll genug, und er vergaß
    Des allerhöchsten Rächers,

Und hatte noch in eitler Flucht
Der Strafe zu entgehn gesucht
   Durch eine neue Mordthat.

27. Er wußte sich von Fuß und Hand
   Mit ausgesuchten Mitteln,
Im Kerker, wo er sich befand,
   Die Ketten abzuschütteln,
Und hatte sich vertraut gemacht,
Damit von weitem kein Verdacht
   Von seiner Flucht entstünde.

28. Nun ward der Kerkermeister krank;
   Und dieser Umstand machte,
Daß ihm indessen Speis und Trank
   Die Magd desselben brachte.
Sie öffnete daher die Thür
Zum zweitenmal; da trat er ihr,
   Von Banden frey, entgegen.

29. Sie wollte schreckenvoll sogleich
   Entfliehn, und wieder schliessen;
Allein sie lag mit einem Streich
   Entseelt zu seinen Füssen:
Er schlug ihr nemlich an der Wand,
Den Schedel ein mit starker Hand,
   Und war im Nu verschwunden.

30. Jedoch er ward im Augenblick
   Der kühnen Flucht ergriffen,
Gebunden fest mit einem Strick,
   Trotz allen seinen Kräften.

Und in des tiefsten Kerkers Nacht
Die Flucht unmöglich ihm gemacht,
   Und bald gefällt sein Urtheil.

31. Es hieß: »weil er sich kühn erfrecht
   »Den Bruder todt zu schlagen,
»Und zu der Flucht von Straf und Recht
   »Noch einen Mord zu wagen,
»Und diesen wirklich sich erlaubt:
»So falle sein verfluchtes Haupt
   »Durchs Henkerschwerdt vom Rumpfe.«

32. Und wirklich steht der Bösewicht
   Schon auf erhabner Bühne,
Und wendet sich zum Volk, und spricht,
   Mit todesblasser Miene,
Voll Reue über seine That,
[Doch seine Reue kam zu spat]
   Die schaudervollen Worte:

33. »Ich hab mit allem Vorbedacht,
   »Und höchster Schadenfreude
»Den eignen Bruder umgebracht
   »Aus ungezähmten Neide
»Um das für ihn bestimmte Gut,
»Und so sein unschuldvolles Blut
   »Mit Grausamkeit vergossen.

34. »Er krümmte sich als wie ein Wurm,
   »Und bath noch um sein Leben,
»Doch dieses war bei mir im Sturm
   »Der Leidenschaft vergeben. —

»Ich hab es schmerzlich zwar bereut;
»Allein vorüber ist die Zeit,
   »Geschehen bleibt geschehen.

35. »Das Mädchen hab ich nicht gesucht
      Des Lebens zu berauben;
»Sie sollte nur zur kühnen Flucht
   »Den Ausgang mir erlauben,
»Und weil sie mir im Wege stand,
»So hab ich nur mit rascher Hand
   »Bei Seite sie geschleudert.

36. »Allein das Blut der Unschuld schrie
      »Um Rache nicht Vergeben!
»Schon trift sie mich, ich sehe sie
   »Ob meinem Haupte schweben,
»Und fühle ihre ganze Wuth:
»Wer Blut vergiesset, dessen Blut
   »Wird auch vergossen werden.

37. »Hier steh ich vor dem Blutgericht
      »Mit Zittern Angst und Beben,
»Und schliesse als ein Bösewicht
   »Mein lasterhaftes Leben;
»Denn Gott ist heilig und gerecht,
»Bestraft daher den Lasterknecht
   »Hienieden schon und jenseits.

38. »Allein er ist barmherzig auch,
      »Will nicht den Tod der Sünder,
»Und nimmt in seinem Gnadenhauch
   »Sie wieder an als Kinder,

»Wenn sie bereuen ihre Schuld,
»Und zur Versöhnung mit Geduld
  »Die Todesstrafe leiden.

39. »Drum hütet euch vor Haß und Neid
  »Und allen andern Sünden,
»Und laßt in der Begierlichkeit
  »Sie keine Nahrung finden;
»Denn wer die böse Neigung nährt,
»Und nicht auf sein Gewissen hört,
  »Geht hier und dort verloren.

40. O laßt euch durch mein Beispiel doch
  »Vor Sünd und Lastern warnen,
»Und widerstehet ihnen noch
  »Bevor sie euch umgarnen;
»Denn sicher wird kein Lastersklav
»Entgehn der wohlverdienten Straf
  »Für seine Frevelthaten.

41. »So wird hier der Gerechtigkeit
  »Mein Haupt zum Opfer fallen!
»Wohlan! es sey! ich bin bereit!
  »Nach Gottes Wohlgefallen!!
»O möchte den gerechten Gott
»Mein wohlverdienter Opfertod
  »Für meine Schuld versöhnen!

42. »O nehmt an meinem Schicksal Theil,
  »Und bethet für mich Armen
»Zu meinem wahren Seelenheil
  »Um Gnade und Erbarmen! —

»Bekehre dich, o Lasterknecht!
»Und du, Gerechter! bleib gerecht,
　»Und werde noch gerechter.« —

43. Nun wurden von des Henkers Hand
　　Die Augen ihm verbunden,
Und eh ein Augenblick verschwand,
　　War schon sein Hauch verschwunden
Aus dem vom Schwerdt durchhauten Hals,
Und so sein Haupt gefallen als
　　Ein Opfer der Versöhnung.

44. Nun laßt uns dem Unglücklichen
　　Noch eine Thräne weihen,
Und mitleidvoll zum Höchsten flehn:
　　Er möchte ihm verzeihen,
Was er gethan aus Leidenschaft,
Wofür in vollster Lebenskraft
　　Er hingerichtet wurde.

45. Wer aber steht, der sehe zu
　　Daß er nicht wank und falle,
Und immer zur Gewissensruh
　　Die Bahn der Tugend walle;
Dann führt ihn einst des Todes Hand
Ins einzig wahre Vaterland
　　Der Seligkeit hinüber.

30.
Bei dem Grabe einer Frau, die an der Wassersucht starb.
Melod. X.

1. Endlich fand im Erdenschoos
   Sie den wahren Frieden,
Und es war ein beßres Loos
   Jenseits ihr beschieden.
Nur auf zwei und fünfzig Jahr
   Stiegen ihre Tage,
Und ihr ganzes Leben war
   Voll der Müh und Plage.

2. Lang schon hatte ihre Brust
   Bangigkeit empfunden,
Und es war die Lebenslust
   Gänzlich ihr entschwunden;
Endlich hat die Wassersucht
   Sich daraus ergeben;
Manches Mittel ward versucht,
   Aber ach! vergebens.

3. Von des Wassers Menge war
   Ganz ihr Leib durchdrungen,
Und es reichte die Gefahr
   Bis an Herz und Lungen
Jeden Tag vermehrten sich
   Ihre Qual und Schmerzen,
Und der Wurm des Todes schlich
   Sich zu ihrem Herzen.

4. Doch sie gab sich willig hin
 In des Höchsten Leitung,
Machte noch mit reinem Sinn
 Ihre Vorbereitung,
Und verließ voll Zuversicht
 Dieses Reich der Erde:
Daß sie dort bei dem Gericht
 Gnade finden werde.

5. Lasset also vor dem Tod
 Alle Furcht verschwinden;
Fürchtet nur die größte Noth,
 Hütet euch vor Sünden;
Sucht vor Allem Gottes Reich
 Auf der Bahn der Pflichten,
Dann wird Jesus gnädig euch
 Nach dem Tode richten.

31.
Bei dem Grabe des Georg Springer, Schultheissen von Kirchdorf.

Melod. III.

1. O welche allgemeine Trauer,
 Und welcher namenlose Schmerz,
Und welcher nie gefühlte Schauer
 Durchwühlen grausam unser Herz!
Denn ach! der Mann, den wir begraben,

War so beliebt und allbekannt,
Der seine Fähigkeit und Gaben
Zu unserm Beßten angewandt.

2. Er hatte zwar sein theures Leben
Auf acht und sechzig Jahr gebracht,
Und war bei allem seinem Streben
Nur auf sein Seelenheil bedacht;
Doch war er uns zu früh entrissen,
Weil Niemand ihn ersetzen kann,
Und schmerzlich werden wir vermissen
Den stets zur Hülf bereiten Mann.

3. Denn er hat seine Standespflichten
Getreu, gewissenhaft erfüllt,
Und, Liebesdienste zu verrichten,
Oft seinen Hunger nicht gestillt.
Er war geschickt und dienserbietig,
Und half, wo noch zu helfen war,
Gefällig, liebevoll und gütig,
Und Schutz und Retter in Gefahr.

4. Und o! wie war er Gott ergeben
In seiner Krankheit schweren Zeit,
Und jeden Augenblick sein Leben
Gott darzubringen ganz bereit.
So trug er auch die größten Schmerzen
Des Krankenlagers mit Geduld,
Bereute seine Sünd von Herzen,
Und bath um Gottes Vaterhuld.

5. Er hob in schweren Todeskämpfen
Sein sterbend Auge himmelwerts,

Bis unter Zuckungen und Krämpfen
  Im Tode brach sein edles Herz;
Sein Puls und Athem wurden schwächer,
  Erblassend schloß er seinen Mund,
Und trank den bittern Todesbecher,
  Wie Jesus, aus bis auf den Grund.

6. So gieng er ohne Furcht und Beben
  Aus dieser Welt in jene hin,
Und Jesus Christus war sein Leben,
  Und Sterben war für ihn Gewinn;
Wir können also gründlich hoffen:
  Daß, als sein Lebenshauch verschwand,
Sein Geist das Thor des Himmels offen,
  Und seinen Richter gnädig fand.

32.
Bei dem Grabe einer Frau, die Vieles zu leiden hatte.

Melod. V.

Tiefe Wehmuth füllet unsre Seelen
  Bei dem Grabe unsrer Schwester hier:

1. Denn schon eh wir es verhoffen,
  Stehn auch uns die Gräber offen,
Und in banger Ahnung beben wir.

2. Alles, was da lebt auf Erden,
  Muß des Grabes Beute werden,
Und bald senkt man unsern Leib hinab.

3. Was wir immer thun und treiben,
   Es verschafft uns hier kein Bleiben,
Und in Bälde ruft der Tod uns ab.

4. Aber nur der Leib vermodert,
   Und im Glaubenslichte lodert
Unser Geist zu Gottes Thron empor.

5. Aber ach! wer soll nicht beben?
   Denn von unserm ganzen Leben
Nimmt der Richter dort sein Urtheil vor.

6. Und nachdem wir bös gehandelt,
   Oder aber fromm gewandelt,
Steht uns Strafe oder Lohn bevor.

7. Dieses lehret uns die Leiche,
   Derer Geist vom Erdenreiche
Sich erhob in eine beßre Welt.

8. Ach! was hatte sie zu leiden,
   Bis in ihrem letzten Scheiden
Ihre schwere Leidenskette fällt!

9. Große Leib= und Seelen=Schmerzen
   Wechselten in ihrem Herzen
Unaufhörlich ohne Maß und Zahl;

10. Endlich hat sies überstanden
    Und im letzten Hauch verschwanden
Alle Leiden, Schmerzen, Pein und Qual.

11. Gottes Willen ganz ergeben
    Gab sie hoffnungvoll ihr Leben
Hin in seine treue Vaterhand,

12. Und wir können billig hoffen,
    Daß sie dort den Himmel offen,
Und beim strengen Richter Gnade fand.

33.
Bei dem Grabe einer Frau, die an Altersschwäche starb.
Melod. VIII.

1. Endlich ruht von ihren Schmerzen
    Unsre Schwester hier im Grab,
Die mit liebevollem Herzen
    Gottes Willen sich ergab.
2. Schon seit einem halben Jahre
    Wich von ihr die Lebenskraft,
Und vom hohen Alter ware
    Ausgetrocknet jeder Saft.
3. Denn es reichte ja ihr Leben
    Schon auf neun und siebenzig;
Aber viele Jahre geben
    Nur dem Tode Kraft und Sieg.
4. Unter namenlosen Schmerzen
    Sehnte sie sich nach dem Tod;
Endlich drang er ihr zum Herzen,
    Um zu enden ihre Noth.
5. Doch geduldig bis zum Ende
    Litt sie jede Pein und Qual,
Bis sie froh in Gottes Hände
    Sterbend ihren Geist aufgab.

6. Sie empfieng vor ihrer Reise
    Ja das Leben ohne End
Noch die wahre Seelenspeise
    In dem heil'gen Sakrament,

7. Dieses also läßt uns hoffen:
    Daß an ihrem Grabesrand
Ihr das Reich des Himmels offen
    Zu dem Lohn der Tugend stand.

8. So steht auch im Lauf der Zeiten
    Uns bevor der bittre Tod;
Dazu sollen wir bereiten
    Uns, noch eh er uns bedroht.

9. O dann dürfen wir nicht beben
    Wann und wo er uns befällt,
Weil wir dann auf ewig leben
    Dort in jener bessern Welt.

10. Lebet also fromm, und meidet
    Jede Sünd mit Aengstlichkeit,
O dann wird euch, wann ihr scheidet,
    Dort zum Lohn die Seligkeit.

34.
Bei dem Grabe eines alten Mannes, der auszehrte.
Melod. IV.

1. Hier stehen wir schon wieder
   An einem neuen Grab,
Und einer unsrer Brüder
   Sank unverhofft hinab.
2. Er brachte zwar sein Leben
   Beinah auf siebenzig,
Doch dieses machte eben,
   Daß er zu Grabe stieg.
3. Er brachte, gottergeben,
   Sein ganzes Leben zu,
Die Arbeit war sein Leben,
   Und Bethen seine Ruh.
4. Schon zweimal war, vom Blitze
   Entflammt, sein Haus zerstört;
Und nun hat innere Hitze
   Sein Leben selbst zerstört.
5. Doch trug er alle Schmerzen
   Mit schweigender Geduld,
Und starb mit Ruh im Herzen
   In Gottes Vaterhuld.
6. So siegen alle Frommen
   In ihrem letzten Streit,
Und ihre Seelen kommen
   Zur ewgen Seligkeit.

35.
Bei dem Grabe einer alten Jungfrau.
Melod. IV.

1. Hier schlummert sie, die Arme
 In kalter Todesnacht;
Sie hat in Gram und Harme
 Ihr Leben zugebracht.

2. Doch blieb sie Gott ergeben
 In Leiden und Gefahr,
Und brachte so ihr Leben
 Auf fünf und sechzig Jahr.

3. Nun war, statt sie zu nähren,
 Ihr Magen schwach und krank,
Wodurch sie abzuzehren,
 Aufs Krankenlager sank.

4. Da hatte sie mit Schmerzen
 Zu kämpfen lange Zeit;
Doch mit Geduld im Herzen
 War sie zum Tod bereit;

5. Bereute ihre Sünden,
 Bekannte ihre Schuld,
Um dort bei Gott zu finden
 Verzeihung, Gnad und Huld.

6. So starb mit Vorbereitung
 Die stille Dulderin,
Und Gab sich Gottes Leitung
 Voll süssen Trostes hin.

7. Sie lebte stets zufrieden,
   Als Jungfrau keusch und rein,
Und strebte ohn' Ermüden,
   Der Tugend sich zu weihn.

8. Wir können also hoffen
   Daß, als ihr Hauch verschwand,
Ihr Geist den Himmel offen,
   Und Jesum gnädig fand.

9. Laßt uns daher mit Freuden
   Stets fromm und heilig seyn,
Um nach dem letzten Scheiden
   Des Himmels uns zu freun.

36.
Bei dem Grabe der Jungfrau Marianna Göppel von Unteropfingen.
Melod. III.

1. O welche unverhoffte Leiche
   Versank in dieser Todtenbahr,
Die von dem Tode aus dem Reiche
   Des Lebens ausgestrichen war!
Denn ach! das Mädchen, hier begraben,
   War noch in beßter Lebenskraft,
Mit allen hoffnungvollen Gaben
   Vom Tode schmerzlich hingerafft.

2. Schon vor beinahe dritthalb Jahren
   Verlor sie der Gesundheit Lust,
Und alle Medizinen waren
   Umsonst für ihre kranke Brust;
Denn täglich schwanden ihre Kräften,
   Und schwächten jeden Athemzug,
Und zu den leichtesten Geschäften
   War ihre Kraft nicht mehr genug.

3. Am Ende sank sie ganz entkräftet
   Aufs heisse Schmerzenlager hin,
Und unverwandt auf Gott geheftet
   War nun ihr Auge Herz und Sinn;
Sie fühlte namenlose Schmerzen,
   Wobei sie wie ein Wurm sich wand,
Bis endlich im gepreßten Herzen
   Ihr Puls und Athem stille stand.

4. Indeß verlor sie das Vertrauen
   Auf Gottes Vatergüte nicht,
Und unverwandt auf Gott zu schauen
   War ihre höchste Zuversicht;
Sie opferte die größten Schmerzen
   Zur Tilgung ihrer Sündenschuld,
Und bath mit reuevollem Herzen
   Gott um Verzeihung Gnad und Huld.

5. So starb sie ganz in Gott ergeben,
   Die arme, stille Dulderin,
Und Jesus Christus war ihr Leben,
   Und Tod und Grab für sie Gewinn;
Denn sicher wurde ihr Vertrauen

Belohnt mit höchster Seligkeit,
Wo Gottes Antlitz anzuschauen
　Ihr Geist auf ewig sich erfreut.
6. Denn alle werden Gott anschauen
　Die eines reinen Herzens sind,
Allein die Bösen wie die Lauen
　Sind schon für Gottes Anblick blind.
Laßt uns daher das Böse meiden,
　Und stets im Guten eifrig seyn,
Dann gehen wir beim letzten Scheiden
　Auch in das Reich des Himmels ein.

37.
Bei dem Grabe einer jungen Wittwe.
Melod. XI.

1. Hier in diesem Grabe modert,
Ach zu früh vom Tod gefodert,
　Zu den Würmer süssem Fraß,
Eine Wittwe, welche Jugend,
Reiz, Verstand und reine Tugend,
　Und besondre Treu besaß.

2. Kaum war ihr der Mann entrissen,
Als mit Gram und Kümmernissen
　Sich ihr treues Herz umzog,
Kein Vermögen, kein Vergnügen
Konnte ihren Schmerz besiegen,
　Welcher Alles überwog.

3. Heisse Sehnsucht nach dem Gatten
Und vergebner Kummer hatten
   Ihre Nerven abgespannt,
Bis ihr Herz, des Harmes Beute,
Hier, an ihres Gatten Seite,
   Seine Ruhe wieder fand.

4. Nur der Wunsch: daß ihrer Liebe
Zeuge treu der Tugend bleibe,
   Machte ihr das Leben süß,
Doch ihr Sehnen war vergebens,
Ganz zerfressen ihres Lebens
   Zartes Band, und ach! es riß.

5. Doch es ward in jenen Höhen
Bei des Gatten Wiedersehen
   Nun auf ewig angeknüpft. —
Weile hier, o Christ! und wehre
Nicht, wenn eine Mitleidszähre
   Deinem nassen Aug entschlüpft.

38.
Bei dem Grabe einer Frau, die ein fressendes Geschwür verzehrte.
Melod. III.

1. Nun endlich ruht von ihren Schmerzen
   Die heldenmüthge Dulderin;
Sie gab mit hoffnungvollem Herzen
   Sich ganz dem Willen Gottes hin,

Und unter namenlosen Leiden
  Blieb immer fröhlich ihr Gemüth,
Und bis zu ihrem letzten Scheiden
  War stets ihr Herz von Lieb entglüt.

2. Denn schon beinah vor vierthalb Jahren
  Verlor sie der Gesundheit Lust,
Und alle Medizinen waren
  Umsonst zu heilen ihre Brust;
Das Uibel wurde nicht gehoben
  Ununterbrochen blieb der Schmerz,
Und hörte nicht mehr auf zu toben,
  Bis endlich brach ihr zartes Herz.

3. So war am Ende ganz verschwunden
  Der letzten Hoffnung Dämmerschein,
Und ihre letzten Lebensstunden
  Vermehrten ihre Qual und Pein;
Allein sie litt die größten Schmerzen
  Mit wahrhaft christlicher Geduld,
Und bath mit reuevollem Herzen
  Gott um Verzeihung, Gnad und Huld.

4. Indessen war auf Haut und Knochen
  Ihr Leib allmählig abgezehrt,
Ihr sterbend Auge schon gebrochen,
  Und immer noch ihr Schmerz vermehrt;
Dieß gab sie deutlich zu erkennen
  Durchs Aechzen jeden Athemzug,
Bis endlich, Seel und Leib zu trennen,
  Zum letztenmal ihr Herze schlug.

5. Wohl ihr! nun hat sie ausgestritten,
   Und gut vollendet ihren Lauf,
Und Alles Gott zu lieb gelitten,
   Und fuhr zum Himmelsthron hinauf;
Denn sicher fand dort ihr Vertrauen
   Bei Gott ein gnädiges Gericht,
Um ihn auf ewig anzuschauen
   Von Angesicht zu Angesicht.

6. Laßt uns daher geduldig leiden
   Nach Gottes liebevollem Plan,
Und weißlich jede Sünde meiden,
   Die uns den Tod verbittern kann:
Denn alle Leiden hier auf Erden
   Sind ja wie gar nichts im Vergleich
Der Seligkeit, die uns soll werden
   Zum Tugendlohn im Himmelreich.

39.
Bei dem Grabe des Herrn Alois Staubacher, Chirurgs von Erolzheim.
Melod III.

1. Nun endlich ruht von seinen Leiden
   Der Herr Staudacher Alois,
Der in den höchsten Seelenfreuden
   Das Leben dieser Welt verließ,
Weil er erst auf dem Sterbebette
   Die heiß ersehnte Ruhe fand,

Und seine schwere Leidenkette
  Zerrissen war in Todeshand.

2. Er weihte sich von zarter Jugend
  Mit allem Fleiß der Chirurgie,
Und wandelte die Bahn der Tugend
  Mit Heldenmuth und vieler Müh;
Er wollte sich der Liebe Gottes
  Und Menschenliebe gänzlich weihn,
Und nach der Fordrung des Gebothes
  In dieser Liebe thätig seyn.

3. Doch welche schwere Prüffung hatte
  Sein Tugendvorsatz zu bestehn
Als Bürger, Vater, Mensch und Gatte,
  Um sich am End bewährt zu sehn!
Es hatte kaum mit Vaterfreuden
  Die treue Gattin ihn beschenkt;
Sie wurden aufgelöst in Leiden,
  Und mit der Frau ins Grab versenkt.

4. Da lag es nun in seinen Armen,
  Das schwache mutterlose Kind,
Und schrie um Hülfe und Erbarmen,
  Allein sein Schrein verflog in Wind;
Denn seine erste Lebensquelle
  Versiegte in der Mutter Grab,
Und Wasser trat an ihre Stelle,
  Das man dem armen Säugling gab.

5. Indessen ward des Kindes Leben
  Gepflegt von seinem zweiten Weib,
Und ihm das Nöthige gegeben,

Und es gerieth an Seel und Leib;
Es wuchs heran, und lernte gehen,
Und lallte schon so manches Wort,
Auf einmal wars um es geschehen
An einem schlammerfüllten Ort.

6. Es gieng, vom falschen Glanz betrogen,
Und stürzte in den Schlamm hinab,
Und wurde todt herausgezogen,
Weil es kein Lebenszeichen gab;
Und auch die beßten Mittel wecken
Es nicht mehr aus dem Todesschlaf;
Man denke sich des Vaters Schrecken,
Da so sein Kind ein Unglück traf.

7. Zwar dieses Kinds Verlurst ersetzte,
Bald eine große Kinderzahl,
Woran er herzlich sich ergötzte;
Da kam der Sorgen große Qual:
Die Unglücksfälle kehrten wieder
Die theure Mutter wurde krank,
Das Uibel drang durch alle Glieder,
Und warf sie auf die Folterbank.

8. Man brauchte freilich Medizinen
In Absicht auf die Besserung,
Die öfter zwar zu helfen schienen,
Allein es war nur Linderung.
So brachte sie neun lange Jahre
Auf ihrem Schmerzenlager zu,
Und fand am Ende in der Bahre
Die lang und heiß ersehnte Ruh. —

9. Nun ward er zweimal bei den Kranken
  Vom Nervenfieber angesteckt,
Und, ohne im Vertrauen zu wanken,
  Aufs Schmerzenlager hingestreckt;
Doch Gottes Vaterhuld erlößte
  Ihn von der doppelten Gefahr,
Indem er beidemal genesste,
  Und so dem Tod entrissen war.

10. So gab er oft sein theures Leben,
  Aus Liebe zu den Kranken, preis,
Der Pflicht und Tugend ganz ergeben,
  Und scheute sich auf keine Weis:
So half er manchem armen Kranken,
  Der in den letzten Zügen lag;
Doch jetzt begann er selbst zu wanken
  Berührt von einem halben Schlag.

11. Da sank er unvermuthet nieder
  An der getroffnen Seite lahm,
Erholte doch sich langsam wieder,
  Weil er die beßten Mittel nahm:
Bald kam zum ersten Schlag der zweite,
  Und dieser war viel stärker noch,
Und lähmte auch die andre Seite,
  Und spannte ihn ans Leidenjoch.

12. Da lag er nun ganz unbeweglich
  Auf seinem Schmerzenbette dort,
Und seiner Zunge wars unmöglich
  Zu reden nur ein einz'ges Wort.

Er seufzte stets nach dem Befreyer
　　Von seiner namenlosen Qual. —
Auf einmal stand sein Haus in Feuer
　　Entflammt von einem Blitzestrahl.

13. Gepriesen sey des Herren Namen!
　　So dachte er mit Heldenmuth,
Denn jtzt verzehren mich die Flammen
　　Und enden meine Leidenwuth.
Allein der Sohn dem Schlaf entrissen,
　　Springt, halb bedeckt, dem Vater bei
Durchs Feuer unter seinen Füssen,
　　Ob er noch wohl zu retten sey.

14. Er schwingt ihn eilig auf den Rücken
　　Und ruft: »geschwind, die Leiter her!«
Um auf derselben zu entrücken
　　Den edlen Schatz dem Feuermeer:
So stieg er mit der theuren Bürde
　　Die steile Leiter schnell hinab,
Nicht ahnend, daß sie brechen würde;
　　Allein es brach der erste Stab.

15. Erschrocken stürzt er auf den zweiten
　　Der ihn mit seinem Vater hielt,
Und glücklich wurde, ohne Gleiten,
　　Des Vaters Rettung ganz erzielt.
So trug Aeneas einst Anchisen
　　Den Vater aus dem Trojabrand,
Nur sicherer, weil mit starken Füssen
　　Er stets auf festem Grunde stand.

16. Als kaum der Vater so den Flammen
    Entrissen war durch seinen Sohn,
So stürzte schon das Haus zusammen,
    Und krachte wie ein Donnerton;
Und beide sorgten für das Leben,
    Daß ihnen Gott erhielt: Gott Lob!
Er gibt und nimmt, kann wieder geben,
    Und priesen Gott: als wie der Job.

17. Indessen traf den kranken Armen
    Der Schlag vor Schrecken nocheinmal,
Doch ohn' sich seiner zu erbarmen
    Und zu verkürtzen seine Qual;
Er hatte namenlos zu leiden
    Beinahe noch ein ganzes Jahr,
Bis seine Seele zu den Freuden
    Des Himmels ganz geläutert war.

18. Doch trug er alle diese Schmertzen
    Mit unerschütterter Geduld,
Und bath mit liebevollem Herzen
    Gott um Verzeihung, Gnad und Huld,
Empfieng mit wahrer Vorbereitung
    Der Sterbesakramente Gnad,
Und übergab sich Gottes Leitung,
    Und wallte froh den Todespfad.

19. Denn er ist ja von allen Mängeln
    Gereinigt durch der Leiden Glut
Und sicher wird er mit den Engeln
    Geniessen dort das höchste Gut.
Denn wer wie er das Böse meidet,

Und auch die kleinste Schuld bereut,
Und jede Pein geduldig leidet,
Gelangt ins Reich der Seligkeit.

20. Laßt uns daher die Sünde hassen,
Und gänzlich uns der Tugend weihn,
Und uns auf Gott allein verlassen,
Und in den Leiden standhaft seyn,
Geduldig tragen die Beschwerden
In Hinblick auf die Seligkeit,
Die droben uns zu Theil soll werden,
Und die uns Gottes Hand verleiht.

40.
Bei dem Grabe eines Kindes, das verfahren wurde.
Melod. I. XVI.

1. Hier liegt ein hoffnungvolles Kind
Von sieben Viertel Jahren,
Es ward, wie viele Kinder sind,
Ein Opfer der Gefahren,
In denen stets ihr Leben schwebt:
So gieng es diesem Kinde,
Es schwand, nachdem es kurz gelebt,
Als wie der Rauch im Winde.

2. Es konnte schon im Flügelkleid,
Wohin es wollte, gehen,
Doch leider! die Gefährlichkeit,
Die es umgab, nicht sehen;

Es kam nur einen Augenblick
　　Der Mutter von der Seite,
Und wurde durch ein Mißgeschick
　　Des frühen Todes Beute.
3. Es gieng voll Unschuld, sorgenfrey,
　　An einem schweren Wagen,
Der in Bewegung war, vorbey,
　　Auf welchem Steine lagen;
Der Fuhrmann hatte dummerweis
　　Den Pferdtezug verlassen,
Von dem verlassenen Geleis
　　Die Geisel aufzufassen.
4. Indessen kam das arme Kind
　　Zu nah dem vordern Rade,
Dieß faßte es beim Kleid geschwind,
　　Und warf es ohne Gnade
Dem hintern Rad in seinen Lauf,
　　Das stieg auf seinen Rücken
Gerade bei dem Kreutz hinauf,
　　Es grausam zu erdrücken.
5. Des Kindes mörderischer Schrey
　　Durchdrang der Eltern Herzen;
Erschrocken eilten sie herbey,
　　Zu lindern seine Schmerzen;
Die Mutter nahm es auf den Arm
　　Und trug es in das Zimmer,
Und nichts beschreibet ihren Harm,
　　Und klägliches Gewimmer.
6. Man rief den Artzt um seinen Rath
　　Zur Rettung seines Lebens

Doch leider! Alles, was er that
 Und brauchte, war vergebens:
Die Nieren waren ganz erdrückt,
 Das Blut schon ausgetretten,
Sein Lebenshauch schon halb erstickt;
 Es war nicht mehr zu retten.
7. Es fieng im Blut zu röcheln an,
 Und schon in zwölf Sekunden,
War, was man immer auch gethan,
 Sein Lebenshauch verschwunden.
So lag durch einen Unglücksfall
 Das hoffnungvolle Mädchen,
Trotz aller Klagen Wiederhall,
 Auf seinem Sterbebettchen.
8. Die Eltern rufen tausendmal
 Das Kind: Eleonoren,
Und hören nur den Wiederhall:
 Es ist, es ist ver — loren!
Sie ringen sich die Hände wund,
 Und weinen blut'ge Thränen,
Und geben ihren Jammer kund
 In lauten Klagetönen.
9. Sie haben nemlich eine Sünd
 Sich täglich vorzuwerfen:
Sie hätten besser auf das Kind
 Nur Achtung geben dürfen:
Allein geschehen bleibt geschehen,
 Was nützt zu späte Reue?
Sie können also nur noch flehn:
 Daß ihnen Gott verzeihe.

10. Doch wißt: nach Jesu Lehre fällt
    Kein Haar von unserm Haupte,
Wenn es der große Herr der Welt
    Demselben nicht erlaubte:
Es kann daher viel weniger
    Ein Kind im Tod erblassen,
Es hab es denn zuvor der Herr
    Des Lebens zugelassen.

11. Und Jesus sagte: laßt sogleich
    Zu mir die Kleinen kommen,
Denn ihrer ist das Himmelreich,
    Ich hab sie aufgenommen.
Wollt ihr ins Himmelreich daher,
    Ihr unbekehrten Sünder!
O so befolget Jesu Lehr,
    Und werdet wie die Kinder.

12. Dann wird uns Jesus auch sogleich,
    Wann wir im Tod erblassen,
Wie dieses Kind, ins Himmelreich
    Voll Gnade kommen lassen.
Laßt uns daher, wie dieses Kind,
    In reiner Unschuld leben,
Dann wird, wenn wir gestorben sind,
    Gott uns zu sich erheben.

41.
Bei dem Grabe eines Mannes, der in einer Mörgelgrube ums Leben kam.

Melod. III.

1. Hier schloß ein Mann sein junges Leben,
   Getroffen von des Todes Hand,
Weil er sich in Gefahr begeben,
   Die offen ihm vor Augen stand.
Er wollte nemlich Mörgel graben
   Aus einem tiefen Erdenschacht,
Und eh wir es vermuthet haben,
   Verschließt ihn schon die Grabesnacht.

2. Es war an einem Frühlingsmorgen,
   Als er sich in den Schacht begab,
Er stieg hinab ohn' alle Sorgen,
   Und dachte nicht an Tod und Grab:
Und dennoch ward er von der Höhe
   Von einem Kiesessturz bedroht,
Und die Gefahr war in der Nähe,
   Und ach! er fand in ihr den Tod.

3. Es hiengen zwar die Kieselsteine
   Zusamen durch der Kälte Kraft,
Allein am warmen Sonnenschein
   Zerschmolz des Eises kühler Saft,
Und schon begann herabzurollen

So manches Häufchen Stein und Sand,
Und hätte deutlich warnen sollen
  Den Mann, der in der Tiefe stand.

4. Doch jede Warnung war vergeben,
  Er traute blindlings der Gefahr,
In der doch offenbar sein Leben,
  Das höchste Gut der Erde, war:
Denn plötzlich stürzte das Gewölbe
  Herab wohl tausend Zentner schwer,
Und von dem Mann war auf der Stelle
  Auch nicht ein Haar zu sehen mehr.

5. So ward lebendig er begraben
  Von einem Haufen Sand und Kies;
Er wollte es nicht besser haben,
  Weil er sich ja nicht warnen ließ;
Er hätte doch vermuthen sollen:
  Wie leicht kann jtzt auf mich herab
Die Masse dieser Steine rollen,
  Und mich bedecken wie das Grab.

6. Er hatte ja als kleiner Bube
  Schon oft gehört von der Gefahr,
Wo Mancher in der Mörgelgrube
  Lebendig schon begraben war:
Doch die Begierde, zu gewinnen
  Durch Mörgeln auf dem Feldergrund,
Ließ dessen ihn sich nicht entsinnen
  In der gefahrenvollen Stund.

7. So gehts: wer die Gefahren liebet,
  Und taub ist vor der Warnung Mund,

Und thöricht sich darein begiebet,
　　Der geht gewiß darin zu Grund.
Man könnte leicht die Meinung schöpfen
　　An dieses Mannes Grabesrand:
Es fehle solchen Menschenköpfen
　　Sogar an menschlichem Verstand:
8. Denn offenbar sein Leben wagen
　　Um einen kleinlichen Gewinn,
Und sich dem Tod entgegen tragen,
　　Ist Mangel an gesundem Sinn.
Wir wollen also voll der Liebe
　　Vermuthen, daß aus Unverstand,
Und von der Habsucht blindem Triebe
　　Geblendet, er sein Ende fand.
9. Indessen gieng die Schreckenskunde
　　Von diesem großen Unglücksfall
Im Dorf herum von Mund zu Munde
　　In tausendfachem Wiederhall:
Die Mörgelgrub ist eingefallen,
　　Und hat den Riedbaur zugedeckt,
So hört man durch die Luft erschallen,
　　Was jedes Herz mit Angst bewegt.
10. Man eilte, ihn herauszugraben
　　Aus tiefem Schutt von Sand und Kies,
Zwar ohne einen Trost zu haben:
　　Daß er sich lebend finden ließ,
Doch wollte man die Hoffnung nähren,
　　Und lauschte mit gespitztem Ohr,
Und glaubte ein Gestön zu hören,
　　Das aber wieder sich verlor.

11. Man grub daher mit aller Schnelle,
  Es war Gefahr auf dem Verzug,
Als plötzlich aus dem Kiesgewölbe!
  Ein Seufzer an die Ohren schlug.
Auf einmal sah man, welche Freude!
  Das End von seinem Schaufelstiel,
Wobei noch was von seinem Kleide
  In die entzückten Augen fiel.

12. Er lebte noch, und konnte schnaufen
  Am Zugang frischer Lebensluft!
Man zog ihn aus dem Schutteshaufen
  Lebendig aus der Todtengruft.
Doch welch ein Anblick! Todesblässe
  Umzog den starren Thränenblick,
Und in die leeren Blutgefässe
  Kam kein Ersatz von Blut zurück.

13. Der ganze Leib war wie geschunden
  Und oft gebrochen Arm und Bein,
Und alle Hoffnung war verschwunden:
  Er möchte noch zu retten seyn;
Das Blut entquoll den vielen Wunden,
  Wovon sein Leib zerfleischet war,
Vergebens wurden sie verbunden,
  Sie bluteten doch immerdar.

14. Er wurde sanft nach Haus getragen,
  Entkleidet und ins Bett gelegt,
Und unter namenlosen Klagen
  Nach aller Möglichkeit verpflegt:
Doch alle Pflege war vergebens,

Er röchelte den Todeston;
Es kam das Ende seines Lebens,
Und seine Seele floh davon.

15. Und ach! wie jammern Weib und Kinder
Bei seinem unverhofften Grab!
Denn ach! gebrochen ist geschwinder,
Als sie gedacht, ihr Hoffnungstab.
Wenn sie die Mörgelgrube sehen,
Gehts ihnen wie ein Stich ins Herz;
Allein geschehen bleibt geschehen,
Und nichts versüßet ihren Schmerz.

16. Dieß Unglück soll uns Vorsicht lehren
Bei jeder möglichen Gefahr,
Und will uns falscher Schein bethören,
So denkt: es bleibet ewig wahr:
Wer blindlings den Gefahren trauet,
Und jede Warnung stolz verschmäht,
Der hat sein Heil auf Sand gebauet,
Wo sein Gebäu zu Grunde geht.

17. Nun ruhe sanft in deinem Grabe,
Du armer, unglückvoller Mann!
O daß dir Gott verziehen habe,
Was du aus Eigennutz gethan.
Wir wollen stets zum Himmel flehen
Für deiner armen Seele Heil:
O würde doch in jenen Höhen
Dir bald die Seligkeit zu Theil.

18. Dein Todfall aber soll uns lehren:
Beständig auf der Hut zu seyn,

Und nie die Ordnung zu verkehren,
  Dem Mittel nie den Zweck zu weihn;
Besonders aber den Gefahren
  Der Tugend weniger zu traun,
Um einstens mit den Engelschaaren
  Gott ewig selig anzuschaun.

42.
Bei dem Grabe einer armen Jungfrau.
Melod. IV.

1. Ach unsre Herzen beben
    Vor Tod und Grab zurück;
  Denn ach! das längste Leben
    Ist nur ein Augenblick.

2. Es eilet schnell und flüchtig
    Im Lauf der Zeit vorbei;
  Da sehen wir, wie nichtig
    Dieß Erdenleben sey.

3. Und dennoch glauben Viele,
    Getäuscht von Trug und Schein,
  Noch fern von ihrem Ziele,
    Von Tod und Grab zu seyn;

4. Sie leben ohne Sorgen,
    Als gäb es keinen Tod,
  Der offen und verborgen
    Uns hinzuraffen droht;

5. Sie hängen ihre Herzen
 An Ehre, Lust und Gelt,
Bis unter frohen Scherzen
 Auch sie der Tod befällt.

6. Was helfen dann dem Reichen
 Sein Gelt, sein Uiberfluß,
Wenn er, wie andre Leichen,
 Im Grabe modern muß?

7. Was schadet hier dem Armen
 Der Sorgen schwere Noth?
Dort findet er Erbarmen
 In einem guten Tod.

8. So weise Lehren schweben
 Aus unsrer Schwester Grab,
Der Gott ein armes Leben,
 Und wenig Freuden gab.

9. Doch wankte sie dem Grabe,
 In stiller Seelenruh,
An ihrem Bettelstabe,
 In stillem Frieden zu.

10. Sie that den Willen Gottes
 Und ihrer Pflicht genug,
Bis in dem Arm des Todes
 Verschwand ihr Athemzug.

11. So war sie vorbereitet
 Auf einen guten Tod,
Und Zuversicht begleitet
 Sie hin zu ihrem Gott.

12. Seydt also weis, uud strebet
    Nach Gütern jener Welt,
Damit ihr ewig lebet,
    Wenn dieser Leib zerfällt.

43.
Bei dem Grabe eines Mannes, der an der Auszehrung starb.
Melod III.

1. Nun endlich hat für ihn geschlagen
    Die heiß ersehnte Todesstund,
Und von der Schmerzen lauten Klagen
    Verstummte nun sein kalter Mund;
Denn lange schon war aus dem Herzen
    Verschwunden jede Lebenslust;
Und selten unterbrochne Schmerzen
    Durchwühlten seine kranke Brust.

2. Denn schon vor sieben Viertel Jahren
    Verlor er seine Leibeskraft,
Und alle Medizinen waren
    Von keiner Heilungseigenschaft;
Zwar schien es einmal gut zu werden,
    Allein es war und blieb nur Schein,
In Bälde stellten die Beschwerden,
    Nur größer noch, sich wieder ein.

3. Am Ende nahm sein kranker Magen
      Zur Nahrung keine Speise mehr,
Und also wurde auch zum Schlagen
      Sein armes Herz vom Blute leer.
So zehrte bis auf Haut und Knochen
      Sein Körper ab in Qual und Krampf,
Bis endlich mit Gewalt gebrochen
      Sein Aug und Herz im Todeskampf.
4. Doch litt er alle diese Schmerzen
      Mit unermüdeter Geduld,
Und bath mit reuevollem Herzen
      Gott um Verzeihung, Gnad und Huld,
Genoß mit wahrer Vorbereitung
      Noch des Erlösers Fleisch und Blut,
Ergab sich ganz in Gottes Leitung,
      Und starb voll Hoffnung, Trost und Muth.
5. Dieß läßt uns nun die Hoffnung nähren:
      Er werde gut gestorben seyn,
Gott werde sein Gebeth erhören,
      Und seine Sünden ihm verzeihn.
Laßt uns daher das Böse meiden
      Und unser Herz der Tugend weihn,
Dann gehn wir zu den Himmels Freuden
      Am Ende dieses Lebens ein.

———

44.
Bei dem Grabe des Thomas Mayer, der plötzlich zu todt fiel.

Melod. III.

1. O welche unverhoffte Leiche,
   Die dieses neue Grab verschließt,
Wobei der Arme wie der Reiche
   In einen Thränenstrom zerfließt;
Denn ach! der Mann, den wir begraben,
   War vor drei Tagen noch gesund,
Und eh wir es vermuthet haben,
   Schlug plötzlich seine Todesstund.

2. Er wollte dienstbar sich bestreben
   Im Stadel dort beim Strohverkauf,
Und stieg, um es herabzugeben,
   Zum aufgethürmten Stroh hinauf,
Als plötzlich seinen schweren Tritte
   Die Unterlage sich entzog,
Und er mit beden Füssen glitte,
   Und umgestürzt hernieder flog.

3. Er griff mit ausgespannten Armen,
   Ob er sich nirgends, halten kann,
Und rief um Gnade und Erbarmen
   Die heiligsten drei Namen an;
Allein sein tiefer Sturtz erlaubte

Ihm keiner Hoffnung Dämmerschein,
Und schlug ihm an dem Vorderhaupte
Den ersten Sitz des Lebens ein.

4. Sein Fall auf rauhem Ziegelgrunde
   Zerquetschte furchtbar seine Stirn,
Da trat aus tiefer Schedelwunde
   Hervor mit Blut vermischtes Hirn,
Und aus der Mund= und Nasenhöhle
   Floß eine Menge schwarzes Blut,
Da starb der Hauch in seiner Kehle
   Und jeder Schlag im Herzen ruht!

5. So war in einem Augenblicke
   Gesund und todt der starke Mann,
Und kehrte nimmermehr zurücke
   Vom letzten Schritt, den er gethan.
Wie Feuer lief die Schreckenskunde
   Von seinem Todesfall umher,
Und jammernd giengs von Mund zu Munde
   Der beßte Mann, er ist nicht mehr.

6. So klagen wir in bittern Schmerzen,
   Und geben sie durch Thränen kund,
Verwundet bluten unsre Herzen,
   Mit ihm vereint im Liebebund;
Die Kinder und die Wittwe winden
   Verzweiflungvoll die Hände wund,
Und ach! so lang sie leben, finden
   Sie schwerlich einen Trostesgrund.

7. Doch ja, in Jesu Lehre finden
   Wir wahren Trost und Linderung,

Denn jedem Reuigen verkünden
Sie Nachlaß und Begnadigung.
Gott will ja, daß der Sünder lebe
Durch Reu für seine Sündenschuld,
Und sich zur Seligkeit erhebe
In des Erlösers Gnad und Huld.

8. Noch rief im Falle der Entseelte
Zu Jesu um Barmherzigkeit,
Die um so weniger ihm fehlte,
Weil er verblich aus Dienstbarkeit;
Auch war er ja sein ganzes Leben
Voll Menschenlieb und Tugend schon,
Und sicher durfte sich erheben
Sein Geist empor zu Gottes Thron.

45.
Bei dem Grabe eines Invaliden.
Melod. II.

1. Hier stehen wir in tiefer Trauer
An unsres armen Bruders Grab,
Und fühlen kalte Todesschauer,
Und sehen ahnungvoll hinab;
Denn es bedeckt in kurzer Zeit
Auch uns des Grabes Dunkelheit.

2. Denn was ist unser Erdenleben?
Ein dumpfer Schlaf, ein eitler Traum,

Und wenn wir auch in Wonne schweben,
  So ist es nur ein leerer Schaum,
Und unsre größte Lebenszeit
  Ist Leiden, Schmerz und Eitelkeit.

3. Dieß hat der Bruder hier erfahren
  Durch seine ganze Lebenszeit,
Denn alle seine Tage waren
  Nur Elend, Schmerz und Bitterkeit,
Und erst im Grabe fand, Gott Lob!
  Die wahre Ruh der zweite Job.

4. Als Jüngling ward er ausgehoben
  Zum schweren Dienst im blut'gen Krieg,
Wo Mord und Tod wie Stürme toben;
  Da ward ihm heisser Kampf und Sieg;
Und schmähliche Gefangenschaft
  Verzehrte seine Lebenskraft.

5. Voll Hoffnung kehrte er zurücke
  Als Invalid ins Vaterland,
Wo er statt dem verdienten Glücke
  Nur Armuth, Noth und Leiden fand;
Er trug vier Groschen Tageslohn
  Für sich und Weib und Kind davon.

6. Da schwand der Rest von seinen Kräften
  Aus seiner sonst so starken Brust,
Und unter ganz verdorbnen Säften
  Verlor er jede Lebenslust.
So nahm das Uibel überhand,
  Bis ein Geschwür im Fuß entstand.

7. Oft wühlte zwar des Arztes Messer
    In seinem schmerzdurchglüten Fuß,
Allein es wurde doch nicht besser
    Und immer blieb der Eiterfluß;
Es fehlte ihm gesundes Blut,
    Und immer stieg der Schmerzen Wuth.

8. So zehrte bis auf Haut und Knochen
    Sein Körper ab in Qual und Schmerz,
Und von des Todes Pfeil durchstochen
    Brach langsam nur sein Felsenherz,
Daß acht und vierzig Stunden lang
    Er heftig mit dem Tode rang.

9. Doch litt er alle diese Schmerzen
    Mit unerschöpflicher Geduld,
Bereute mit zerknirschtem Herzen
    Noch seine große Sündenschuld,
Und trat in höchster Zuversicht
    Vor Gottes heil'ges Angesicht.

10. Und sicher fand er nun dort oben
    Bei Gottes Thron Barmherzigkeit,
Und wird nun seinen Schöpfer loben
    In ewig namenloser Freud,
Die auch für dich, o wahrer Christ!
    Nach deinem Tod bereitet ist.

46.
Bei dem Grabe des ehrwür-digen Greisen Johannes Schedler.

Melod. III.

1. Nun endlich fand im stillen Grabe
    Der Dulder die ersehnte Ruh,
  Er wankte, tief gebeugt am Stabe
    Dem Ende seines Lebens zu;
  Er hat nach zwei und achtzig Jahren
    Noch einen Monat lang gelebt,
  Allein die beiden letzten waren
    Von Leiden, Qual und Schmerz durchwebt:

2. Die Folge seines langen Lebens
    War ganzer Nachlaß der Natur,
  Und alle Hülfe war vergebens,
    Von Trost und Hoffnung keine Spur,
  Die edelsten der Sinne, beide,
    Gehör und Aug, verloren sich,
  Bis endlich aus dem Eingeweide
    Die letzte Kraft des Lebens wich.

3. Mit jedem neuen Tag vermehrten
    Sich seine Leiden ohne Zahl,
  Die alles Fleisch und Blut verzehrten,
    Und namenlos war seine Qual;
  Er wollte sich dem Schmerz entwinden,
    Und krümmte sich als wie ein Wurm,

Doch konnt er keine Lindrung finden,
 Und unterlag dem Leidensturm.

4. Doch trug er willig alle Schmerzen
 Mit unerschütterter Geduld,
Beweinte noch mit Reu im Herzen
 Die Größe seiner Sündenschuld,
Empfieng dann würdig, auf die Reise
 Ins beßre Land der Ewigkeit,
Voll Trost, die wahre Seelenspeise,
 Und gieng dort ein zur Seligkeit.

5. Was nützte nun das längste Leben
 Das endlich doch zu Ende geht?
Was hälfs, nach Erdengüter streben,
 Wenn sie des Todeshauch verweht?
Laßt uns daher nach Gütern streben,
 Die uns der Tod nicht rauben kann,
Dann fangen wir ein selges Leben
 Nach unserm Tod im Himmel an.

47.
Bei dem Grabe einer Frau, bei deren letzten Zügen der mit Menschen angefüllte Kammerladen brach.

Melod. IV.

1. Noch zittern wir und beben
   An diesem Grabesrand;
Denn auch nach unserm Leben
   Griff schon des Todes Hand.

2. Wir standen an der Seite
   Der armen Sterbenden;
Da kamen viele Leute,
   Um sterben sie zu sehn.

3. Auf einmal hört man krachen,
   Und sieh: der Boden brach
Und sank, und alle Sachen
   Und Menschen stürzten nach.

4. Das Weib in letzten Zügen
   Fuhr eingeballt hinab,
Und blieb im Schutte liegen,
   Und fand darin ihr Grab.

5. Man denke sich den Jammer,
   Das Schreien, Weh und Ach!
Als so in dieser Kammer
   Mit uns der Boden brach.

6. Die Durchzugbalken bogen
 Sich ein, nicht stark genug,
Und ihnen war entzogen
 Der Balken, der sie trug.

7. Sie glitschten an der Seite
 Der Stubenwand herab;
So stürzten alle Leute
 In untern Stock hinab.

8. Sie sahen wie Gespenster
 Vor Angst und Schrecken aus,
Und krochen bei dem Fenster
 Des Stubenecks hinaus.

9. Man konnte leicht erwarten:
 Sie brächen Arm und Bein,
Und schlügen an dem harten
 Gebälk die Schedel ein.

10. Doch Dank der Vorsicht Gottes:
 Man zog aus Schutt und Graus,
Und aus dem Arm des Todes
 Uns alle wohl heraus.

11. Nur diesem armen Weibe
 Ward noch ihr letzter Hauch,
Mit eingeballtem Leibe,
 Erstickt in Schutt und Rauch.

12. So schweben wir beständig
 In tödtlicher Gefahr,
So stellt sich uns lebendig
 Die Lehre Jesu dar:

13. Drum wach und bethe Jeder
    Bei jedem Glockenschlag;
Denn seht: ihr wisset weder
    Die Stunde, noch den Tag.

14. Ja haltet euch durch bethen
    Und Tugend stets gefaßt,
Dieß wird die Seele retten,
    Wenn ihr im Tod erblaßt.

15. Denn mag zusamen brechen
    Der Bau der ganzen Welt,
Wir können furchtlos sprechen:
    Gott ist es, der uns hält.

48.
Bei dem Grabe eines alten Mütterchen.
Melod. IV.

1. Hier schlummert in der Bahre
    Ein altes Mütterchen,
Das fünf und achtzig Jahre
    Den Sonnlauf gesehn.

2. Nun aber ist verschwunden
    Ihr langer Lebenslauf;
Denn in des Lebens Stunden
    Geht auch die letzte auf.

3. Mit jedem Tage kommen
    Dem Tode näher wir;

Die Bösen wie die Frommen,
    Sie müßen fort von hier.
4. Was wären hundert Jahre,
    Wenn sie verschwunden sind?
Der Greis gleicht in der Bahre
    Dem todtgebornen Kind.
5. Was nützt ein hohes Alter,
    Wenn schlecht das Leben ist?
Wir sind ja nur Verwalter
    Von unsrer Lebensfrist.
6. Wir müssen von dem Leben,
    Und aller seiner Kraft,
Dem strengen Richter geben
    Genaue Rechenschaft.
7. Nur, wer sich rein von Sünden,
    Und an die Tugend hält,
Wird einstens Gnade finden,
    Wenn ihn der Tod befällt.
8. So sorgte unsre Schwester
    Stets für ihr Seelenheil,
Und Tugend war ihr beßter,
    Und auserwählter Theil.
9. In allen ihren Leiden,
    In Armuth, Kreutz und Noth,
Vertraute sie mit Freuden
    Und Seelenruh auf Gott.
10. Daher war auch ihr Leben
    Ein steter Tugendlauf,
Und Gottes Engel heben
    Zum Himmel sie hinauf.

49.
Bei dem Grabe einer Frau, die sehr lang und schmerzlich leiden mußte.
Melod III.

1. Nun endlich ruht von ihren Schmerzen
   Die stille Dulderin im Grab,
Die mit gedulderfülltem Herzen
   In Gottes Willen sich ergab;
Nun sind vollendet ihre Leiden,
   Verschwunden jede Qual und Pein,
Und zum Genuß der höchsten Freuden
   Gieng dort ihr Geist in Himmel ein.

2. Auf ihrem harten Schmerzenlager
   Lag leidend sie vier volle Jahr,
Und ward so abgezehrt und mager,
   Daß sie noch kaum zu kennen war;
Und namenlose Schmerzen fuhren
   Ihr durch die Glieder, Mark und Bein;
Und doch, sie zeigte keine Spuren
   Von Ungeduld in Qual und Pein.

3. Dem Willen Gottes ganz ergeben
   Ertrug sie Mangel, Kreutz und Noth,
Und sehnte ohne Furcht und Beben
   Sich nach Erlösung durch den Tod;
Und endlich schloß in Todesarmen
   Voll Hoffnung sie die Augen zu,
Und fand gewiß bei Gott Erbarmen,
   Und die ersehnte Seelenruh.

4. Denn auf die Tugendbahn geleitet,
   Durch wahre Buß und Besserung,
War sie zum Tode vorbereitet
   Voll Hoffnung auf Begnadigung.
Denn wer zum Tode sich bereitet
   Durch wahre Buß und Tugendsinn,
Der wird vom Tode nur begleitet
   Zum Gnadenthron des Höchsten hin.

5. Wohlan, wir wollen uns bereiten
   Durch frommes Leben zum Gericht,
Und gegen die Versuchung streiten,
   Bis unser Herz im Tode bricht,
Und Buße thun für unsre Sünden,
   Und gänzlich uns der Tugend weihn;
Dann werden wir Verzeihung finden
   Und einstens ewig selig seyn.

50.
Bei dem Grabe eines Mannes, der am Magenschluß starb.
Melod. VIII.

1. Endlich ruht von seinen Leiden
     Unser Bruder hier im Grab,
   Die ihm bis zu seinem Scheiden
     Gottes Hand zu dulden gab.
2. Schon seit einem halben Jahre
     Fehlte ihm des Wohlseyns Lust,

Und seit diesem jede wahre
    Freude seiner kranken Brust.

3. Zwar, er brauchte Medizinen,
    Nach des Christen heil'ger Pflicht,
Welche oft zu helfen schienen,
    Aber ach! sie halfen nicht.

4. Täglich ward das Uibel schlimmer,
    Täglich grösser seine Qual,
Endlich schwand der lezte Schimmer
    Von der Hoffnung mildem Strahl

5. Dem schon ganz verdorbnen Magen
    Fehlte die Verdauungskraft,
Konnte also nichts mehr tragen,
    Was ihm gäbe Nahrungssaft.

6. Unter namenlosen Schmerzen
    Zehrte er allmählig ab,
Während er jedoch von Herzen
    Gottes Willen sich ergab.

7. Endlich hatte Gott Genügen
    An des Leidenden Geduld,
Er ließ ihn vom Tod besiegen,
    Und erließ ihm seine Schuld.

8. Denn er suchte noch bei Zeiten,
    Nach des weisen Christen Pflicht,
Sich durch Buße zu bereiten
    Auf das kommende Gericht.

9. Dieses also läßt uns hoffen,
    Daß an seinem Grabesrand

Ihn ein gutes Loos getroffen,
 Und er sich beseligt fand.

10. Laßt uns also noch bei Zeiten
 Unsre Sündenschuld bereun,
Uns zum Tode vorbereiten,
 Da wir uns der Tugend weihn.

11. Dann wird uns in jenem Leben
 Gott an seinem Gnadenthron
Namenlose Freuden geben
 Zum verdienten Tugendlohn.

51.
Bei dem Grabe eines hoffnungvollen Mädchens.
Melod IV.

1. Mit redlichem Gemüthe,
 Und unschuldvollem Sinn,
Sank in des Lebens Blüthe
 Ins Grab ein Mädchen hin.

2. Vor sieben viertel Jahren
 Ward schon die Arme krank,
Und alle Mittel waren
 Vergebens, die sie trank.

3. Denn ach! die Aertzte fanden
 Den Grund des Uibels nicht,
Bis Farb und Leben schwanden
 Aus ihrem Angesicht.

4. Noch wehrte lang dagegen
    Sich ihre Jugendkraft,
Sie wurde doch deswegen
    Vom Tode hingerafft.

5. So welkt schon in der Blüthe
    Die Jugend langsam hin,
Wenn einmal im Geblüte
    Der Krankheit Schmerzen glün.

6. So gehts, wenn man so lange
    Des Artztes Rath verschmäht,
Bis auf der blassen Wange
    Der Hauch des Todes weht.

7. Laßt diese junge Leiche
    Euch doch zur Warnung seyn,
Um nicht so früh dem Reiche
    Des Todes euch zu weihn.

8. Gebrauchet Medizinen
    Sobald euch etwas fehlt;
Denn öfter wird von ihnen
    Der Kranke neu beseelt.

9. Denn wer zu seines Lebens
    Erhaltung sie verschmäht,
Der sucht sie dann vergebens,
    Und Reue kommt zu spät.

10. Wir sind nicht Eigenthümer
    Von unsrer Lebenskraft,
Gott ziehet uns, wann immer,
    Dafür zur Rechenschaft.

11. Und ists der Willen Gottes,
    Daß euch nichts helfen soll,
So bringt ihm gern des Todes
    Von euch verlangten Zoll.

12. Dann mögt ihr endlich sterben
    Wo immer jederzeit,
Ihr werdet sicher erben
    Das Reich der Seligkeit.

―――――

52
Bei dem Grabe der Marianna Glüter, die sich bei einer Entbindung verblutete.
Melod III.

1. Ach ach! wie schnell und unvermuthet,
    Noch jung, gesund, und voll der Kraft,
Hat eine Mutter sich verblutet
    Am Ende ihrer Schwangerschaft!
Denn sie verlor den Saft des Lebens
    In Menge schon, eh sie gebar.
Daß alle Kunst und Müh vergebens,
    Vom Tode sie zu retten war.

2. Oft bebte sie vor Frost und Regen
    Beim Hüten unter Wind und Sturm
Und dachte bei den schwachen Schlägen
    Des Pulses an den armen Wurm,
Der unter ihrem Herzen ruhte,

Den ihre Brust ernähren soll,
Da doch von ihrem schwachen Blute
So viel aus ihren Adern quoll.

3. Doch ach! von todter Frucht entbunden,
War schon in einer Viertelstund
Ihr letzter Tropfen Blut verschwunden,
Und blaß und starr ihr Aug und Mund;
Und so entschlief in Todesarmen
Die Mutter und ihr liebes Kind,
Und beider Leben ohn' Erbarmen
Verschwand im Nu wie Rauch und Wind.

4. Der Kinder Klaggeschrey durchwühlet
Gleich einem Dolche unser Herz,
Und ihres Gatten Seele fühlet
Der schnellen Trennung höchsten Schmerz;
Vergebens fliessen ihre Thränen
Von ihren Wangen heiß herab;
Vereitelt ward ihr kindlich Sehnen,
Die Mutter starb, und sank ins Grab.

5. Allein so wars der Willen Gottes
So fand voll Weisheit es für gut
Der Herr des Lebens und des Todes,
Und weis und gut ist, was er thut.
Nie darf es vor dem Tode grauen
Dem, der getreu die Tugend übt.
Laßt uns daher auf Gott vertrauen
Der dort ein beßres Leben giebt.

53.
Bei dem Grabe einer armen alten Frau, die an der Wassersucht starb.

Melod. IV VIII.

1. Endlich hatte Gott Erbarmen
   Mit der armen Dulderin;
Sie entschlief in Todes Armen
   Voll der Hoffnung reinem Sinn.

2. Schon durch viele Leidensjahre
   War beklommen ihre Brust,
Und doch hatte keine wahre
   Hülf zu finden sie gewußt.

3. Langsam war das Uibel schlimmer,
   Uibergieng in Wassersucht;
Da verschwand der Hoffnung Schimmer
   Von dem Baum der Lebensfrucht.

4. Abgezehrt auf Haut und Knochen
   Hatte sie der Krankheit Wuth,
Denn sie lag bei zwanzig Wochen
   In der Schmerzen heisser Glut.

5. Noch bei allen Leiden quälte
   Sie der Armuth schwere Noth;
Doch bei guten Leuten fehlte
   Niemal ihr das Leibesbrod.

6. Keine Hoffnung zur Genesung
   Kam in ihre Brust zurück,

Nur nach baldiger Erlösung
  Sehnte sich ihr Thränenblick.
7. Langsam ward ihr Athem schwächer,
  Endlich blieb er gänzlich aus,
Und sie trank den Todesbecher
  Ohne Furcht und Beben aus.
8. Doch sie trug die schwere Bürde
  Ihrer Leiden mit Geduld,
Und sie seufzte stets: o würde
  Gott verzeihen meine Schuld!
9. Alles dieses läßt vermuthen:
  Daß sie gut gestorben sey,
Und ihr Gott, wie allen Guten
  Gnad und Seligkeit verleih.

54.
Bei dem Grabe des Herrn Sebastian Drexler, Wund-Arztes in Kirchdorf.
Melod III.

1. Ach ach! schon wieder eine Leiche,
  Die dieses neue Grab verschließt,
Wo unser Bruder in dem Reiche
  Des Todes angekommen ist.
So muß der eine nach dem andern,
  Da hilft kein Zittern für den Tod,
Ins dunkle Thal des Todes wandern,
  Und jeder fällt in diese Noth.

2. So kommen wir mit jedem Tage
　　Dem Ziele näher hier im Grab,
So nimmt mit jedem Glockenschlage
　　Die Summe unsres Lebens ab;
Mit jedem neuen Schritte wallen
　　Wir näher an des Grabes Rand,
Und eh wir es vermuthen, fallen
　　Wir in die kalte Todeshand.

3. So giengs dem Bruder hier im Grabe
　　Mit seiner schwer beklemmten Brust,
Er keuchte, tief gebeugt am Stabe,
　　Dahin war der Gesundheit Lust;
Das Uibel wurde immer schlimmer,
　　Und nahm zuletzt so überhand,
Daß auch der Hoffnung letzter Schimmer,
　　Um ihn zu retten, ganz verschwand.

4. Das große Leiden seines Lebens
　　War unheilbare Wassersucht,
Und jedes Mittel ward vergebens
　　Zu seiner Besserung versucht;
Der ganze Leib war angeschwollen
　　Und ausgespannt in höchstem Schmerz;
Und statt des warmen Blutes rollen
　　Nur kaltes Wasser durch das Herz.

5. Doch litt er alle diese Schmerzen
　　Mit unerschütterter Geduld,
Bereute noch von ganzem Herzen
　　Die Größe seiner Sündenschuld;
Empfieng mit wahrer Vorbereitung

Der heil'gen Sakramente Gnad,
Und übergab sich Gottes Leitung,
Und wallte froh den Todespfad.

6. Deswegen können wir vermuthen,
Daß, als sein letzter Hauch verschwand,
Er mit den Büssern oder Guten
Bei dem Gerichte Gnade fand.
Laßt uns daher mit jedem Tage
Zum Tode stets bereitet seyn,
Dann gehen wir beim letzten Schlage
Des Herzens in den Himmel ein.

55.
Bei dem Grabe der Franziska Weiß, Baderin und Hebamme in Kirchdorf.
Melod *IV. VIII.*

1. Endlich ruht von ihren Leiden
Unsre Schwester hier im Grab,
Und geniesset jene Freuden,
Die ihr Gott zum Lohne gab;

2. Denn bis an ihr Lebensende
Litt sie Alles mit Geduld,
Gab sich hin in Gottes Hände,
Und empfahl sich seiner Huld.

3. Und wie waren ihre Schmerzen,
Ihre Leiden doch so groß,

Bis der Tod in ihrem Herzen
  Seinen bittern Kelch ergoß;

4. Abgezehrt und angeschwollen
  Durch des Wassers kalte Fluth
Hörte langsam auf zu rollen
  Ihr ganz nahrungloses Blut.

5. Zwar des Arztes Hand punktirte
  Sie durch einen Lanzenstich,
Was sie aber nicht kurirte,
  Wenn auch gleich das Wasser wich.

6. Denn die Leber war verhärtet,
  Ach! ein Uibel unheilbar,
Und ihr Leben blieb gefährdet
  Bis es ganz verschwunden war.

7. Langsam starben alle Glieder
  In des Todes kalter Hand,
Keine Hoffnung kehrte wieder,
  Bis ihr letzter Hauch verschwand;

8. Kämpfend unter Todeswehen
  Litt sie standhaft mit Geduld,
Blickte auf zu jenen Höhen,
  Und empfahl sich Gottes Huld.

9. Schon den Tod im Angesichte
  Sagte sie: ich sterbe gern,
Bebe nicht vor dem Gerichte;
  Denn ich komm zu meinem Herrn;

10. Denn zerknirschet war von Reue
  Ganz ihr Herz, und liebevoll,

Und gewiß, für ihre Treue
    Ist es ihr nun ewig wohl.

11. Jauchzend werden sie umgeben
    Einst die vielen Kinderlein,
Die durch ihre Kunst ins Leben
    Ihre Hand geführet ein.

12. Trocknet also eure Zähren,
    Und erkennet euer Loos;
Seht, es wird nicht lange währen:
    Deckt auch euch des Grabes Moos.

13. Und vor Gottes Augen tretten
    Unsre Seelen zum Gericht;
Trachtet also sie zu retten,
    Eh das Herz im Tode bricht;

14. Seydt ihr Sünder, o so lebet
    Reudurchdrungen jederzeit,
Habt ihr fromm gelebt, so strebet
    Stets nach größrer Heiligkeit.

15. Denn es nahet schon die Stunde,
    Wo das Herz im Tode bricht,
Und ein Wort aus Jesu Munde
    Uns ein strenges Urtheil spricht:

16. Kommet her, ihr Ausgesuchten!
    In die Freuden ohne End,
Oder: weichet, ihr Verfluchten!
    In das Feur, das ewig brennt.

56.
Bei dem Grabe einer Frau, die so lang als heftig litt.
Melod. IV.

1. Nun ruht von seinen Leiden
   Von diesem armen Weib,
Nach ihrem letzten Scheiden,
   Der schmerzbefreite Leib.

2. Seit mehr als zwanzig Jahren
   War immer wund ihr Fuß,
Und alle Mittel waren
   Umsonst für diesen Fluß.

3. Die schmerzdurchwühlten Glieder
   Verzehrten die Geduld,
Doch öfter bath sie wieder
   Zu Gott um Gnad und Huld.

4. Am Ende kam Erbarmen
   Von Gotteshand herab;
Es fand das Herz der Armen
   Die Ruh im stillen Grab.

5. Denn plötzlich war verschwunden
   Die Schmerzempfindungskraft;
In vier und zwanzig Stunden
   War sie dahingerafft.

6. So hören alle Leiden
   Im Arm des Todes auf,

So enden alle Freuden
Des Lebens ihren Lauf.

7. Laßt uns daher ertragen
Die Leiden mit Geduld,
Und denken, statt zu klagen:
Ich leid nicht ohne Schuld.

8. So haben auch die Freuden
Des Lebens keinen Werth,
Weil sie beim letzten Scheiden
Des Todeshauch zerstört.

9. Nur unbekehrte Sünder
Trift Strafe nach dem Tod,
Hingegen fromme Kinder
Sind selig dort in Gott.

57.
Bei dem Grabe eines Mannes, der bei einem Diebstahl ums Leben kam.
Melod I.

1. Hier hat ein junger Bösewicht
Sein frühes Grab gefunden;
Denn ach! es ist sein Lebenslicht
Bei einer That verschwunden,
Die durch das siebente Geboth
Der heilige, gerechte Gott
Bei Strafe streng verbothen.

2. Er hatte früh das Stehlen schon
   Gelernt von seinen Eltern,
Und nahm sich selbsten seinen Lohn
   Aus seiner Herren Behältern,
Wo er als Bub in Diensten stand,
Und wußte mit geschickter Hand
   Schon Schlösser aufzumachen.

3. Und wenn er dann nach Hause kam
   Mit den gestohlnen Sachen,
So strafte man ihn nicht und nahm
   Dieselben an mit Lachen,
Und sagte: Büble! bring nur mehr,
Und pflanzte so die böse Lehr
   Schon früh in seinen Busen.

4. Auch war er bei der größten Kraft
   Dem Müsiggang ergeben,
Genoß dabei den edlen Saft
   Der Gerste und der Reben
In einem großen Uibermaaß;
Es war daher kein Wunder, daß
   Hiezu das Geld ihm fehlte.

5. Er sah daher mit steter Lust
   Nach anderer Vermögen,
Und ließ umsonst in seiner Brust
   Sich das Gewissen regen,
Das ihm das fremde Gut verboth,
Und mit gerechter Strafe droht,
   Wenn ers entwenden sollte.

6. So konnte er den starken Trieb
   Zum Stehlen nicht bezähmen,
Und ward ein abgerichter Dieb,
   Und ließ nicht ab vom Nehmen,
Wenn er dazu Gelegenheit,
Und zum Verborgenseyn die Zeit
   Ausfindig machen konnte.

7. Zu diesem End benutzte er
   Den Tag zum Spioniren,
Und schlich dann bei der Nacht umher
   Die Plane auszuführen,
Die er am Tage ausgedacht,
Und suchte weislich den Verdacht
   Auf andere zu lenken.

8. Doch wollte seine Dieberei
   Bei weitem nicht erklecken
Die Schulden seiner Schwelgerei
   Und Spielesucht zu decken;
Er schlug daher geheim ins Ohr
Dem Wirth ein Zahlungsmittel vor,
   Und ihm ein Schwein zu liefern.

9. Er kannte nemlich seinen Mann
   Im hehlerischen Wirthe,
Und wußte, daß mit diesem Plan
   Er sich bey ihm nicht irrte;
Der Wirth nahm diesen Vorschlag an,
Und dieser Bösewicht began
   Denselben auszuführen.

10. Er gieng daher bei schwarzer Nacht
 Zu dem bekannten Stalle;
Der Thüre Schloß ward aufgemacht;
 Und im Entdeckungsfalle
War er schon auf die Flucht bereit,
Wo ihn die große Dunkelheit
 Vor dem Erkennen schützte.
11. Er paßte auf: da rührte sich
 Kein Mäuschen auf die Weite;
Er faßte also Muth und schlich
 Sich näher seiner Beute,
Kroch langsam in den Stall hinein,
Und tappte nach dem zahmen Schwein,
 Um es beim Kopf zu fühlen
12. Er suchte also nach dem Ohr,
 Und schmeichelte dem Schweine,
Dann zog er einen Stein hervor,
 Und schlug mit diesem Steine
Das Schwein so heftig ins Genick,
Daß es im ersten Augenblick
 Sich nicht mehr regen konnte.
13. Er nahm die hintern Füß' und band
 Zusamen sie mit Stricken,
Wodurch ein großes Loch entstand,
 Und schwang es auf den Rücken
Und stekte seinen Kopf hinein,
Um so das zentnerschwere Schwein
 Bequemer fortzutragen,
14. Er kam, mit seinem Raub beschwert,
 Zum Zaun von einem Garten,

Der ihm den Uibergang verwehrt;
  Doch, ohne lang zu warten,
Erstieg er schnell des Zaunes Höh.
  Auf einmal glitschte er, o weh!
  Und blieb am Zaune hangen.
15. Die Last des Schweines blieb zurück,
  Bei dem Hinüberstürzen;
Da würgte ihn am Hals der Strick,
  Sein Leben abzukürzen,
Und schnürte seine Kehle zu;
  So ward sein Athemzug im Nu
  Gehemmt in seinem Halse.
16. Er hatte zwar sich aufgerafft,
  Fiel aber wieder nieder;
Denn itzt verschwand die Lebenskraft.
  Durch alle seine Glieder:
Er fieng am Strick zu zappeln an,
Und ach! es war um ihn gethan
  In wenigen Minuten.
17. So fand man ihn am Tag erstickt
  An seinem Raube hangen;
Die Kehle war ihm zugestrickt,
  Und so der Dieb gefangen.
Dem ist, so sagte Jedermann,
Wie man auch wahrlich sagen kann,
  Dem ist sein Recht geschehen.
18. So geht es, wenn die Eltern schon
  Die Kinder stehlen lehren,
Und ihrem lüderlichen Sohn
  Dasselbe nicht verwehren,

Und ihn bei seinem Müssiggang
Zum Schwelgen und zum Diebeshang
    Von Kindheit an erziehen.

19. Allein es sind ja noch vielmehr
    Am Stehlen Schuld die Hehler,
Denn sicher, wenn kein Hehler wär,
    So wäre auch kein Stehler,
Und wer den Dieben Unterschlauf
Gewährt, ist schuld, wenn ihren Lauf
    Am Galgen sie beschliessen.

20. Hier hat der Zufall selbst gethan,
    Was sonst geschehen wäre,
Weil ja doch Niemand sagen kann;
    Daß sich ein Dieb bekehre:
Er stiehlt, und stiehlt, und stiehlt so lang,
Bis er zuletzt an einem Strang
    Sein Diebesleben endet.

21. Und wenn auch dieses nicht geschieht,
    Was hat er dann gewonnen,
Wenn ihm der Tod ins Auge sieht?
    Sein Leben ist zerronnen,
Sein Herz beschwert mit fremdem Gut;
Und wenn er auch noch Buße thut,
    So wird es nicht viel nützen.

22. Er muß den letzten Heller dort
    In jener Welt bezahlen;
Nur dieß befreit ihn aus dem Ort
    Der namenlosen Qualen;
Und so wird Mancher lange Zeit,
Vielleicht in alle Ewigkeit,
    Dort in der Hölle büssen.

23. Laßt uns daher das fremde Gut
 Ja nicht einmal begehren;
Denn sicherlich, wer dieses thut,
 Wird nur sein Herz beschweren,
Und wenn im Tod sein Auge bricht,
So wird er als ein Bösewicht
 Von Gott verstoßen werden.

24. Wer aber treu und redlich ist,
 Und ehrlich sich ernähret,
Und hier für seine Sünden büßt,
 Und wahrhaft sich bekehret,
Der hat getilget seine Schuld,
Und wird am Ende Gottes Huld
 Und Seligkeit erlangen.

25. Doch dürfen wir den Bruder nicht
 Verdammen hier im Grabe;
Wer weißt, ob er bei dem Gericht
 Nicht Gnad gefunden habe,
Weil ihm vielleicht von Jugend auf
Zu einem frommen Lebenslauf
 Schon die Erziehung fehlte.

26. Noch wollen wir zu Gott um Huld
 Und Gnade für ihn bethen,
Er möchte ihn für seine Schuld
 Von dem Verderben retten,
Und durch das Feuer der Reinigung
Ihm endlich doch Begnadigung
 Auf ewig finden lassen.

58.
Bei dem Grabe eines jungen Mannes, der an einem Steckfluß starb.

Melod. III.

1. Ganz unvermuthet, Freunde! stehen
    Wir hier an diesem neuen Grab,
Von tiefer Ahnung voll, und sehen
    Mit wehmuthvollem Blick hinab;
Denn ach! der Mann, den wir begraben,
    War vor acht Tagen noch gesund,
Und eh wir es vermuthet haben,
    Schlug schon für ihn die Todesstund.

2. Er hatte länger schon Beschwerden
    Die er in seiner Brust empfand,
Und dachte oft: was wird es werden,
    Da langsam seine Kraft verschwand;
Allein es wurde wieder besser
    Sobald der Husten aufgehört,
Indessen ward er immer blässer,
Und unbemerklich abgezehrt.

3. Denn seine kranke Lunge kochte
    Kein Tröpfchen guten Blutes mehr,
Der Puls in seinen Adern pochte,
    Und machte ihm den Athem schwer,
Der Schleim in seiner Kehle stockte,
    Und blieb am Ende gar zurück,

Und die Beklommenheit entlockte
 Nun heiße Thränen seinem Blick.
4. Vergebens wurden Medizinen
 Zu seiner Besserung versucht,
Statt ihm zur Linderung zu dienen
 Blieb ihre Wirkung ohne Frucht;
Der Athem wurde kurz und schwächer,
 Er fiel in Zuckungen und Krampf,
Und trank den bittern Todesbecher,
 Und unterlag dem schweren Kampf.
5. Doch sah er ohne Furcht und Beben
 Dem Tode frey ins Angesicht,
Und brachte Gott sein junges Leben
 Zum Opfer dar voll Zuversicht:
Gott werd' ihm seine Schuld vergeben,
 Und beim Gerichte gnädig seyn,
Und ihm das ewig wahre Leben,
 Und höchste Seligkeit verleihn.
6. Denn immer gieng ja sein Bestreben
 Nicht nach den Gütern dieser Zeit;
Er suchte nur in Gott zu leben
 Mit gänzlicher Ergebenheit,
Empfieng mit wahrer Vorbereitung
 Der heil'gen Sakramente Gnad,
Und überließ sich Gottes Leitung,
 Und wallte froh den Todespfad.
7. Wir können also sicher hoffen:
 Daß, als sein Lebenshauch verschwand,
Sein Geist für sich den Himmel offen,
 Und so den Lohn der Tugend fand.

Sein Tod soll uns die Lehre geben:
  So lebt und stirbt der wahre Christ,
Der durch ein tugendhaftes Leben
  Zum Tode stets bereitet ist.

3. Denn, wer hier Gottes Wort zu hören
  Und zu befolgen sich bestrebt,
Und immer nur nach Jesu Lehren,
  Und seinem Tugendmuster lebt,
Und nur auf Gott allein vertrauet,
  Und nicht auf Güter dieser Welt,
Der hat auf guten Grund gebauet,
  Der ewig nicht zusamen fällt.

———

59.
Bei dem Grabe eines jungen Mädchens.

Melod. IV.

1. Ach! eine junge Leiche
  Versenken wir ins Grab,
Es fiel im Lebensreiche
  Des Mädchens Blüthe ab.

2. Denn schon von Kindheit fehlte
  Ihr der Gesundheit Lust,
Und stetes Leiden quälte
  Die ungesunde Brust.

3. Zuletzt war sie getroffen
  Von einem Nervenschlag,

Und dieser ließ nichts hoffen,
Als ihren Sterbetag.

4. Sechs Monat lange lebte
    Entkräftet sie dahin,
Und nur zum Himmel strebte
    Ihr tugendhafter Sinn.

5. Die Wassersucht im Herzen
    Gesellte sich dazu,
Und gab ihr für die Schmerzen
    Zuletzt die Grabesruh.

6. Doch wohl dem guten Kinde,
    Sie starb noch unbefleckt,
Eh sie das Gift der Sünde
    Der Unzucht angestekt.

7. Denn ach! Verführer schleichen
    Einher im Tugendschein,
Die Unschuld zu erreichen,
    Und ihrer Lust zu weihn.

8. Sie wischen von den Wangen
    Das schamerglüte Roth,
Die Sünde wird begangen
    Und ach! sie bringt den Tod.

9. Sie bringt den Tod der Seele,
    Und kürzt das Leben ab,
Und stürzet in die Hölle,
    Wie in das frühe Grab.

10. Wohl also diesem Kinde,
    Das noch in Unschuld starb,

Eh es das Gift der Sünde
  An Leib und Seel verdarb.

11. Nur keusche Menschen leben
  An Leib und Seele gesund,
Und dürfen einst nicht beben
  In ihrer Todesstund;

12. Sie sterben ohne Grauen,
  Ihr Herz ist keusch und rein,
Und werden Gott anschauen,
  Und ewig selig seyn.

60.
Bei dem Grabe eines Mannes, der an einer schmerzlichen Krankheit starb.
Meloa. III.

1. Nun endlich hat für ihn geschlagen
  Die heiß ersehnte Todesstund,
Und was für Leiden er ertragen
  Thut keine Menschenzunge kund;
Denn ach! er litt die größten Schmerzen
  Seit einem langen halben Jahr,
Wo aus dem schwer beklemmten Herzen
  Die Hoffnung ganz verschwunden war.

2. Es fieng in seinem Eingeweide
  Der erste Keim des Todes an,
Und der Gesundheit süsse Freude

Entfloh von seiner Lebensbahn,
Ein stetes drücken, Brennen, Schneiden,
    War seine namenlose Qual,
Und ach! den Becher seiner Leiden
    Versüßte keiner Hoffnung Strahl.
3. So zehrte bis auf Haut und Knochen
    Er langsam ab in Qual und Schmerz;
Es wütheten sechs lange Wochen
    Des Todes Qualen durch sein Herz,
Bis endlich aus des Herzens Höhle
    Der letzte Tropfen Blut verschwand,
Und seine sehnsuchtvolle Seele
    Den Ausgang aus dem Leibe fand.
4. Doch litt er alle diese Schmerzen
    Mit unerschütterter Geduld,
Beweinte noch mit Reu im Herzen
    Die Größe seiner Sündenschuld
Und hoffte so durch seine Leiden
    Für seine Schuld genug zu thun,
Und wird in jenen Himmelsfreuden
    Im ewig wahren Frieden ruhn.
5. Laßt uns daher, so lang wir leben
    Als Christen fromm und heilig seyn,
In Gottes Willen uns ergeben,
    Und uns der Pflicht und Tugend weihn;
Dann mag mit uns zusamen brechen
    Der feste Bau der ganzen Welt,
Wir können voll Vertrauen sprechen:
    Gott ist es, dessen Hand uns hält.

61.
Bei dem Grabe einer Jungfrau, die an einer Nervenlähmung starb.
Melod. VIII. IV.

1. Endlich ruht von ihren Schmerzen
 Unsre Schwester hier im Grab,
Die mit liebevollem Herzen
 Gottes Willen sich ergab.

2. Nasse Kälte zog der Armen
 Eine Nervenlähmung zu,
Und so fand sie ohn Erbarmen
 Nun im Schoos der Erde Ruh.

3. Sie zu retten ward vergebens
 Mancherlei und viel gebraucht,
Doch die Geister ihres Lebens
 Waren schon zu sehr verraucht.

4. Keine Hoffnung zur Genesung
 Kehrte in ihr Herz zurück,
Nur nach baldiger Erlösung
 Sehnte sich ihr Seelenblick.

5. Aber ach! wie lange währte
 Ihre harte Prüfungszeit,
Bis der Himmel sie erhörte,
 Und von ihrer Qual befreyt.

6. Fünfzehn Wochen unbeweglich
 Lag sie auf dem Bette dort;

Und die Leiden wuchsen täglich
　　Bis zu ihrem Ende fort.

7. Eine große Lendenwunde
　　Fraß sich bis aufs Eingeweid,
Und in ihrem tiefen Grunde
　　Schmerzte sie mit Heftigkeit.

8. Endlich brach in dieser Wunde
　　Eine große Ader auf,
Und so gieng in einer Stunde
　　Schnell zu End ihr Lebenslauf.

9. Doch sie litt die größten Schmerzen
　　Mit beständiger Geduld,
Und empfahl, mit Reu im Herzen,
　　Sich in Gottes Vaterhuld.

10. Sie war gründlich unterrichtet
　　In dem Evangelium,
Und wozu sie Gott verpflichtet,
　　War ihr liebstes Eigenthum.

11. Immer blieb sie Gott ergeben
　　War zum Sterben stets gefaßt,
Und hat durch ihr ganzes Leben
　　Selbst des Bösen Schein gehaßt.

12. Noch empfieng vor ihrer Reise
　　In das Reich der Geisterwelt
Sie die wahre Seelenspeise
　　Die dort ewig sie erhält.

62.
Bei dem Grabe eines alten Mannes.

Melod *VIII. IV.*

1. Endlich fand von seinen Schmerzen
   Unser Bruder sanfte Ruh,
Und mit Gott ergebnem Herzen
   Reiste er dem Himmel zu.
2. Denn was hatte er auf Erden?
   Nichts, als Mangel, Kreutz und Noth,
Spott, Verachtung und Beschwerden,
   Und zuletzt den bittern Tod.
3. Aber hier, im Schoos der Erde,
   Fand er die ersehnte Ruh;
Daß er ewig selig werde
   Eilte er dem Schöpfer zu.
4. Denn er kränkelte schon länger,
   Schmerz und Leiden quälten ihn,
Immer ward sein Athem enger,
   Und die Kräfte schwanden hin.
5. Keine Hoffnung zur Genesung
   Tröstete sein armes Herz,
Nur nach baldiger Erlösung
   Sah sein Auge himmelwärts.
6. Endlich war auf Haut und Knochen
   All sein Fleisch und Blut verzehrt,
Und nachdem sein Herz gebrochen,
   Wurde sein Gebeth erhört.

7. Herr! so bath er: laß im Frieden
　　Deinen Diener scheiden hin,
Und ich sterbe gern hienieden,
　　Denn der Tod ist mein Gewinn.

8. Ganz von Reu und Schmerz durchdrungen
　　Uiber seine Sündenschuld,
Ist ihm sicher dort gelungen
　　Einzugehen in Gottes Huld.

9. Denn vor Gottes heiligen Augen
　　Sind die Menschen alle gleich,
Und nur reine Seelen taugen
　　Einstens in das Himmelreich;

10. Ja, die Reichen, wie die Armen,
　　Fordert Gott zur Rechenschaft,
Und sie werden ohn' Erbarmen
　　Einst vom Tode hingerafft.

11. Trachtet also nicht nach Schäzen,
　　Die der Tod entreissen kann,
Sondern wallt nach den Gesetzen
　　Gottes auf der Tugendbahn;

12. O denn mögen alle Welten
　　Untergehn in Todesnacht,
Alles wird uns dort vergelten
　　Gottes Gnade, Lieb und Macht.

63.
Bei dem Grabe einer Wöchnerin.
Melod. V.

Töne traurig, dumpfe Sterbeglocke
Bei dem Grabe unsrer Schwester hier.

1. Ach! sie hatte Blut und Leben
   Für die Kinder hingegeben
Und in tiefer Trauer klagen wir.

2. Jeder Mutter ist schon lange
   Vorher auf die Stunde bange
Wo ihr Kind geboren werden soll

3. Und es ist ihr unter bangen
   Sorgen gleichsam vorgegangen,
Daß sie bald im Tod erblassen soll.

4. Glücklich wurde sie entbunden,
   Aber ach! in zweien Stunden
Sank sie schon in tiefer Ohnmacht hin,

5. Und zur Rettung ihres Lebens
   War von Menschenhand vergebens
Schmerzenvoll ihr Eingeweid durchwühlt.

6. Gerne, sprach sie, wollt ich sterben,
   Hätt ich keine Leibeserben;
Aber sie verbittern mir den Tod.

7. Doch sie gab vor ihrem Ende
   Willig sich in Gottes Hände,
Und entschlief in sanfter Seelenruh.

8. Alle, die sie liebten, weinen
   Laut um sie, und finden keinen,
Ach! sie finden keinen Trostesgrund.

9. O, und ihre lieben Kleinen,
   Wie sie um die Mutter weinen!
Unsre Mutter, ach sie ist nicht mehr!

10. Doch nicht ohne Vorbereitung,
    Und nicht ohne Gottes Leitung
Schlief sie ein, in sanfter Todeshand.

11. Dieses also läßt uns hoffen,
    Daß sie dort den Himmel offen,
Und beim höchsten Richter Gnade fand.

12. Denn wer hier geduldig leidet,
    Und die Sünde stets vermeidet,
Der gelangt ins wahre Vaterland.

64.
Bei dem Grabe eines Mannes, der in Betrunkenheit erfror.
Melod. I.

1. Schon seit dem ersten Februar
   War eine solche Kälte,
Daß sie den Blutumlauf sogar
   In vielen Adern stellte;
Sie stieg am Kältemesserstab

Auf sechs und zwanzig Grad hinab,
   Wie Jedermann bekannt ist.
2. Da hatten viele Händ und Füß,
   Und Nase, Mund und Ohren,
Sogar das Leben selbst, wie dieß
   Erfahrung lehrt, verloren,
Da suchte Jedermann das Feur;
Wie war die Wärme da so theur,
   Wie nöthig Bett und Kleider!
3. Wer also konnte, blieb zu Haus
   Beim warmen Ofen sitzen,
Und gieng nicht in die Luft hinaus,
   Sich vor dem Frost zu schützen,
Und war besonders bei der Nacht
Auf eine warme Ruh bedacht,
   Die er im Bette suchte.
4. Nicht so, der hier im Grabe ruht:
   Er suchte in der Schenke
Zu widerstehn der Kälte Wuth
   Durch geistige Getränke;
Genoß jedoch von diesem Saft
So viel, daß seiner Füsse Kraft
   Ihn kaum noch tragen konnte.
5. Doch wollte er bei Nacht allein
   Berauscht nach Hause gehen,
Und konnte, voll vom Brantewein,
   Beinahe nicht mehr stehen:
Der Wirth jedoch, besorgt für ihn,
Sah weislich nach, ob wohl dahin
   Er glücklich kommen werde.

6. Allein anstatt nach Haus zu gehn,
   Gieng er zum andern Wirthe,
Wohin, was öfter schon geschehn,
   Der Kirschengeist ihn führte,
Und fiel gleich mit der Thür ins Haus
Erschrocken sprang der Wirth heraus,
   Zu sehen, was es gebe.

7. Da lag`er nun der Länge nach,
   Und ohne sich zu regen,
Und statterte: ich bin so schwach,
Und muß mich niederlegen,
Man half ihm also wieder auf,
Und unterstützte seinen Lauf
   Bis in die warme Stube.

8. Ihr wißt, so lallte er; ich hab's
   Schon lang so in den Füssen,
Und werde wohl durch einen Schnaps
   Mich wieder stärken müssen;
Und setzte sich am nächsten Tisch,
Und soff aufs neue, wie ein Fisch,
   Vom besten Kirschenwasser.

9. Sein Weib mit ihren Kindern war
   Zu Haus in grösten Sorgen,
Denn öfter blieb er ja sogar
   Im Wirthshaus, bis am Morgen;
Sie kam und bath voll Zärtlichkeit:
Er möcht bei dieser Kälte heut
   Mit ihr nach Hause gehen.

70. Was? ich? du Himmelsakrament!
   So fieng er an zu fluchen;

O daß ich dich zerreissen könnt!
  Du wagst es mich zu suchen?
Du gehst mir auf der Stell nach Haus,
  Sonst werf ich dich zur Thür hinaus,
Ich laß mir nichts befehlen.

11. So will ich, wenn du einmal gehst,
  Dich doch nach Hause führen,
Damit du nicht zu Grunde gehst,
  Du könntest leicht erfrieren,
Denn ach! es ist so grausam kalt.
So bath sie, und die Sorge malt
  Sich ab in ihren Zügen.

12. Da stand er auf, und pakte sie,
  Um sie hinauszuschmeissen,
Sie aber gab sich alle Müh,
  Ihm wieder auszureissen,
Und hielt es heimzugehn für gut,
Um seiner oft erprobten Wuth
  Im Rausche auszuweichen.

13. Er aber blieb, und soff dabei,
  Das seine Augen glüten.
Es kam jedoch die Polizei,
  Den Gästen abzubiethen;
Er taumelte betrunken fort,
Entschlossen, sich am Weibe dort
  Für diese Schmach zu rächen.

14. So kam er fünfzig Schritte weit,
  Und stürzte wackelnd nieder:
Da waren schon in kurzer Zeit

Erfroren seine Glieder;
Das Blut gefror in seinem Lauf,
Und leider steht er nicht mehr auf,
Bis an dem jüngsten Tage.

15. So fand am frühen Morgen ihn
Der Both, und machte Lärmen.
Man kam, und wollte sich bemühn,
Ihn wieder zu erwärmen,
Doch blieb vergebens alle Müh,
Die strenge Kälte hatte sie
Zum Voraus schon vereitelt.

16. So hat der arme Trunkenbold
Im Rausch erfrieren müssen;
Er mußte seinen Sündensold
Mit seinem Leben büssen,
Und wird ihn dort in jener Welt,
Wo Gott ein strenges Urtheil fällt,
Auf ewig zahlen müssen.

17. Ein Säufer wird, wie Paulus spricht,
In seinen Sünden sterben,
Und nach dem Tode sicher nicht
Das Reich des Himmels erben,
So muß das schrecklichste Gericht
Der unbekehrte Bösewicht
In jener Welt bestehen.

18. Die arme Wittwe würde nie
So schmerzlich ihn beklagen,
Er hatte ja schon öfter sie
Beinahe todt geschlagen;

Es ist ihr um sein Seelenheil,
Deswegen nimmt sie herzlich Theil
    An seinem gähen Tode.

19. Und welche Hoffnung können wir
    Für seine Seele nähren,
Als nur, er würde, wenn er hier
    Noch lebte, sich bekehren;
So aber ist es schon zu spät,
Denn jeder Hoffnungstrahl vergeht
    In der verscherzten Bußzeit.

20. Wir können nur von Liebe voll
    Für seine Seele bethen:
Gott woll zu seinem ew'gen Wohl
    Ihn vom Verderben retten,
Und durch das Feur der Reinigung
Doch endlich noch Begnadigung
    Ihm angedeihen lassen. —

21. So folget der Betrunkenheit
    Die Strafe auf dem Fuße,
Und raubet uns die nöth'ge Zeit
    Zu einer wahren Buße,
Und wer dem Trunk ergeben ist
Und bleibt, der lebet nicht als Christ,
    Und kann nicht selig werden.

22. Besonders ist der Brantewein
    Zum Trunk nicht nur entbehrlich;
Er schläfert auch die Sinne ein,
    Und wird dadurch gefährlich,

Er schwächt die Leib und Seelenkraft,
Und trocknet auf den Lebenssaft,
  Anstatt ihn zu vermehren.

23. So laufen alle offenbar,
  Die zu viel Brantwein trinken,
Und in die Kälte gehn, Gefahr,
  Im Tode hin zu sinken;
Da schläfert sie der Brantewein,
Und so der Hauch des Todes ein,
  Um nicht mehr zu erwachen.

24. Laßt uns daher das Giftgesäuf
  Gebrannten Geists verachten,
Sonst macht es uns zum Tode reif,
  Wo wirs am mindsten dachten,
Und künftig für den Durst allein
Nur weiß= und braunes Bier, und Wein
  Mit Wasser, mässig trinken.

25. Hingegen wollen wir dafür,
  Was wir zu viel genössen,
Dem armen Durst'gen Bruder hier
  Als Labetrunk einflössen;
Dann wird am Ende dieser Zeit
Gott unsern Durst nach Seligkeit
  Zum Lohn auf ewig stillen.

65.
Bei dem Grabe einer jungen Frau, die an einem unheilbaren Brustgeschwür starb.
Melod III.

1. Da ruht sie nun von ihren Schmerzen,
   Die stille fromme Dulderin;
Sie gab mit hoffnungvollem Herzen
   Sich in den Willen Gottes hin:
Sie nahm ihn an, den Leidensbecher
   Und trank ihn aus bis auf den Grund,
Sie wurde schwach, und immer schwächer
   Und endlich schlug die Todesstund.

2. Schon ungefähr vor vierthalb Jahren
   Entstand ein Schmerz in ihrer Brust,
Und unter drohenden Gefahren
   Verlor sie jede Lebenslust:
Denn ach! das Leiden, das sie quälte,
   War von verderbenvoller Art,
Und jeder Trost zur Linderung fehlte,
   Mit höchster Qual und Pein gepaart.

3. Ein fressendes Geschwür verzehrte
   Das zarte Fleisch in ihrer Brust,
Und ach, kein Strahl der Hoffnung kehrte
   Zurück mit seiner süssen Lust;
Vergebens schnitt des Arztes Messer

Das Uibel aus mit blut'ger Hand,
Es wurde schlimmer nur statt besser,
Und führte sie zum Grabesrand.

4. Doch dachte sie bei ihren Schmerzen
An des Erlösers Lanzenstich,
Wie er mit liebevollem Herzen
Für uns im Kreutzestod verblich,
Und trug ihr namenloses Leiden
Mit wahrhaft christlicher Geduld,
Und starb in süssen Seelenfreuden
Voll Zuversicht auf Gotteshuld.

5. So gab sie ohne Furcht und Beben
Dem Tod ihr junges Leben hin,
Denn Jesus Christus war ihr Leben,
Und Sterben war für sie Gewinn:
Nur ihrer lieben Kinder wegen
Hätt sie noch länger gern gelebt,
Um ihren Tugendgrund zu legen,
Damit er nicht im Sturme bebt.

6. Und nun! was gab wohl ihrem Herzen
So viel Geduld und Zuversicht
Bei ihren grenzenlosen Schmerzen,
Als nur allein das Glaubenslicht!
Deswegen ist ihr frommes Leben
Für uns ein sichres Unterpfand,
Daß für ihr tugendhaftes Streben
Sie ihren Lohn im Himmel fand.

66.
Bei dem Grabe einer Wittwe.
Melod. IV.

1. Das Grab ist öd und stille,
   Und schaudervoll sein Rand;
   Doch nur nach Gottes Wille
   Greift uns des Todes Hand.

2. Denn nur der Leib vermodert,
   Und faulet hier im Grab;
   Die Seele aber fodert
   Der Herr des Lebens ab.

3. So modert auch die Leiche
   Von dieser Mutter hier,
   Und dort im Geisterreiche
   Wird nun vergolten ihr.

4. Mit Mutterlieb im Herzen
   Zog sie acht Kinder groß;
   Doch, Kummer, Gram und Schmerzen,
   Sind vieler Eltern Loos.

5. Dieß kürzet oft ihr Leben
   Um viele Jahre ab,
   Und, denen sies gegeben,
   Die stürzen sie ins Grab.

6. Sie litt im Wittwenstande
   So manches Ungemach;
   Doch hier, am Grabesrande,
   Verstummt ihr Weh und Ach.

7. Sie war in ihrem Leiden
    Voll Sanftmuth und Geduld,
Und hat mit stillen Freuden
    Bezahlt des Todes Schuld.

8. Dieß also läßt uns hoffen:
    Daß sie am Grabesrand
Das Reich des Himmels offen,
    Und Gottes Gnade fand.

9. Denn wer geduldig leidet,
    Und lebt und stirbt, wie sie,
Dem fehlet, wenn er scheidet,
    Die Gnade Gottes nie.

67.
Bei dem Grabe eines alten reichen Mannes.
Melod. IV VIII.

1. Alles geht zu seinem Ende,
    Auch der längste Lebenslauf,
Wo ich nur mein Aug hinwende,
    Steht das Bild des Todes auf.

2. Unter scharfer Sense fallen
    Aller Wiesen Blumen ab;
Und so öffnet sich vor allen
    Sterblichen das düstre Grab.

3. Unzählbare Aehren sinken
    In der Schnitter Sichel hin;

Bald wird uns die Sense winken,
 Die des Todes Arme ziehn.

4. Fruchtbeladne Bäume brechen
 Unter ihrer schweren Last;
Bald wird auch der Richter sprechen:
 Ob du Frucht getragen hast?

5. Hoch am Firmamente krachen
 Donner schnell vom Blitz durchzückt;
Sünder! wirst du nicht erwachen,
 Eh dich uns der Tod entrückt?

6. Aller Vögel Chöre schweigen
 Wenn der Lenz und Sommer flieht;
Bald wird sich der Tod uns zeigen,
 Der uns jede Lust entzieht.

7. Bald erscheinen uns die Bäume
 Leer an Früchten, und entlaubt;
Und so werden uns die Träume
 Alles Erdenglücks geraubt.

8. So vergeht in rascher Eile
 Alle Pracht der eitlen Welt,
Und es währt nur kurze Weile
 Bis sie ganz zusamenfällt.

9. Dieses hat gewiß erfahren
 Unser Bruder hier im Grab;
Alle seine Schätze waren
 Nur ein morscher Wanderstab.

10. Denn er brach in seinen Händen,
 Als er mit dem Tode rang,

Und, sein Leben zu vollenden,
  Ihm der Tod zum Herzen drang.
11. Doch er wurde klug und weise
  Sah die Eitelkeit der Welt,
Und hat auf die letzte Reise
  Vorher noch sein Haus bestellt.
12. So entschlief er sanft hienieden
  In des Todes kalter Hand,
Und genießt den ew'gen Frieden
  Nun im wahren Vaterland.
13. Seyd nun stets bereit, und wachet
  Auf die schreckenvolle Zeit;
Lebet immer fromm, und machet
  Sicher eure Seligkeit.

68.
Bei dem Grabe einer Frau, die sieben Jahre lang krank war.

Melod V.

Töne traurig, dumpfe Sterbeglocke!
  Bei dem Grabe unsrer Schwester hier.
1. Ach wie war es ihr schon lange
  In dem Herzen eng und bange!
Und in tiefer Trauer klagen wir.
2. Namenlose Leiden waren
  Ihre Qual seit sieben Jahren,
Und es fand kein Mittel sich dafür.

3. Und im Haupte, wie im Herzen,
 Quälten sie die größten Schmerzen,
Und nur selten wurde Lindrung ihr.

4. Endlich schlug, o frohe Kunde!
 Ihres Lebens letzte Stunde,
Und vollendet war ihr Leiden hier.

5. Langsam ward ihr Athem schwächer,
 Und sie trank den Todesbecher,
Den ihr Gottes Hand zu trinken gab.

6. Ihre abgezehrte Hülle
 Findet Ruhe nun und Stille
Hier in diesem neugewölbten Grab.

7. Doch mit gottergebnem Herzen
 Trug sie auch die größten Schmerzen
Stets mit wahrer christlicher Geduld;

8. Und bereute ihre Sünden,
 Voll der Hoffnung: dort zu finden
Beim Gerichte Gottes Vaterhuld.

9. Auch empfieng vor ihrem Ende
 Sie die heil'gen Sakrament,
Und erhielt Verzeihung ihrer Schuld.

10. Dieses Alles kann uns trösten:
 Daß sie dort bei den Erlößten
Hab gefunden Gottes Gnad und Huld.

11. Wollt ihr nun nach diesem Leben,
 Euch zur Seligkeit erheben,
O so müßt ihr wahre Buße thun;

12. Und dem Höchsten zu gefallen
    Stets die Bahn der Tugend wallen,
Um im Himmel ewig auszuruhn.

69.
Bei dem Grabe einer alten Frau, die nach langem und heftigem Leiden starb.
Melod IX.

1. Hier modert im düsteren Grabe
    Viktoria Willburgerin;
Sie brachte zur willigen Gabe
    Dem Schöpfer ihr Leben dahin:
Zwar wünschte sie länger zu leben,
    Und bebte zurück vor dem Tod;
Doch hat sie sich willig ergeben
    Sobald es der Himmel geboth.

2. Sie schleppte schon mehrere Jahre
    Ihr kränkliches Leben dahin,
Kein Mittel zur Besserung ware
    Zu ihrer Genesung Gewinn;
Nur heftiger wurden die Schmerzen,
    Je länger das Uibel bestand,
Bis endlich aus bebendem Herzen
    Die Hoffnung des Lebens verschwand.

3. Deswegen auch hielt sie sich weise
    Zur Stunde des Todes bereit,

Empfieng noch die göttliche Speise,
   Und kämpfte den tödtlichen Streit;
Sie röchelte mehrere Stunden,
   Und athmete schwerer und tief,
Bis endlich ihr Leben verschwunden
   Im Arme des Todes entschlief.

4. Nun sind ihre Leiden verschwunden
   Verstillet ihr Klagen und Ach,
Nun hat sie den Frieden gefunden
   Den Jesus uns Allen versprach.
Wir wollen uns also bestreben
   Uns gänzlich der Tugend zu weihn,
Dann wird uns im ewigen Leben
   Der himmlische Frieden erfreun.

70.
Bei dem Grabe eines Jünglings, der durch einen Fall plötzlich starb.
Melod. IV.

1. Hier stehen wir, und beben
   An diesem Grabesrand,
Weil hier ein junges Leben
   In einem Nu verschwand.

2.) Denn hier im Grabe modert
   Der Jüngling Joseph Zick,
Vom Tode abgefodert
   In einem Augenblick,

3. Er wollte seiner Mutter
   Ersparen einen Gang,
Und stieg hinauf zum Futter,
   Wo ihm ein Schritt mißlang.

4. Im Eifer lief er flüchtig
   Der nahen Oeffnung zu,
Doch leider unvorsichtig,
   Und fiel hinab im Nu.

5. Er fiel zur Tenne nieder,
   Und stürzte sich aufs Haupt,
Und war durch alle Glieder
   Der Lebenskraft beraubt.

6. Zerschmettert war von Innen
   Des Hirnes edler Saft;
Er kam dadurch von Sinnen,
   Und aller Lebenskraft.

7. Hoch bäumte er in Krämpfen
   Und Zuckungen sich auf,
Und schloß in Todeskämpfen
   Den kurzen Lebenslauf.

8. Denn alle Pulse schwiegen,
   Der Athem blieb zurück,
Und in den letzten Zügen
   Verblich sein starrer Blick.

9. So starb der arme Junge
   Aus Unvorsichtigkeit;
Drum schildert keine Zunge
   Der Eltern Herzenleid.

10. In heissen Thränen weinen
    Sie sich die Augen wund,
Denn ach! sie finden keinen,
    Ach! keinen Trostesgrund.

11. Doch ja: die Vorsicht Gottes
    Soll trösten euer Herz;
Hebt aus der Nacht des Todes
    Die Augen himmelwerts.

12. Seht: ohne Gottes Willen
    Wird uns kein Haar gekrümmt,
Der aus des Grabes Hüllen
    Uns auf ins Leben nimmt.

13. Hier fand in zarter Jugend
    Den Tod der einz'ge Sohn,
Doch dort für seine Tugend
    Gewiß des Himmels Lohn.

71.
Bei dem Grabe einer alten armen Frau.
Melod. IV.

1. In diesem Grabe modert
    Von einem armen Weib,
Vom Tode abgefodert,
    Der abgezehrte Leib.

2. Sie brachte zwar ihr Leben
    Auf mehr als siebenzig,

Doch viele Jahre geben
 Dem Tode nur den Sieg.

3. Sie lebte stets zufrieden
 Mit ihrem armen Stand,
Und ohne zu ermüden,
 Wenn sie die Pflicht verband.

4. Sie trug die größten Schmerzen
 Mit christlicher Geduld,
Bereute stets von Herzen
 Die große Sündenschuld.

5. Sie sehnte sich mit Freuden
 Nach stiller Grabesruh,
Und schloß in stillem Leiden
 Im Tod die Augen zu.

6. Um doch nicht schuldbeladen
 Vor dem Gericht zu stehn,
Ließ sie mit Gottes Gnaden
 Voll Glauben sich versehn.

7. Wir können also hoffen,
 Daß sie am Grabesrand
Für sich den Himmel offen,
 Und ew'ges Leben fand.

8. Denn wer sich rein von Sünden,
 Und an die Tugend hält,
Wird einstens Gnade finden,
 Wenn ihn der Tod befällt.

72.
Bei dem Grabe eines frommen Greisen.

Melod IX.

1. Wir stehen am düstern Grabe
   Von einem ehrwürdigen Greis,
Er machte, geleitet am Stabe,
   Des Lebens beschwerliche Reis.
Er hatte am eitlen Gewühle
   Der Erde schon lange genug,
Bis endlich am glücklichen Ziele
   Die Stunde des Todes ihm schlug.

2. Es ist ja für Junge und Greise
   Hienieden kein bleibender Ort,
Sie wallen im Zeitengeleise
   Zur ewigen Seligkeit fort.
Nur irdische Thoren verlassen
   Der Tugend beschwerliche Bahn,
Doch wenn sie im Tode erblassen
   Verschwindet der täuschende Wahn.

3. Zu diesen verblendeten Thoren
   Gehört der Beerdigte nicht,
Er hatte die Weisheit erkohren,
   Und lebte nach christlicher Pflicht;
Dem Willen des Höchsten ergeben
   Befolgte er treu sein Geboth,
Und hoffte im ewigen Leben
   Belohnet zu werden von Gott.

4. So lebte in Armuth und Leiden
 Der fromme, der christliche Greis,
Und hielt sich mit innigsten Freuden
 Gefasst auf die ewige Reis.
Und sicherlich fand er im Tode,
 Was hier er vergebens gesucht,
Die Nahrung des himmlischen Brodes,
 Der ewigen Seligkeit Frucht.
5. Drum lasset uns immer bedenken:
 Wir seyen nur Wanderer hier,
Um unsern Wandel zu lenken
 Zum Himmel mit heisser Begier.
Dann werden wir sicher erstreben
 Das göttlich erhabene Ziel,
Und unsere Seelen erheben
 Zum himmlischen Wonnegefühl.

73.
Bei dem Grabe einer alten Jungfrau.
Melod. IV.

1. Hier schlummert Jungfrau Schedler
 Viktoria im Grab,
Die sich dem Herrn mit edler
 Aufopferung ergab.
2. Sie brachte zwar ihr Leben
 Auf drei und siebenzig,
Doch viele Jahre geben
 Dem Tode nur den Sieg.

3. Was nützen viele Jahre
   Wenn sie verschwunden sind?
Der Greis gleicht in der Bahre
   Dem todtgebornen Kind.

4. Mit jeder Stunde kommen
   Dem Tode näher wir;
Die Sünder wie die Frommen,
   Sie müssen fort von hier.

5. Wer dieses recht betrachtet,
   Und tief zu Herzen fasst,
Wird weise, und verachtet
   Die Welt, die ihn verlasst.

6. Er strebet nur nach Tugend
   Und Heiligkeit, und weiht
Das Alter wie die Jugend
   Der wahren Frömmigkeit.

7. So sorgte unsre Schwester
   Stets für ihr Seelenheil,
Und Tugend war ihr beßter,
   Und auserwählter Theil.

8. Mit Heldenmuth bekämpfte
   Sie jede böse Lust,
Und Gottes Liebe dämpfte
   Den Reiz in ihrer Brust.

9. Sie war nicht ohne Sühde
   Nicht ohne Leidenschaft,
Denn wer hat nie die blinde
   Begierde hingerafft?

10. Doch brachte sie die Gabe
 Erhaltner Jungfrauschaft
Noch unverlezt zu Grabe,
 Gestärkt von Gottes Kraft.
11. So wallte sie hienieden,
 Mit ihrem niedern Stand
Und Schicksal wohl zufrieden,
 Bis an des Grabes Rand.
12. Geschwollne Füsse schleppte
 Sie lange Zeit umher,
Ihr Herz im Leibe bebte,
 Ihr Athem wurde schwer.
13. So nahm in ihrem Herzen
 Das Uibel überhand,
Bis ohne grosse Schmerzen
 Ihr Lebenshauch verschwand.
14. Doch starb sie vorbereitet
 Durchs wahre Osterlamm,
Und Gottes Sohn begleitet
 Sie nun als Bräutigam.

74.
Bei dem Grabe einer Wöchnerin.
Melod IV.

1. Hier stehen wir und beben
 Vor Tod und Grab zurück,
Und Todesbilder schweben
 Vor unserm düstern Blick.

2. Denn hier liegt eine Leiche,
    Wer hätte dieß gedacht!
Gefällt wie eine Eiche
    Im Sturm der Wetternacht.

3. Schon gab sich die Entzündung
    In ihrem Leibe kund,
Da machte die Entbindung
    Sich der Entscheidungsstund.

4. Der Säugling lag entbunden
    In ihrem Mutterschoos,
Allein nach ein'gen Stunden
    Traf sie des Todes Loos.

5. Sie ward vom heissen Fieber
    Durch innern Brand verzehrt,
Ihr Auge wurde trüber,
    Und jede Kraft zerstört.

6. So rang sie mit dem Tode,
    Es brach ihr Aug und Herz,
So wurde sie im Tode
    Befreyt von ihrem Schmerz.

7. So wird es uns, ihr Brüder!
    So euch, ihr Schwestern! gehn,
In Bälde wird uns nieder
    Des Todes Sense mähn.

8. Seyd also stets bereitet
    Auf einen guten Tod,
Und lebet fromm, und streitet,
    Wenn euch Beürfhrung droth,

9. Und seyd ihr schon gefallen,
 So stehet wieder auf,
Die Tugendbahn zu wallen
 Durch euern Lebenslauf.

10. Dann mag er uns besiegen,
 Der Tod, wir sterben gern,
Denn unsre Seelen fliegen
 Empor zu Gott dem Herrn.

75.
Bei dem Grabe einer Frau, die am Schlagfluß starb.
Melod X.

1. Laß, o Christ, gerührt herab
 Heisse Thränen fliessen;
Denn es wölbt ein neues Grab
 Sich zu deinen Füssen;
Ach! es hat des Todes Hand
 Uns ein Weib entrissen,
Die wir als ein Liebespfand
 Doch so schwer vermissen.

2. Schmerzen fuhren zwar sehr oft
 Ihr durch alle Glieder,
Liessen endlich unverhofft
 Sich im Kopfe nieder;
Zwar verschwand auch da der Schmerz,
 Doch sie war entkräftet;

Hielt jedoch ihr armes Herz,
  Stets auf Gott geheftet.

3 Endlich kam ihr Sterbetag
  Wider alles Hoffen;
Denn es hatte sie der Schlag
  Wie der Blitz getroffen:
Doch sie war zum Tod bereit
  Durch ein frommes Leben,
Und wird nun zur Seligkeit
  Ihren Geist erheben.

4. Denn ein sanfter, guter Tod
  Ist das Loos der Frommen,
Und sie werden einst zu Gott
  In den Himmel kommen.

5. Laßt uns also jederzeit
  Nur nach Tugend streben,
Dann wird Gott zur Seligkeit
  Unsern Geist erheben.

76.
Bei dem Grabe zweier Männer, die beim Schlittenfahren umkamen.
Melod. I.

1. Dieß neugewölbte Grab verschließt
  Zwo unverhoffte Leichen;
Und ach! dem grossen Unglück ist
  Kein andres zu vergleichen,

Das diese beiden Männer traf:
Sie mußten durch die Todesstraf
Für ihren Leichtsinn büssen.

2. Sie fuhren nemlich zum Gericht,
Ein Zeugniß abzugeben
Und voll der Lebenszuversicht
Dem nahen Tod entgegen,
Weil sie beim Fuhrwerk unbedacht
Auf ihre Sicherheit, nicht Acht
Genug gegeben hatten.

3. Es ließ der Hausknecht dummerweis
Zu lang die Hebekette,
Die sonst den Schlitten im Geleis
Der Bahn gehalten hätte;
Sie war daher um viel zu lang,
An Bergen den zu raschen Gang
Des Schlittens aufzuhalten.

4. Als nun des Schlittens rascher Zug
Sich nicht mehr halten liesse,
So schoß er plötzlich vor, und schlug
Das Pferd in seine Füsse.
Es schlug mit beiden Füssen aus,
Und bede fielen vorn heraus
Dem Pferdeschlag entgegen.

5. Dem einen wurde seine Stirn
Mit einem Streich zersplittert,
Dem andern aber das Gehirn
Im gähen Sturz erschüttert;

Da lagen bede todesbleich,
Als hätte sie ein Donnerstreich
  Zu Boden hin geschmettert.

6. Dann schlug den Schlitten im Karr«
  Das Pferd in tausend Stücke;
Sie flogen schwurrend in die Höh,
  Und Alles blieb zurücke
Bis an die Deixel; diese schlug
Das Pferd bei seinem raschen Flug
  Beständig in die Füsse.

7. So war es bis nach Aiterach
  In schnellster Flucht gegangen;
Da that es ganz erschöpft gemach,
  Und ließ sich willig fangen,
Und stand mit seinem frommen Sinn
Als wie ein sanftes Lamm, und schien
  Zu suchen seine Herren.

8. Aus dieses Pferdes Anblick war
  Ganz deutlich zu ersehen:
Daß in des Klausestichs Gefahr
  Ein Unglücksfall geschehen;
Man eilte schreckenvoll herbei:
Ob etwa noch zu helfen sey
  Bei diesem Unglücksfalle.

9. Man sah die beiden Männer von
  Der weiten Ferne liegen,
Und fand sie beide kämpfen schon
In ihren letzten Zügen;

Sie röchelten den Todeston,
Und ihre armen Seelen flohn
   Aus dem zerquetschten Hirne.

10. Man hatte ihnen also nicht
   Mehr Hülfe leisten können,
Und wusch mit Schnee ihr Angesicht,
   Sie besser zu erkennen;
Da zeigte dann der Augenschein:
Daß es bekannte Bauern seyn,
   Nicht weit von Ochsenhausen.

11. Man trug sie nun nach Aiterach
   Auf starken Tannenzweigen,
Und sandte einen Bothen nach
   Dem Amt, es anzuzeigen. —
Die Leichen wurden dann sezirt,
Und unermüdet nachgespürt
   Dem Grund von diesem Unglück.

12. Man hatte bald im Hirn, dem Sitz
   Des Lebens und der Seele,
Gefunden: daß bei vieler Hitz
   Die weise Vorsicht fehle,
Und eine grosse Portion
Von Leichtsinn ihre Stelle schon
   Von Kindheit an erfüllte.

13. Sonst hätten sie den Hebezug,
   Noch eh sie aufgesessen,
Und ob er kurz und lang genug
   Zum Fahren sey, gemessen,

Und keinem Knecht, von Leichtsinn voll,
Mit einem gleichen Leichtsinn, toll
    Ihr Leben anvertrauet.

14. In jedem Falle wären sie
    Schon an des Berges Höhe,
Damit in schneller Fahrt doch nie
    Ein Unglücksfall entstehe,
Herabgestiegen, und bequem,
Denn auch das Gehn ist angenehm,
    Den Berg hinab gegangen.

15. Dann würden beide sicherlich
    Noch lange glücklich leben,
Das große Unglück hätte sich
    Ganz sicher nicht ergeben,
Sie wären dann mit Sicherheit,
Zu ihrer Lieben größten Freud,
    Nach Haus zurück gekommen.

16. Und welch ein Schrecken muß das Herz
    Der Ihrigen durchzücken,
Wenn sie mit hoffnunglosem Schmerz
    Den Leichenzug erblicken,
Der sie entseelt nach Hause bringt!
Denn ach! gleich einem Dolch durchdringt
    Der Anblick ihre Herzen.

17. Sie stürzten in der Leidenwuth
    Sich hin auf ihre Leichen,
Um sie in einer heissen Fluth
    Von Thränen einzuweichen,

Umarmen sie verzweiflungsvoll,
Und rufen auf zu Gott: er soll
  Sie nocheinmal beleben.

18. Allein ihr blut'ger Thränenblick
    Ist eitel und vergebens,
  Ihr Klagen bringet nicht zurück
    Den Funken ihres Lebens;
  Zerschmettert ist und bleibt ihr Haupt,
  Und jeder Lebensspur beraubt
    Bis an dem jüngsten Tage.

19. Doch tröstet euch in eurem Leid,
    Ihr Mütter! mit den Kindern;
  Denn sicher wird im Lauf der Zeit
    Gott eure Schmerzen lindern,
  Und denkt: es fällt von unserm Haupt
  Kein Härchen, wenn es nicht erlaubt
    Der Herr des Tods und Lebens.

20. Es kann daher vielweniger
    Ein Mensch im Tod erblassen,
  Es habe denn es Gott der Herr
    Mit Liebe zugelassen;
  Und sicher hat sie Gottes Hand
  Durch ihren gähen Tod ins Land
    Der Seligkeit geführet.

21. Sie handelten doch jederzeit
    Mit redlichem Gewissen
  Obwohl durch Unvorsichtigkeit
    Sie uns der Tod entrissen,

Und hielten so durch Frömmigkeit
Sich stets zum guten Tod bereit
　　Mit christlich weiser Vorsicht.

22. So tröstet euch, und bethet an
　　Den weisen Rathschluß Gottes,
Und wandelt immer auf der Bahn
　　Des göttlichen Gebothes,
Daß, wenn euch gäh der Tod befällt,
Ihr hoffnungvoll in jene Welt
　　Hinüber gehen könnet.

23. Nun ruhet sanft im Erdenschoos,
　　Ihr schnell verlornen Brüder!
Bald trift auch uns des Todes Loos,
　　Dann sehen wir uns wieder
Bei Gott im ewig wahren Licht,
Wenn immer auf der Bahn der Pflicht
　　Wir bis zum Tode wallen.

24. Doch soll uns euer Unglücksfall
　　Die größte Vorsicht lehren,
Dem gähen Unglück allemal
　　Durch Klugheit vorzukehren,
Uns immer weislich vorzusehn,
Damit wir nicht zu Grunde gehn
　　Aus vorsichtslosem Leichtsinn.

25. Besonders wollen niemal wir
　　Herab von Bergen fahren,
Und lieber sicher gehn dafür,
　　Und uns die Angst ersparen:

Es könnte leicht ein Mißgeschick
Bei größter Vorsicht uns das Glück
　　Des Erdenlebens rauben.

26. Es ist noch immer früh genug,
　　Im Tode zu erblassen,
Wenn wir uns auch durch keinen Trug
　　Der Hoffnung täuschen lassen;
Denn bei der größten Sicherheit,
Und ängstlichsten Vorsichtigkeit
　　Kann uns der Tod befallen.

27. Laßt uns daher die Bahn der Pflicht
　　Und Tugend nie verlassen,
Bis sterbend unser Auge bricht,
　　Und wir im Tod erblassen,
Denn mag er uns das Leben hier
Entreissen, denn· er führt dafür
　　Uns ein ins Reich des Himmels.

―――

77.
Bei dem Grabe einer Frau, die an einer hitzigen Krankheit starb.
Melod. IX.

1. Hier modert im düstern Grabe
　　Rosalia Steinhauserin,
Sie brachte zur willigen Gabe
　　Dem Schöpfer ihr Leben dahin;

Zwar wünschte sie länger zu leben,
    Und bebte zurück vor dem Tod;
Doch hat sie sich willig ergeben,
    Sobald es ihr Jesus geboth.

2. Wie fürchterlich waren die Schmerzen,
    Womit sie die Krankheit befiel!
Sie drangen zum bebenden Herzen,
    Und führten sie schnelle zum Ziel;
Ihr Eingeweid wurde durchdrungen
    Von Todes vergiftetem Stahl,
Eh siebenzig Stunden verklungen,
    Erlag sie der schrecklichen Qual.

3. Doch brachte sie würdige Früchte
    Der Buße für jegliche Schuld,
Und fand dort gewiß beim Gerichte
    Die sehnlich erwartete Huld.
Drum laßt uns erwägen im Herzen,
    Das blutige Zähren vergießt:
Daß sie nach vollendetem Schmerzen
    Die Freuden des Himmels genießt.

4. Denn wenn wir in Buße und Reue
    Verfluchen die sündige Schuld,
Erläßt uns mit redlicher Treue
    Gott unsere Strafen und Schuld.
Laßt uns daher voller Vertrauen
    Auf Gottes Barmherzigkeit seyn,
Dann darf uns im Tode nicht grauen,
    Er führt uns zur Seligkeit ein.

78.
Bei dem Grabe einer alten frommen Jungfrau.

Melod V.

Tiefe Trauer füllet unsre Herzen
  Bei dem Grabe unsrer Schwester hier.

1. Schon nach zweien Krankheitstagen
  Hat ihr letzter Puls geschlagen,
Und in tiefer Trauer klagen wir.

2. Denn sie war durch schlechte Säfte
  Ganz beraubet aller Kräfte
Und es fehlten Stärkungsmittel ihr.

3. So erschlafften alle Glieder,
  Und sie sank in Ohnmacht nieder,
Und verlor Bewußtseyn und Gefühl;

4. Und so war in wen'gen Stunden
  Jeder Hoffnungstrahl verschwunden,
Und es nahte sich ihr Lebensziel.

5. Aber ohne Furcht und Beben
  Gab sie willig hin ihr Leben,
Und das Sterben war für sie Gewinn.

6. Denn sie blieb von zarter Jugend
  Bis ins Alter treu der Tugend,
Und in Unschuld lebte sie dahin.

7. Uiber Alles Gott zu lieben,
  Und sich im Gehorsam üben,
Es war ihr steter Wanderstab.

8. Voll der reinen Tugendwürde
    Nahm sie so die edle Zierde
Ihrer Jungfrauschaft mit sich ins Grab.
9. Wenn sie auch bisweilen fehlte,
    So bereute sies, und wählte
Wieder die verlaßne Tugendbahn.
10. Sie empfieng vor ihrem Ende
    Noch die Sterbesakramente,
Und so kam sie bei dem Richter an.
11. Dieses Alles läßt uns hoffen:
    Daß sie dort den Himmel offen,
Und in ihm den Lohn der Tugend fand.
12. Denn wer stets die Tugend übet,
    Gott und seinen Nächsten liebet,
Der gelangt ins wahre Vaterland.

79.
Bei dem Grabe eines Jünglings, der an der Wasserscheu starb.
Melod. III.

1. Hier liegt ein hoffnungvoller Jung;
    Er war in vollster Lebenskraft
Auf eine Weis, die keine Zunge
    Beschreibt, gewaltsam hingerafft.
Er wurde nemlich vor zwölf Tagen
    Von einem Hunde in die Hand
Gebissen, ohne es zu sagen,
    Indem er keinen Schmerz empfand.

2. Er heilte bald die leichte Wunde,
   Und dachte nicht an die Gefahr,
In welcher doch seit dieser Stunde
   Sein hoffnungvolles Leben war.
Allein am neunten Tage spürte
   Er schon der Schmerzen heisse Glut,
Und wenn sich nur ein Lüftchen rührte,
   Gerieth er schon in höchste Wuth.

3. Und rasend fieng er an zu wüthen
   Beim Anblick einer Flüssigkeit,
Und Alle, die ihn sahn, geriethen
   In schreckliche Verlegenheit.
Man hatte zwar ihm helfen wollen,
   Und rief sogleich den Arzt herbei;
Doch dieser sagte unverholen:
   Er habe schon die Wasserscheu;

4. Der Kranke sey nicht mehr zu retten,
   Man laufe nur mit ihm Gefahr,
Und legte ihn in starke Ketten,
   Was uns zum Schutze nöthig war.
In Bälde wurden seine Blicke
   Entflammt in einer heissen Glut;
Da riß er wie verfaulte Stricke
   Die Ketten ab in seiner Wuth.

5. Er brüllte, tobte, raßte, schäumte,
   Empört von seinem Leidensturm,
Warf auf den Boden sich, und bäumte
   Sich wieder auf, als wie ein Wurm.
Er hatte Menschen anzufallen

Und zu zerfleischen oft gesucht;
Vor Schrecken ward vor ihm von Allen
Ergriffen blitzeschnell die Flucht.

6. Am Ende suchte man mit Stangen,
Weil sonst kein Mittel übrig war,
Und Wagenleitern ihn zu fangen
Um sich zu schützen vor Gefahr:
So hatten viele sich versammelt
Und seine Bändigung bezweckt
Mit Leitern ihm den Weg verrammelt,
Und ihn zu Boden hingestreckt.

7. Da lag er nun in Wuth und Krämpfen,
Und spie und schäumte immerdar,
Und seine Wuth war nicht zu dämpfen,
Als bis' er ganz entkräftet war.
So kam der Anfall öfter wieder,
Und ließ auch öfter wieder nach,
Es zuckten krampfhaft seine Glieder
Und endlich ward er todesschwach.

8. Es nahte sich sein Lebensende,
Er kam zum völligen Verstand,
Und gab sich hin in Gottes Hände,
Indem sein Lebenshauch verschwand:
So war der Jüngling ohne Wissen,
Weil er darauf nicht Achtung gab,
Von einem wüth'gen Hund gebissen,
Und hier versenkt ins frühe Grab.

9. Noch zittern wir vor Angst, und beben
Vor seinem Todeskampf zurück,

Und seine Wuth und Krämpfe schweben
  Noch lang vor unserm Thränenblick.
Der Eltern und Geschwistern Herzen,
  Wie bluten sie bei seinem Tod;
Denn ach! zur Lindrung ihrer Schmerzen
  Wo ist ein Trost in ihrer Noth?
10. Das einzige, was ihr Leiden mindert,
  Und mässigt ihrer Seele Pein,
Und ihre grossen Schmerzen lindert,
  Ist ihrer Hoffnung Dämmerschein:
Er hab gebüßt für seine Sünden
  Durch seinen Tod, und sie bereut,
Und werde Gottes Gnade finden,
  Im Reich der ewigen Seligkeit.
11. O Gott! verzeih dem armen Jungen
  Die Grösse seiner Sündenschuld,
Und laß für die Beleidigungen
  Ihm angedeihen deine Huld.
Verfahre nicht nach deiner Strenge
  Mit ihm in deinem Strafgericht,
Und wend von seiner Sündenmenge
  Hinweg dein strenges Angesicht.
12. Sein Unglück aber soll uns lehren,
  Uns immer weislich vorzusehn,
Und allen Folgen vorzukehren,
  Die oft aus einem Biß entstehn;
Und hätte uns ein Thier gebissen,
  Es sey nun wüthend, oder nicht,
So soll es auf der Stelle wissen
  Der Arzt nach weiser Lebenspflicht.

13. Denn Anfangs ist noch zu verwehren
 Dem Gift der Uibergang ins Blut,
Und also sicher vorzukehren
 Den Schreckenstod der Hundeswuth:
Hingegen wenn die Wasserscheue
 Sich einmal eingestellet hat,
So hilft kein Mittel mehr, die Reue
 Und die Verzweiflung kommt zu spat.

14. Drum laßt uns, diesem vorzubeugen
 Doch keinem fremden Hunde traun,
Und hätten wir auch einen eigen,
 Auf ihn mit steter Vorsicht schaun;
Und sollt er etwas traurig werden,
 Und thun, was er sonst nie gethan,
Und ungewöhnlich sich geberden;
 So legt ihm eine Kette an.

15. Doch laßt uns mehr die Leidenschaften,
 Dieß Gift für Leib und Seele fliehn,
Denn diese Geisteshunde rafften
 Mehr Menschen, als die Hundswuth, hin;
Der Habsucht hündisches Begehren
 Der Wohllust Gift, den Uibermuth,
Das übermässige Verzehren,
 Des Neides Wurm, des Zornes Wuth;

16. So laßt uns mehr die Sünde scheuen
 Als Wüthende das Wasser scheun,
Und gänzlich uns der Tugend weihen,
 Und stets zum Tod bereitet seyn:
Dann mag des Lebens uns berauben

Das scharfe Gift der Hundeswuth;
Wir steigen durch den wahren Glauben
Empor zu Gott dem höchsten Gut.

80.
Bei dem Grabe der Jungfrau Katharina Sinder, die an einer Entzündung starb.
Melod. III.

1. O welche unverhoffte Leiche
Die dieses neue Grab verschließt,
Wobei der Arme wie der Reiche
In einen Thränenstrom zerfließt;
Denn Ach! in ihren beßten Jahren
Ward sie vom Tode hingerafft,
Und leider! alle Mittel waren,
Zu retten sie, von keiner Kraft.

2. Sie war von einem heissen Fieber
Erschüttert, und der Kraft beraubt,
Bald gieng es in Entzündung über,
Ergriff ihr Angesicht und Haupt;
Da wütheten die größten Schmerzen,
Und glüten aus dem Feuerblick,
Und aus dem schwerbeklemmten Herzen
Floß langsam nur das Blut zurück.

3. So wuchs mit jedem Glockenschlage
Des Fiebers ungedämpfte Wuth,

Und ihre schmerzenvolle Lage
  War, ähnlich einer heissen Glut;
In ihrem Hals und Munde zeigte
  Sich leider, bald der kalte Brand,
Bis endlich sanft ihr Haupt sich neigte,
  Indem ihr Lebenshauch verschwand.
4. So unterlag in wen'gen Tagen
  Im Todeskampf die Dulderin,
Allein sie gab sich ohne Klagen
  Dem heil'gen Willen Gottes hin:
Denn durch ein tugendhaftes Leben
  War sie zum Tode stets bereit,
Und gieng nun ohne Furcht und Beben
  Hinüber in die Ewigkeit.
5. Besonders sah vor ihrem Ende
  Sie ihrem Seelenheile vor,
Empfieng die heil'gen Sakramente,
  Und hob den Blick zu Gott empor,
Und bath mit reuevollem Herzen
  Zu Gott um Gnad und Vaterhuld,
Und opferte des Todes Schmerzen
  Zur Tilgung ihrer Sündenschuld.
6. So gieng ihr einziges Bestreben
  Nach Frömmigkeit und Tugendsinn,
Und Jesus Christus war ihr Leben
  Und Sterben war für sie Gewinn.
Dieß Alles läßt uns gründlich hoffen:
  Daß, als ihr Lebenshauch verschwand,
Sie dort für sich den Himmel offen,
  Und so den Lohn der Tugend fand.

c. Was nützt uns also viel Vermögen,
  Wenn uns dabei die Tugend fehlt,
Und unter bangen Herzensschlägen
  Uns Furcht vor Tod und Strafe quält?
Nur Tugend kann uns Hoffnung geben
  Zu einem gnädigen Gericht,
Und uns zur Seligkeit erheben,
  Wenn unser Herz im Tode bricht.

81.
Bei dem Grabe des alten blinden Joseph Simler, Bauers von Kirchdorf.
Melod II.

1. Hier schlummert er, der alte Gute,
  Und kühle Erde decket ihn;
Er gab in hoffnungvollem Muthe
  Dem Höchsten dieses Leben hin,
Voll Zuversicht auf Gottes Wort:
  Er finde wahren Frieden dort.

2. Beinah auf ein und achtzig Jahre
  Erstrekte sich sein Lebensziel,
Beständige Gesundheit ware
  Für ihn das glücklichste Gefühl;
Er dankte Gott aus voller Brust
  Für diese nie verdiente Lust.

3. Doch endlich kam nach vielen Jahren
  Auch Schwäche und Gebrechlichkeit;

Entkräftung, ach! und Blindheit waren
  Die Folgen seiner Lebenszeit,
Und in sechs Jahre langer Nacht
  Hat er sein Leben zugebracht.

4. Und ach! wie elend ist ein Blinder
  Dem nimmermehr die Sonne scheint;
Elender aber ist ein Sünder,
  Der seine Sünden nie beweint;
Zwar jener sieht die Sonne nicht;
  Doch diesem fehlt das Gnadenlicht.

5. Doch als ihm diese Welt verschwunden
  In grauenvoller Leibesnacht,
So hat er alle Lebensstunden
  Im Geisteslichte zugebracht,
Für seine Seele nur gelebt,
  Und nur nach Tugenden gestrebt.

6. Und ohne Zweifel ward erfüllet
  Sein einz'ger Wunsch in jener Welt,
Wo sich der Schöpfer unverhüllet
  Den Seligen vor Augen stellt,
Und zeigt in seinem Gnadenlicht
  Von Angesicht zu Angesicht.

7. Denn lange schon war auf die Stunde
  Des bittern Todes er gefaßt,
Bereute stets mit Herz und Munde
  Der vielen Sünden schwere Last,
Empfieng das Lebensunterpfand,
  Und gab sich hin in Gottes Hand.

8. Dieß Alles läßt uns hoffen,
   Daß als sein Herz und Auge brach,
Ihn dort ein gutes Loos getroffen,
   Als Jesus ihm das Urtheil sprach,
Und er dort ein ins Leben gieng,
   Und seinen Tugendlohn empfieng.
9. Soll dieser Trost uns einst erfüllen,
   Wenn uns befällt der bittre Tod,
So laßt uns thun, was Gottes Willen,
   Und Jesu Lehre uns geboth,
Dann wird auch unsern Seelen Heil,
   Und höchste Seligkeit zu Theil.

82.
Bei dem Grabe der alten Frau Marianna Geromiller.
Melod. II.

1. Hier schlummert sie im Schoos der Erde,
   Die stille fromme Dulderin;
Es floß in Wohlstand und Beschwerde
   Ihr langer Lebenslauf dahin
Und endlich schloß zur wahren Ruh
   Der Tod ihr sanft die Augen zu.
2. Sie hat in ein und achtzig Jahren,
   In Glück und Unglück viel erlebt,
Doch sich in Freuden und Gefahren
   Der Tugend treu zu seyn bestrebt,
Und beim Verlurst wie beim Gewinn
   Blieb immer gleich ihr Tugendsinn.

3. Mit aller Kraft beraubten Füssen
   Hat sie schon mehr als Tag und Jahr
Dort auf dem Bette liegen müssen,
   Wobei sie stets geduldig war,
Und sich ergab in ihr Geschick
   Bis auf den letzten Augenblick.
4. Nur langsam schlich zu ihrem Herzen
   Des bittern Todes kalte Hand,
Und zog mit stets vermehrten Schmerzen
   An ihrem starken Lebensband;
Sie röchelte sechs Tage lang,
   Bis ihr der Tod zum Herzen drang.
5. Doch wallte sie ihr ganzes Leben
   Beständig auf der Bahn der Pflicht,
Und schaute ohne Furcht und Beben
   Dem nahen Tod ins Angesicht,
Und starb in höchster Zuversicht
   Auf Jesu gnädiges Gericht.
6. Dieß Alles läßt uns gründlich hoffen:
   Daß, als ihr Lebenshauch verschwand,
Sie dort für sich den Himmel offen,
   Und so den Lohn der Tugend fand,
Und nun der höchsten Seligkeit
   Mit allen Seligen sich freut.
7. Laßt uns daher, so lang wir leben,
   Der Tugend stets beflissen seyn,
Nach Gottes Wohlgefallen streben,
   Und ihm das Herz zum Opfer weihn;
Dann führet uns der Tod gewiß
   Zum Leben ein im Paradieß.

83.
Bei dem Grabe der Domitia Jäger, die lang und viel zu leiden hatte.

Melod. III.

1. Nun schlummert sie im düstern Grabe,
    Die arme fromme Dulderin;
Sie brachte Gott als freye Gabe
    Ihr Leben gern zum Opfer hin;
Ertrug geduldig alle Schmerzen
    Zur Tilgung ihrer Sündenschuld,
Und bath mit reuevollem Herzen
    Gott um Verzeihung, Gnad und Huld.

2. Sie hatte schon seit Jahr und Tagen
    An einem Fuß zu leiden viel,
Und ach! bei allen ihren Klagen
    Vermehrte sich ihr Schmerzgefühl;
Kein Mittel heilte ihre Wunden,
    Und immer nahm das Uibel zu,
Und alle Hoffnung war verschwunden
    Als nur auf ihre Grabesruh.

3. So schwanden langsam alle Kräften
    Des leidenvollen Leibes hin,
Doch ihren Blick auf Gott zu heften
    War stets ihr hoffnungsvoller Sinn;
Sie gab sich hin in Gottes Willen
    Mit gänzlicher Ergebenheit,
Und war denselben zu erfüllen
    Bis in den bittern Tod bereit.

4. Nun aber kam ein neues Leiden,
    Und warf sich auf ihr armes Herz;
In ihren edlen Eingeweiden
    Entbrannte der Entzündung Schmerz;
Und leider brachte dieses Fieber
    Den Todeskampf in kurzer Zeit;
So schlummerte sie sanft hinüber
    Ins beßre Land der Ewigkeit.

5. Wohl ihr! nun hat sie ausgestritten
    Des Erdenlebens schweren Streit,
Und Alles, was sie hier gelitten,
    Ist aufgelößt in Seligkeit,
Denn immer war durch frommes Leben
    Ihr Herz zum guten Tod bereit,
Und konnte sicher sich erheben
    Ins Reich der ew'gen Seligkeit.

6. Laßt uns daher die Tugend üben,
    Und stets zum Tod bereitet seyn,
Den Höchsten über Alles lieben,
    Und uns der Bruderliebe weihn:
Dann können ohne Furcht und Beben
    Dem Tode wir entgegen gehn,
Und werden uns zu Gott erheben
    Und uns auf ewig selig sehn.

84.
Bei dem Grabe eines sechs=
fachen Mörders.
Melod I.

1. Hier liegt der größte Bösewicht,
   Ein Mörder ohne gleichen,
Und sicher wird er beim Gericht
   Der Strafe nicht entweichen,
Obwohl er hier in kühner Flucht
Derselben zu entgehn gesucht
   Durch gräuelvollen Selbstmord.

2. Er setzte auf das blinde Spiel
   Sein einziges Vertrauen,
Anstatt sein höchstes Lebensziel
   Auf Gott allein zu bauen,
Und statt durch Sparsamkeit und Fleiß,
Und in der Arbeit saurem Schweiß,
   Sein Brod sich zu verdienen.

3. Er könnte sich durch Handarbeit
   Mit Weib und Kind ernähren,
Doch wollte er in kurzer Zeit
   Sein Geld und Gut vermehren,
Und setzte also sein Verdienst
Aufs Spiel, und hoffte durch Gewinnst
   Ein reicher Mann zu werden.

4. Was er am Tag verdiente, lag
   Am Abend auf den Karten;
Er konnte sehnsuchtvoll den Schlag

Derselben kaum erwarten,
Und wenn er manchmal auch gewan,
So reitzte dieses ihn nur an
Zu grösserem Gewinne.

5. Besonders lag das Lottospiel
Ihm Tag und Nacht im Sinne,
Er hoffte immer, daß er viel
Mit kleinem Satz gewinne:
Er setzte also immerdar,
Und eine große Summe war
In diesem Spiel verloren.

6. So ließ er sich von diesem Spiel
Bei jeder Ziehung täuschen,
Und stets zu des Gewinnes Ziel
Noch größre Opfer heischen;
Er setzte also immer nach,
Und hoffte so am Ende doch
Das Glückesloos zu ziehen.

7. Er setzte stets voll Zuversicht
Auf den beliebten Zweyer,
Und dachte: kam er fernd auch nicht,
So kommt er sicher heuer;
Doch als er jahrelang nicht kam,
So stand er ab von ihm und nahm
Dafür den Siebenzehner.

8. Und schon im nächsten Zug erschien
Der dumm verschmähte Zweyer;
Er wählte also wieder ihn,
Und spielte noch so theuer,

Und ließ den Siebenzehner aus;
Doch dieser kam sogleich heraus
　　Schon in der dritten Ziehung.

9. Die fehlgeschlagne Hoffnung ließ
　　Ihn lange nicht mehr schlummern;
Am Ende schlief er ein, und stieß
　　Im Traume auf die Numern
Die in dem nächsten Lottozug
Erscheinen würden, und es schlug
　　Sein Herz mit neuer Hoffnung.

10. Nun nahm er einen Wechsel auf
　　Dem Traum gemäß zu spielen,
Und hoffte so sein Glück im Lauf
　　Des Rades zu erzielen;
Allein die Hoffnung auf den Traum
Zerran in Bälde, wie der Schaum
　　Gedämpfter Meereswogen.

11. Er suchte also nocheinmal
　　Sein Glück im Kartenspiele,
Und hoffte: daß er diesesmal
　　Gewiß gelang zum Ziele,
Und spielte theuer auf der Bank;
Doch seiner Hoffnung Anker sank
　　In dem verlornen Spiele.

12. Nun kam die Zeit der größten Noth;
　　Der Wechsel war verfallen,
Er wurde von Ruin bedroht
　　In scharfen Wechslerkrallen;

Es war gebrandmarkt seine Ehr,
Und möglich keine Rettung mehr
Aus der Verzweiflung Lage.

13. Dazu kam noch die große Noth
Von vier schuldlosen Kindern
Und seinem Weib; — ihr Hungertod
War nicht mehr zu verhindern.
Ach! seufzte er: was fang ich an?
Ich armer, unglückvoller Mann!
Der Tod nur kann uns retten.

14. Mit diesem Mörderplane war
Schon lang der Arme schwanger,
Bis er gereift, und er gebar
Denselben unter banger
Verzweiflung als die böse Frucht
Der unbeherrschten Spielesucht,
Und Hoffnung zu gewinnen.

15. In dieser Absicht ist von ihm
Die Magd entfernet worden,
Und er begann mit Ungestümm
Sein treues Weib zu morden;
Sie wehrte zwar nach Kräften sich
Bis sie zuletzt, durch Hieb und Stich
Entseelt, zu Boden stürzte.

16. Dann hatte er mit kühner Hand
Die vier schuldlosen Kinder
Gemordet ohne Widerstand,
Und mit grausamer, blinder,

Und ganz verzweiflungvoller Wuth
In ihrer zarten Herzen Blut
  Gebadet seine Hände.

17. Nach diesem Kindermorde wich
  Von ihm die Gnade Gottes;
Er henkte voll Verzweiflung sich
  Wie einst Iskariotes,
Und machte so die Buß und Reu,
Und Hoffnung, daß ihm Gott verzeih,
  Unmöglich sich durch Selbstmord.

18. So fand die Magd an einem Strick
  Den Mann im Schopfe hangen,
Und sprang voll Angst ins Haus zurück
  Mit leichenblassen Wangen;
Doch welch ein Anblick! ach! sie fand
Hier Weib und Kinder in der Hand
  Des blut'gen Todes liegen.

19. Sie floh mit einem Zeterschrey
  Davon voll Angst und Beben;
Da kam die Nachbarschaft herbei,
  Zu sehn, was es gegeben,
Und fand des Mörders kalten Leib
Am Strick, die Kinder und das Weib
  In ihrem Blute liegen.

20. Mit Schaur erblickte Jedermann
  Die blut'ge Mordgeschichte.
Man zeigte nun die Sache an
  Beim Polizeygerichte,

Und als man Alles untersucht,
So fand man es als eine Frucht
    Der unheilbaren Spielsucht.
21. Durch diese war der arme Mann
        Versetzt in viele Schulden,
Auch traf man Lottozettel an
        Beinah um tausend Gulden;
Er hatte von Verzweiflung blind,
Durch Morden sich und Weib und Kind
        Dem Hungertod entrissen.
22. So hat, in der Verzweiflung Nacht
        Gestürzt vom blinden Spiele,
Er den sechsfachen Mord vollbracht
        Im Leidenschaft Gewühle,
Wo er in seinem Schuldendrang
In Hungertod und Schände rang
        Den Kampf um Tod und Leben.
23. So geht es leider nur zu oft
        Wenn man im theuren Spiele
Sein Erdenglück zu finden hofft,
        Das uns entfernt vom Ziele,
Und in des Spieles Leidenschaft
Vermögen, Lebenslust und Kraft,
        Und Zuversicht verlieret.
24. Besonders bringt die Lottorie
        Die Spieler ins Verderben,
Sie werden, was sie hoffen, nie
        In diesem Spiel erwerben,

Wo tausend von Familien,
Von ihm getäuscht, zu Grunde gehn,
Wie die Erfahrung lehret.

25. Deswegen sollte überall
  Das Glückesrad verschwinden,
Worin die Spieler allemal
  Nur ihr Verderben finden,
Und kein zivilisirter Staat
Kann dieses unheilvolle Rad
  In seinen Grenzen schwingen.

26. Da hängt er nun an einem Strick
  Der sonst so brave Bürger,
Und ist für das gehoffte Glück
  Gebrandmarkt als Erwürger
Der Mutter und der Kinderchen;
Und ach! wie wird er dort bestehn
  Beim göttlichen Gerichte!

27. Da liegen sie, erwürgt von ihm,
  Die fünf schuldlosen Leichen;
Sie unterlagen seinem Grimm,
  Und seinen Mörderstreichen:
Doch ihre Unschuld hat gewiß
Dort, in des Himmels Paradieß,
  Die Marterkron empfangen.

28. Ihr Mörder aber schmachtet dort
  Schon in der Hölle Flammen,
Wozu ihn des Gerechten Wort
  Und Heiligkeit verdammen;

Denn für den Mörder, der ergrimmt
Verzweifelnd sich das Leben nimmt,
  Ist keine Gnade möglich.

29. Laßt uns daher der Spielesucht
  Mit Abscheu widerstehen,
Es möchte sonst die böse Frucht
  Am bösen Baum entstehen;
Wir wollen uns durch Sparsamkeit,
Und Arbeit, und Zufriedenheit
  Mit unserm Stand, ernähren.

30. Dann wird uns niemal der Verdienst,
  Uns zu ernähren, fehlen,
Und nie die Hoffnung auf Gewinnst
  Durch ihre Täuschung quälen
Wir werden täglich unser Brod,
Und einst nach einem guten Tod;
  Die Seligkeit gewinnen.

85.
Bei dem Grabe eines Mannes, der bei einem Fuhrwerk umkam.

Melod XII.

1. Hier stehen wir bei einem Grab
  Von einem jungen Manne;
Er stürzte unverhofft hinab,
  Gleich einer starken Tanne,

Die plötzlich eines Sturmes Macht
  Entwurzelt mit Gewalt,
Bey deren Sturz der Wald erkracht,
  Und donnernd wiederhallt.

2. Er hatte einen Zug bespannt
  Mit jungen raschen Pferden,
Die gegen ihres Lenkers Hand
  Sich muthig bäumend sperrten.
Er hatte auf den Wagen sich
  Gesetzt mit einem Kind,
Obwohl gespornt vom Haberstich
  Die Pferde muthig sind.

3. So brauchte er die größte Kraft
  Dieselben zu bezähmen,
Sie wollten immer, aufgerafft
  Am Zug, den Reißaus nehmen;
Auf einmal brach der Hebezug,
  Die Pferde wurden frey,
Da gings in ungehemmtem Flug
  An Stock und Stein vorbey.

4. Der Bauer hatte dummerweis
  Vom Wagen springen wollen,
Auf dem gefährlichen Geleis
  Die Pferde einzuhollen;
Allein bei diesem Sprunge kam
  Er in das hintre Rad,
Das ihn in seine Speichen nahm,
  Und drehte ohne Grad.

5. So gieng es fort in rascher Flucht
   Hinauf, hinab die Strangen;
Doch blieb er, was er auch versucht,
   Im Schwung des Rades hangen;
Im auf und ab zerquetschte er
   Nun öfter Brust und Haupt,
Und wurde der Besinnung, schwer
   Am Hirn verletzt, beraubt.

6. Und als herabgeflogen war
   Das Rad von seiner Axe,
So zeigte sich, daß die Gefahr
   Des Lebens immer wachse.
Man eilte zwar zu retten ihn,
   Und trug den Armen heim,
Doch alle Hoffnung war dahin
   Bis auf den letzten Keim.

7. Da rief das Weib: das ist nicht arg,
   Er ist ja noch am Leben,
Da brauchet man noch keinen Sarg,
   Es wird sich wieder geben;
In Zukunft gibt er besser Acht;
   Allein in Stettenrein,
Da hat man einen todt gebracht,
   Das wird wohl ärger seyn.

8. Indessen ist dem dummen Weib
   Die Aeusserung zu verzeihen,
Bald wird sie bei dem todten Leib
   Des Mannes es bereuen,
Was sie aus Unbesonnenheit

Bei diesem Anblick sprach,
Es folgte ja in kurzer Zeit
Ihr lautes Weh und Ach.

9. Man rief des Arztes Hülfe zwar,
Und suchte ihn zu retten,
Doch immer schwebten in Gefahr
Des Mannes Lebensketten;
Er fieng im Schleim zu röcheln an,
Die Pulse nahmen ab,
Weswegen man dem armen Mann
Die letzte Oelung gab.

10. Er kämpfte sieben Stunden lang
In bittern Todeswehen,
Bis ihm der Tod zum Herzen drang,
Da wars um ihn geschehen;
Der letzte Hauch des Lebens fiel
In seine Brust hinab,
Es nahte sich sein Lebensziel,
Und stürzte ihn ins Grab.

11. So ist aus Unvorsichtigkeit
Sein Leben abgeloffen,
Er könnte sonst noch lange Zeit
Gesund zu leben hoffen;
Denn wer sich in Gefahr begiebt,
Der geht in ihr zu Grund,
Und wer sich in der Vorsicht übt,
Der lebet lang gesund.

12. Und nun, wo ist das Kind im Fall
Des Wagens hingekommen?

Es ward von Gott, der überall
  Regiert, in Schutz genommen,
Es sprang gesund und unverletzt
  Vom Boden wieder auf,
Und sicher wird auch fortgesetzt
  Noch lang sein Lebenslauf.

13. Indessen dürfen wir uns nicht
  In die Gefahr begeben,
Denn es ist unsre strengste Pflicht,
  Zu schützen unser Leben;
Wer in vermeßner Zuversicht
  Sein Leben wagen kann,
Der tadle Gottes Vorsicht nicht;
  Er hat es selbst gethan.

14. Allein es hat sich, leider! oft
  Bei Pferden, Pflug und Wagen,
Bei größter Vorsicht unverhofft
  Ein Unglück zugetragen;
Aus diesem Grunde brauchen wir
  Der Vorsicht nie zuviel,
Und kommen einst zum Lohn dafür
  Zum fernsten Lebensziel.

15. Laßt uns daher zu jeder Zeit
  Mit weiser Vorsicht handeln,
Und mitten in Gefährlichkeit
  Den Weg der Tugend wandeln;
Und sollten dann in der Gefahr
  Wir doch zu Grunde gehn,
So würde dieses offenbar
  Durch Gottes Hand geschehn.

16. Nun ruhe sanft, Unglücklicher!
　　In deinem frühen Grabe;
Wir hoffen, daß dir Gott der Herr
　　Die Schuld verziehen habe,
Die du aus Unvorsichtigkeit
　　Dir aufgebürdet hast,
Und daß er dich im letzten Streit
　　Mit Vaterhuld umfasst.

───────────

86.
Bei dem Grabe einer frommen alten Frau.
Melod. IV.

1. Hier ruht nach langem Leiden
　　Bockin Viktoria,
Die ihrem letzten Scheiden
　　Getrost entgegen sah.

2. Denn unermüdet wallte
　　Sie treu die Bahn der Pflicht,
Daß Gott ihr einstens halte
　　Ein gnädiges Gericht.

3. Der bangen Krankheit Schmerzen
　　Ertrug sie mit Geduld,
Bereute stets von Herzen
　　Der Sünden große Schuld,

4. Bis Gott durch hohes Alter
　　Und Krankheit sie berief;

Und sie in Todes kalter
  Umarmung sanft entschlief.
5. So wallen wahre Christen
  Getreu den Tugend Pfad,
Sie fröhnen nicht den Lüsten,
  Die Gott verbothen hat.
6. Dann können sie mit Freuden
  Dem Tod entgegen sehn,
Wo alle ihre Leiden
  In Freuden übergehn.
7. Laßt uns daher beständig
  Uns treu der Tugend weihn,
Denn dieses ist nothwendig,
  Wenn ihr wollt selig seyn.

87.
Bei dem Grabe des armen alten Jünglings Johannes Wehrle, der zutodt fiel.
Melod. IX.

1. Hier modert im düstern Grabe
  Ein armer, verlassener Mann,
Der ohne Vermögen und Habe
  Durchwallte die irdische Bahn;
Er hat sich durch Arbeit der Hände
  Erworben sein tägliches Brod,
Doch leider auf einmal sein Ende
  Gefunden im schrecklichen Tod.

2. Er irrte sich einmal im Gehen,
    Und gab auf die Schritte nicht acht,
Und konnte die Tiefe nicht sehen
    Im schauerlichen Dunkel der Nacht;
Da stürzte er plötzlich hernieder,
    Indem ihm der Boden gefehlt,
Zerschmetterte Rücken und Glieder,
    Und röchelte halben entseelt.

3. So wurde der Arme gefunden,
    Als er schon im Tode verblich;
Zwar kam er nach einigen Stunden
    Durch ärztliche Hülfe zu sich;
Doch litt er, an Füssen und Händen
    Gelähmet, die schrecklichste Noth,
Da nahte, sein Leben zu enden,
    Sich langsam der bittere Tod.

4. Doch hat er die heftigsten Schmerzen
    Gelitten mit steter Geduld,
Bereuet mit Liebe im Herzen
    Der Sünden gewichtige Schuld,
Empfangen mit wahrer Bereitung
    Der Wegzehrung göttliche Gnad;
So gieng er, der göttlichen Leitung
    Ergeben, den tödtlichen Pfad.

5. Wir können uns also getrösten:
    Gott werde barmherzig ihm seyn,
Und unter der Zahl der Erlößten
    Ihn führen zur Seligkeit ein.
Denn wer sich zum Tode bereitet,

Und herzlich die Sünde bereut,
Und muthig im Todeskampf streitet,
   Gelanget zur ewigen Freud.

6. Wohlan denn, wir wollen das Leben
   Der christlichen Frömmigkeit weihn,
Und redlich nach Besserung streben,
   Und unsere Sünden bereun;
Dann können wir hoffnungvoll sterben,
   Wann immer der Tod uns befällt,
Und werden die Seligkeit erben
   Im Reiche der künftigen Welt.

88.
Bei dem Grabe des Joseph Sinder, Bauers von Unteropfingen, der fünf und zwanzig Jahre lang krank war.
Melod. XVIII. III.

1. Nun endlich ruht von seinen Schmerzen
   Der stille Dulder hier im Grab,
Der stets mit hoffnungvollem Herzen
   In Gottes Willen sich ergab.
Zwar schien sein Leiden eine Kette,
   Von welcher man kein Ende sah,
Doch, eh man es vermuthet hätte,
   War die ersehnte Rettung da.

2. Denn schon vor fünf und zwanzig Jahren
   Verlor er seiner Füsse Kraft,

Und alle Medizinen waren
  Von keiner Stärkungseigenschaft,
Er schleppte langsam seine Glieder
  Von einer Stell zur andern hin,
Und stürzte oft gewaltsam nieder,
  Daß er vom Schlag getroffen schien.

3. Er stützte nun mit zweien Krücken
  Den kraftberaubten Körper auf,
Und hoffte leichter fortzurücken
  Nach dem verlornen Fusselauf;
Allein die Lähmung rückte höcher,
  Und griff die obern Glieder an,
Und seine Lenden wurden schwächer,
  Und nichts mehr half, was er gethan.

4. Er mußte also liegen bleiben
  Gleich einem unbelebten Stein,
Und keine Zunge kann beschreiben
  Die Größe seiner Qual und Pein;
Denn ach! wie wurde seine Lage
  Auf seinem Schmerzenbett so hart,
Wo seine Qual mit jedem Tage,
  Mit jeder Stunde größer ward.

5. Nun ward sein sonst gesunder Magen,
  Und seine Lunge krank und schwach,
Das Herz fieng langsam an zu schlagen,
  Und alle Kräften liessen nach;
Er zehrte ab auf Haut und Knochen,
  Und ward dem Bild des Todes gleich,

Sein starres Auge war gebrochen,
   Und seine Lippe kalt und bleich.

6. Doch litt er alle diese Schmerzen
   Mit unermüdeter Geduld,
Und bath mit liebevollem Herzen
   Gott um Verzeihung, Gnad und Huld,
Empfieng die heil'gen Sakramente
   Nach weisem, christlichem Gebrauch,
Und sehnte sich nach seinem Ende
   In seinem letzten Lebenshauch.

7. Sein Puls und Athem wurden schwächer,
   Sein Haupt auf welkem Halse sank,
Gott reichte ihm den Todesbecher,
   Den er bis auf die Hefe trank;
So brachte die ersehnte Stunde
   Das End von seinem Lebenslauf,
Und er vernahm aus Gottes Munde:
   Komm, treuer Knecht! zu mir herauf.

8. Laßt uns daher in diesem Leben
   Nicht auf das Glück der Erde baun,
Zurück vor jeder Sünde beben
   Und nur auf Gott allein vertraun,
Mit Eifer jede Tugend üben,
   Wozu uns Gott die Kraft verleiht,
Dann kommen wir am Ende drüben
   Ins Reich der ew'gen Seligkeit.

89.
Bei dem Grabe einer frommen Frau, die geduldig litt und starb.
Melod. IV.

1. Mit schaudervollem Beben
    Stehn wir an diesem Grab;
Da mahlt sich unser Leben
    In einem Spiegel ab.

2. Es eilet schnell und flüchtig,
    Gleich einem Pfeil vorbei;
Da sehen wir wie nichtig.
    Dieß Erdenleben sey.

3. Wir leben nur ein Weilchen,
    Und welken dann dahin,
Und gleichen so den Veilchen,
    Die kurze Zeit nur blühn.

4. So gieng es diesem Weibe
    Auf ihrer Lebensbahn,
Sie kam mit krankem Leibe
    An ihrem Ziele an.

5. Sie war schon lange kränklich,
    Und keine Hoffnung da,
Ihr Leiden war bedenklich
    Und schon ihr Ende nah.

6. Man gab ihr zum purgiren,
    Dem alten, kranken Weib,

Und wollte so kuriren
  Den abgezehrten Leib.

7. Allein sie ward geschwollen,
  Es war ihr schwer und bang,
Daß ihr das Athem hollen
  Mit Mühe nur gelang.

8. So starb sie unter Schmerzen,
  Und schied von dieser Welt,
Doch mit ergebnem Herzen
  Hat sie ihr Haus bestellt.

9. Sie war voll Reu und büßte
  Für ihre Sündenschuld,
Was ihr den Tod versüßte,
  Und brachte Gottes Huld.

10. Laßt uns daher nach Dingen,
  Die unvergänglich sind,
Das heißt, nach Tugend ringen,
  Und meiden jede Sünd.

11. Dann sind wir stets bereitet
  Auf einen guten Tod,
Und Seelenruh begleitet,
  Und führet uns zu Gott.

90.
Bei dem Grabe eines hoffnungvollen Knaben.
Melod. IV.

1. Hier liegt ein armer Knabe,
   Kaum fünfzehn Sommer alt,
Besiegt im stillen Grabe
   Von Todes Allgewalt.

2. Er kam in Fieberschmerzen
   Zu seinen Eltern heim,
Und fühlte schon im Herzen
   Des Todes regen Keim.

3. Man brauchte zwar Arzneyen,
   Zu lindern seinen Schmerz,
Doch, statt ihn zu befreyen
   Ward mehr beklemmt sein Herz.

4. Nun ward sein Athem enger
   Und ganz die Brust verschleimt,
Da hat man nicht mehr länger
   Ihn zu versehn gesäumt.

5. In bitterm Schmerz bereute
   Er seine Sündenschuld,
Und seine Seel erfreute
   Des Höchsten Gnad und Huld.

6. Zuletzt erlag der Knabe
   Der Krampf- und Gichterwuth,
Worauf er nun im Grabe
   Von seinen Leiden ruht.

7. Doch besser ists dem Kinde
    Wenn es in Unschuld stirbt,
Eh es das Gift der Sünde
    An Leib und Seel verdirbt.

8. Denn Aergerniß verführet
    Die Kinder hier so leicht,
Eh sie das Gute rühret,
    Und ihr Schutzengel weicht.

9. Denn was sie sehn und hören,
    Ist voll der Bosheit nur,
Und von den besten Lehren
    Verschwindet jede Spur.

10. Doch weh dem frechen Sünder
    Mit seinem Aergerniß,
Wodurch er fromme Kinder
    In ihr Verderben riß.

11. Es wär demselben besser,
    Wenn er zu Grunde gieng
Im tiefesten Gewässer,
    Eh ihn die Höll umfieng.

12. Bedenk daher, o Sünder!
    Die Strafe kommt gewiß;
Verführ doch keine Kinder
    Mit deinem Aergerniß.

91.
Bei dem Grabe der Magdalena Lerch, die im Wochenbette starb.
Melod IV.

1. Ganz unvermuthet stehen
   Wir hier an diesem Grab
   In tiefer Traur, und sehen
   Im Thränenblick hinab,

2. Denn ach! es ruht die Leiche
   Von einem Weib darin,
   Die, stark wie eine Eiche,
   Dem Tod zu trotzen schien.

3. Allein die zehent Entbindung
   Nahm ihr die Lebenskraft;
   Durch ihres Bluts Verschwindung
   Ward sie dahingerafft.

4. Zur Rettung ihres Lebens
   Ward Alles angewandt;
   Allein es war vergebens,
   Ihr Lebenshauch verschwand.

5. Doch denkt: daß nur die Hülle
   Von ihr in Staub zerfällt,
   Sie selbst des Höchsten Wille
   Den Sel'gen beigesellt.

6. Voll Menschenliebe lebte
   Wohlthätig stets ihr Herz,

Und ihre Seele strebte
  Beständig himmelwerts.

7. Sie trug der Krankheit Schmerzen
  Mit christlicher Geduld,
Bereute stets von Herzen
  Der Sünden große Schuld.

8. Und noch vor ihrem Ende
  Empfieng sie würdig auch
Die heil'gen Sakramente
  In Jesu Gnadenhauch.

9. So starb sie ohne Beben
  Als eine Martirin,
Und gab ihr junges Leben
  Dem Herrn zum Opfer hin.

10. Dieß also soll uns trösten,
  Wenn uns ihr Tod betrübt;
Daß dort bei den Erlößten
  Ihr Jesus Gnade giebt.

92.
Bei der Leiche eines Raubmörders, der gerädert wurde.
Melod. III XVIII.

1. In welchem Sturme von Gefühlen
  Empöret heut sich unser Herz!
Denn Menschlichkeit und Abscheu wühlen
  Durch unsre Brust in höchstem Schmerz.

Denn ach! wir stehen bei der Leiche
  Von einem jungen Bösewicht,
Den unter wiederholtem Streiche
  Des Henkers Rad in Stücke bricht.

2. Er war ein Mann von zwanzig Jahren,
  An welchem Sorgfalt, Ernst und Lieb
Der Kinderzucht verloren waren,
  Und jede Zucht vergeben blieb.
Denn Stürme wilder Leidenschaften,
  Die jedes Band der Menschlichkeit
In seiner kühnen Brust erschlafften,
  Verkürtzten seine Lebenszeit.

3. Er war als Knab ein Glied geworden
  Der ehrgeachten Metzgerzunft,
Und suchte also durch das Morden
  Der Thiere seine Unterkunft.
Durch dieses war das Blutvergiessen
  Und Morden seine größte Lust,
Er sah das Blut mit Freude fliessen
  Aus der durchstochnen Thiere Brust.

4. Er war dabei dem Müssiggange,
  Der Hoffart, der Unmässigkeit,
Dem Zorne und dem Wohllusthange
  Ergeben ohne Schüchternheit,
Bei seiner thörichten Verschwendung
  Bedurfte er des Geldes viel,
Und ohne weisliche Verwendung
  Versuchte er sein Glück im Spiel.

5. Allein da ward er oft betrogen,
Und öfter gieng das Geld ihm aus,
Und dennoch ward er angezogen
Zum theuren Spiel, zum Tanz u. Schmaus:
Er mußte nun auf Mittel sinnen,
Wie dieses zu verbessern sey;
Da fiel ihm, sicher zu gewinnen,
Das Rauben und das Morden bei.

6. Und leider fand sein Mordgedanken
Nach seinem Wunsch Gelegenheit,
Und, ohne hin und her zu wanken,
War er sogleich zur That bereit.
Er kam zu einem Petschaftstecher
In Dischingen, und sprach ihn an,
Und machte dessen Herzensbecher
Zu leeren schon den kühnen Plan.

7. Woher mein Freund! wohin des Landes?
So redte er ihn freundlich an,
Und wessen Amtes? wessen Standes?
Ihr seyd gewiß ein Handelsmann?
Der Mann erwiederte dem Frechen:
Ich bin ein armer Jud, und alt,
Und nähre mich mit Petschaftstechen,
Und werde nur gering bezahlt.

8. Da müßt ihr euch nach Ulm begeben,
Erwiederte der Metzgerknecht,
Gewiß, da könnt ihr besser leben;
Denn auf dem Lande geht es schlecht.
Dahin geht eben meine Reise,

So sprach der Jud vertrauenvoll.
So so! versetzte schlauerweise
 Der Metzgerknecht, da thut ihr wohl.
9. Wir können miteinander gehen,
 Wenns euch beliebt, so fuhr er fort.
Da wird mir eine Ehr geschehen,
 So nahm der Jude gleich das Wort:
Ihr könnt vielleicht rekommandiren
 Etwas von meiner Stecherey,
Und unter Weges diskuriren
 Wir für die Langweil Allerley.
10. Sie zahlten also ihre Zechen,
 Und gehen miteinander fort
Bis an die Galgensteig, und sprechen
 Verschiedenes von hier und dort.
Nun kamen sie an das Gewässer
 Der Donau an dem Strassenrand; —
Auf einmal zog sein scharfes Messer
 Der Metzger aus mit kühner Hand.
11. Er schwang es mit verdektem Schwunge
 Und stieß es rasch mit Riesenkraft
Dem armen Juden durch die Lunge
 Und in das Herz bis an den Schaft;
So brachte er noch ohn' Erbarmen
 Ihm sieben Todesstiche bei,
Und untersuchte dann den Armen:
 Ob er mit Geld versehen sey.
12. Er nahm ihm seine Silberlinge
 Und warf ihn in den Fluß hinaus,
Und eilte froh und guter Dinge

Mit seinem Schatz zum Kirchweihschmaus,
Und glaubte sich vor dem Entdecken
So sicher, daß er dessenthalb
So wenig Angst empfand und Schrecken,
Als hätt gestochen er ein Kalb.

13. Allein er ward sogleich auf frischer,
Und kaum vollbrachter Ihat, entdeckt.
Es hatten nemlich ein'ge Fischer
Hier ihre Angeln angelegt,
Und als sie nachzusehen kamen,
Ob sich kein Fisch gefangen hab,
So schauten sie hinein, und nahmen
Die Leiche wahr im Wassergrab.

14. Sie fischten also diese Leiche,
Und zogen sie heraus ans Land,
Und machten eilig im Bereiche
Der Nachbarschaft den Fang bekannt.
Der Wirth in Dischingen erfuhr es,
Sah die gefundne Leiche an,
Erkannte sie sogleich, und schwur es:
Das hab der Metzgerknecht gethan.

15. Indeß war Tanz im Rodelthale,
Und unser Metzgerknecht dabey,
Und tanzte unschenirt im Saale,
Auf einmal kam die Polizey:
Er wollte sich vor ihr verbergen,
Und nahm in stiller Eil die Flucht;
Allein er wurde von den Schergen
An allen Orten aufgesucht.

16. Man griff ihn auf in seinem Bette,
   Den mörderischen Bösewicht,
Belegte ihn mit Band und Ketten,
   Und schleppte ihn vor das Gericht;
Auch zeigte sich sogleich am Messer
   Und an den Kleidern schwarzes Blut:
Bei diesem Anblick ward er blässer,
   Und es entfiel ihm Kraft und Muth.

17. Und als man ihn zu Rede stellte,
   Gab er sogleich die Antwort ab:
Daß aus Begierde nach dem Gelde
   Den Juden er gemordet hab. —
Das Urtheil kam von dem Gerichte:
   Weil er den Juden ohne Gnad
Gemordet hab, der Bösewichte,
   So soll er sterben durch das Rad.

18. Und wirklich wird es hier vollzogen
   Auf diesem blutigen Gerüst,
Das schon von unzählbaren Wogen
   Des Volkes dicht umgeben ist;
Schon wirft man ihn gewaltsam nieder
   Auf einen Block zum Blutgericht,
Auf welchem jedes seiner Glieder
   Durch einen Stoß des Rades bricht.

19. Der Henker schwinget ohn' Erbarmen
   Das zentnerschwere Radgewicht,
Und stößt es auf die Brust des Armen,
   Daß krachend sie zusamen bricht;
Zerquetschet ist des Herzens Höhle,

Das blutenleerte Auge bricht,
Und seine fluchbeladne Seele
Entflieht zum göttlichen Gericht.
20. Noch schlug man ihm auf gleiche Weise
Gewaltsam alle Glieder ab,
Und flocht ihn zu der Raben Speise
Aufs Todeswerkzeug ohne Grab;
Schon locket der Geruch des Aases
Sie scharenweis zu ihm herbey,
Und bei dem Anblick ihres Frasses
Erheben sie ein Siegsgeschrey.
21. Sie fressen seine Eingeweide,
Und hacken ihm die Augen aus,
Und finden ihre gröste Freude
Bei diesem delikaten Schmaus;
Doch bald verscheucht das Heer der Raben
Der unausstehliche Gestank,
Und eh sie ihn zerfleischet haben,
Verlassen sie die Schinderbank.
22. Indessen ward vom Sonnenbrande
Die Leiche ganz zu Kohl verbrannt,
Und des Verbrechers Straf und Schande
Zur Warnung allgemein bekannt. —
Der Wandrer wendet seine Blicke
Mit Abscheu von dem Anblick ab,
Und denkt mit Angst auf ihn zurücke,
Und wünschet ihm ein kühles Grab.
23. Auch wir, geliebte Freunde! wenden
Den scheuen Blick von seinem Rad.

Indem wir ihn zum Himmel senden,
   Und flehn für ihn zu Gott um Gnad:
Er wolle seiner sich erbarmen,
   Und ihm Barmherzigkeit verleihn,
Und dem Unglücklichen, dem Armen
   Bei dem Gerichte gnädig seyn.

24. Denn ach! auch wir sind arme Sünder,
   Und weichen von dem Tugendpfad,
Und als des Vaters böse Kinder
   Bedürftig seiner Huld und Gnad;
O kehrten wir voll Schmerz und Reue
   Zurück, wie der verlorne Sohn,
Damit er gnädig uns verzeihe
   Auf seinem strengen Richterthron.

25. Laßt uns die Binde der Verblendung
   Von unserm Geistesauge ziehn,
Und Hoffart, Habsucht und Verschwendung,
   Und Müssiggang und Spiele fliehn;
Denn diese Leidenschaften stürtzen
   Uns auf die Lasterbahn hinab,
Um unser Leben abzukürzen
   Auf einem Rade ohne Grab.

16. Und auf die Strafe der Verbrecher,
   Die sie erreicht hienieden schon,
Verstosset einst der strenge Richter
   Sie noch von seinem Gnadenthron:
Hinweg von mir, Vermaledeite!
   So ruft er mit gereiztem Grimm,
Dem Feur der Hölle dort zur Beute,
   Das ewig brennt mit Ungestümm.

27. Wer aber glaubet, daß er stehe,
    Der hüte sich, daß er nicht fällt,
Und daß er nicht zu Grunde gehe
    Beim Uebergang in jene Welt;
Denn wer mit heimlichen Verbrechen
    Belastet hier sein Leben schließt,
Dem wird Gott einst sein Urtheil sprechen,
    Wie dem, der auf dem Rade büßt.

28. Nun laß dir noch, du armer Sünder!
    Voll Mitleid eine Thräne weihn;
Villeicht wird Gott mit dir gelinder,
    Als deine strengen Richter seyn;
Er wolle wegen deiner Strafe,
    Die du erlittest, gnädig seyn;
Er führe dich, wie seine Schafe,
    Auch einst in seinen Schafstall ein.

93.
Bei dem Grabe eines alten Mannes, der auf dem Weg am Schlagfluß starb.
Melod. IV.

1. Hier stehen wir und beben
    An eines Mannes Grab,
Wo uns der Tod so eben
    Ein Schreckensbeispiel gab.

2. Denn Gottfried Redle wallte
 Gesund durchs Herbstes Grün;
Auf einmal sank der Alte
 Im Arm des Todes hin.

3. Er sank an einem Hügel
 In tiefer Ohnmacht hin,
Da streckten sich die Flügel
 Des Todes über ihn.

4. Denn unvermuthet rührte
 Den Redlichen der Schlag,
Und kaum, daß ers verspürte,
 Erschien sein Sterbetag.

5. Man fand den alten Armen,
 Der mit dem Tode rang;
Der eben ohn' Erbarmen
 Ihn gäh zu sterben zwang.

6. Schon saß mit vollem Lächeln
 Der Tod auf seinem Mund;
Da sank das letzte Röcheln
 Hinab in seinen Schlund.

7. Die Augen wurden trüber,
 Der Körper kalt, wie Eis;
So schlummerte hinüber
 In jene Welt der Greis.

8. Wir wissen also weder
 Die Stunde noch den Tag;
Drum wach und bethe Jeder
 Bei jedem Pulsesschlag.

9. Denn jeder dieser Schläge
　　Kann ja sein letzter seyn,
Und dich auf jedem Wege
　　Der Herr dem Tode weihn.

10. Sey also vorbereitet
　　Beständig auf den Tod,
Dann kommt er, und begleitet
　　Dich hin zu deinem Gott.

11. So war auch Gottfried Redle
　　Zum Sterben stets bereit,
Und fand gewiß das edle
　　Geschenk der Seligkeit.

12. Und dort ward ihm beschieden,
　　Wie uns sein Namen lehrt,
In Gott der wahre Frieden,
　　Der ewig, ewig währt.

94.
Bei der Leiche eines Mordbrenners, der enthauptet wurde.

Melod. I.

1. Hier schließt ein alter Bösewicht
　　Sein lasterhaftes Leben,
Wo wir bei diesem Blutgericht
　　Vor Angst und Schrecken beben;
Hier wird er ohne Huld und Gnad
Für seine kühne Lasterthat
　　Durchs Henkerschwert enthauptet.

2. Er war als kleiner Bube schon
    Nach allem Bösen lüstern,
Und sprach voll Hoffart, Spott und Hohn
    Mit Eltern und Geschwistern,
Und hatte sich der strengen Zucht
Gewaltsam zu entziehn gesucht
    Durch unbeugsamen Starrsinn.

3. Man mußte Alles nur durch Zwang
    Von seinem Trotz gewinnen,
Und sah ihn, eh er folgte, lang
    Darüber sich besinnen,
Und wollte was der kleine Wicht,
Es mochte recht seyn, oder nicht,
    So ließ er sichs nicht wehren.

4. So wuchsen Stolz, Unmäßigkeit,
    Und Habsucht mit dem Neide,
Und ungezähmte Lüsternheit
    Und süsse Schadenfreude,
Und Müssiggang mit vieler Kraft
Bei ihm heran zur Leidenschaft,
    Die seinen Geist beherrschte.

5. Er nahm an Bosheit immer zu,
    Und saß oft ganze Tage
Und ganze Nächte ohne Ruh
    Beim Spiel= und Saufgelage,
Dann fieng er Streit und Händel an,
Und seine Gegner mußten dann
    Vor seinem Zorn entfliehen.

6. Und so bekam er einmal Streit
   Mit einem Spielkamraten,
Und war in seiner Wuth bereit
   Zu kühnen Frevelthaten,
Und zog das Messer aus der Scheid,
Und stieß es rasch mit Heftigkeit
   Dem Gegner in die Lenden.
7. Der Arme wurde todtenbleich,
   Und starb an seinen Wunden;
Allein der Mörder war sogleich
   In einem Nu verschwunden,
Jedoch in Bälde aufgerafft,
Und seine Mörderthat bestraft
   Mit vielen Zuchthausjahren. —
8. Dann ließ er sich zum Militär
   In Oestreich angaschiren,
Und o! wie fiel ihm da so schwer
   Das viele Exerziren!
Allein er hatte keine Wahl,
Und mußte also schon die Qual
   Des schweren Dienstes dulden.
9. Er harrte seine Dienstzeit aus,
   Daß er entlassen würde,
Und kam an ihrem End nach Haus
   Zu seiner Freunde Bürde;
Sie mußten ihn im Müssiggang,
In Schwelgereyen, und stetem Hang
   Zur Händelsucht ernähren.
10. Wie konnte dieß der Tochtermann
    Von seinem Bruder leiden?

Es giengen also Händel an
  Tagtäglich zwischen beiden;
Der alte Lump, der Bettelhund,
Der Müssigfresser; hieß es, und
  Er mußte aus dem Hause.

11. In seinem Busen kochte er
  Nun stille Wuth und Rache;
Er fand ja keine Zuflucht mehr
  In seines Vaters Dache.
Wohlan! so dachte er im Grimm,
Ich räche mich, und stecke ihm
  Aufs Haus den rothen Hahnen.

12. Gedacht, gethan! Um Mitternacht,
  Wo Alles in den Armen
Des Schlafes lag, auf Ruh bedacht,
  Ergriff er ohn' Erbarmen,
Mit mordesbrennerischer Hand
Den angefachten Feuerbrand,
  Das Strohdach anzuzünden.

13. Das Feur ergriff das dürre Stroh
  Mit wahrer Blitzesschnelle,
Der Brandesstifter aber floh
  Aus der entstandnen Helle,
Um hinter einem schwarzen Zaun
Das Haus in Flammen anzuschaun,
  Und sich daran zu weiden.

14. Er hoffte Bruder, Weib und Mann
  Im Bette zu verbrennen,
Um seinen feur'gen Racheplan

Befriedigen zu können;
Doch ein Franzose lag im Heu,
Und wachte auf, und sein Geschrey
Entriß auch sie dem Schlafe.

15. Das Feuer gönnte keine Zeit,
Die Kleider anzuziehen,
Und kaum zur Lebenssicherheit
Den Flammen zu entfliehen;
Die Magd entfloh im Leibgewand,
Der Knecht die Hosen in der Hand,
Die andern in den Hemden.

16. Vergebens war die größte Müh
Die Stallthür aufzuschnellen,
Die Pferde und das liebe Vieh
Verbrannten in den Ställen,
Die Kleider und das Hausgeräth
Zu retten war es schon zu spät,
Und Alles war verloren.

17. Es ist nur Schad, so rief der Baur,
Um meine schöne Kittel!
Da rief ein Mann: du Thor! bedaur
Vielmehr die andern Mittel
Das Haus, das Bett, den Kastenwerth,
Die Frucht, das Futter, Vieh und Pferd
Und andres Baumannsfahrniß. —

18. In Bälde war das ganze Haus
Verzehret von den Flammen,
Und stürzte krachend, welch ein Graus!
In Glut und Kohl zusammen,

Eh man es noch zu retten kam,
Und die gestürzte Masse schwam
  In einem Feuermeere.

19. Indessen sagte Jedermann,
  Ergriffen vom Verdachte:
Das hat der böse Lenz gethan,
  Der aus dem Staub sich machte,
Allein er hat auch keine Flucht
Der Strafe zu entgehn gesucht,
  Und wurde bald ergriffen.

20. Er war in Tannheim, wo er schnitt,
  Als ihn die Schergen fanden,
Und sprach sogleich ich gehe mit,
  Und both sich ihren Banden
Ganz willig dar, und zeigte an:
Ihr habt an mir den rechten Mann,
  Ich hab es angezunden.

21. Er wiederholte beim Gericht
  Das nemliche Bekenntniß,
Und machte noch, der Bösewicht,
  Das schreckliche Geständniß:
Das Feur hab ihn nicht mehr gefreut,
Als er, vom Feuertod befreyt,
  Den Hausherrn schreyen hörte.

22. Sein Urtheil hieß: Weil er durch Brand
  Und Morden Rache suchte,
Und dieses selber eingestand,
  So sterbe der Verfluchte;

Er sterbe durch das Henkerschwert,
Des Erdenlebens nicht mehr werth,
　Und reif zur Höllenstrafe.

23. Und sehet, wie er zum Gericht
　　Schon auf dem Stuhle sitzet
Mit todesblassem Angesicht;
　Das Schwert des Henkers blitzet
Durch seinen Hals mit einem Streich,
Und seine Seele fährt ins Reich
　Der Ewigkeit hinüber.

24. O möcht er doch in jener Welt
　　Beim Richter Gnade finden!
Es hat ihm ja doch nicht gefehlt
　An Reu für seine Sünden.
Laßt uns daher zu Gott um Gnad
Für seine kühne Lasterthat
　Aus Bruderliebe bitten.

25. Wer aber glaubet, daß er steh,
　　Seh zu, daß er nicht wanke,
Und keine Lasterthat begeh,
　Und lobe Gott, und danke
Für die von ihm empfangne Gnad,
Und weiche nie vom Tugendpfad
　Bis an sein Lebensende.

95.
Bei dem Grabe des Joseph Bräunle, der an der Gelbsucht starb.

Melod. XV.

1. Nun endlich ruht von seinen Leiden
   Der stille Dulder hier im Grab,
Wobei er bis zum letzten Scheiden
   In Gottes Willen sich ergab,
Und, o wie viel hat er gelitten,
   Wie unaussprechlich war der Schmerz,
Bis er den letzten Kampf gestritten,
   Und endlich brach sein armes Herz!

2. Denn schon vor einem Vierteljahre
   Verlor er der Gesundheit Lust;
Bei allen Medizinen ware
   Er keiner Lindrung sich bewußt;
Verschwunden war die Lebensfreude,
   Und jede Hoffnung schwand dahin,
Denn die verstopften Eingeweide
   Erweichte keine Medizin.

3. Die Galle blieb im Blut zurücke
   Und hatte gänzlich es verderbt,
Und selbsten seine düstern Blicke
   Mit ihrer Farbe gelb gefärbt;
Auch der geschwächte Magen wollte
   Zur Nahrung keine Speise mehr,
Und gab, was er verdauen sollte,
   In Schmerz und Krämpfen wieder her.

4. So wurde bis auf Haut und Knochen
 Sein Leib allmählig abgezehrt,
Und nie sein Leiden unterbrochen,
 Und täglich seine Qual vermehrt;
Doch litt er alle diese Schmerzen
 Mit heldenmüthiger Geduld,
Durch sie mit reuevollem Herzen
 Zu tilgen seine Sündenschuld.

5. Doch endlich hatte Gott Genüge
 An seiner namenlosen Qual,
Er fiel in seine letzten Züge,
 Und athmete zum letztenmal,
Und fand gewiß für seine Leiden
 Verzeihung seiner Sündenschuld,
Und dort die grenzenlosen Freuden
 Der Seligkeit in Gottes Huld.

6. Laßt uns daher die Erdenleiden
 Beständig tragen mit Geduld,
Und auch die kleinste Sünde meiden,
 Bereuen unsre Sündenschuld,
Und immer jede Tugend üben
 Wozu uns Gott die Kraft verleiht,
Dann werden wir gelangen drüben
 Ins Reich der ew'gen Seligkeit.

96.
Bei dem Grabe eines Mannes, der an der Schwindsucht starb.
Melod. IV. VIII.

1. Endlich hatte Gott Erbarmen
   Mit dem armen Leidenden,
Er entschlief in Todes Armen,
   Seinem Elend zu entgehn.

2. Seiner Krankheit Schmerzen währten
   Länger schon, als Jahr und Tag,
Die mit jeder Stund vermehrten
   Seine namenlose Plag.

3. Denn verstopft im Eingeweide
   War der Drüsen edler Saft,
Dieses nahm ihm alle Freude,
   Und zuletzt den Nahrungssaft.

4. Keine Mittel wollten frommen,
   Helfen keine Medizin,
Immer blieb sein Herz beklommen,
   Und die Hoffnung schwand dahin.

5. Unter unnenbaren Schmerzen
   Sehnt er nach dem Tode sich;
Endlich drang er ihm zum Herzen
   Und sein starres Aug verblich.

6. Abgezehrt auf Haut und Knochen
   Ruhet nun sein Leib im Grab,

Doch dabei ist nicht gebrochen
  Seiner Hoffnung fester Stab.

7. Denn durch Jesus aufgefodert
   Baute er auf Gottes Wort:
Wenn der Leib im Grabe modert,
  Lebet noch die Seele fort.

8. Ja, vom Schöpfer abgerufen,
   Welcher sie zum Himmel schuf,
Folgte sie zu höchern Stuffen
  Des Erlösers Gnadenruf.

9. Immer blieb er Gott ergeben
   In der Leiden höchster Glut,
Und sein einziges Bestreben
  Gieng nur nach dem höchsten Gut.

10. Denn er war von Reu durchdrungen
    Uiber seine Sündenschuld,
Hatte Jesu Kreutz umschlungen
  Und bath Gott um Gnad und Huld.

11. Dieses also läßt vermuthen,
    Daß er an des Grabes Rand,
Dort, im Reiche aller Guten,
  Auch ein Ruheplätzchen fand.

12. Wollt ihr also auch im Frieden
    Sterben einst, und selig seyn,
O so müßt ihr stets hienieden
  Euer Herz der Tugend weihn.

97.
Bei dem Grabe eines ehrwürdigen Greisen.
Melod. IV.

1. Mit schaudervollem Beben
   Stehn wir an diesem Grab,
Es mahlet unser Leben
   In einem Spiegel ab.

2. Es eilet schnell und flüchtig
   Als wie die Zeit vorbei,
Da sehn wir, wie nichtig
   Dieß Erdenleben sey.

3. Es lehret uns die Leiche,
   Die dieses Grab verschließt,
Wie es vorüber schleiche,
   Und unbemerkt verfließt.

4. Da schlummert in der Bahre
   Der abgelebte Greis,
Und seine dünnen Haare
   Sind wie der Schnee so weiß.

5. Verschwunden sind die Leiden,
   Die hier sein Herz empfand,
Und namenlose Freuden
   Verleiht ihm Gottes Hand.

6. Denn in dem Tod verschwindet
   Der Leiden heisse Glut,
Und süsse Freuden findet,
   Der hier im Grabe ruht.

7. Was nützen alle Freuden
     Auf dieser eiteln Welt,
Was schaden alle Leiden,
     Wenn uns der Tod befällt?

8. Denn Freud und Leiden schwinden
     Gleich einem Traum davon,
Nur unsre Thaten finden
     Dort Strafe oder Lohn.

9. Laßt uns daher verfluchen
     Den Sklavendienst der Welt,
Und nur die Tugend suchen,
     Die ihren Lohn erhält.

98.
Bei der Leiche einer Giftmischerin, die enthauptet wurde.
Melod. XVIII. III.

1. Hier stellt sich unsern Thränenblicken
     Ein fürchterliches Schauspiel dar,
Die Schmerzen wollen uns erdrücken,
     Die dieser Anblick uns gebar;
Denn ach! wir sehen hier vollenden
     Ein Weib auf kühner Lasterbahn,
Die mit in Gift getauchten Händen
     Gemordet ihren eignen Mann.

2. Sie hatte sich in früher Jugend
     Mit einem braven Mann vermählt;

Es hatte also ihrer Tugend
   An einer Stütze nicht gefehlt,
Sie konnte ihrem Sinnestriebe
   Sich auf erlaubte Weise weihn,
Und in des Mannes Gegenliebe
   Und Treue wahrhaft glücklich seyn.
3. Allein sie wurde schlecht erzogen,
   Und hatte von der bösen Welt
Verderbte Lehren eingesogen,
   Und sich den Bösen beigesellt,
Wobei ein Heer von Aergernissen
   Sie schon von Jugend auf umgab,
Und diese stumpften ihr Gewissen
   Und Rechtgefühl allmählig ab.
4. Auch hatte der Verführung Schlange
   Beständig ihr ins Ohr gezischt,
Und von der jugendlichen Wange
   Des Schamroths letzte Spur verwischt,
Und heimlich sich in dem Gewande
   Der Unschuld in ihr Herz verstekt,
Und machte sie zu jeder Schande,
   Zu jedem Laster aufgelegt.
5. Ein Mann von lasterhaftem Wandel,
   Der keine Gottesfurcht besaß,
Und schon in manchem Liebeshandel
   Des Ehstands heil'ge Pflicht vergaß,
Beschleinigte in ihrem Herzen
   Der Tugend gänzlichen Ruin,
Und wußte listig wegzuscherzen,
   Was seinem Zwek entgegen schien.

6. Sie knüpften nun ein Liebsverständniß
　　In unerlaubtem Umgang an,
Entzogen weislich es der Kenntniß
　　Von seinem Weib und ihrem Mann:
Indessen schien es doch gefährlich,
　　Und ihrem heissen Wunsche fiel
Der Zwang, der nöthig war, beschwerlich,
　　Und stand entgegen ihrem Ziel.

7. Sein Weib und ihren Mann zu morden,
　　War nun ihr ausgehgter Plan,
Der leider! ausgeführet worden,
　　Eh man Verdacht auf sie gewann;
Und voll der Hoffnung: es verschaffe
　　Ein Mittel ihnen freye Hand,
Ergriffen sie die Mörderwaffe,
　　Die ihnen zu Gebothe stand.

8. Und dieß bestand in einer Speise
　　Mit scharfem Rattengift vermischt,
Die sie, auf heuchlerische Weise,
　　Dem armen Manne aufgetischt.
Er aß davon, und blieb am Leben,
　　Des Giftes Gabe war zu schwach,
Und als er es von sich gegeben,
　　So ließ auch seine Wirkung nach.

9. Vergebne Rettung! aufgeschoben
　　Ist, wie ein altes Sprichwort sagt,
Noch nicht geschenkt und aufgehoben;
　　Ein Feigling, der sogleich verzagt.
So dachte sie, die Lasterhafte,

Und fieng den argwohnlosen Mann
Zum zweitenmal in einem Safte
Ein neues Gift zu kochen an.

10. Er aß davon, und wurde wieder
Entrissen ihrer Mörderhand,
Wobei er doch durch alle Glieder
Der Schmerzen höchste Wuth empfand.
Allein sie wurde kühn und frecher,
Und alle gute Ding sind drei,
Und reichte ihm den Todesbecher
Mit dreimal soviel Gift dabei.

11. Er trank ihn aus. — O welche Freude
Für dieses lasterhafte Weib!
Das Gift durchdrang die Eingeweide,
Und wirkte durch den ganzen Leib;
Er fühlte Schmerz durch alle Glieder,
Und krümmte sich als wie ein Wurm,
Und schloß die welken Augenlieder,
Und unterlag dem Leidensturm.

12. Man schrieb sein plötzliches Erblassen
Den Folgen der Verkältung zu,
Und konnte keinen Argwohn fassen,
Und legte ihn zur Grabesruh.
Und ach! wie da die Wittwe klagte:
Mein Mann! mein allerliebster Mann!
Sie seufzte, weinte, schrie, und sagte:
Was fang ich armes Weib doch an!

13. Allein es waren Freudenthränen,
Was über ihre Wangen floß;

Nun war sie ja nach ihrem Sehnen
    Von dem verhaßten Manne los.
Doch plötzlich starb in ein'gen Tagen
    Des mitverschwornen Mannes Weib,
Man untersuchte ihren Magen,
    Und fand vergiftet ihren Leib.
14. Der Mann, ihr Mörder ohne Zweifel,
    Erhenkte sich verzweiflung voll,
Und seine Seele fuhr zum Teufel,
    Und ärndtet seiner Thaten Zoll.
Denn der Vergeltungwagelenker
    Wird ja durch nichts so sehr ergrimmt,
Als wenn ein Mensch als eigner Henker
    Verzweifelnd sich das Leben nimmt.
15. Dadurch erregte das Erblassen
    Des ersten Mannes auch Verdacht;
Man hatte ihn ausgraben lassen,
    Und Untersuchungen gemacht;
Da zeigte deutlich sich sein Magen
    Zerfressen von des Giftes Zahn,
Da ließ sich die Vermuthung wagen:
    Das hat sein eignes Weib gethan.
16. Man setzte sie sogleich gefangen,
    Und fieng die Untersuchung an,
Und las auf ihren blassen Wangen,
    Was sie an ihrem Mann gethan.
Sie läugnete es zwar noch lange,
    Doch endlich, ihrer Ketten satt
Gestand die giftgeschwollne Schlange
    Die ungeheure Frevelthat.

17. Das Urtheil hieß: weil sie mit Wißen
    Den eignen Mann vergiftet hab,
So leg man ihr das Haupt zu Füßen,
    Das Schwert des Henkers hau es ab.
Dieß Urtheil wird sogleich vollzogen
    Auf diesem blutigen Gerüst,
Das schon von dichtgedrängten Wogen
    Des Volkes ganz umgeben ist.

18. Schon wälzt der Armensünderwagen
    Sich langsam her durchs Volksgewühl,
Und unsre bangen Herzen schlagen
    In der Erwartung Schmerzgefühl;
Schon wanket auf erhabner Bühne
    Die Mörderin den Todespfad,
Und sieht mit todesblasser Miene
    Sich um nach der erflehten Gnad.

19. Doch alle Hoffnung ist verschwunden,
    Schon sind die Haare aufgeschürzt,
Die Augen werden ihr verbunden,
    Des Henkers Ermel aufgestürzt;
Schon naht sie sich dem Stuhl, und sitzet,
    Ein Helfer packt sie an beim Schopf,
Das blanke Schwert des Henkers blitzet,
    Und haut ihr ab im Nu den Kopf. —

20. Aus der vom Haupt getrennten Kehle
    Ergoß das Blut in Strömen sich,
Und ihre schuldbeladne Seele
    Entfloh dem Leibe, der verblich.
Schon stehet sie vor dem Gerichte,

Das dort der höchste Richter hält,
Und unterliegt dem Strafgewichte,
Das dort auf ihre Laster fällt.

21. Doch nein, verwegner Mensch! erlaube
Dir kein verdammendes Gericht,
Sey der Erbarmung voll, und raube
Die Hoffnung der Verzweiflung nicht. —
Sie ließ, den Himmel zu versöhnen
Sich willig ja dem Tode weihn,
Auch werden ihre Bussethränen
Und Reue nicht verloren seyn.

22. Gott blieb gewiß nicht unerweichet;
Sie war ein Weib, verführt, und jung,
Und sicher, beim Gericht gereichet
Ihr dieses zur Entschuldigung.
Sie wird vielleicht noch Gnade finden,
Und einst im Himmel selig seyn;
Doch bist du rein von allen Sünden,
So wirf auf sie den ersten Stein.

23. Und ihr, die ihr vom festen Bande
Des Ehestands umschlungen seydt,
Lebt doch genau nach diesem Stande,
Und widersteht der Lüsternheit:
Denn wer des andern Weib anschauet
Mit Augen voll Begierlichkeit,
Der ist, wenn ihm davor nicht grauet,
Zu jeder Lasterthat bereit.

24. Ihr Schreckensbeispiel soll uns warnen
Vor jedem Sturm der Leidenschaft,

Und will Verführung euch umgarnen,
  So widersteht mit aller Kraft;
Dann leben wir, und lassen leben,
  Vergnügt, so lang es Gott gefällt,
Und werden sicher uns erheben
  Zu Gottes Thron in jener Welt.

99.
Bei dem Trauergottesdienste für einen jungen Krieger.
Melod. IV. VIII.

1. Welche wehmuthvolle Schauer,
    Welchen hoffnunglosen Schmerz
  Fühlet hier in tiefster Trauer
    Jedes edle Menschenherz!

2. Wir bejammern ja schon wieder
    Eines Jünglings frühen Tod,
  Der noch vielen unsrer Brüder
    Dort im blutigen Kriege droht.

3. Unter tausend Kameraten
    Kam auch Alois Aprel
  In den Reihen der Soldaten
    An der schon Gefallnen Stell.

4. Muthig flog er, voll Vertrauen
    Auf die Vorsicht, in die Schlacht,
  Kämpfte ohne Furcht und Grauen,
    Von des Höchsten Aug bewacht.

5. Immer folgsam dem Gebiether
   Kämpfte er voll Muth und Kraft,
Doch in diesem Kampf gerieth er
   Zweimal in Gefangenschaft.

6. Endlich kehrte er zurücke
   In das theure Vaterland,
Wo er von dem Lebensglücke
   Schändlich sich betrogen fand.

7. Glücklich kam er, gottergeben,
   Durch des Krieges höchsten Sturm,
Doch im Innern war sein Leben
   Schon benagt vom Todeswurm.

8. Denn in schwer erkämpften Siegen
   Wurde seiner Nerven Saft
Ganz erschöpft, und unterliegen
   Mußte seine Lebenskraft.

9. Von der Schmerzen Wuth entkräftet,
   Kam er in ein Lazareth,
Wo sein Aug auf Gott geheftet
   Noch um Hülf und Rettung fleht.

10. Aber Alles war vergebens,
    Alle Hoffnung schwand wie Rauch,
Und der Athem seines Lebens
    Nahte sich dem letzten Hauch.

11. Doch, und seine Thränen flossen,
    Doch er sprach: ich sterbe gern,
Denn so hat es Gott beschlossen,
    Und ich sterb in meinem Herrn.

12. So entschlief am Nervenfieber
 Dieser junge Kriegesheld,
Seine Seele flog hinüber
 In das Reich der bessern Welt.
13. Dieses, Eltern! soll euch trösten
 Bei der Söhne Todtenschein;
Denkt: sie gehn zu den Erlössten
 In das Reich des Himmels ein;
14. Denkt: Gott höret unser Flehen:
 Dort, ja dort, in jener Welt,
Werden wir sie wieder sehen,
 Wenn auch uns der Tod befällt.

100.
Klag- und Trost-Lied am Grabe Jesu.

Melod. IV.

1. Mit welchem Trost erfüllet
 Uns Jesu Grabes Ruh!
Aus diesem Felsen quillet
 Uns Heil und Rettung zu.
2. Denn Jesus ist gestorben
 Für unsre Sündenschuld,
Er hat uns Heil erworben,
 Und Gottes Vaterhuld.

3. Er gab sein Blut und Leben
 Für uns zum Lösegelt:
Nun dürfen wir nicht beben,
 Wenn uns der Tod befällt.

4. Denn wenn wir eifrig streben
 Nach reinem Tugendsinn,
Ist Jesus unser Leben,
 Und Tod und Grab Gewinn.

5. Belohnung statt der Strafe,
 Des müden Wandrers Ruh,
Ein Bild vom sanften Schlafe,
 Nur das, o Tod! bist du.

6. Du bist ein sanfter Schlummer,
 Ein holder Friedensboth,
Benimmst uns allen Kummer,
 Und führest uns zu Gott.

7. Will nun dein Glauben wanken,
 O Christ! vom Tod bedroht,
So fasse den Gedanken:
 Auch Jesu Leib war todt;

8. Doch gieng er lebend wieder
 Aus Tod und Grab hervor,
Und seines Leibes Glieder,
 Auch uns hebt er empor.

9. Er wird uns ew'ges Leben
 Und höchste Seligkeit
Im Himmelreiche geben
 Am Ende dieser Zeit.

10. Nur müssen wir auch leben
 Und sterben so wie Er,
Dann wird Er uns erheben
 Zum sel'gen Geisterheer.

Inhalt.

	Seite.
Der Verfasser an den Tod	6.
Am Grabe des Erlösers	14.
Bußlied am Grabe Jesu	15.
Auf den Tod Seiner Majestät Friedrichs, des ersten Königs von Würtemberg	17.
Bey der Todesfeyer Seiner Erlaucht des Herrn Grafen v. Erbach Warttemberg, Roth	25.
Bei dem Grabe des hochwürdigen gnädigen Herrn Nikolaus Betscher, des letzten würdigen Prälaten des ehmaliKlosters Wünbroth	29.
Bei dem Grabe des hochwürdigen Herrn Pfarrers Vinzenz Luz v. Wünbroth	31.
Bei dem Grabe Napoleons des Großen	34.
Bei dem Grabe eines Mannes, der von Jägern erschossen wurde	44.
Bei dem Grabe eines erschossenen Jägers	48.
Bei dem Trauergottesdienst für die im Jahre 1812 in Rußland gefallenen Brüder	54.

	Seite.
Bei dem Grabe des Konrad Bek, der am Nervenfieber starb	57.
Bei dem Grabe eines Singverein-Mitgliedes	62.
Bei der Leiche einer jungen Frau, die auszehrte	65.
Bei dem Grabe des jungen edlen Grafen von Illerfeld, der in einem Duell erstochen wurde	67.
Bei dem Grabe eines Mannes, der mit einem Regenschirm erstochen wurde.	76.
Bei dem Grabe eines Mannes, der an Altersschwäche starb	84.
Bei dem Grabe eines vorzüglichen Schullehrers	86.
Bei dem Grabe eines guten Schülers .	90.
Bei dem Grabe einer fromen Schülerin .	92.
Bei dem Grabe dreier Kinder, die im Kohlendampf erstickten	95.
Bei dem Grabe zweier Kinder, die Gift gegessen hatten	100.
Bei dem Grabe eines Kindes, das von seinem Vater erstochen wurde . .	103.
Bei dem Grabe eines Kindes, das bei einem Fuhrwerk umkam	109.
Bei dem Grabe eines Kindes, das in einen siedenden Kessel fiel	113.

	Seite
Bei dem Grabe einer alten Jungfrau die todt im Bette gefunden wurde	117.
Bei dem Grabe eines jungen wohlthätigen Mannes	120.
Bei dem Grabe eines Mannes, der an langwährenden heftigen Leiden starb	122.
Bei der Leiche eines Brudermörders	124.
Bei dem Grabe einer Frau, die an der Wassersucht starb	136.
Bei dem Grabe des Georg Springer, Schultheißen von Kirchdorf	137.
Bei dem Grabe einer Frau, die Vieles zu leiden hatte	139.
Bei dem Grabe einer Frau, die an Altersschwäche starb	141.
Bei dem Grabe eines alten Mannes, der auszehrte	143.
Bei dem Grabe einer alten Jungfrau,	144.
Bei dem Grabe der Jungfrau Marianna Göppel von Unteropfingen	145.
Bei dem Grabe einer jungen Wittwe	147.
Bei dem Grabe einer Frau, die ein fressendes Geschwür verzehrte	148.
Bei dem Grabe des Hrn. Alois Staubacher, Chirurgs von Erolzheim	150.
Bei dem Grabe eines Kindes, das verfahren wurde	156.

                                                Seite
Bei dem Grabe eines Mannes, der in einer
 Mörgelgrube ums Leben kam . .   160.
Bei dem Grabe einer armen Jungfrau   165.
Bei dem Grabe eines Mannes, der an der
 Auszehrung starb . . . . . .   167.
Bei dem Grabe des Thomas Mayer, der
 plötzlich zu todt fiel . . . . .   169.
Bei dem Grabe eines Invaliden . .   17 **
Bei dem Grabe des ehrwürdigen Greisen
 Johannes Schedler . . . . .   174.
Bei dem Grabe einer Frau, bei deren letzten
 Zügen der mit Menschen angefüllte
 Kammerboden krach . . . . .   176.
Bei dem Grabe eines alten Mütterchens 178.
Bei dem Grabe einer Frau, die sehr lang
 und schmerzlich leiden mußte . .   180.
Bei dem Grabe eines Mannes, der am
 Magenschluß starb . . . . . .   181.
Bei dem Grabe eines hoffnungsvollen Mäd-
 chens . . . .   183.
Bei dem Grabe der Mariana Glucker, die
 sich bei einer Entbindung verblutete 185.
Bei dem Grabe einer armen alten Frau, die
 an der Wassersucht starb . . . .   187.
Bei dem Grabe des Hrn. Sebastian Drexler,
 Wund-Arztes in Kirchdorf .   188.
Bei dem Grabe der Franziska Weiß,
 Baderin und Hebamme in Kirchdorf   190.

	Seite.
Bei dem Grabe einer Frau, die so lang als heftig litt	193.
Bei dem Grabe eines Mannes, der bei einem Diebstahl ums Leben kam . .	194.
Bei dem Grabe eines jungen Mannes, der an einem Steckfluß starb . . .	201.
Bei dem Grabe eines jungen Mädchens	203.
Bei dem Grabe eines Mannes, der an einer schmerzlichen Krankheit starb . . .	205.
Bei dem Grabe einer Jungfrau, die an einer Nervenlähmung starb . . .	207.
Bei dem Grabe eines alten Mannes .	209.
Bei dem Grabe einer Wöchnerin . .	211.
Bei dem Grabe eines Mannes, der in Betrunkenheit erfror	212.
Bei dem Grabe einer jungen Frau, die an einem unheilbaren Brustgeschwür starb	219.
Bei dem Grabe einer Wittwe . . .	221.
Bei dem Grabe eines alten reichen Mannes	222.
Bei dem Grabe einer Frau, die sieben Jahre lang krank war	224.
Bei dem Grabe einer alten Frau, die nach langem und heftigem Leiden starb .	226.
Bei dem Grabe eines Jünglings, der durch einen Fall plötzlich starb	227.
Bei dem Grabe einer alten armen Frau	229.
Bei dem Grabe eines frommen Greisen	231.
Bei dem Grabe einer alten Jungfrau	231.

	Seite.
Bei dem Grabe einer Wöbnerin . . .	234.
Bei dem Grabe einer Frau, die am Schlagfluß starb	236.
Bei dem Grabe zweier Männer, die beim Schlittenfahren umkamen	237.
Bei dem Grabe einer Frau, die an einer hizigen Krankheit starb	244.
Bei dem Grabe einer alten frommen Jungf.	246.
Bei dem Grabe eines Jünglings, der an der Wasserscheu starb	247.
Bei dem Grabe der Jungfrau Katharina Simler, die an einer Entzündung starb	252.
Bei dem Grabe des alten blinden Joseph Simler, Bauers von Kirchdorf . .	254.
Bei dem Grabe der alten Frau Marianna Geromiller	256.
Bei dem Grabe der Domitia Jäger, die lang und viel zu leiden hatte . .	258.
Bei dem Grabe eines sechsfachen Mörders	260.
Bei dem Grabe eines Mannes, der bei einem Fuhrwerk umkam	267.
Bei dem Grabe einer frommen alten Frau	272.
Bei dem Grabe des armen alten Jünglings Johannes Webrle, der zu tobt fiel .	273.
Bei dem Grabe des Joseph Simler, Bauers von Unteropfingen, der fünf und zwanzig Jahre lang krank war	275.
Bei dem Grabe einer frommen Frau, die geduldig litt und starb	278.

	Seite.
Bei dem Grabe eines hoffnungvollen Knaben	280.
Bei dem Grabe der Magdalena Lerch, die im Wochenbette starb	282.
Bei der Leiche eines Raubmörders, der gerädert wurde	283.
Bei dem Grabe eines alten Mannes, der auf dem Weg am Schlagfluß starb . . .	291.
Bei der Leiche eines Mordbrenners, der enthauptet wurde	293.
Bei dem Grabe des Joseph Bräunle, der an der Gelbsucht starb	300.
Bei dem Grabe eines Mannes, der an der Schwindsucht starb	302.
Bei dem Grabe eines ehrwürdigen Greisen	304.
Bei der Leiche einer Giftmischerin, die enthauptet wurde	305.
Bei dem Trauergottesdienst für einen jungen Krieger	312.
Klag- und Trost-Lied am Grabe Jesu.	314.

Verfaßt und herausgegeben
von
Michael von Jung,
Ritter des Königl. Württemberg.
civilverdienst Ordens,
Ehrenmitglied der Kamera-
listisch, öconomischen Societaet
zu Erlangen,
ehmalg) Schulinspector u.
Conferenzdirector,
und seit 28 Jahren
Pfarrer in Kirchdorf
bei Memmingen an der Iller.
II Bändchen.
Ottobeuren, mit ganserschn Schriften.
1839.
Zu haben bei dem Verfasser.

1.
Der Tod.
Choral XX.

1. Im raschen Zeitenlaufe schreitet
   Der Menschenwürger Tod einher,
2. Und Alles, was er kühn erbeutet,
   Erwürget und zermalmet er;
3. Ihm ist das Alter, und die Jugend,
   Gesund und krank, und arm und reich,
4. Der Lasterknecht, der Freund der Tugend,
   Der König und der Bettler gleich;
5. Vom Jüngling zum erfahrnen Greisen,
   Vom schlauen Weib zum weisen Mann,
6. Hat keiner etwas aufzuweisen,
   Wodurch er ihn besiegen kann;
7. Gemäht von seiner Sense fallen
   Die Mächtigen von ihrem Thron;
8. Im Todeskampfe kömmt aus Allen
   Auch nicht ein einziger davon.
9. Denn wer ist sicher vor dem Tode?
   Er laurt uns auf im Hinterhalt;
10. Bald quält er langsam uns zu Tode,
    Bald braucht er öffentlich Gewalt.

11. Schon lange keucht an seinem Stabe
    Ein Greis zum fernen Grabe hin;
12. Dort aber hüpft ein froher Knabe,
    Und sieh, der Tod ergreiffet ihn.
13. Wie steht am Morgen beim Altare
    Die Braut, voll Hoffnung, stark und jung;
14. Doch ach! sie schlummert in der Bahre
    Noch vor der Abenddämmerung.
15. Am Abend legt sich ohne Kummer
    Der starke Mann zum süssen Schlaf;
16. Allein es war sein letzter Schlummer,
    Weil plötzlich ihn ein Schlagfluß traf.
17. Der Wandrer eilt im frohen Muthe
    In seiner Freunde Schoos nach Haus;
18. Doch gähling stürzt in seinem Blute
    Des Lebens edler Saft heraus.
19. Der Bauer schleppt die müden Glieder
    Voll Hoffnung hinter seinem Pflug,
20. Da sinkt er unvermuthet nieder,
    Und thut den letzten Athemzug;
21. Des Todes Hauch hat seine Lunge
    Schon lang mit Fäulung angesteckt,
22. Und mit verdecktem Sensenschwunge
    Ihn gäh zu Boden hingestreckt. —
23. So trift gewiß der Tod uns Alle,
    Doch keiner weißt, wo, wann, und wie?

24. Bedenke dieß, o Mensch! und walle
 Der Tugend nach, und übe sie;
25. Vermeid in Vorsicht jede Sünde,
 Daß, wenn dich gäh der Tod befällt,
26. Er immer dich bereitet finde
 Zum Uibergang in jene Welt:
27. Dann darfst du nicht im Tode beben,
 Nicht zittern, wenn er dich bedroht;
28. Er führt dich nur zum wahren Leben
 Aus diesem halben Erdentod;
29. Er ist ein Engel jenes Lichtes,
 Das dich der Leibesnacht entreißt,
30. Und dir des göttlichen Gesichtes
 Beseligenden Anblick weist.
31. Der Tod ist nur der Sünder Schrecken,
 Der sie zu ihrem Seelentod
32. In Sünden immer hinzustrecken,
 Und ewig zu verderben droht,
33. Denn ach! gesund und tod in Sünden,
 Und stehn am Throne des Gerichts,
34. Und ewig nicht mehr Gnade finden:
 So fürchterliches giebt es nichts.
35. Wen dieses nicht zur Buße führet,
 Der bleibt sein Lebtag unbekehrt,
36. Bis er, von Todeshand berühret,
 Verzweifelnd hin zur Hölle fährt.

37. Entreiß dich heute noch, o Sünder!
    Der schrecklichsten Gefährlichkeit;
38. Seyt Alle als des Lichtes Kinder
    Beständig auf den Tod bereit.
39. Gieb uns, o Gott! der Weisheit Krone,
    Die Tugend steter Wachsamkeit,
40. Die uns an deinem Gnadenthrone
    Die ew'ge Seligkeit verleiht.

2.
Auf den Tod Ihrer Majestät der Königin Katharine von Württemberg.
Melod. II.

1. O Trauermuse Melpomene!
    Du wehmuthvolle Sängerin!
Erhebe deine Klaget'ne
    Beim Tode unsrer Königin;
Umflore deinen Thränenblick
    Bei unserm hier begrabnen Glück.

2. Denn Ach! hier schlummert Katharine,
    Die Vaterlandes Königin;
Sie gab mit heil'ger Göttinmiene
    Ihr Leben Gott zum Opfer hin,
Und schwang, zum wohlverdienten Lohn
    Der Tugend, Sich zu Gottes Thron. —

3. Auf Rußlands Kaiserthron entsprossen
   War schon von Jugend auf ihr Herz
Von edlem Herrscherblut durchflossen,
   Und schlug beständig himmelwerts,
Von reinsten Liebeflammen voll
   Zu Gottes Ehr und Menschenwohl.

4. Mit unvergleichlichen Talenten,
   Und leissem Weisheitsdurst begabt,
Ward mit der Wahrheit Elementen
   Schon frühe dieser Durst gelabt,
Und auch gestillet jederzeit
   Ihr Hunger nach Wohlthätigkeit.

5. Dieß war das Werk von ihrer Mutter,
   Die Sie erzog mit eigner Hand,
Und Ihr beständig als ihr guter
   Schutzengel an der Seite stand,
Und Ihr nach der Erziehung Plan
   Vorangieng auf der Tugendbahn.

6. So wallte Sie schon in der Jugend,
   Zu Jedermanns Bewunderung,
Die Weisheit=Bahn, den Weg der Tugend,
   Und fand doch keine Sättigung,
Und glaubte stets: Sie sey noch viel
   Zu weit entfernt von ihrem Ziel.

7. So stellte stets in Ihr lebendig
   Sich dar das Evangelium,
Deswegen trug Sie auch beständig
   Ein Exemplar mit Sich herum,

Und unterzog mit einem Stift
 Die schönsten Stellen in der Schrift.

8. Sie pflegte stets den Blick zu heften
 Auf Jesu heil'ge Lebensweis,
Und suchte bei vermehrten Kräften
 Auch einen größern Wirkungskreis,
Und reichte nun zum Eheband
 Dem Prinzen Oldenburgs die Hand.

9. Allein nach dreien kurzen Jahren,
 Wo Sie der Liebe Glück empfand,
War schon von schrecklichen Gefahren
 Bedroht ihr theures Vaterland;
Da zog auch Ihr Gemahl als Held,
 Und Sie mit ihm zugleich, ins Feld.

10. Ihr Edelmuth organisirte
 Ein eigenes Bataillon,
Und ihres Gatten Weisheit führte
 Die Landeswehr der Nation;
Da fand Sie nun Gelegenheit
 Zur christlichen Wohlthätigkeit.

11. Da gab es Wunden zu verbinden
 Für Ihre Samaritinhand,
Und nahe Rettung zu verkünden
 Dem schwerbedrängten Vaterland,
Die endlich in erkämpften Sieg
 Empor aus Moskaus Asche stieg.

12. So gieng der Sieg auf Rußland über,
 In welchem leider ihr Gemahl,

Der, angesteckt vom Nervenfieber,
  Die Kranken pflegend im Spital,
Gepflegt von der Gemahlin Hand,
  Als Opfer fiel fürs Vaterland. —

13. Jedoch ihr grosser Geist besiegte
  Der Trennung namenlosen Schmerz,
Und Gottes weiser Leitung fügte
  Sich willig ihr gebeugtes Herz,
Und hob sich an der Hoffnung Stab
  Empor bei seinem frühen Grab.

14. Sie hüllte Sich mit ihren Schmerzen
  In einen dichten Trauerflor,
Und sah mit sehnsuchtvollem Herzen
  Mit heissem Thränenblick empor
Zum Himmel, wo ihr Gatte schon
  Geniesst des Heldenmuthes Lohn.

15. Indessen schlugen die Allirten
  Den Feind bei Leipzig und Paris,
Bis wo das Herz der Tiefgerührten
  Der Trennung Wehmuth nie verließ,
Sie legte erst die Trauer ab,
  Als ihnen sich Paris ergab.

16. Sie suchte nun Sich zu zerstreuen
  Durch Reisen auf dem Kontinent,
Und Sich des Friedensfeurs zu freuen,
  Das auf dem Herd Europas brennt,
Und flocht, mit einem Blick voll Glanz,
  Den Siegern einen Lorberkranz.

17. So wand Sie auch zum Siegeslohne,
    Als ihres Dankes Unterpfand,
Dem Erben unsrer Königskrone
    Den Lorberkranz mit sanfter Hand
Um seine Stirn, die in der Noth
    Des Krieges Er dem Feinde both.

18. Sie sah in Ihm den tapfern Krieger
    Voll Edelsinn und Heldenmuth,
Und liebend wallte für den Sieger
    Im Riesenkampf ihr edles Blut;
Und dankend küßte Er die Hand
    Die Er so liebenswürdig fand. —

19. Die beiden gleichgestimmten Seelen
    Entschlossen Sich aus freyer Wahl:
Sich miteinander zu vermählen;
    Der Kronprinz wurde ihr Gemahl,
Sie gab Ihm liebend Herz und Hand
    Zum Wohl für unser Vaterland.

20. Da war Es nun an seinem Ziele
    Das hochentzückte Fürstenpaar,
Wo von dem Seligkeitgefühle
    Ihr großes Herz durchdrungen war,
Und gnädig sehnte sich ihr Blick
    Voll Liebe auch nach unserm Glück.

21. Wir flehn mit hoffnungvollen Blicken:
    Gott wolle Sie noch viele Jahr
Gesund erhalten und beglucken,
    Und Sie beschützen vor Gefahr:

Denn unsres Glückes Gründe stehn
    Und ruhn auf ihrem Wohlergehn.

22. Auf einmal kam ganz unvermuthet
    Die schrecklichste Katastrophe:
Der König starb, und schmerzlich blutet
    Ihr Herz, und seufzet ach und weh!
Da ward in tiefsten Trauerstand
    Versetzt das ganze Vaterland.

23. Doch schon an seinem Sterbetage,
    Der ihre Stirn mit Flor umwand,
Versüßte Sie des Gatten Klage
    Durch ihrer Liebe Unterpfand,
Und Beide drückten voll der Lust
    Den ersten Säugling an die Brust.

24. Zugleich bestieg der Erb' des Reiches,
    Der Kronprinz, den verwaisten Thron,
Und Katharine that ein gleiches:
    Da huldigte die Nation,
Mit ihrem deutschen Biedersinn,
    Dem König und der Königin.

25. Durch dieses wurde unsre Trauer
    Gemässigt, und zu unserm Glück,
Was fehlte noch, als lange Dauer?
    Die Freude kehrte bald zurück,
Indem das neue Königspaar
    Uns Vater nun und Mutter war.

26. Und dessen waren wir gerade
    Am dürftigsten zur Zeit der Noth,

Und wären ohne ihre Gnade
Bedroht vom bittern Hungertod;
Denn nichts ist in der theuren Zeit
So nöthig, als Wohlthätigkeit.

27. Es fühlte Mitleid und Erbarmen
Mit uns die beßte Königin,
Und wie zu helfen sey den Armen:
Das lag Ihr Tag und Nacht im Sinn;
Da legte Sie den ersten Stein
Zu dem Wohlthätigkeitsverein.

28. Den Armen flößte Sie Vertrauen
Auf Gottes weise Vorsicht ein,
Und lud die Herren und die Frauen
Zu dem Wohlthätigkeitsverein,
Und wies auf Jesu Lehr und Rath,
Der für die Armen Wunder that.

29. Sie ordnete für die Wohlthaten
Die allerbeste Leitung an,
Und ohne daß die Armen bathen,
Erhielten sie nach ihrem Plan,
Zur Stillung ihrer Hungersnoth,
Im ganzen Königreiche Brod.

30. Zu diesem End verschaffte ihnen
Zur Arbeit Sie Gelegenheit,
Damit sie selbst ihr Brod verdienen,
Und gut verwenden ihre Zeit,
Und ihnen ihre eigne Kraft
Durch Fleiß und Arbeit Brod verschafft.

31. Besonders war ihr Herz den Waisen
    Und armen Wittwen zugethan,
Sie kam, und prüffte selbst die Speisen,
    Und nahm Sich ihrer thätig an,
Weil Ihr die Industrieanstalt
    Für arme Kinder Alles galt.

32. So gieng Sie stets nach Jesu Lehren
    Und That umher, um wohlzuthun,
Und that es, ohne aufzuhören,
    Und ohne auch nur auszuruhn,
Daß ja nichts Gutes unterblieb,
    Und auf die Zukunft sich verschieb.

33. Sie dachte ahnungvoll der Stunde
    Des Tods, wo Niemand wirken kann,
Und hatte stets im Liebebunde,
    So viel Ihr möglich war, gethan,
Und oft bedaurte Sie sogar:
    Daß Ihr so wenig möglich war.

34. Dabei vergaß ihr Herz nicht minder,
    Was Sie dem Gatten schuldig war,
Und die Erziehung ihrer Kinder
    Lag Ihr am Herzen immerdar,
Und als die Hungersnoth verschwand,
    Blieb Mutter Sie fürs Vaterland.

35. So gieng in Liebe nur vorüber
    Ihr Leben voll Wohlthätigkeit;
Doch ein bedeutungloses Fieber
    Befiel Sie schon in kurzer Zeit,

Und ward, beim hellsten Aerztelicht,
  Zur bösen Rose im Gesicht.

56. Man suchte freilich die Entzündung
  Zu hemmen schon im ersten Lauf,
Und both, die große Schmerzempfindung
  Zu stillen, allen Mitteln auf:
Auf einmal warf sich ihre Glut
  Auf das Gehirn mit größter Wuth.

57. Da lag Sie nun betäubt von Sinnen,
  Von einem Nervenschlag bedroht;
Trotz allem ärztlichen Beginnen,
  Um zu entreissen Sie dem Tod,
Ward immer größer die Gefahr,
  In der ihr theures Leben war.

58. Auf einmal trat, o welch Entsezen!
  Die fürchterlichste Krisis ein,
Ihr Leben in Gefahr zu setzen,
  Und drohte Sie dem Tod zu weihn:
Es kam der angedrohte Schlag,
  Und ach! mit ihm ihr Sterbetag.

59. Sie lag in ihren letzten Zügen
  Und fiel in Zuckungen und Krampf,
Und mußte endlich unterliegen
  Dem mörderischen Todeskampf,
Und schloß zur ewig wahren Ruh
  Die liebevollen Augen zu.

40. So ward in hoffnungvollster Jugend,
  Und noch in vollster Lebenskraft,

Im Laufe auf der Bahn der Tugend
  Vom Tode plötzlich hingerafft
Des Vaterlands Wohlthäterin,
  Die allerbeste Königin.

41. Der König stand bei ihrer Leiche
  Durchwühlet von der Trennung Schmerz,
Als wenn von einem Donnerstreiche
  Erschüttert wär sein Heldenherz,
Erloschen war in seiner Brust
  Die letzte Spur der Lebenslust.

42. Nun fühlte Er ein leises Wehen,
  Als wie vom West im Blüthenstrauch,
Es lispelte: »Auf Wiedersehen«
  Ihm zu ihr sanfter Geisteshauch,
Und mit dem holden Engelston
  War auch ihr Geist zu Gott entflohn.

43. Dieß trostesvolle Geisteswehen
  War Balsam für sein wundes Herz;
Er rief Ihr nach: »Auf Wiedersehen«,
  Und hob voll Sehnsucht himmelwerts
Durch seinen Thränenflor den Blick
  Entzückt zu ihrem ew'gen Glück.

44. Als aber Famas Mund dem Volke
  Von ihrem Tode Kunde gab,
Da wars, als fuhr aus lichter Wolke
  Ein Feuerstrahl auf uns herab,
Der jedes Unterthanen Herz
  Durchzückte wie der Todesschmerz.

45. Denn ach! mit unsrer Mutter starben
    Auch unsre Hoffnungen dahin,
Und nicht mehr werden sie vernarben
    Die Wunden, welche uns durchglün;
Denn ach! was wird uns zum Ersatz
    Für den in Ihr verlohrnen Schatz?

46. Wer wird die Wittwe, wer die Waisen
    Und Armen retten in der Noth?
Wer wird sie kleiden, tränken, speisen,
    Und schützen vor dem Hungertod?
Denn ach! es liegt mit Ihr im Grab
    Gebrochen unsrer Hoffnung Stab.

47. Doch nein! noch lebet unser König,
    Es lebt in Ihm ihr edler Sinn;
Verlohren haben wir nicht wenig
    An unsrer theursten Königin,
Doch Alles nicht, indem ja noch
    Der König lebt. — Er lebe hoch!

48. Er wird das Gute stets erhalten,
    Das ihre Hand gegründet hat,
Und es mit gleicher Lust verwalten,
    Wie Er mit Ihr schon vorher that.
Und im Wohlthätigkeitsverein
    Beständig unser Vater seyn.

49. So lebt Sie fort in ihrem Werke,
    In dem Wohlthätigkeitsverein,
Und wird durch ihrer Liebe Stärke
    In seinen Gliedern thätig seyn;

Denn seht: an seiner Spize steht,
: Statt Ihr, des Königs Majestät.

50. So tröstet euch in euerm Leide,
: Und trocknet eure Thränen ab,
Und öffnet euer Herz der Freude,
: Da sich aus ihrem frühen Grab
Ihr Geist, zum wohlverdienten Lohn,
: Erhob zu Gottes Gnadenthron.

51. Mit Wohlgefallen wird Sie immer
: Herab auf ihre Werke sehn,
Bey unserm Flehn und Klaggewimmer
: Bey Gottes Thron um Gnade flehn
Fürs Königshaus und Vaterland,
: Wofür Sie liebend Sich verband.

52. Geniesse nun, zu früh Verklärte!
: Bei Gottes höchster Majestät,
Du in der Tugend treu Bewährte!
: Die Früchten, die Du hier gesät,
Wo Du mit liebevollem Sinn
: Regierest als Wohlthäterin.

3.
Bei dem Grabe des griechischen Adjutanten Mauromichalis, der an der Kolera starb.
Melod I.

1. Es ist und bleibt der Menschen Loos,
   Daß alle sterben müssen,
Denn alle müssen, klein und groß,
   Die Schuld der Sünde büssen,
Die Adam schon im Paradieß
Uns zugezogen; denn er biß
   In den verbothnen Apfel.

2. Er war an Leib und Seel verderbt,
   Und alle seine Kinder,
Von Gott verstossen und enterbt;
   Denn alle sind ja Sünder:
Und ward auch unsre Straf und Schuld
Getilgt durch des Erlösers Huld,
   Blieb doch der Tod zurücke.

3. Wir können also über Gott
   Uns keineswegs beklagen,
Indem wir in dem Leibestod
   Die Straf der Sünde tragen,
Die uns schon angebohren war,
Und die wir leider noch sogar
   Aus eigner Schuld begehen.

4. Deswegen kommt der bittre Tod
   Uns uberall entgegen,
Wir können uns, von ihm bedroht,
   Nie sicher niederlegen,
Und wenn ein Mensch ins Leben tritt
So macht er schon den ersten Schritt
   Zu seinem Lebensende.
5. Und ach! wie ist so groß die Zahl
   Verschiedner Todesarten!
Er trift uns, wo wir seine Qual
   Am wenigsten erwarten,
Und biethet allen Mitteln Trutz,
Und ach! es wächst vor ihm zum Schutz
   Kein Kräutchen auf der Erde.
6. Besonders aber wüthet er
   In unheilbaren Seuchen,
Er spottet aller Gegenwehr,
   Und häufet Leich auf Leichen,
Und mähet ohne Unterschied
Die Sterblichen von Glied zu Glied
   Mit seiner Sense nieder.
7. Dazu bedient er sich der Pest,
   Und jeder Art der Fieber,
Und rufet noch von Ost und West
   Die Kolera herüber,
Wo sie auf ihrer weiten Reis
Die Menschen millionenweis
   In kurzer Zeit dahinrafft.
8. Sie machte in Italien
   Sehr große Niederlagen,

Es war ihr nicht zu widerstehn,
　　Und ach! in wen'gen Tagen
Erschien sie schon in Mittewald,
Und war mit ihrem Gifte bald
　　In Bayerns Residenzstadt.

9. Und ach! wie grausam wüthet sie
　　In ihrer Volkesmenge!
Und trotz der angewandten Müh,
　　Damit man sie verdränge,
Hat sie schon eine große Zahl
Durch ihre namenlose Qual
　　Dem Tode überliefert.

16. Dabei befindet sich ein Ries
　　An Leib- und Seelenkräften,
Der Grieche Mauromichalis,
　　Den sich zu den Geschäften
Fürs wahre Wohl von Griechenland
Des weisen Königs Otto Hand
　　Zum Adjutanten wählte.

11. Er schenkte ihm auf jede Weis
　　Sein gänzliches Vertrauen,
Und nahm ihn auf die weite Reis
　　Mit sich nach Deutschlands Gauen.
Da lebte er im frohen Muth,
Obwohl die Kolera mit Wuth
　　In Münchens Mauern herrschte.

12. Man warnte ihn: er möchte da
　　Mit Vorsicht sich bequemen;

Er habe vor der Kolera
  Sich wohl in Acht zu nehmen,
Er aber war voll Zuversicht,
Und sprach: ein Weib bezwingt mich nicht,
  Und lebte ohne Sorgen.

13. Auf einmal nahm das böse Weib
  Ihm alle Lebensfreude,
Durchwühlte schmerzend seinen Leib
  Und seine Eingeweide:
Er traute seiner Kraft zu sehr,
Und suchte keine Hülf, da er
  Durchaus nicht krank seyn wollte.

14. Die Hülfe kam daher zu spat,
  Die Krankheit zu besiegen,
Er mußte bei dem beßten Rath
  Der Aerzte unterliegen,
Denn als die nöth'ge Hülf erschien,
So war es nicht mehr möglich, ihn
  Dem Tode zu entreissen.

15. Denn schon begann das böse Weib
  Sein Leben zu bekämpfen,
Und bald erlag sein Riesenleib
  Den Zuckungen und Krämpfen;
Vereitelt war der Aerzte Müh,
Er röchelte, und brüllte, wie
  Ein pfeildurchbohrter Löwe.

16. So unterlag dem Todesschmerz
  Der griechische Athlete,

Und krachend brach sein Felsenherz
  Auf seinem Sterbebette,
Und schon vom Tode hingerafft
Ward seiner Muskeln Eisenkraft
  Bewundert von den Aerzten.

17. So muß die größte Körperkraft
  Der Kolera erliegen,
Und der von ihr verdorbne Saft
  Des Eingeweids versiegen,
Und wer nicht Anfangs widersteht
Der suchet alle Hülf zu spät
  Und muß im Tod erblassen.

18. Da liegt er nun, der große Held,
  Alt sechs und dreissig Jahre,
Und eine schwere Thräne fällt
  Auf seine Todtenbahre
Von König Ottos Aug herab,
Das unterm Thränenflor sich ab
  Von seinem Liebling wendet.

19. Denn es beweint sein Thränenblick,
  Nebst seiner Kraft und Jugend,
Auch seines Freunds verlohrnes Glück,
  Und seine treue Tugend,
Das wahre Wohl für Griechenland,
Das des verblichnen Helden Hand
  So mächtig unterstützte.

20. Doch, schon genießt der Tugendheld,
  Im ewig wahren Frieden,

Den Tugendlohn in jener Welt,
  Den er verdient hienieden;
Denn wer hier treu nach dem Geboth
Dem König dient und seinem Gott,
  Wird ewig selig werden.

21. Laßt uns daher die Bahn der Pflicht
  Mit fester Treue wandeln,
Und stets vor Gottes Angesicht
  Nach seinem Willen handeln,
Dann führt des Todes Freundeshand
Uns ein ins wahre Vaterland,
  Ins Reich des ew'gen Friedens.

4.
Bei dem Grabe der erlauchten gnädigen Frau B. von N. ꝛc. ꝛc.

Melod. VI.

1. Hier schlummert sie, die abgezehrte Hülle,
  Der edlen B. von N. — im Grab;
Sie sank in schönster Lebens=Kraft und Fülle,
  Zernagt vom scharfen Todeszahn, hinab.
Sie welkte hin, so sehr man sich bemühte,
  Sie der Gefahr des Lebens zu entziehn:
So welkt die Lilie in schönster Blüthe,
  Die eines Wurmes Zahn zernaget, hin.

2. Sie hatte zum Gefährten ihres Lebens
  Den Herrn B.. v. B.. Sich erwählt,

Der, voll des edlen, tugendhaften Strebens,
 Zu gleichem Zwecke Sich mit Ihr vermählt.
So floß das Leben dieser edlen Beiden
 Dahin in himmlischer Zufriedenheit,
Daß ihrem Glücke, fern von allen Leiden,
 Nichts anders fehlte, als Beständigkeit.

3. Denn Beide wallten auf dem Tugendpfade,
 Und Frömmigkeit war ihre größte Lust;
Sie waren, unterstützt von Gottes Gnade,
 Nur lauter edlen Thaten Sich bewußt:
Sie fühlten zartes Mitleid und Erbarmen
 Mit Jedermann, der hülfbedürftig war,
Und bothen gern den Dürftigen und Armen
 Zur Unterstützung reiche Gaben dar.

4. Und o! mit welchem himmlischen Entzücken
 Erfüllten ihre Kinder ihre Brust!
Es war Ihr höchste Wonne, sie zu drücken
 An ihre liebevolle Mutterbrust.
Sie flößte ihnen reine Lust zur Tugend,
 Zur Liebe Gottes und des Nächsten ein,
Und wollte ihrer hoffnungvollen Jugend,
 Wie Jesus Ihr, ein treues Vorbild seyn.

5. Sie lebte streng nach Jesus heil'gen Lehren,
 Und strebte stets nach Engelreinigkeit,
Und wagte niemal, einen Wunsch zu nähren,
 Den Ihr das Evangelium verbeut;
Und wollte Sie zum Tisch des Herrn gehen,
 Und Ihn empfangen aus des Priesters
  Hand,

So schien Sie ihren Engel gleich zu sehen,
  Der unsichtbar an ihrer Seite stand.

6. Deswegen blickte Gott mit Wohlgefallen
  Herab auf ihr so tugendreiches Herz;
Sie sollte länger nicht hienieden wallen,
  Denn immer sah ihr Auge himmelwerts:
Er wollte ihre Tugend nun belohnen,
  Und Sie entziehn dem schweren Tugend=
                                  streit,
Und ihre reine Seele sollte wohnen
  Bei Ihm im Reich der höchsten Seligkeit.

7. Gott sandte nun ein unheilbares Leiden
  Zu diesem End herab in ihre Brust;
Sie sehnte Sich nach jenen Himmelsfreuden,
  Und that Verzicht auf jede Erdenlust:
Empfieng die heil'gen Sterbsakramente,
  Und hob den Blick zum wahren Vaterland,
Und reichte noch, eh Sie von Ihm sich trennte,
  Auf Wiedersehen dem Gatten ihre Hand.

8. So starb die edle G... voll Entzücken,
  Und wallte hoffnungvoll die Todesbahn,
Und ihre theuren Anverwandten blicken
  In stummen Schmerzen ihre Leiche an,
Und trösten Sich dabei mit dem Gedanken:
  Es müße so des Höchsten Willen seyn,
Und wenn Sie hin zu ihrem Grabe wanken,
  So weihn Sie es mit heissen Thränen ein.

9. Da ruht sie nun, der edlen G... Leiche
  Auf des Kapellbergs wunderschönen Höh,

Voll Hoffnung: daß sie einstens aus dem Reiche
  Der Todten fröhlich w eder aufersteh:
Hingegen hat Sich aus dem Weltgetümmel
  Erhoben schon ihr engelreiner Geist,
Und wohnet selig dort im Reich der Himmel,
  Wo ewig Er die Liebe Gottes preißt.

10. Doch leider! voll der tiefsten Trauer ver=
                                        missen,
  In Ihr die Armen die Wohlthäterin;
Sie wurde ihnen viel zu früh entrissen,
  Und ach! mit Ihr ist auch ihr Trost dahin!—
Doch nein! noch lebet der Verblichnen Gatte,
  Der gnädig Herr B. v. E...
Und mit der Ihm so theuren Gattin hatte
  Er stets genährt des Wohlthuns edlen Keim.

11. Drum troknet eure Thränen ab, ihr Armen!
  Und bethet liebevoll für Sie und Ihn,
Und denket nur: Er hab mit euch Erbarmen,
  Und mit der Gat in gleichen Tugendsinn;
Er werde euch in keiner Noth verlassen,
  Und unterstützen euch, so gut er kann;
Und lernet euch an ihrem Grabe fassen,
  Und bethet Gottes weise Vorsicht an.

12. Nun ruhe sanft in deiner Grabesstille,
  Du edle N.. theurste gnäd'ge Frau!
Es wölbe stets ob deiner theuren Hülle
  Sich des Kapellberg, eines Himmelblau;
Und wenn wir seine stolze Höh betreten,

So wollen, deiner Tugend eingedenkt,
Wir dankerfüllt für deine Seele bethen,
Bis man auch unsern Leib zu Grabe senkt.

13. Dann werden wir in jenen sel'gen Höhen,
Wenn wir nach deinem Beispiel hier gethan,
Dich, edle, theurste N.. wieder sehen,
Wo uns von Dir kein Tod mehr trennen kann.
Indessen wollen wir nach Jesu Lehren,
Wie Du, erfüllen unsre Christenpflicht,
Dann wird Gott unser heisses Flehn erhören,
Und zeigen uns ein holdes Angesicht.

5.
Bei dem Grabe des Hochwür= digen Herrn Frühmessers von Heimertingen.

Melod. III.

1. Hier liegt der Leib vom Herrn Fruhmesser
Mit Namen Fei Korbinian;
Und sicher ist sein Loos dort besser,
Als hier auf dieser Erdenbahn:
Denn von der Jugend bis zum Grabe
Befließ er sich der Wissenschaft,
Und wallte stets am Tugendstabe
Mit jeder Leib= und Seelenkraft.

2. Er trat als Jüngling in den Orden
Des heil'gen Stifters Benedikt,

Und war, als Priester er geworden,
    In diesem Stande hochbeglückt
Er weihte sich den Wissenschaften
    Zum Menschenwohl und Gottes Ehr,
Und lehrte sie die Leidenschaften
    Beherrschen treu nach Jesu Lehr.
3. Und als des Krieges Sturm gewüthet
    Durch unser deutsches Vaterland,
Wie war er da so unermüdet,
    Da er der Feinde Sprach verstand!
Er wußte ihren Druck zu lindern
    Durch ihren sanften Dialekt,
Und manche Forderung zu mindern,
    Die sie dem Kloster aufgelegt.
4. Und als, wie viele andre Klöster,
    Sein Kloster aufgehoben ward,
So war er seiner Brüder Tröster,
    Und fiel es ihm auch noch so hart,
Und unterwarf sich dem Gesetze
    Der Sekularisation,
Und nahm vorlieb, für alle Schätze,
    Mit einer schlechten Pension.
5. Nun weihte er sein ganzes Leben
    Der wahren Heileswissenschaft,
Und war bey allem seinem Streben,
    Der Pflicht gemäß, gewissenhaft,
Und suchte andre zu belehren
    Privat und auf dem Predigtstuhl,
Und arme Sünder zu bekehren,
    Und zu entziehn dem Höllenpfuhl.

6. So brachte er sein edles Leben
    Beinah auf drei und siebenzig;
Allein so viele Jahre geben
    Dem Tode nur den leichten Sieg;
Er fühlte seines Alters=Bürde,
    Und seines Leibs Gebrechlichkeit,
Und war so, wann er kommen würde,
    Durch Tugend stets zum Tod bereit.

7. Er wirkte fort bis an sein Ende
    In seinem heil'gen Beruf,
Erhob im heil'gen Sakramente
    Der Buße Gottes Gnadenruf:
Bekehret euch, verstockte Sünder!
    Bereuet eure Sündenschuld,
Dann nimmt euch Gott als seine Kinder
    Mit Freuden auf in seine Huld.

8. So hatte er drei lange Stunden
    Im Beichtstuhl eifrig zugebracht
Und von der Kälte nichts empfunden,
    Nur auf der Sünder Heil bedacht.
Auf einmal hatte es geklungen
    Wie Grabgeläut in seinem Ohr,
Und aus den angestroßten Lungen
    Brach plötzlich helles Blut hervor.

9. Und ach! er stürzte kraftlos nieder,
    Berührt von einem sanften Schlag,
Und schloß die welken Augenlieder
    An seinem letzten Lebenstag.

Man brachte ihn sogleich zu Bette,
　　Und bath den Arzt um seinen Rath,
Damit man noch sein Leben rette;
　　Doch alle Hülfe kam zu spat.

10. Denn er begann sogleich zu röcheln
　　In dem schon ausgetrettnen Blut,
Verzog den Mund in holdem Lächeln,
　　Und starb mit wahrem Heldenmuth.
Vergebens klagen seine Freunde,
　　Die blaß um seine Leiche stehn,
Und die sein Todesfall vereinte;
　　Denn ach! es war um ihn geschehn.

11. Wie Feuer lief die Schreckenskunde
　　Von seinem gähen Tod umher,
Und jammernd giengs von Mund zu Munde:
　　Der edle Mann! er ist nicht mehr.
Und o wie ist bei seinem Grabe
　　Die Volkesmenge so betrübt!
Und ihre Trauer sagt: es habe
　　Ihn herzlich Jedermann geliebt.

12. Laßt uns daher die weisen Lehren,
　　Die er uns noch im Tode gab,
Genau befolgen und bewahren
　　Bei seinem unverhofften Grab;
Denn: wachet immer doch, und bethet,
　　So ruft er uns mit Jesu zu,
Damit ihr eure Seelen rettet,
　　Und seyt bereit zur Grabesruh.

13. Nun ruhe sanft im Schoos der Erde,
 Du guter und getreuer Knecht!
O daß dir dort vergolten werde,
 Was du verdient mit allem Recht.
O möchten wir in jenen Höhen,
 Wenn einst auch uns der Tod befällt,
Dich ewig selig wieder sehen
 Im großen Reich der Geisterwelt.

6.

Bei dem Grabe der Frau Kronenwürthin in Kelmünz, die im Wochenbette starb.

Melod. IX.

1. Wir schluchzen im klagenden Tone,
 Und weinen, denn leider! es war
Die Würthin zur goldenen Krone
 Beerdiget hier in der Bahr.
Sie war in der Hoffnung; es rückte
 Die Stunde heran, und sie war
Voll schrecklicher Ahnung, und blickte
 Entgegen der Lebensgefahr.

2. Sie fühlte die heftigsten Wehen,
 Und seufzte entgegen der Lust,
Den lebenden Säugling zu sehen
 An ihrer ernährenden Brust;

Doch leider! sie mußte empfinden
  Der Wehen vereitelten Schmerz,
Und sah die Erwartung verschwinden:
  Zu drücken den Säugling ans Herz.
3. Man harrte zwei schreckliche Tage
  Mit sichtlicher Lebensgefahr,
Weil immer die widrige Lage
  Des Kindes nicht förderlich war;
Man hollte daher zur Vollendung
  Die Hülfe des Arztes herbey,
Er machte die künstlichste Wendung,
  Die nöthig zur Förderung sey.
4. Man pflöckte durch schmerzliches Wenden
  Mit nichten die köstliche Frucht;
Es wurde mit kräftigen Händen
  Umsonst die Entbindung versucht;
Man brauchte die Hülfe der Zange,
  Wozu man genöthiget war;
Da lief in dem heftigen Zwange
  Das Leben des Kindes Gefahr.
5. So war es gewaltsam gebohren,
  Doch gieng in der helfenden Hand
Das Leben des Kindes verlohren,
  Noch eh es den Lebenshauch fand.
So wurde die Mutter entbunden
  Indem sie gewaltsam gebahr,
Und glaubte: es wäre verschwunden
  Die eigene Lebensgefahr.
6. Doch leider! kaum eilte vorüber
  Ein Hoffnung versprechender Tag,

Als sie schon, vom heftigsten Fieber
　　Ergriffen, im Wochenbett lag:
Man hat ihr, zu retten ihr Leben
　　Beständig die beßte Arznei
Mit ängstlicher Sorge gegeben,
　　Und hoffte Genesung dabei.
7. Doch ward es in kurzer Zeit schlimmer,
　　Und größer die Lebensgefahr,
Bis endlich verschwunden auf immer
　　Die Hoffnung zur Besserung war:
Sie fühlte die heftigsten Schmerzen
　　Mit immer vergrösserter Wuth;
Es stockte im bebenden Herzen
　　Das heftig entzündete Blut.
8. Sie ahnte ihr nahendes Ende,
　　Und legte den ehlichen Ring
Dem zitternden Mann in die Hände
　　Der ihn unter Thränen empfieng,
Und sagte: nimm wieder zurücke
　　Das Zeichen der ehlichen Treu,
Damit es dir wieder zum Glücke
　　Bei deiner Verehlichung sey.
9. Erziehe mit schonender Güte
　　Thereschen, das liebliche Kind,
In derer so sanftem Gemüthe
　　Die Keime der Tugenden sind;
Vergiß auch der Mutter zu pflegen
　　Im traurigen Wittwestand nicht,
Und weiche nicht ab von den Wegen
　　Der Tugend und christlichen Pflicht.

10. Vergiß auch der Waisen und Armen
 Bei deinem Vermögen doch nicht,
Dann findest du sicher Erbarmen
 Beim göttlichen Gnadengericht.
Dann wirst du im Guten bestehen,
 Und glücklich seyn schon in der Zeit;
Dann hoff ich dich wieder zu sehen
 Im Reiche der ewigen Freud.

11. Nun both sie zum Abschied dem Gatten,
 Dem Kind und der Mutter die Hand;
Als diese ergriffen sie hatten,
 So schlug sie zum sichern Pfand
Die Hände derselben zusamen
 Zum treuen und ewigen Bund,
Bis heftige Zuckungen kamen
 Zu schliessen den sterbenden Mund:

12. Die glüenden Wangen verblichen,
 Die Kräften erlagen dem Schmerz,
Bis daß sich, von tödtlichen Stichen
 Verwundet, verblutet ihr Herz;
Der Athem erstarb in der Kehle,
 Es welkte der grauende Blick,
Es floh die belebende Seele,
 Und kehrte zum Schöpfer zurück.

13. Am Bette der Sterbenden stehen
 Der Gatte, die Mutter, das Kind;
Sie wollen vor Leiden vergehen,
 Und weinen beinahe sich blind:
Sie nahen sich ihr, und umklammern

Die Leiche verblichen im Tod,
Und schreien und klagen und jammern,
Und sind von Verzweiflung bedroht.
14. Das liebliche Töchterchen schlinget
Die goldenen Locken in Flor,
Und heftiger Klageruf schwinget
Sich hoch in die Lüfte empor;
Sie folgen mit brechenden Füssen
Der schätzbaren Leiche zum Grab,
Und über ihr Angesicht fliessen
Die häufigsten Thränen herab.
15. Doch tröstet euch über ihr Sterben,
Du Mutter und Vater und Kind!
Weil alle das Himmelreich erben,
Die gütig und tugendhaft sind;
Sie war ja beständig bereitet
Durch Wohlthun und Tugend zum Tod,
Und gründliche Hoffnung begleitet
Sie sicher hinüber zu Gott.
16. O sehet die Thränen der Armen,
Der Wittwen und Waisen doch an,
Und was sie voll milden Erbarmen
Denselben hier Gutes gethan;
Dort wird sie nun sicher empfangen
Für diese Wohlthaten den Lohn,
Und ewiges Leben erlangen
Bei Gottes allgnädigem Thron.
17. Und gönnet dem Kinde den Himmel,
Den Jesus den Kleinen verhieß,

Noch eh es vom Erdengetümmel
 Zur Sünde verführen sich ließ.
Seyt immer durch Tugend bereitet
 Zu einem glückseligen Tod,
Damit ihr am Ende erbeutet
 Das ewige Leben in Gott.

18. Nun ruhe, geliebteste Schwester!
 Im Frieden und ewigem Heil,
Denn nun ist der Himmel dein beßter,
 Auf ewig erworbener Theil;
Bald werden wir wieder dich sehen
 Im seligen Geisterverein,
In jenen erhabenen Höhen,
 Und deiner uns ewig erfreun.

7.
Bei dem Grabe des Hrn. Benedikt Dilger, Grabenmüllers bei Berkheim.

Melod. V.

Tiefe Trauer fühlen unsre Seelen
Bei dem Grab des edlen Mannes hier.

1. Ach zu früh für seine Lieben
 War der Tod ihm vorgeschrieben,
Und in tiefer Trauer klagen wir.

2. Ja bei seiner jungen Leiche
 Jammern Arme, klagen Reiche,
Denen er so vieles Gute gab.

3. Denn er war der Waisen Vater,
   Und der Wittwen Schutz und Rather,
Und der Schwachen ungebeugter Stab.

4. Alle Leiden zu versüssen,
   Wischte er, wo Zähren fliessen,
Sie mit liebevollen Händen ab.

5. Ach und doch! wie früh und plötzlich
   Brach im Tod, wie unersetzlich!
Seines Erdelebens Wanderstab.

6. Zwar er athmete schon lange
   Schwer, und immer klopfte bange,
Und beklommen sein so edles Herz,

7. Und er sah nicht ohne Beben
   In Gefahr sein junges Leben;
Doch er sah voll Hoffnung himmelwerts.

8. Ja schon lange trug mit Schmerzen
   Er den Todeskeim im Herzen,
Und er fieng sich zu entwickeln an.

9. Zwar die Hoffnung zum Genesen
   Ist noch unser Trost gewesen,
Nach der weisen Aerzte Heilungsplan.

10. Aber ach! in zehn Sekunden
    War sein Leben schon verschwunden,
Und sein Geist erhob sich himmelwerts.

11. O, und welche tiefen Wunden
    Hat in Innersten empfunden
Seiner Freunde mitleidvolles Herz!

12. Alle, die ihn kannten, weinen
    Laut um ihn, und finden keinen,
    Ach! sie finden keinen Trostesgrund;

13. Als: weil er die Tugend übte,
    Gott und seinen Nächsten liebte,
    Stand er stets mit Gott im Gnadenbund.

14. Ihm ist also wohl gegangen,
    Weil er nun nach tausend bangen
    Leidensstunden wahre Ruhe fand;

15. Sicher wird er nun dort oben
    Gottes Weisheit ewig loben
    Dort in unserm wahren Vaterland.

16. Denn nicht ohne Gottes Leitung,
    Und nicht ohne Vorbereitung,
    Schlief er ein in sanfter Todeshand.

17. Dieses also soll uns trösten:
    Daß er dort bei den Erlößten
    Jesum, seinen Richter, gnädig fand.

18. Und in jenen sel'gen Höhen
    Werden wir ihn wieder sehen;
    Seine Tugend ist das Unterpfand.

19. Wenn auch wir das Gute üben,
    Dann belohnet sicher drüben
    Für die Tugend uns des Richters Hand.

8.
Bei dem Grab eines Jünglings, der sich zu tod tanzte.
Melod. I. XVI.

1. In diesem neuen Grabe ruht
 Ein hoffnungvoller Junge,
Und seiner Eltern Schmerzenwuth
 Beschreibet keine Zunge;
Denn ach! er war ihr einz'ger Sohn,
Und modert nun im Grabe schon,
 Und ist für sie verlohren.

2. Er war in vollster Lebenskraft,
 Im schönsten Jugendglanze,
Jedoch ein Sklav der Leidenschaft
 Zur wilden Lust im Tanze:
Er tanzte nun am Kirchweihfest
So heftig, daß er sich den Rest
 Der Lebenszeit verkürzte.

3. Denn ach! er tanzte so geschwind
 Dahin in Langauszügen,
Als durch den Zug von Sturmeswind
 Die leichten Schwalben fliegen;
Allein der Mensch ist keine Schwalb
Die fliegen kann, und dessenthalb
 Auch nicht gemacht zum Fliegen.

4. So tanzte vierzehn Stunden lang,
 Wie toll, der arme Junge,
Und wie vom Sturm getrieben drang

Das Blut durch seine Lunge;
Der Athem wurde schnell und kurz,
Und drohte mit dem Blutessturz
    Aus angestrotzten Adern.

5. So tobte sein gepeitschtes Blut,
    Die braunen Wangen glüten,
Die Augen funkelten wie Glut,
    Als wenn sie Funken sprühten,
Der ganze Leib zerfloß in Schweiß,
Die Zunge wurde brennend heiß,
    Und lechzete nach Kühlung.

6. Da trank er nun nach Sättigung
    Getränke voll der Kälte,
Was in der abgekühlten Lung
    Das Blut im Laufe stellte;
Da sank er nun in Ohnmacht hin,
Und ach! sein junges Leben schien
    Auf ewig schon verschwunden.

7. Man brachte ihn durch Mittel zwar
    Zu sich in ein'gen Stunden;
Allein was halfs? auf immer war
    Sein Lebensglück verschwunden,
Verschwunden der Gesundheit Lust;
Denn es entstand in seiner Brust
    Ein unheilbarer Husten.

8. Er brauchte zwar der Mittel viel,
    Und hoffte zu genesen,
Doch was er nahm zu diesem Ziel,
    Ist ohne Frucht gewesen;

Sein Körper zehrte langsam ab,
Und stürzte ihn ins frühe Grab,
    Den sonst so starken Jüngling.

9. Umsonst ertönt an seinem Grab
    Der Eltern lautes Klagen;
Gebrochen ist ihr einz'ger Stab
    In ihren alten Tagen:
Sie weinen sich die Augen roth,
Und wünschen sehnlich ihren Tod,
    Als ihre letzte Zuflucht.

10. So gehts der Jugend leider heut
    Noch oft bei ihren Tänzen,
Die ohne Ziel und Mäſſigkeit
    An baaren Unsinn grenzen;
Denn nur ein Thor voll blinder Wuth
Kann so mit leichtsinnvollem Muth
    Dem Tod entgegen tanzen.

11. Es tanzen zwar die Weisen auch,
    Doch nur sich langsam drehend,
Sie tanzen mit Vernunftgebrauch,
    Und nur vorübergehend,
Und prägen uns die Lehre ein:
Beim Tanzen muß man mäſſig seyn,
    Als wie in allen Dingen.

12. Wenn du daher zum Tanze gehst,
    O leichtsinnvolle Jugend!
Und ohne Vorsicht bist, so stehst
    Du in Gefahr der Tugend;
Und ach! du schwebest offenbar

Mit Leib und Leben in Gefahr,
  Wie mit dem Heil der Seele.

13. Sey also mässig jederzeit
  In dem Genuß der Freuden,
Denn Freuden ohne Mässigkeit
  Verwandeln sich in Leiden;
Und ach! du würdest es zu spät,
Wenn jede Lust der Welt vergeht,
  In Ewigkeit bereuen.

14. Nun lasst uns dem Unglücklichen
  Noch eine Thräne weihen,
Zu Gott aus Bruderliebe flehn:
  Er möchte ihm verzeihen,
Was er gethan aus Unverstand,
Und ihm ins wahre Vaterland
  Den Eingang nicht verschliessen.

9.
Bei dem Grab eines Mädchens, das sich zu tod tanzte.
Melod. XVI. I.

1. Wir stehn verhüllt in Trauerflor
  An diesem Grab, und beben;
Denn ach! in wildem Tanz verlohr
  Ein Mädchen hier sein Leben;
Sie starb aus Unvorsichtigkeit,
Weil sie die Tanzeslust zu weit
  In blinder Wuth getrieben.

2. Sie war bei einem Hochzeitmahl
    Von einem Anverwandten;
Da gab es Menschen ohne Zahl
    Von Freunden und Bekannten,
Da wollte jeder Bursche nun,
Der tanzen kann, drei Tänze thun
    Mit diesem schönen Mädchen.
3. Sie wagte schanderhalb es nicht,
    Es einem abzuschlagen;
Auch ward ihr schönes Angesicht
    Dabei zur Schau getragen,
Auch tanzte sie so prächtig, daß
Die Tochter der Herodias
    Nicht schöner tanzen konnte.
So tanzte sie mit Heftigkeit
    Voll Wonne und Entzücken,
Und ließ dem Athem keine Zeit,
    Und wollte fast ersticken,
Denn ach! sie tanzte so geschwind,
Als wie mit seiner Braut der Wind.
    In einem Wirbeltanze.
5. Da war ohn' Unterlaß von Schweiß
    Ihr Leib und Kleid durchdrungen,
Und ihr Geblüt rann glüend heiß
    Durch die empörten Lungen,
Die Wangen glüten purpurroth,
Und aus entflammten Augen droht
    Ein Blitz herauszufahren.
6. Doch tanzte sie ohn' Unterlaß
    Wie rasend und von Sinnen,

Als wäre dieß der größte Spaß,
  Um Alles zu gewinnen,
Und hatte so die ganze Nacht
In wildem Tanze zugebracht,
  Dem Tod entgegen tanzend.

7. Sie machte endlich sträubend los
  Sich aus dem Arm der Tänzer
An Kopf und Hals und Armen blos,
  Und unterm Arm den Spenzer,
Und in den kalten Sturm hinaus,
Und eilte ganz vergnügt nach Haus,
  Im Bette auszuruhen.

8. Jedoch, schon unter Wegs begann
  Es heftig sie zu frieren,
Sie zog daher den Spenzer an,
  Die Kälte nicht zu spüren:
Allein sie war des Fiebers Raub,
Und zitterte wie Espenlaub,
  Und knirschte mit den Zähnen.

9. Sie legte sich ins kalte Bett,
  Und hoffte zu erwarmen,
Nahm ihre Zuflucht zum Gebeth
  Und seufzte um Erbarmen;
Allein sie wurde nicht erhört,
Ihr Wohlbefinden war gestört,
  Verlohren die Gesundheit.

10. Der Fieberfrost, den sie empfand,
  Gieng glücklich zwar vorüber,
Allein im ganzen Leib entstand

Dafür ein heisses Fieber,
Und nahm so plötzlich überhand,
Daß man sogleich für nöthig fand,
Den Arzt um Hülf zu rufen.

11. Der Arzt erschien, und brachte ihr
Die besten Medizinen;
Sie nahm sie ein mit heisser Gier
Und hoffte Hülf aus ihnen;
Allein da half kein Mittel mehr,
Denn ihr Geblüt war schon zu sehr
Entflammt in Fieberhitzen;

12. Und plötzlich nahm der kalte Brand
In ihren Blutgefässen
Unwiderstehlich überhand,
Und unerachtet dessen,
Was man zu hemmen ihn gethan,
So fuhr er fort auf seiner Bahn,
Und drang ihr schon zum Herzen.

13. Die Zunge wurde starr und schwarz,
Und konnte sich nicht recken,
Der Schleim im Schlunde zäh wie Harz,
Und blieb im Halse stecken,
Das Angesicht ward braun und blau,
Und aufgedunsen stier und grau
Die sonst so holden Blicke.

14. Da starb ihr letzter Athemzug
Im kalten Todesfächeln,
Und ach! ihr armes Herze schlug
Im letzten Hauchesröcheln;

Erstorben ist ihr Augenglanz,
Und ihres Lebens wilder Tanz
 In Todestanz verwandelt,

15. Um ihre starre Leiche stehn
 Die Eltern und Geschwistern,
Wo sie vor Leiden fast vergehn,
 Die ihr Gemüth verdüstern,
Und senken auf ihr frühes Grab
Den thränenvollen Blick hinab,
 Aus dem sie es befeuchten.

16. Jedoch es glänzt ein Hoffnungstrahl
 Der ihren Schmerz versüsset:
Sie hab durch ihre große Qual
 Für ihre Schuld gebüsset,
Und durch den Tod, durch ihre Schuld
Herbeigeführet, Gottes Huld,
 Und Seligkeit gefunden.

17. O möchte doch ihr Beispiel uns
 Des Besseren belehren:
Daß wir die Absicht unsres Thuns
 Und Lassens nie verkehren,
Und nie, was unser Lebensziel
Verlängern soll, im Lustgefühl
 Durch Uibermaß verkürze.

18. Nun ruhe sanft, Unglückliche!
 In deinem frühen Grabe,
Wir hoffen, daß in jener Höh
 Dir Gott verziehen habe,

Was du aus Unvorsichtigkeit
Gethan, und bitter schon bereut,
Und dich verschonen werde.

―――――

10.
Bei dem Grab eines talent- und hoffnungvollen Mädchens, das am Gelenkübel starb.
Melod. II.

1. In diesem düstern Grabe modert
   Der Leib von einer Martyrin;
Sie gab, vom Höchsten abgefodert,
   Ihr junges Leben willig hin,
Und starb am zwanz'gsten Januar,
   Nicht älter als nur sechzehn Jahr.

2. Sie war voll edler Herzensgüte,
   Voll Tugendsinn und Folgsamkeit,
Und welkte hin in zarter Blüthe
   Noch in der Unschuld weissem Kleid,
Weil sie sich ohngefehr bewegt,
   Und so ein Hüfteband verstrekt.

3. Sie konnte also nicht mehr stehen
   Auf dem gelähmten Fuß, und ach!
Nur langsam noch auf Krücken gehen,
   Und ward am ganzen Leibe schwach,
Weil aus dem ausgedehnten Band
   Der Hüfte jede Kraft verschwand.

4. Man suchte wieder einzulenken
   Das ausgestreckte Hüfteband,
Und alle Mittel auszudenken,
   Worin man Rettungshoffnung fand;
Man schnitt und brannte bis aufs Bein
   Ins kranke Hüftgelenk hinein.

5. Daraus entstanden große Wunden,
   Mit namenloser Schmerzenwuth,
Und doch! kein Mittel war gefunden,
   Zu dämpfen ihre Leidenglut,
Vergebens schnitt den Wundengrund
   Des Arztes Messer öfter wund.

6. So lag sie auf dem Schmerzenlager
   Wie auf der Folter ausgespannt,
Und ward wie ein Skelet so mager,
   Und jeder Hoffnungstrahl verschwand,
Der freundlich ihr bisher gelacht,
   In hoffnungloser Leidensnacht.

7. Sie mußte nun beständig liegen,
   Und lag die dürren Lenden wund,
Und ihre Qual und Leiden stiegen
   Mit jedem Tag, mit jeder Stund,
Weil sie, von Schmerzen schlaflos, Tag
   Und Nacht auf wunden Knochen lag.

8. Es wurden wund sogar die Hände,
   Die sie zur Lindrung unterschob,
Sie glich am ganzen Leib am Ende
   Dem großen Marterbilde Job,
Den Gott mit tausend Wunden schlug;
   Und ach! es war noch nicht genug.

9. Man hatte, ihre Qual zu lindern,
　　Ein Mittel noch versucht zuletzt,
Und sie, um ihren Tod zu hindern,
　　Ins heisse Jordanbad gesetzt;
Allein die Absicht war verfehlt,
　　Und sie umsonst noch mehr gequält.

10. Doch litt sie alle diese Schmerzen
　　Mit wahrhaft christlicher Geduld,
Und bath, mit liebevollem Herzen,
　　Um Gottes weise Vaterhuld,
Und trug der Schmerzen höchste Wuth
　　Drei Jahre lang mit Heldenmuth.

11. So schwand der Hoffnung letzter Schimmer,
　　Die sie zu der Genesung trug;
Vergebens war ihr Klaggewimmer,
　　Bis ihre letzte Stunde schlug,
Und nur der bittre Tod allein
　　Erlößte sie von ihrer Pein.

12. Am Ende kam die Todeskunde
　　Von Gott in ihr entzücktes Ohr,
Sie sagte ihre Sterbestunde
　　Nach vier und zwanzig Stunden vor,
Und wirklich, wie gesagt ihr Mund,
　　Kam pünktlich ihre Todesstund.

13. In ihren abgezehrten Gliedern
　　War stumpf die Schmerzempfindungskraft,
Und in den welken Augenliedern
　　Versiegt der bittre Thränensaft;

Sie hob den ausgeweinten Blick
 Voll Sehnsucht nach dem Himmelsglück
14. Noch nahm sie auf die große Reise,
 Entflammt in heißer Liebe Glut,
Die einzig wahre Seelenspeise
 In des Erlösers Fleisch und Blut:
So schlief im Arm des Todes ein
 Die Josephine Löwenstein.
15. Drum tröstet euch an ihrem Grabe,
 Ihr Eltern und Geschwistrigen!
Und denkt, daß sie gefunden habe
 Die wahre Ruh in jenen Höhn,
Wo Gott der Tugend ihren Lohn
 Ertheilt an seinem Gnadenthron.
16. Ihr Beispiel aber soll uns lehren
 Im Leiden voll Geduld zu seyn,
Und keine Zuversicht zu nähren,
 Als nur auf Gottes Huld allein,
Die allen frommen dort verleiht
 Die ewige Glückseligkeit.

II.
Bei dem Trauergottesdienst für einen jungen Krieger.
Melod. IV.

1. Dort liegt im schönsten Alter
 Keßler Dominickus,
Wo er in Todes kalter
 Umarmung modern muß,

2. Schon zweimal zog er gerne
 Ins Lager und ins Feld,
Nun ruht er in der Ferne,
 Der tapfre Kriegesheld.
3. Er diente seinem König
 Und Vaterlande treu,
Den Obern unterthänig,
 Und blieb ein Christ dabey.
4. Er kam daher in Dienste
 Bei einem Offizier,
That Alles, was er wünschte,
 Und war beliebt dafür.
5. Er folgte ohne Klagen
 Treu seinem Pflichtenruf;
Da wurde er geschlagen
 Von einem Pferdtehuf.
6. Das Uibel schien zu weichen,
 Die Wunde heilte zu,
Doch war aus seinen Weichen
 Verschwunden jede Ruh.
7. In seinen Eingeweiden
 Entstand der heisse Brand,
Es nahmen seine Leiden
 Und Schmerzen überhand.
8. Es schwanden alle Kräften,
 Er sank aufs Lager hin;
Für ihn war in den Säften
 Der Mittel kein Gewinn.

9. Er mußte unterliegen
 In Zuckungen und Krampf,
Und in den letzten Zügen
 Begann der Todeskampf.

10. So starb in Todes Armen
 Der junge Kriegesheld,
Und mußte ohn' Erbarmen
 Hinaus aus dieser Welt.

11. Allein er ist verschieden
 Als wahrer Tugendheld,
Und fand den wahren Frieden
 In Gottes Himmelszelt.

12.
Bei dem Grabe einer vortreflichen Sängerin, die an der Kolera starb.
Melod. II.

1. Dort modert Rittler Katharine;
 Die holde Sängerin entschlief
Mit hoch entzückter Engelsmiene,
 Als Gottes Vaterstimme rief:
Komm her in meinen Sängerkohr,
Und sing mir deine Lieder vor.

2. Sie war die Tochter des gewandten
 Schullehrers in dem Orte Pleß,
Des exzellenten Musikanten,

Der gründlich sie gelehret es,
Was Musik ist, und Singen heißt,
Und was entzückt des Menschen Geist.

3. Sie hatte eine sanfte Kehle,
Und einen reinen Silberton,
Und sang entzückt mit Leib und Seele
In ihrer zarten Jugend schon,
Und übte fleissig sich darin,
Und ward die beßte Sängerin.

4. Sie traf die fernesten Distanzen,
Sang tief hinab und hoch hinauf,
Und löste alle Dissonanzen
In schönste Harmonien auf,
Und, hörend ihre Arien,
Blieb Jedermann bezaubert stehn.

5. Wenn sie im Gott geweihten Hause
Zu Gottes Ruhm und Ehre sang,
Und ihr Gesang nach kurzer Pause
Von serner Wölbung widerklang,
So wars, als sängen ihr durchs Tach
Der Kirche Gottes Engel nach.

6. Und wenn in einem Liederkranze
Ihr kräftiger Diskant erscholl,
So übertönte er das Ganze
In weiter Ferne, wie er soll,
Und hielt den ganzen Kohr exakt
Im reinsten Ton, und strengsten Takt.

7. Wenn sie mit ihrer sanften Kehle
    Gefühlvoll eine Solo sang,
Und ihre reingestimmte Seele
    Durch alle Töne widerklang,
So lauschte jedes Kennerohr,
    Von Seligkeit entzückt, empor.

8. Sie übertraf die Philomele
    Mit ihrem schmelzenden Gesang,
Und stritt mit ihrer Zauberkehle
    Mit Katalanium den Rang,
Und sang voll Kraft und Majestät
    Mit Maras Virtuosität.

9. Und o! ich finde keine Worte
    Zu schildern die Prezision,
Womit sie dem Pianoforte
    Entlockte seinen Zauberton,
Und Eß und Fiß, und moll und dur,
    War ihr zum leichten Spiele nur.

10. Und wenn der Guittar straffe Saiten
    Mit schnellen Fingern sie durchlief,
Um ihre Lieder zu begleiten,
    Wie rührte sie das Herz so tief!
Und wenn sie immer sang und schlug,
    Bekam der Hörer nie genug,

11. Doch es hierin so weit zu bringen
    War es bei ihr Natur und Kunst,
Und ihre Fertigkeit im Singen
    Erwarb ihr jedes Kenners Gunst,

Kein Wunder nun, wenn ihr Gesang
Bis in die Residenzstadt drang.

12. Sie wurde nun dahin berufen,
Vor allen andern auserwählt,
Und auf des Hoftheaters Stuffen
Als erste Sängrin angestellt,
Und ihre große Kunst bezahlt
Mit einem prächtigen Gehalt.

13. Auf einmal kam mit schwarzem Siegel
Ein Brief bei ihren Eltern an,
Worin sie wie in einem Spiegel
Von aussen schon den Inhalt sahn;
Sie öffneten mit Zittern ihn,
Und ach! was lasen sie darin?

14. Es habe ihre Katharine
Die Kolera in beßter Kraft,
Und trotz der beßten Medizine,
In sieben Stunden hingerafft,
Und daß sie sanft in Gott entschlief:
So lasen sie in diesem Brief.

15. Man denke sich der Eltern Schmerzen
Bei diesem schrecklichen Bericht!
Die Pulse stehn in ihrem Herzen
Vor Schrecken, und ihr Auge bricht
In einem heissen Thränenbach,
Und laut ertönt ihr Weh und Ach!

16. Allein umsonst sind ihre Klagen;
Es hat, ohn' alle Wiederkehr,
Der Tochter letzter Puls geschlagen;

Ihr theures Kind, es ist nicht mehr:
Es ist verlohren für die Zeit,
Doch nicht auch für die Ewigkeit.

17. In München liegt ihr Leib begraben,
Jedoch nicht auch zugleich ihr Geist,
Der sich mit allen seinen Gaben
Dem athemlosen Leib entreißt,
Und sich, von Gottes Hauch belebt,
Ins Reich der Seligkeit erhebt.

18. Mag sie daher dem Weltgetümmel
Durch ihren Tod entrissen seyn;
Sie lebt dafür im Reich der Himmel
Im ewig seligen Verein,
Von keiner Trennung mehr bedroht,
Mit allen Heiligen und Gott.

19. Denn immer war ihr Seelenadel
Durch keine Sündenschuld befleckt,
Und ihr Betragen ohne Tadel,
Bis sie aufs Lager hingestreckt,
Bereitet auf des Todes Loos
Ihr tugendhaftes Leben schloß,

20. Sie hätt' vielleicht auf dem Theater,
Das oft der Sünde Gift versüßt,
Die Herzensunschuld in zu spater
Verzweiflung schmerzlich eingebüßt,
So, daß die Kolera sogar
Für ihre Seele besser war.

21. Nun ist ihr Geist zu Gott erhoben,
Gezieret mit der Jungfernkron,

Und wird die Liebe Gottes loben
  Mit hochentzücktem Jubelton,
Der aus dem eitlen Lebenstanz
  Sie flocht in seinen Liederkranz.

13.
Bei dem Grabe des Jünglings Johannes Keller, der von Raubmördern erschossen wurde.

Melod. VI.

1. Mit welchem Schmerz erfüllet uns die Leiche,
    Die dieser neue Grabeshügel deckt;
  Denn ach! sie wurde, wie vom Sturm die Eiche,
    Von Mörderhänden plötzlich hingestreckt.
  Noch lebhaft steht die blutige Geschichte
    Vor unserm starren thränenvollen Blick,
  Wo zween der allergrösten Bösewichte
    Dem Jüngling raubten seines Lebens Glück.

2. Der Sohn von einem Handelsmanne kehrte
    Mit dem Erlös zurück bei schwarzer Nacht;
  Da gieng der Knecht, wie es der Herr begehrte,
    Entgegen ihm, auf seinen Schutz bedacht;
  Er setzte sich dem Sohne an die Seite;
    So fuhren sie getrost der Heimath zu:

Indessen laurten auf die schöne Beute
 Die Mörder schon versteckt in Nacht und
 Ruh.

3. Und als sie endlich auf die Stelle kamen,
 Die sich zur That ersah die Mörderbrut,
Wie bebten sie, als leise sie vernahmen:
 Er ists — er ist es nicht — er ist es — ja! —
Auf einmal drückten ihre Feuerwaffen
 Die Mörderhände los auf Knecht u Sohn,
Um sich die Beute leichter zu verschaffen:
 Allein die Pferdte flohen scheu davon.

4. Die auf den Sohn gezielte Kugel prellte
 Zurück von einem Eisenstab im Sitz;
Allein die auf des Knechtes Leib gefällte
 Durchbohrte seine Brust, als wie der Blitz;
Er sank dem Sohne blutend in die Arme,
 Und lispelte mit blutgedämpftem Ton:
O daß Gott meiner gnädig sich erbarme!
 Ich bin getroffen! ach! ich sterbe schon.

5. So brachte ihn der Sohn in Todeswehen
 In schnellster Pferdteflucht nach Altenstadt;
Man eilte, sich um Hülfe umzusehen,
 Allein des Arztes Hülfe kam zu spat;
Das Blut entquoll in Strömen seinem Herzen,
 Sein Angesicht verblich in Todesfarb,
Er unterlag den mörderischen Schmerzen
 Und neigte sanft sein welkes Haupt, und
 starb.

6. Allein er war zu seinem Lebensende
 Durch Frömmigkeit und Tugend stets bereit,
Empfieng die heil'gen Sterbsakramente,
 Und starb mit gänzlicher Ergebenheit,
Und bath für seine Mörder noch um Gnade,
 Wie sterbend Jesus einst am Kreutz gethan,
Und trat die Reise von dem Lebenspfade
 Voll Zuversicht in jenes Leben an.

7. Wir können nun die süsse Hoffnung nähren:
 Er werde guten Tods gestorben seyn,
Und mit der Engel auserwählten Köhren
 Sich ewig nun dem Lobe Gottes weihen—
Allein er war der Mutter letzte Stütze,
 Die eine Wittwe ist, in jeder Noth,
Und ach! sie fiel von ihrem Wohlstandsitze
 Zur Dürftigkeit herab durch seinen Tod.

8. Und nun! wer soll vertretten seine Stelle?
 Wer unterstützen sie mit Rath und That?
Als du, den an des Todes schmaler Schwelle
 Die Vorsicht wunderbar gerettet hat.
Drum danke Gott, und sey statt dieses Mannes
Der Wittwe Schutz in diesem Jammerthal,
Bedenk: wie seine Mutter dem Johannes
 Zum Schutze Jesus sterbend anbefahl. —

9. Und nun ihr Mörder! — Zwar ihr seyt entflohen,
 Und lebet sicher in Verborgenheit;
Allein was nützt es euch? Denn euch bedrohen
 Gerechte Strafen in der Ewigkeit.

Und wißt: es ist ja nichts so klein gesponnen,
Es kommt am Ende noch ans Tageslicht;
Und wenn auch nicht! was habet ihr gewonnen?
Der HölleStraf entgehn die Mörder nicht.

10. Und ach! was konnte, Brüder! euch ver-
leiten
Zu dieser unerhörten Frevelthat?
Als nur die Hoffnung: Schätze zu erbeuten,
Die aber schändlich euch betrogen hat.
Und wenn ihr auch die ganze Welt gewinnet,
Was nützt es euch, wenn euch derTod befällt?
Und ihr der ew'gen Strafe nicht entrinnet,
Die Gottes Hand für euch bereitet hält.

11. Laßt uns daher die Binde der Verblendung
Herab von unsern Geistesaugen ziehn,
Und Habsucht, Geiz, und thörichte Ver-
schwendung,
Und Müssiggang, und alle Laster fliehn,
Mit dem, was Gottes Vorsicht uns gegeben,
Zufrieden seyn; dann haben wir genug,
Denn wird Gott einst zur Seligkeit erheben
Auch unsern Körper aus dem Aschenkrug.

———————

14.
Bei dem Grabe eines alten Reichen.
Melod. XVII.

1. Hier beben wir zurücke
 Vor diesem neuen Grab,
Und senken unsre Blicke
 In tiefer Traur hinab:
Denn es verschliesst die Hülle
 Von einem alten Mann,
Der in des Reichthums Fülle
 Vollendet seine Bahn.

2. Er setzte sein Vertrauen
 Auf Ehre Lust und Geld,
Und blieb nicht ohne Grauen
 Als ihn der Tod befällt;
Denn leider! itzt erblickte
 Er ihre Eitelkeit,
Und ach! der Tod entrückte
 Ihm jede Lust und Freud.

3. Er war voll Angst und Beben
 Und merkte die Gefahr,
Worin das ew'ge Leben
 Von seiner Seele war;
Er that daher bei Zeiten
 Auf diese Welt verzicht,
Um sich noch zu bereiten
 Zum Tode, zum Gericht.

4. Er suchte seinen Sünden
    Mit reuevoller Brust,
Und hoffte noch zu finden
    Des Himmels höchste Lust,
So gab er voll Vertrauen
    Sein Erdenleben hin;
Gott ewig anzuschauen
    War sicher sein Gewinn.

5. Wir können also hoffen:
    Daß er noch Gnade fand,
Als ihn der Tod getroffen,
    Und ihm die Welt verschwand.
Laßt uns daher verzichten
    Auf Ehre Lust und Geld,
Und stets die Augen richten
    Nach jener bessern Welt.

6. Gesetzt: ein Mensch besitze
    Das Reich der ganzen Welt,
Was wär es ihm wohl nütze,
    Wenn ihn der Tod befällt?
Und dennoch trachten Viele
    Nach Geld und Gut allein,
Und glauben schon am Ziele
    Im Uiberfluß zu seyn.

7. Das Herz des Geizgen, Blinden
    Hängt fest an dieser Welt,
Beflecket sich mit Sünden,
    Und hofft auf Gut und Geld:
Doch unvermuthet kündet

Ein Todesboth sich an,
Und wie ein Rauch verschwindet
Der Habsucht falscher Wahn.

8. Er wird im Erdenglücke
Vom Tode hingerafft,
Und steht mit starrem Blicke
Am Thron der Rechenschaft.
Wie will er nun bestehen
Beim göttlichen Gericht?
Denn Gott erhört das Flehen
Der Unbekehrten nicht.

9. Nur wahre Büßer finden
Einst Gnade beim Gericht,
Die sich der Welt entwinden,
Eh noch ihr Auge bricht.
Laßt uns daher verfluchen
Den Sklavendienst der Welt,
Und Gottes Reich nur suchen,
Das ewig nicht zerfällt.

15.
Bei dem Grabe einer Frau, die auszehrte.
Melod. V.

Tiefe Trauer füllet unsre Seelen
Bei dem Grabe unsrer Schwester hier.

1. Ach zu früh für ihre Lieben
War der Tod ihr vorgeschrieben!
Und in tiefer Trauer klagen wir.

2. Für des Wohlbefindens Freuden
   Mußte sie schon lange leiden,
   Und es ward ihr kein Ersatz dafür.

3. Eine schwere Leidenkette
   War ihr hartes Krankenbette
   Welche erst in Todes Händen brach.

4. Zwar sie brauchte Medizinen,
   Welche ihr zu helfen schienen,
   Doch es folgte keine Hülfe nach,

5. Grössre Schmerzen kamen wieder
   Und durchwühlten alle Glieder,
   Doch sie litt es Alles mit Geduld;

6. Ihre Hoffnung zur Genesung
   Wurde Sehnsucht nach Erlösung,
   Und nach Gottes grenzenloser Huld.

7. Endlich nahte ihrem Herzen
   Sich der Tod in Qual und Schmerzen,
   Unter Ohnmacht Zuckungen und Krampf.

8. Immer ward ihr Athem schwächer,
   Und sie trank den Todesbecher,
   Und erlag in diesem schweren Kampf.

9. Doch sie litt die grössten Schmerzen
   Stets mit gottergebnem Herzen,
   Und mit wahrhaft christlicher Geduld,

10. Sie bereute ihre Sünden,
    Und wird sicher Gnade finden,
    Und Verzeihung ihrer Sündenschuld.

11. Und in jenen sel'gen Höhen
 Werden wir sie wieder sehen,
Wenn auch uns berührt des Todes Hand.

12. Denn es währet nicht mehr lange,
 Wirds auch uns im Tode bange,
Und es bricht auch unser Lebensband.

13. Lasst uns also noch bei Zeiten
 Uns zum Tode vorbereiten,
Eh er unvermuthet uns befällt;

14. Ruhig können wir dann sterben,
 Und des Himmels Freuden erben,
Dort im Reiche jener bessern Welt.

16.
Bei dem Grabe eines Mannes, der am Schlagfluß plötzlich starb.
Melod. IV.

1. Mit schaudervollem Beben
 Stehn wir an dieses Grab;
 Da mahlt sich unser Leben
 In einem Spiegel ab;

2. Es eilet schnell und flüchtig,
 Gleich einem Pfeil, vorbey,
 Da sehen wir wie nichtig
 Dieß Erdenleben sey.

3. Und dennoch glauben Viele,
 Getäuscht von Trug und Schein,

Noch fern von ihrem Ziele,
 Von Tod und Grab zu seyn.

4. Sie hången ihre Herzen
 An Ehre Lust und Gelt,
 Bis unter frohen Scherzen
 Auch sie der Tod befallt.

5. Allein wie bald verschwindet
 Des Lebens kurze Frist!
 Und jedes Grab verkündet:
 Daß Alles eitel ist.

6. Dieß lehret uns die Leiche
 Die dieser Hügel deckt;
 Er war mit einem Streiche
 Vom Tode hingestreckt.

7. Doch war er jede Stunde
 Zum gåhen Tod bereit,
 Und stets mit Gott im Bunde
 Durch wahre Frömmigkeit.

8. Obwohl er gåh gestorben,
 So hat er doch gewiß
 Die Seligkeit erworben
 Im Himmels Paradieß.

9. Seyt also weis, und strebet
 Nach Gütern jener Welt,
 Damit ihr ewig lebet,
 Wenn euch der Tod befällt.

17.
Bei dem Grabe einer alten ehrwürdigen Würthin.
Melod. IX.

1. Hier modert, versenkt in der Bahre,
   Die Leiche der Marianna Merk,
Die endlich im achtzigsten Jahre
   Vollendet hienieden ihr Werk.
Wie bog ihr gebrechliches Alter
   Den schwächlichen Körper so tief,
In welchem sie endlich in kalter
   Umarmung des Todes entschlief.

2. Es hatte an leiblichen Kräften
   Ihr leider! schon lange gefehlt,
Es war von verdorbnen Säften
   Ihr kränklicher Körper gequält;
Sie wehrte sich lange noch gegen
   Die drohende Lebensgefahr,
Bis daß sie sich nieder zu legen,
   Durch Schwäche genöthiget war.

3. Sie wälzte auf schmerzlichem Lager
   Beinahe drei Monate sich,
Bis, wie ein Gerippe so mager,
   Sie endlich im Tode verblich;
Da mußte sie leiden unsäglich,
   So lang es dem Höchsten gefiel,
Und sehnte sich immer so kläglich
   Nach ihrem erlösenden Ziel.

4. Doch litt sie die heftigsten Schmerzen
   Mit immer vermehrter Geduld,
Und seufzte mit liebendem Herzen
   Nach Gottes erbarmender Huld;
Sie hatte sich gänzlich ergeben
   In seinen allweisen Beschluß,
Und hoffte das ewige Leben
   Im himmlischen Freudengenuß.

5. Auch hatte sie würdige Früchte
   Aufrichtiger Buße gebracht,
Und fröhlich dem hohlen Gesichte
   Des Todes entgegen gelacht,
Und auf die so wichtige Reise
   Ins ewige Vaterland auch
Genossen die himmlische Speise
   In Jesus allgnädigem Hauch.

6. Sie hatte schon lange verzichtet
   Auf allen vergänglichen Tand,
Und immer die Augen gerichtet
   Empor zu dem himmlischen Land;
So hielt sie sich immer bereitet
   Zu einem glückseligen Tod,
Und gründliche Hoffnung begleitet
   Sie sicher hinüber zu Gott.

7. So hörte sie wonnevoll schlagen
   Die Stunde zum tödlichen Kampf,
Und ohne darüber zu klagen
   Erlag sie dem heftigsten Krampf;
Sie kämpfte zehn bittere Stunden

Entgegen der ewigen Ruh,
Und schloß, als ihr Athem verschwunden,
Den sterbenden Thränenblick zu.

8. Wir können uns also getrösten:
Gott habe ihr Sehnen gestillt,
Und der von den Leiden Erlössten
Erwartung im Himmel erfüllt;
Denn sicher gelangen die Frommen
Im Tode zum ewigen Licht,
Und werden zu sehen bekommen
Das göttliche Gnadengesicht.

9. Wohlan denn! wir wollen verzichten
Auf thörichtes Erdengewühl,
Und immer das Augenmerk richten
Auf unser erhabenes Ziel;
Dann möge das Freudengetümmel
Uns rauben der bittere Tod;
Wir kommen dafür in den Himmel,
Und leben dort ewig in Gott.

18.
Bei dem Grabe des Franz Joseph Galler, der zu tod fiel.

Melod. III. XVIII.

1. Ach ach! schon wieder eine Leiche
Durch einen jähen Unglücksfall!
So herrscht im ganzen Lebensreiche

Die Macht des Todes überall;
So droht uns alle Augenblicke
　Der Tod mit seinem Sensenschwung,
Und zieht sich immermehr zurücke,
　Und kennet keine Sättigung.

2. So gieng es diesem armen Manne,
　Den dieser Grabeshügel deckt,
Er ward, wie eine starke Tanne
　Vom Sturme, plötzlich hingestreckt;
Er fiel beinah fünf Manneshöhen
　Herab mit umgekehrtem Haupt,
Und ward, um nicht mehr aufzustehen
　Der Leib- und Seelenkraft beraubt.

3. Er wollte nemlich voll der Liebe
　Dem Nachbar helfen in der Noth,
Und folgte diesem edlen Triebe,
　Weil Jesus dieses ihm geboth;
Er eilte nun mit schnellen Füssen
　Zu dem vom Sturm verletzten Tach,
Um seine Oeffnungen zu schliessen,
　Und dachte nicht mit Vorsicht nach.

4. Da fehlte nun die nöth'ge Helle,
　Doch schritt er unvorsichtig vor
Auf eine nicht mehr feste Stelle,
　Wo er die Unterlag verlohr;
Er glitschte aus, und fiel hernieder
　Auf einen strohbedeckten Ort,
Und diese Stelle warf ihn wieder
　Mit umgekehrtem Leibe fort.

5. So fiel er nun mit Haupt und Stirne
    In felsenfester Tenne auf;
  Da stand in dem zerquetschten Hirne
    Des ausgetrettnen Blutes Lauf,
  Es floß aus Nase Mund und Ohren
    Hervor gleich einem rothen Strahl,
  Und alle Hoffnung war verlohren:
    Er sey zu retten noch einmal.

6. Betäubet blieb er lange liegen,
    Doch kam er noch einmal zu sich,
  Und röchelte in langen Zügen,
    Bis er in Todesfarb verblich.
  Er war jedoch bei guten Sinnen
    Beinahe eine ganze Stund,
  Und trat, Verzeihung zu gewinnen,
    Aufs neu mit Gott in Gnadenbund.

7. Er bath mit reuevollem Herzen
    Gott um Verzeihung Gnad und Huld,
  Und litt die größte Qual und Schmerzen
    Mit wahrhaft christlicher Geduld,
  Empfing mit wahrer Vorbereitung
    Der heil'gen Sakramente Gnad,
  Und überließ sich Gottes Leitung,
    Und wandelte den Todespfad.

8. Zwar mußte er noch lange kämpfen,
    Bis Gott befahl: es ist genug,
  Und unter Zuckungen und Krämpfen
    Zum letztenmal sein Herze schlug.
  So starb er aus dem edlen Triebe

Der christlichen Dienstfertigkeit,
Voll Gottes und der Menschenliebe,
Obwohl aus Unvorsichtigkeit.

9. Deswegen können wir auch hoffen:
Daß, als sein Lebenshauch verschwand,
Sein Geist für sich den Himmel offen,
Und beim Gerichte Gnade fand.
Laßt uns daher zu jeder Stunde
Zum jähen Tod bereitet seyn,
Dann sterben wir mit Gott im Bunde,
Und gehen in den Himmel ein.

19.
Bei dem Grabe der Rosina Simler von hier, die am Schlagfluß starb.
Melod. III. XVIII.

1. Ach ach! schon wieder eine Leiche,
Die dieser Grabeshügel deckt,
Sie wurde, wie vom Sturm die Eiche,
Von einem Schlage hingestreckt;
Gelähmet war die rechte Seite,
Sie senkte hin das welke Haupt,
Und wurde mit dem Tod im Streite
Der Kraft des Lebens ganz beraubt,

2. So lag sie auf dem Schmerzenbette,
Es nahte langsam sich der Tod,

Und was man angewendet hätte,
　War nicht zur Lindrung ihrer Noth;
Bewegungslos war ihre Zunge,
　Und blaß und starr ihr Thränenblick,
Und durch die Flügel ihrer Lunge
　Kam schnell ihr Athemzug zurück.
3. Doch hatte sie bei ihren Schmerzen
　Noch das Bewußtseyn und Gefühl,
Empfand im krampfdurchwühlten Herzen
　Das End von ihrem Lebensziel;
Ihr Puls und Athem wurden schwächer,
　Sie bleichte ab in Todesfarb,
Und trank den bittern Todesbecher,
　Und neigte sanft ihr Haupt, und starb.
4. So rief sie ab ein Himmelsbothe
　Ins dunkle Reich der Ewigkeit;
Allein sie war zum gähen Tode
　Durch weise Vorsicht stets bereit,
Und hat, von Gottes Geist erleuchtet,
　Am Tag, wo sie der Schlag berührt,
Reumüthig ihre Sünd gebeichtet,
　Und glaubenvoll kommunizirt.
5. Auch ward sie mit dem heil'gen Oele
　Gesalbet von Jesu Dieners Hand,
Wodurch sie wahre Ruh der Seele,
　Und süßen Trost im Tode fand;
Deswegen können wir auch hoffen:
　Daß, als ihr Lebenshauch verschwand
Ihr Geist für sich den Himmel offen,
　Und beim Gerichte Gnade fand.

6. Laßt uns daher durch frommes Leben
Zum Tode stets bereitet seyn,
Zurück von jeder Sünde beben,
Und unser Herz der Tugend weihn:
Dann mag uns gäh der Tod befallen,
Er wird uns stets willkommen seyn,
Wir ziehen durch des Himmels Hallen
Ins Reich der selgen Geister ein.

20.
Bei dem Grabe der Jungfrau Viktoria Mayer von Unter-Opfingen, die an der Epilepsie starb.
Melod. VIII.

1. Endlich ruht von ihren Leiden
Unsre Schwester hier im Grab,
Die ihr für des Lebens Freuden
Gottes weise Vorsicht gab.

2. Schon vor mehr als dreißig Jahren
Fiel sie dieses Uibel an,
Und in Schmerzen und Gefahren
Wallte sie die Lebensbahn.

3. Oefter kam der Anfall wieder,
Nahm ihr gänzlich den Verstand,
Rüttelte die starken Glieder,
Bis die Heftigkeit verschwand.

4. Jedes Mittel ward vergebens,
   Ihr zu helfen, angewandt,
Denn die Fibern ihres Lebens
   Waren schon zu sehr gespannt.
5. Endlich schlossen Krampf und Gichter
   Ihren langen Leidenslauf,
Und gewiß nahm dort der Richter
   Ihre Seele gnädig auf.
6. O was sind gesunde Tage,
   Die uns Gottes Huld verleiht,
Wo man frei von jeder Plage
   Immer sich des Lebens freut!
7. Aber ach! wie selten danken
   Wir für diese Gnade Gott,
Da wir in der Tugend wanken,
   Und verletzen sein Geboth.
8. Laßt uns nun, so lang wir leben,
   Jede Kraft der Tugend weihn,
Dann wird Jesus uns erheben,
   Und auf ewig uns erfreun.

21.
Bei dem Trauergottesdienst für einen Krieger.
Melod XIII.

1. Welche Wehmuth, welche Todesschauer
   Fühlet jedes edle Menschenherz,
Und aus jeder Brust, verhüllt in Trauer

Steigen tausend Seufzer himmelwerts;
Denn dort starb ja einer unsrer Brüder
In dem pesterfüllten Lazareth,
Wo des Todeshauch durch alle Glieder
Bis ins Herz, zur Lebensquelle, geht,

2. Viele starben dort am Nervenfieber,
Und an ihrer Wunden tiefen Spur,
Ihre Seelen folgen still hinüber
Zu dem Herrn und Schöpfer der Natur,
Viele starben dort im Schlachtgewühle,
Von der Feinde Waffen hingestreckt,
Derer Leib an ihrem Lebensziele
Kein gewölbter Grabeshügel deckt.

3. Ruh sey Allen, die dahingeschieden,
Frieden den Entschlafnen ohne Grab,
Denn so tretten Alle von hienieden,
Einer früh, der andre später ab.
Aber wann und wo? auf welche Weise?
Dieses Alles ist uns unbekannt;
Seyt nun stets bereitet auf die Reise
In das einzig wahre Vaterland.

22.
Bei dem Grabe der Ursula Schwarz, von hier, die am Schlagfluß starb.
Melod. III.

1. O welche unverhoffte Leiche,
   Die dieser Grabeshügel deckt;
Sie wurde, wie vom Sturm die Eiche,
   Vom Tode plötzlich hingestreckt.
Denn ach! die Frau, die wir begraben,
   War vor drei Tagen noch gesund,
Und eh wir es vermuthet haben,
   Schlug plötzlich ihre Todesstund.

2. Sie legte ganz gesund sich nieder
   Zu dem Genuß der Leibesruh,
Und schloß die müden Augenlieder
   In einem sanften Schlummer zu,
Und hoffte wieder aufzustehen
   Gesund und froh den andern Tag;
Allein es war um sie geschehen,
   Denn es traf plötzlich sie der Schlag.

3. Der Mann vernahm voll Angst und
                              Schrecken,
   Daß sich ihr Hauch verändert hab,
Und rief ihr zu, sie aufzurecken,
   Worauf sie keine Antwort gab;

So rief er öfter noch vergebens,
  Denn ach! sie war schon taub und stumm,
Und sah zur Rettung ihres Lebens
  Sich ungesäumt nach Hülfe um.

4. Allein es zeigte sich beim Lichte
  Sogleich die Größe der Gefahr,
Weil schon auf ihrem Angesichte
  Des Todes Farb verbreitet war;
Schon saß der Tod auf ihrer Zunge,
  Und preßte kalten Schweiß heraus,
Und in der schlagberührten Lunge
  Blieb endlich selbst ihr Athem aus.

5. So schlief sie ein in Todes Armen,
  Die stille fromme Dulderin,
Und sicher fand ihr Geist Erbarmen
  Beim Sohn der Himmelskönigin;
Denn durch ein tugendhaftes Leben
  War sie zum Tode stets bereit,
Und konnte sich gewiß erheben
  Ins Reich der ew'gen Seligkeit.

6. Denn seht: von Gottes Gnad erleuchtet,
  Hat sie am Tag vor ihrem Tod
Reumüthig ihre Sünd gebeichtet,
  Genossen dann das Himmelsbrod,
Und sterbend noch die letzte Oelung
  Empfangen durch des Priesters Hand,
Als Unterpfand der Auserwählung,
  Zum ewig wahren Vaterland.

7. Wir können also sicher hoffen:
  Daß, als ihr Lebenshauch verschwand,

Obwohl sie gäh der Schlag getroffen,
　Sie doch beim Richter Gnade fand.
Laßt uns daher die Tugend üben
　Und stets erfüllen unsre Pflicht,
Dann finden nach dem Tode drüben
　Wir auch ein gnädiges Gericht.

23.
Bei dem Grabe der ledigen Anna Redle von Kirchdorf, die an der Lungensucht starb.
Melod. III. XVIII.

1. Nun endlich hatte Gott Genügen
　　Am Leiden dieser Dulderin,
　Und nahm in ihren letzten Zügen
　　Ihr Lebensopfer willig hin,
　Weil alle Hoffnung zur Genesung
　　Aus ihrer kranken Brust verschwand,
　Und sie im Tode nur Erlösung
　　Von ihren schweren Leiden fand.
2. Schon lange war aus ihrem Herzen
　　Verschwunden der Gesundheit Lust,
　Und immer wühlten Pein und Schmerzen
　　In ihrer sonst gesunden Brust.
　Sie brauchte viele Medizinen
　　In der Genesung Zuversicht,
　Die öfter zwar zu helfen schienen,
　　Doch leider ach! sie halfen nicht.

3. So nagte ohne Unterbrechen
   An ihrer Brust des Todes Zahn,
Und ach! es ist nicht auszusprechen,
   Wie wehe dieses ihr gethan;
Sie mußte husten zum Ersticken,
   Bis endlich Blut und Eiter kam,
Und, unter heissen Thränenblicken,
   Sie wieder frischen Athem nahm.

4. So gieng es fort seit dritthalb Jahren,
   Wo sie umsonst um Hülf gefleht;
Vergebens waren ihre Klagen
   Und hoffnunglos im Wind verweht;
Die Lunge, statt Geblüt zu kochen,
   Hat es in Eiter nur verkehrt:
So wurde bis auf Haut und Knochen
   Ihr Leib allmählig abgezehrt.

5. So war am Ende ganz verschwunden
   Der süssen Hoffnung letzter Strahl,
Und keine Rettung mehr gefunden
   Aus ihrer namenlosen Qual;
Ihr Puls und Athem wurden schwächer,
   Das Blut im Herzen blieb zurück,
Sie trank den bittern Todesbecher,
   Und schloß den kalten Thränenblick.

6. Doch litt sie alle diese Qualen
   Mit unerschütterter Geduld,
Um noch hienieden zu bezahlen
   Die Größe ihrer Sündenschuld;
Denn ach! sie war mit Magdalenen

Auch eine große Sünderin,
Jedoch durch Reu und Bußethränen
Auch eine große Büßerin.

7. So brachte sie ihr junges Leben
   Gott zum Versöhnungsopfer dar,
Wobei ihr einziges Bestreben
   Nur Gottes Huld und Gnade war;
Denn Jesu Tod war ihr Vertrauen,
   Der Gott für uns genug gethan;
So kam sie ohne Furcht und Grauen
   Beim göttlichen Gerichte an.

8. Wir können also sicher hoffen:
   Gott werde gnädig ihr verzeihn,
Und ihr das Reich des Himmels offen
   Zur ewigen Belohnung seyn;
Denn wer auf Jesu Tod vertrauet,
   Und seine Sündenschuld bereut,
Und hoffnungvoll zum Himmel schauet,
   Geht ein ins Reich der Seligkeit.

9. Auch wir, o Christen! sind beladen
   Mit einer großen Sündenschuld,
Und unersätzlich wär der Schaden,
   Als nur durch Jesu Gnad und Huld.
Bringt also wahre Bußefrüchte,
   Dann wird Gott gnädig euch verzeihn,
Dann gehet ihr nach dem Gerichte
   Auch sicher in den Himmel ein.

24.
Bei dem Grabe eines Mannes, der bei einem Fuhrwerk plötzlich starb.

Melod. I. XVI.

1. O welch ein lauter Klageschall
   Ertönt in unsern Ohren!
   Denn ach! durch einen Unglücksfall
   Gieng hier ein Mann verlohren.
   Sein Weib mit sieben Kindern schreit
   Durch tausendfaches Echo weit
   Und breit: er ist verlohren.

2. Der sorgenvolle Vater fuhr
   Mit seinen zweien Kühen,
   Und ließ den Klee von seiner Flur
   Durch sie nach Hause ziehen,
   Und führte leitend sie am Zaum,
   Als plötzlich auf dem Weg der Raum
   Zum Fahren sich verengte.

3. Er mußte nun auf gleichem Pfad
   Mit seinem Zuge gehen,
   Und fiel, und stürzte unters Rad;
   Da wars um ihn geschehen:
   Denn ach! die Kühe wurden scheu,
   Und flohen rasch davon, wobei
   Sein Haupt zerschmettert wurde.

4. Da lag er nun, und röchelte,
   In seinen Todeswunden;

Und seine Tochter rief: O weh!
 Sein Leben ist verschwunden!
Und legte ihn auf ihren Schoos,
Auf welchem er sein Todesloos
 In kurzer Zeit gefunden.

5. Das Mädchen schrie aus vollem Hals
 Ihm in die blut'gen Ohren,
Doch, o des unglückvollen Falls!
 Ihr Schreyen ist verlohren;
Sein Ohr ist taub, sein Auge blind,
Und alle ihre Klagen sind
 Vergebens, ihn zu retten.

6. Sie schickte schnell den Bruder fort
 Die Mutter abzuhollen.
Und daß der Pfarr und Arzt vom Ort
 Zu Hülfe kommen sollen:
Indessen starb der Vater schon,
Und röchelte den letzten Ton
 Des Lebens, und verstillte.

7. Sie weinte, und benezte ihn
 Mit einem Strom von Thränen,
Und alle Hoffnung war dahin
 Nach Hülfe sich zu sehnen,
Und Pfarr und Arzt und Mutter kam
Zu spat, und jedes Auge schwam
 In wehmuthvollen Thränen.

8. Die Mutter legte nun den Mann
 In ihrem Schooße nieder,
Und sieh! es zuckten dann und wann

Die noch ganz warmen Glieder,
Und endlich lag, wie Jesu Leib
Marien in dem Schooß, dem Weib
Der Mann entseelt im Schooße.

9. Man brachte nun ein Fuhrwerk bei,
Den Leichnam abzuhollen,
Wo Seufzer unter Klaggeschrey
Durch Berg und Thal erschollen,
Und als man ihn zu Grabe trug,
Zerfloß der ganze Leichenzug
In einen Strom von Thränen.

10. So plötzlich starb der arme Mann,
Vom Unglück überfallen,
Und lehret uns, die Tugendbahn
Mit weiser Vorsicht wallen;
Denn immer hielt durch Frömmigkeit
Er sich zum guten Tod bereit,
Und ist auch gut gestorben.

11. Wir können nun voll Zuversicht
Die süsse Hoffnung nähren:
Gott werde sicher beim Gericht
Sein Flehn um Gnad erhören,
Ihm seine Sündenschuld verzeihn,
Und gnädig und barmherzig seyn
Im Reiche der Vergeltung.

12. Du aber Wittwe! tröste dich
Mit deinen vielen Kindern,
Und denk: Gott werde sicherlich
Dein großes Leiden lindern,

Dein und der Waisen Vater seyn,
Und euch das Nöthige verleihn,
Als wie dem Wurm im Staube.

13. Laßt uns daher zu jeder Zeit
Nach Gottes Willen handeln,
Und immer mit Besonnenheit
Und weiser Vorsicht wandeln,
Dann, wenn uns gäh der Tod befällt,
So wird uns doch in jener Welt
Die Seligkeit nicht fehlen.

25.
Bei dem Grabe eines Mannes, der am Schlagfluß starb.

Melod. VIII. IV.

1. Endlich ruht von seinen Leiden
Unser Bruder hier im Grab,
Der mit hoffnungvollen Freuden
Gottes Willen sich ergab.

2. Schon vor mehr als dritthalb Jahren
Lähmte ihn ein Nervenschlag,
Und seit diesem Falle waren
Alle Stunden Pein und Plag.

3. Mühsam schleppte er die Glieder
Des geschwächten Leibs umher,
Endlich sank er kraftlos nieder,
Und sein Athem wurde schwer.

4. Jedes Mittel ward vergebens,
   Noch zu retten ihn, versucht;
   Denn zur Schwäche seines Lebens
   Kam zuletzt die Wassersucht.

5. Immer stieg das Wasser höcher,
   Bis es ihm zum Herzen drang,
   Und sein Athem wurde schwächer,
   Als er mit dem Tode rang.

6. Endlich kam sein Lebensende,
   Er verblich in Todesfarb,
   Gab sich hin in Gottes Hände,
   Neigte sanft sein Haupt und starb.

7. Doch er trug die größten Schmerzen
   Mit erneuerter Geduld,
   Und bereute noch von Herzen
   Seiner Sünden große Schuld.

8. Ja, ganz ohne Furcht und Beben
   Gab in hoffnungvollem Sinn
   Er dem Schöpfer hin sein Leben,
   Und der Tod war sein Gewinn.

9. Denn die Todesfurcht verschwindet
   Vor der Hoffnung holdem Licht,
   Und ein wahrer Büßer findet
   Dort ein gnädiges Gericht.

10. Dieses also läßt uns hoffen:
    Daß an seinem Grabesrand
    Ihn ein gutes Loos getroffen,
    Und er Gottes Gnade fand.

11. Traget also gern die Leiden
 Dieser kurzen Lebenszeit,
Denn sie übergehn in Freuden
 In dem Reich der Seligkeit.

26.
Bei dem Grabe der drei und achtzig Jahre alten Ursula Gropper.
Melod. X.

1. Hier in diesem Grabe ruht
 Unsrer Schwester Leiche,
Und ihr Geist gieng wohlgemuth
 Ein zum Himmelreiche.
Drei und achtzig Jahre lang
 Lebte sie hienieden,
Endlich ward sie todesbang,
 Und entschlief im Frieden.

2. Aber ach! was würden sie
 Hundert Jahre nützen,
Sollte sie dort ewig nie
 Gottes Reich besitzen?
Denn es kommt nicht darauf an,
 Ob wir lange leben,
Sondern auf der Tugend Bahn
 Nach dem Himmel streben.

3. Ja der Himmel ist das Ziel
 Aller Menschenseelen,

Das wir aber im Gewühl
 Dieser Welt verfehlen,
Wenn wir nicht mit stetem Blick
 Nach demselben trachten,
Und das angebothne Glück
 Undankbar verachten.
4. Dieses hatte stets erkannt,
 Die wir hier begraben,
Denn sie blickte unverwandt
 Nach des Himmels Gaben,
Und vermied mit Schüchternheit
 Auch die kleinste Sünde,
Daß sie dort in Ewigkeit
 Gottes Gnade finde.
5. Ja sie suchte bis zum End
 Gutes nur zu wirken,
Und im heil'gen Sakrament
 Ihren Geist zu stärken,
Und in höchster Zuversicht
 Auf die Gnade Gottes
Trat sie vor sein Angesicht
 Durch die Nacht des Todes.
6. Wollt ihr nun im Lauf der Zeit
 Auch voll Hoffnung sterben,
Und im Reich der Ewigkeit
 Auch den Himmel erben;
O so lebet fromm und gut,
 Meidet alle Sünden,
Dann läßt euch das höchste Gut
 Dort Belohnung finden.

27.
Bei dem Grabe einer Frau, die sich zum Tode gut vorbereitete.
Melod. V.

Tiefe Trauer füllet unsre Seelen
Bei dem Grabe unsrer Schwester hier.

1. Denn da sehen wir mit Beben
   Auch das End von unserm Leben;
   Und in tiefer Trauer klagen wir.

2. Jeder neue Grabeshügel
   Ist für uns ein treuer Spiegel:
   Heut an mir, und morgen schon an dir.

3. Weder Schönheit Kraft und Jugend,
   Noch Gesundheit Geld und Tugend
   Kann uns retten aus des Todeshand;

4. Alle müßen ohn' Erbarmen
   Sterben in des Todes Armen,
   Und es hülft kein Zittern für den Tod.

5. Dieses hat nach vielen Jahren
   Unsre Schwester hier erfahren,
   Als zu sterben ihr der Herr geboth.

6. Lange trug sie schon im Herzen
   Bangigkeit und Todesschmerzen,
   Bis sie unterlag im letzten Streit.

7. Willig hat sie doch ihr Leben
   Ihrem Schöpfer hingegeben,
   Voll der Hoffnung auf Unsterblichkeit.

8. Denn sie hielt durch Buß und Reue,
Und gestützt auf Gottes Treue,
Auf des Todes Ankunft sich bereit;

9. Und empfieng vor ihrem Ende
Noch die Sterbesakramente,
Auf die große Reis ins Vaterland.

10. Dieses Alles läßt uns hoffen:
Daß sie dort den Himmel offen,
Und bei dem Gerichte Gnade fand.

11. Laßt uns also redlich streben,
Immer tugendhaft zu leben,
Und zum Sterben stets bereitet seyn,

12. O dann wird in Gottes Händen
Unser Lebenslauf sich enden,
Und wir gehen froh zum Himmel ein.

28.
Bei dem Grabe einer armen Frau, die lang und schwer zu leiden hatte.

Melod V.

Tiefe Trauer füllet unsre Herzen
Bei dem Grabe unsrer Schwester hier.

1. Leiden Schmerzen, Furcht und Kummer
Wiegten sie in Todesschlummer;
Und in tiefer Trauer klagen wir.

2. Und beinahe ganz verlassen
　　Mußte sie im Tod erblassen,
　Und es half kein Zittern für den Tod.
3. Denn der Mangel jeder Freude
　　Schwächte ihre Eingeweide,
　Und vermehrte ihre große Qual.
4. Von dem falschen Glück betrogen,
　　War ihr Wohlstand ihr entzogen,
　Und sie sank herab in Dürftigkeit.
5. Ihre Lebenskräfte schwanden,
　　Weil sie keine Nahrung fanden,
　Und sie zehrte ab in kurzer Zeit.
6. Zwar sie brauchte Medizinen,
　　Welche ihr zu helfen schienen
　Aber ach! es war nur falscher Schein.
7. Denn zur Rettung ihres Lebens
　　War die Hülfe schon vergebens;
　Ihre Rettung konnte nicht mehr seyn.
8. Der Genesung Hoffnung Schimmer
　　Schwand dahin, und kehrte nimmer,
　Und erlosch im düstern Todesthal.
9. Nur die zarte Kinderliebe
　　Machte ihr den Tod so trübe,
　Und die Trennung ihr zur höchsten Qual.
10. Doch sie wollte Gottes Willen
　　Auch im Tode noch erfüllen,
　Wie sie stets im Leben schon gethan,
11. Ganz ergeben ihrem Gotte
　　Fand sie nun der Himmelsbothe,
　Und er traf sie ganz bereitet an.

12. Endlich hatte Gott Erbarmen;
    Sie entschlief in Todes Armen,
Und so kam sie an bey dem Gericht,

13. Und sie fand nach ihrem Leiden
    Dort gewiß des Himmels Freuden,
Und bei Gott ein holdes Angesicht.

14. Trocknet also eure Zähren,
    Und befolget Jesu Lehren,
Und in süsser Hoffnung lebet ihr;

15. Und wenn wir bereitet sterben,
    Werden wir den Himmel erben,
Und in ew'ger Wonne leben wir.

29.
Bei dem Trauergottesdienst für einen Krieger.
Melod. VIII.

1. Welche allgemeine Trauer
    Zeiget heut uns Allen sich,
Weil im kalten Todesschauer
Einer Wittwe Sohn verblich.

2. Joseph Krek zog ohne Säumen,
    Seiner Pflicht gemäß, ins Feld,
Um ein wildes Roß zu bäumen,
Und zu kämpfen wie ein Held.

3. Mitten durch des Feinds Gewimmel
    Schlug er sich mit blut'gem Schwerdt,

Und aus Kampf und Schlachtgetümmel
    Trug ihn unverletzt sein Pferdt.

4. Endlich keimte holder Frieden
    Aus dem blut'gen Schlachtfeld auf,
Und verkündete den Müden
    Einen sanften Lebenslauf.

5. Mancher tapfre Krieger kehrte
    In die Heimath froh zurück,
Und sein Herz voll Sehnsucht nährte
    Auch den Wunsch nach diesem Glück.

6. Aber ach! der Himmel wollte,
    Daß er dort in fremden Land,
Wo er noch verweilen sollte,
    Seine wahre Heimath fand.

7. Dann zur Sehnsucht in dem Herzen,
    Die er nach der Heimath trug,
Kamen einer Krankheit Schmerzen,
    Die ihn gäh zu Boden schlug.

8. Doch er gab sein junges Leben
    Willig hin in Gottes Hand,
Um sich freudig zu erheben
    In sein wahres Vaterland.

9. Trocknet also eure Thränen,
    Denn er fand die wahre Ruh
Wallet auch mit heissem Sehnen
    Stets der wahren Heimath zu.

30.
Bei dem Grabe eines Mannes, der aus Unvorsichtigkeit erschossen wurde.
Melod. III. XVIII.

1. O welche trauervolle Leiche,
   Die dieser Grabeshügel deckt!
   Er wurde aus dem Lebensreiche
   Zum Tode plötzlich hingestreckt;
   Er hatte sich erhollt im Jagen,
   Und kehrte froh nach Haus zurück,
   Und unter Wegs hat schon geschlagen
   Sein letzter Puls im Augenblick.

2. Er gieng mit zweien seiner Freunde
   Der Heimath zu den nächsten Pfad,
   Und wahre Bruderlieb vereinte
   Ihr Herz in einem hochen Grad,
   Und jeder gäbe gern sein Leben
   Für seines Freundes Leben hin,
   Nur fehlte bei dem beßten Streben
   Der Vorsicht aufmerksamer Sinn.

3. Es waren nemlich die Gewehre
   Geladen noch vom Jagen her,
   Vergessen war die weise Lehre:
   Man schiesse die Gewehre leer,
   Denn ach! es schläft der Tod in ihnen,
   So lang sie noch geladen sind,

Und will man ihrer sich bedienen,
   So sind geladen sie geschwind.

4. Und wollt ihr sie auch nicht entladen,
   Was immer doch das Beßte wär,
So schützet andere vor Schaden
   Und tragt sie niemal in die Quer,
Und laßt den Lauf hinunter sehen;
   So würde, gieng ein Schuß auch los,
Ein Unheil nie daraus entstehen,
   Er gieng nur in der Erde Schooß.

5. Doch diese trugen sie geladen
   Auf ihren Schultern wagerecht,
Und dachten nicht: daß je ein Schaden
   Auf diese Weis entstehen möcht;
Sie dachten nicht der Todesfälle,
   Die durch Gewehre schon geschahn,
Und wie durch ihre Blitzesschnelle
   Um einen Menschen es gethan.

6. So giengen sie der Nähe wegen
   Durch einen engen Wagenschopf
Mit einem vorsichtlosen, trägen,
   Und ganz gedankenlosen Kopf;
Sonst hätten sie bemerken müssen
   Den Wagen, der im Wege stand,
Und daß einander zu erschiessen
   Sich jeder in Gefahr befand.

7. Nun mußte einer nach dem andern,
   Weil hier der Weg zu enge war,
Auf diesem schmalen Pfade wandern,

Und dachten nicht an die Gefahr:
Doch plötzlich streifte an dem Wagen
Der zweite mit dem Hahnen an,
Und seine Flinte, losgeschlagen,
Durchbohrte seinen Vordermann.

8. Die Schrote mit den Pfosten fuhren
Demselben durch das Schulterblatt,
Und bei der Wunde tiefen Spuren
Fand keine Rettungshoffnung Statt;
Denn ach! der nahe Schuß durchzückte
Gleich einem Blitzestrahl sein Herz,
Daß röchelnd er im Blut erstickte,
Besieget von des Todesschmerz.

9. Man denke sich der Freunde Schrecken,
Als so ihr Freund erschossen fiel;
Sie wollten ihn zum Leben wecken,
Betäubet selbst vom Schmerzgewühl;
Allein sein Leben war verlohren,
Verlohren ohne Wiederkehr:
Bei Wunden, die das Herz durchbohren,
Beeselet keine Hoffnung mehr.

10. Sie riefen zwar die Nachbarsleute
Zu diesem Unglücksfall herbey,
Ob noch dem Tode seine Beute
Durch Hülfe zu entreissen sey:
Allein man konnte nur beklagen
Die große Unvorsichtigkeit,
Und so die Leich nach Hause tragen
Mit grenzenlosem Herzenleid.

11. So läuft man oft bei dummen Freunden
    Die augenscheinlichste Gefahr:
  Nicht so bei offenbaren Feinden;
    Sie stellen sich als Feinde dar. —
  So gieng es einst dem armen Greisen
    Der durch des Bären Freundeshand,
  Nach Lafontainis Fabelweisen,
    Den Tod aus lauter Freundschaft fand:

12. Er sah sich eine Raupe regen
    Auf des entschlafnen Freundes Stirn:
  Ha! dir will ich das Handwerk legen,
    So brummte er mit klugem Hirn,
  Und schlug, weil er es redlich meinte,
    Mit dem Gewicht von einem Stein
  Die Raupe tod, jedoch dem Freunde
    Zugleich auch seinen Schedel ein.

13. So ist gefährlich zwar, und schädlich
    Der offenbare kluge Feind,
  Doch schädlicher, auch noch so redlich,
    Der allerbeßte dumme Freund.
  Drum laßt uns solche Freunde wählen,
    Die gut, und klug, und weise sind,
  Denn sollte ihnen Weisheit fehlen,
    So ist der beßte Willen blind.

14. Sie stürzen uns nur in Gefahren
    Durch ihre Unvorsichtigkeit,
  Und wäre sie mit Haut und Haaren
    Sich uns zu opfern stets bereit.
  Wir aber wollen unsre Freunde

Beschützen vor Gefahr und Noth,
Bis sie der größte aller Feinde
Des Lebens uns entreißt, der Tod.

15. Laßt euch daher bei Schießgewehren
Die Vorsicht stets empfohlen seyn,
Und präget ihre weisen Lehren
Auch eueren Kamraten ein;
Dann wird kein Unglück mehr entstehen
Aus blinder Unvorsichtigkeit,
Und nie in Trauer übergehen
Des Jagens unschuldvolle Freud.

16. Besonders wollen wir bewahren
Die Freunde, treu nach dem Geboth,
Vor den so vielen Heilsgefahren,
Womit Verführung sie bedroht;
Dann möge sie der Tod erschiessen
Mit seinem unfehlbaren Pfeil,
Sie sterben fröhlich, und geniessen,
Der ew'gen Freundschaft wahres Heil.

17. Nun ruhe sanft in deinem Grabe
Unglücklicher erschoßner Mann!
Verzeih dem Freund, und denk: er habe
Doch dieses nicht mit Fleiß gethan;
Dann wirst auch du für deine Sünden,
Die du vielleicht noch nicht bereut,
Bei dem Gerichte Gnade finden
Und ewige Glückseligkeit.

31.
Bei dem Grabe eines Jünglings, der erschossen wurde.
Melod. III.

1. Noch zittern wir vor Angst und Beben
   An diesem neuen Grabesrand,
 Weil plötzlich eines Jünglings Leben
   Durch einen Unglücksfall verschwand.
 Er fiel, von einem Feuergewehre
   Getroffen, wie von einem Blitz,
 Denn ach! gerichtet war die Röhre
   Gerad aufs Herz, den Lebenssitz.

2. Er dachte nicht, daß es geladen,
   Und also todesschwanger sey,
 Um ihn in seinem Blut zu baden,
   Und war ganz ahnunglos dabei;
 Er griff, um es herabzulangen,
   Nach dem Gewehre an der Wand;
 Da sprach sein Bruder: laß es hangen,
   Weil oft ein Unglück schon entstand.

3. Allein in seinem Leichtsinn hörte
   Er auf des Bruders Warnung nicht,
 Und nahm es erst, weil ers ihm wehrte,
   Mit stolzer Klugheit im Gesicht.
 Doch ach! sobald er es berührte,
   Rieß er es mit dem Hahnen auf,

Der Schuß gieng los, und diesen führte
   Gerad auf seine Brust der Lauf.

4. Er fiel, und schwam in seinem Blute,
   Und hauchte seine Seele aus,
Und im durchschossnen Herzen ruhte
   Der Puls, und ließ das Blut heraus.
Der Bruder hob ihn in die Höhe
   Mit einem lauten Jammerschrey;
Die Eltern hörten in der Nähe
   Den Schuß, und eilten rasch herbei.

5. Man denke sich der Eltern Schrecken,
   Als sie des Sohnes Leiche sahn,
Sie wollten ihn zum Leben wecken,
   Und fingen laut zu schreyen an:
Allein ihr Schreyen war vergeben,
   Und möglich keine Rettung mehr,
Verlohren war des Sohnes Leben,
   Verlohren ohne Wiederkehr.

6. Da lag er nun in ihren Armen,
   Der hoffnungvolle Julius,
Der ohne Gnade und Erbarmen
   Gemordet war durch einen Schuß;
Sie wuschen seine Herzenswunden
   In einem heissen Thränenbach,
Und schrecklich hallt, obwohl verschwunden,
   Der Schuß in ihren Ohren nach.

7. Der Bruder mußte nun erzählen,
   Wie doch die Sach gegangen sey;

Und er erzählte ohn Verhehlen:
  Ich weiß von jeder Schuld mich frey;
Ich sah ihn, voll der Ahnung, langen
  Mit kühner Hand nach dem Gewehr,
Und sagte warnend: laß es hangen,
  Allein er gab mir kein Gehör.

8. Und als er das Gewehr bewegte,
  So gieng auch plötzlich los der Schuß,
Durchbohrte seine Brust, und streckte
  Zu Boden hin den Julius;
Ich war betäubt vor Angst und Schmerzen,
  Und nahm ihn zitternd auf den Arm,
Und seinem schußdurchbohrten Herzen
  Entquoll ein Blutstrom siedend warm.

9. Und plötzlich war in Todesblässe
  Verwandelt seine Lebensfarb,
Und durch die leeren Blutgefässe
  Kein Puls mehr fühlbar, und er starb.
So ists, und anderst nicht, gegangen
  Wie seine Leiche selbst bezeugt,
Obwohl, vom Todesarm umfangen,
  Ihr kalter Mund auf ewig schweigt.

10. So sprach der Aug= und Ohrenzeuge
  Der schrecklichen Begebenheit
Zu seinen Eltern, doch ich schweige
  Da ihr ja selber Zeugen seyt.
Man untersuchte die Umstände,
  Und fand des Bruders Aussag wahr

Und Alles stellte sich am Ende,
Gerade, wie er sagte, dar.
11. So starb der Jüngling voll Talente
In seines Lebens Blüthezeit,
Der sechzig Jahr noch leben könnte,
Aus Mangel an Behutsamkeit,
Weil er mit unerfahrnen Händen
Das Feurgewehr nicht hangen ließ,
Das ihn, das Unglück abzuwenden,
Der Bruder hangen lassen hieß.
12. Jedoch er war voll Herzensgüte
Voll Unschuld, Fleiß und Frömmigkeit,
Und hat, mit Ehrfurcht im Gemüthe
Dem Messnerdienste sich geweiht;
Wir können nun getrost erwarten:
Obwohl sein Leib verwesst im Grab,
Daß ihn Gott in den Himmelsgarten
Als edlen Baum versetzet hab.
13. Drum tröstet euch bei seinem Grabe,
Ihr Eltern und Geschwistrigen,
Erhebt euch an dem Hoffnungstabe:
Im Himmel dort ist Wiedersehn.
Ihr aber, welche zu besitzen
Ein Feurgewehr berechtigt seyt,
O lernet diesen Fall benützen
Zur pünktlichsten Behutsamkeit.
14. Ihr aber, die ihr mit Gewehren
Nicht weislich umzugehn versteht,
O lasset euch sie doch verwehren,
Daß euch kein Schuß zu Leibe geht;

Seyd schlangenklug, und fromm, wie Tauben,
Und sorgt für euer Seelenheil,
Dann mag des Lebens euch berauben
Des Todes unfehlbarer Pfeil.

32.
Bei dem Grabe einer frommen Frau.

Melod. V.

Töne traurig, dumpfe Sterbeglocke!
Bei dem Grabe unsrer Schwester hier.

1. Denn ein jeder Grabeshügel
   Ist für uns ein Schreckensspiegel,
Und in tiefer Ahnung beben wir.

2. Denn wie diesem armen Weibe
   Geht auch uns der Tod zu Leibe,
Heut an mir, und morgen schon an dir.

3. Für den Reichen, wie den Armen,
   Ist im Tode kein Erbarmen,
Und wir schweben immer in Gefahr;

4. Dieses hat seit vielen Jahren
   Unsre Schwester hier erfahren,
Die schon lange schwach und kränklich war.

5. Immer war ihr Herz beklommen,
   Und kein Mittel wollte frommen,
Und es folgte keine Besserung

6. Immer mußte sie mit Krämpfen
   Unter schwerem Athem kämpfen
Ohne Hoffnung einer Linderung.

7. Doch, sie litt die größten Schmerzen
   Stets mit gottergebnem Herzen,
Voll Vertraun auf Gottes Vaterhuld;

8. Und sie bath, voll Schmerz und Reue:
   Daß er gnädig ihr verzeihe
Ihre große schwere Sündenschuld.

9. Endlich kam ihr Lebensende,
   Und sie hob die dürren Hände,
Gott um Gnade flehend, himmelwerts;

10. Puls und Athem wurden schwächer,
    Und sie trank den Todesbecher
Und es brach ihr krampfdurchwühltes Herz.

11. Doch sie blieb im Tod und Leben
    Gottes Willen ganz ergeben;
Bis ihr letzter Lebenshauch verschwand.

12. Dieses also läßt uns hoffen:
    Daß sie dort den Himmel offen,
Und bei dem Gerichte Gnade fand.

13. Wollt ihr also selig sterben,
    Und das Reich des Himmels erben,
O so müßt ihr euch der Tugend weihn;

14. Und ihr werdet einst mit Freuden
    Auch von diesem Leben scheiden,
Und im Himmel ewig selig seyn.

33.
Bei dem Grabe eines jungen Mannes.
Melod. VIII.

1. Ach hier senkten wir schon wieder,
   Noch in schönster Lebenszeit,
   Einen unsrer theuren Brüder
   In den Schoos der Ewigkeit.
2. Schon vor einem Jahre fühlte
   Schmerzen er im Eingeweid,
   Und sein Innerstes durchwühlte
   Große Qual die ganze Zeit.
3. Sein dadurch geschwächter Magen
   Kochte keine Nahrung mehr,
   Und er konnte nichts mehr tragen,
   Was zu seiner Stärkung wär.
4. So verschwanden alle Säften
   Und er zehrte langsam ab,
   Auch verliessen ihn die Kräften,
   Welche die Arznei ihm gab.
5. Ganz entkräftet sank er nieder
   Auf sein Sterbelager hin,
   Keine Hoffnung kehrte wieder,
   Aufzuheitern seinen Sinn.
6. Doch, er gab sich Gottes Willen
   Hin mit reinem Christensinn,
   Und um diesen zu erfüllen
   War der Tod für ihn Gewinn.
7. Sterbend hob er noch die Hände,

Und die Seele, himmelwe.t3,
Endlich kam sein Lebensende,
Und es brach sein Aug und Herz.
8. Doch, er hat sein ganzes Leben
Immer seine Pflicht gethan,
Und mit redlichem Bestreben
Wallte er die Tugendbahn.
9. Noch empfieng vor seiner Reise
In sein wahres Vaterland
Er die wahre Seelenspeise
Aus des Höchsten Dieners Hand.
10. Dieses also läßt uns hoffen,
Daß durch Gottes Vaterhand
Dort sein Geist den Himmel offen,
Und das ew'ge Leben fand.

34.
Bei dem Grabe zweier Knaben, die ertranken.
Melod. I. XIV.

1. Hier blutet Zähren unser Herz,
Wo wir zween holde Knaben,
Mit einem nie gefühlten Schmerz,
Ganz unverhofft begraben:
Sie lebten in der Unschuld Glück,
Und kamen aus der Schule,
Und giengen, statt nach Haus zurück,
Zu ihrem Todespfuhle.
2. Sie dachten voll Vergeßlichkeit
Nicht an der Eltern Lehren:
Sie sollen nach der Schule Zeit

Sogleich nach Hause kehren,
Besonders niemal auf das Eis
Des Teiches sich begeben,
Denn wenn es gähling bräche, seys
Geschehen um ihr Leben.
3. So sprach auch oft des Lehrers Mund
Voll Sorge zu den Kindern,
Um ihr Versinken in den Grund
Des Teiches zu verhindern:
Sie möchten ja nicht auf dem Eis
Ihr junges Leben wagen,
Es sey ja oft, bekannterweis,
Zu schwach, um sie zu tragen.
4. Doch diese weise Lehre schien
Bei diesen beiden Knaben
Verschwunden aus dem leichten Sinn.
Sie giengen, und begaben
Sich dennoch unvorsicht'gerweis
Zum zugefrornen Teiche,
Und schliffen auf dem schwachen Eis,
Und wurden so zur Leiche.
5. Sie kamen kaum aufs Eis, da brach
Es unter ihren Füssen;
Sie mußten ihren Leichtsinn, ach!
Mit ihrem Leben büssen.
Sie waren in den tiefen Teich
Mit Haut und Haar verschwunden,
Und hatten leider auch sogleich
Ihr Lebensend gefunden. —
6. Die Eltern harrten ihrer lang

Mit sehnsuchtvollen Herzen,
Und wurden für ihr Leben bang
Mit immer größern Schmerzen;
Sie fragten ihnen sorglich nach
Bei jedem Schülerkinde,
Und suchten unter jedem Tach:
Ob man sie nirgends finde.

7. Am Ende sprach ein Schülerknab:
Daß sich die beiden Knaben
Zum Schleiffen in den Teich hinab
Aufs Eis begeben haben.
Man eilte schnell zum Teich hinab
Mit athemvollen Lungen,
Und sah von fern das offne Grab,
Das ihren Leib verschlungen.

8. Man suchte sie mit vieler Müh
Auf Brettern und mit Stangen
Und fand sie nur zu bald, um sie
Sogleich heraus zu langen,
Und wandte alle Mittel an,
Sie wieder zu beleben;
Doch Alles, was man auch gethan,
War eitel und vergeben.

9. Die Eltern standen leichenblaß
Bei ihren todten Kindern,
Und weinten ohne Unterlaß
Um ihren Schmerz zu lindern;
Allein ihr lautes Weh und Ach
Verscholl umsonst im Winde,

Und sie zu trösten sind zu schwach
 Die stärksten Trostesgründe.

19. So gieng es, weil nach ihrer Pflicht
 Die leichtsinnvollen Knaben
Den Eltern und dem Lehrer nicht
 Aufs Wort gefolget haben;
Denn wären sie der Heimath zu,
 Anstatt aufs Eis gegangen,
So hätte sie die Grabesruh
 Noch lange nicht umfangen.

11. Denn nur aus weiser Liebe hat
 Den Kindern Gott befohlen,
Daß sie, statt ihrem eignen Rath
 Den Eltern folgen sollen;
Auch meinen es die Eltern gut
 Bei ihren weisen Lehren;
Bedenkt ihr Kinder! dieß, und thut
 Nie, was sie euch verwehren.

12. Besonders gehet nie aufs Eis,
 Und sollt es auch nicht brechen;
Ihr würdet unfolgsamerweis
 Den Eltern widersprechen,
Durch Ungehorsam jederzeit
 Gott selbst zuwider handeln,
Und so für Zeit und Ewigkeit
 Der Straf entgegen wandeln.

13. Drum ehre deine Eltern, und
 Du lebest lang auf Erden,
Und wirst einst in der Todesstund

Ein Kind des Himmels werden;
Hingegen wird ein Kind, wie wir
In diesem Beispiel sehen,
Durch seinen Ungehorsam hier
Und dort zu Grunde gehen.
14. Doch hoffen wir voll Zuversicht:
Daß diese beiden Knaben
Bei Gott ein gnädiges Gericht,
Und Heil gefunden haben,
Weil sie nur aus Vergeßlichkeit
Sich auf das Eis begeben
Und dieses sicher noch bereut,
Ehe sie der Teich begraben.
15. Drum tröstet euch, ihr Eltern! doch
Bei ihrem frühen Grabe,
Und denket nur: daß Gott sie noch
Der Welt entrissen habe,
Eh sie vom Laster angesteckt
Als große Sünder sterben,
Damit sie noch ganz unbefleckt
Das Reich des Himmels erben.
16. Ihr Kinder aber, bittet Gott:
Er woll verzeihen ihnen,
Und laßt euch ihren frühen Tod
Zum Warnungsbeispiel dienen,
Und folget euern Eltern auf
Den Wink in allen Dingen,
Um euch nach diesem Lebenslauf
Zum Himmel zu erschwingen.

35.
Bei dem Grabe eines Mannes, der ertrank.
Melod. II.

1. Hier senken wir in tiefer Trauer
   Den mitleidvollen Blick hinab,
   Und fühlen kalte Todesschauer
   Bei diesem neugewölbten Grab;
   Denn durch ein großes Mißgeschick
   Verlohr ein Mann sein Lebensglück.

2. Er war zur werthen Namensfeyer
   Des Vaters auf ein Fest bedacht,
   Es war ihm also nichts zu theuer,
   Was seinem Vater Freude macht;
   Er wußte aus Erfahrung, daß
   Der Vater gerne Würste aß:

3. An dieser kindlich frommen Freude
   Nahm herzlich seine Schwester Theil.
   In dieser Absicht giengen beide
   Nach Pfaffenweiler voll der Eil,
   Und eilten, zu des Vaters Glück
   Mit guten Würsten froh zurück.

4. Allein sie wurden überfallen
   Von Abenddämmerung und Nacht,
   Und wärend sie nach Hause wallen
   War jedes nur darauf bedacht:
   Wie doch des Vaters Namensfest
   Am Beßten sich begehen läßt.

5. Nun giengen sie der Nähe wegen
   Auf dem gefrornen See nach Haus,
Und o! er gieng dem Tod entgegen,
   Und hauchte seine Seele aus,
Weil plötzlich unter ihnen, ach!
   Des Eises dünne Decke brach.

6. Er war im Nu mit Leib und Leben
   Verschlungen von dem tiefen See;
Die Schwester wußte sich zu heben
   An ihren Kleidern in die Höh,
Und schrie um Hülf, und ihr Geschrey
   Rief die ersehnte Hülf herbey.

7. Man denke sich in ihre Lage
   Wo sie vor Augen sah den Tod,
Da sie mit jedem Pulsesschlage
   Der Abgrund zu verschlingen droht,
Und sie sich auf dem glatten Eis
   Beinah nicht mehr zu halten weiß.

8. Man hörte schon in weiten Fernen
   Bei stiller Nacht ihr Angstgeschrey,
Und kam mit Fackeln und Laternen,
   Zu sehn, ob noch zu helfen sey;
Man brachte Bretter und ein Sail
   Und nahte sich zu ihrem Heil.

9. Man warf ihr auf dem dünnen Eise
   Von ferne zu das Rettungssail,
Sie hielt es, und auf diese Weise
   Ward Lebensrettung ihr zu Theil,

Man zog sie an dem Sail heraus
Und trug sie halbentseelt nach Haus,

10. Ihr Bruder aber war verschwunden,
Und blieb es ohne Wiederkehr,
Und erst am andern Tag gefunden,
Und keine Rettung möglich mehr,
Indem er schon in jedem Zug
Die Spuren wahren Todes trug.

11. So geht es, wenn man die Gefahren
Des Lebens blindlings überschaut,
Und, einen Umweg zu ersparen,
Dem falschen Eis es anvertraut,
Und kühn und leichtsinnvoll vergißt:
Daß es wie Glas zerbrechlich ist.

12. So ward verkehrt in tiefste Trauer
Des Vaters froher Namenstag,
Indem in kaltem Todesschauer
Der Leib des theuren Sohnes lag,
Und seine Schwester mit Gefahr
Dem Tode kaum entrissen war.

13. Und ach! noch schwebt ihr theures Leben
In augenscheinlicher Gefahr,
Und kalte Todesschauer beben
Durch ihre Glieder immerdar;
Noch ist besinnunglos ihr Haupt,
Und des Verstandes ganz beraubt.

14. Kein Wunder, wenn die Anverwandten,
Die Wittwe, die Geschwistrigen,

Die Eltern, Freunde und Bekannten
Betäubt an diesem Grabe stehn,
Und bei des theuren Mannes Tod
Ihr armes Herz zu brechen droht.

15. Allein was nützen alle Klagen?
Gefallen ist sein Todesloos,
Sein Herz hat aufgehört zu schlagen,
Und ruht im kühlen Erdenschoos,
Und seine Seele gieng, befreyt
Vom Leib, ins Reich der Seligkeit.

16. Dann nur, weil er voll Elternliebe
Und Eifer, sie zu ehren, war,
Vergaß er, voll von diesem Triebe
Die augenscheinlichste Gefahr,
In die er unglückvollerweis
Gerathen auf dem schwachen Eis.

17. Auch war er schon von zarter Jugend
Voll Demuth und Bescheidenheit,
Und übte jede Pflicht und Tugend
Mit unverletzter Pünktlichkeit,
Und hielt durch wahre Frömmigkeit
Sich stets zum guten Tod bereit.

18. Drum tröstet euch, betrübte Freunde!
Und denkt bei seinem frühen Grab:
Daß er noch seine Schuld beweinte
Als er versank durchs Eis hinab,
Und daß, als hier sein Hauch verschwand,
Er dort das wahre Leben fand.

19. Nie aber laßt uns anvertrauen
  Dem Eis des Lebens großen Werth,
Und unser Heil auf Felsen bauen
  Wie uns ein altes Sprichwort lehrt:
Man führt den Thoren auf das Eis
Nur einmal, und schon wird er weis.

20. Sein Unglück also soll uns lehren,
  Dem falschen Eise nie zu traun,
Und unser Heil nach Jesu Lehren,
  Anstatt auf Sand, und Felsen baun,
Und auf der Tugend festen Grund
Bereitet stehn zu jeder Stund.

36.
Bei dem Grabe eines Mädchens, das im Schlamm erstickte.
Melod. IV.

1. Ein hoffnungvolles Mädchen
  Schloß hier zur Grabesruh,
Doch nicht in seinem Bettchen,
  Die holden Augen zu.

2. Es wurde am Mittage
  Nur gar zu lang vermißt,
Und laut erscholl die Klage:
  Wo doch das Mädchen ist.

3. Man suchte es vergebens
  Bei dritthalb Stunden lang,

Und war für seines Lebens
    Erhaltung todesbang.

4. Auf einmal fiel den Eltern,
    O welch ein Schrecken! ein:
  Es könnt in den Behältern
    Des Schlamms ertrunken seyn.

5. Man suchte, und erblickte
    Es wirklich. Welch ein Schmerz!
  Des Todes Pfeil durchzückte
    Dabei der Eltern Herz.

6. Da lösften ihre Thränen
    Sich auf in Klaggeschrey
  Und lauten Jammertönen;
    Allein es war vorbei.

7. Umsonst war das Gewimmer
    Und die Verzweifelung;
  Der Athem kehrte nimmer
    In die verschlammte Lung.

8. Die Hülfe war vergeben
    Zur Rettung angewandt,
  Und nichts entriß das Leben
    Der kalten Todeshand.

9. Drum wendet bei den Kindern
    Die größte Vorsicht an,
  Um Alles zu verhindern,
    Was ihnen schaden kann.

10. Doch weh dem frechen Sünder,
    Der Aergernisse giebt,

Und unschuldvolle Kinder
In Sünd und Lastern übt:

11. Es wär demselben besser,
Er würde schon ersäuft
Im tiefesten Gewässer,
Eh er zur Hölle reift.

12. Doch besser ists dem Kinde,
Wenn es in Unschuld stirbt,
Eh es das Gift der Sünde
An Leib und Seel verdirbt.

13. Denn frey von allen Mängeln,
Und reiner Unschuld voll
Ist bei den heil'gen Engeln
Demselben ewig wohl.

37.
Bei dem Grabe eines Greisen.
Melod. IV.

1. In dieser Grabesstille
Vermodert nun ein Greis,
Und seine Seelenhülle
Wird hier der Würmer Speis.

2. In stiller Lebensweise,
Und liebevollem Sinn
Gieng seine lange Reise
Durch dieses Leben hin.

3. Ein hoffnungloses Fieber
   Verzehrte langsam ihn,
So flog sein Geist hinüber
   Zu seinem Schöpfer hin.

4. Er brachte zwar sein Leben
   Auf neun und siebenzig,
Doch viele Jahre geben
   Dem Tode nur den Sieg.

5. Was nützen hundert Jahr,
   Wenn sie verflogen sind?
Der Greis gleicht in der Bahre
   Dem todgebohrnen Kind.

6. Daher sey nur ein Leben
   Mit reinem Tugendsinn
Das Ziel von unserm Streben,
   Dann ist der Tod Gewinn.

7. Es kommt ja nicht aufs Alter,
   Nur darauf kommt es an,
Ob wir als Sachverwalter
   Auch unsre Pflicht gethan.

8. Im Gegentheil vergrössert
   Das Alter unsre Schuld;
Wir werden, ungebessert,
   Nicht finden Gottes Huld.

9. Laßt uns nach Tugend streben;
   Und nicht nach Erdenglück,
Denn auch das längste Leben
   Ist nur ein Augenblick.

10. Zum steten Augenmerke
 Sei dieser Spruch gewählt:
Es folgen nur die Werke
 Uns nach in jene Welt.

38.
Bei dem Grabe eines Knaben, der ertrank.
Melod. IV.

1. Wir stehn an diesem Grabe
 Und sehn bestürzt hinab;
Ein hoffnungvoller Knabe
 Verschwand in diesem Grab.

2. Er wagte es zu reiten
 Im Fluß, wie tief er war,
Und ahnte nicht vom weiten
 Die Größe der Gefahr.

3. Allein am Ende stürzte
 Er von dem Pferdt herab,
Und dieser Unfall kürzte
 Sein junges Leben ab.

4. Er lag zwei volle Stunden
 Im Wasser Schlamm und Sand;
Sein Leben war verschwunden
 Als man die Leiche fand.

5. Ihn wieder zu beleben
 War Alles noch gethan,

Allein es war vergeben,
  Es schlug kein Mittel an.

6. So fand der arme Knabe
   Im Wasser seinen Tod;
 Sein Leichnam ruht im Grabe,
   Sein Geist stieg auf zu Gott.

7. Denn unschuldvolle Kinder
   Nimmt Jesus auf zu sich,
 Und nur verstockte Sünder
   Verstosst er ewiglich.

8. So laßt uns also streben
   Wie Kinder fromm zu seyn,
 Dann gehen wir zum Leben
   Nach unserm Tode ein.

9. Laßt immer uns der Seelen=
   Und Leibs=Gefahr entgehn,
 Dann kann es uns nicht fehlen,
   Wenn wir um Gnade flehn.

———

39.
Bei dem Grabe eines Mädchens, das auszehrte.
Melod. VIII.

1. Hier begruben wir so eben
   Eine stille Dulderin,
 Doch sie gab ihr junges Leben
   Gerne Gott zum Opfer hin.

2. Schon seit einem Jahr entbehrte
   Sie des Wohlbefindens Lust,
   Aber neues Leben kehrte
   Wieder in die kranke Brust.

3. Doch das Uibel kehrte wieder,
   Fiel sie an mit neuer Kraft,
   Drang mit Schmerz durch alle Glieder,
   Und verzehrte jeden Saft.

4. Zwar sie brauchte Medizinen,
   Nach des Christen heil'ger Pflicht,
   Welche zwar zu helfen schienen,
   Aber ach! sie halfen nicht.

5. Hinter bläulicht rother Wange
   War des Todes Wurm versteckt,
   Der, gleich einer falschen Schlange,
   Sich in ihre Brust gelegt.

6. Keine Hoffnung zur Genesung
   Kam in ihre Brust zurück,
   Nur nach baldiger Erlösung
   Sehnte sich ihr Thränenblick.

7. Ein zurückgetrettnes Fieber
   Brachte ihr die Wassersucht;
   Diese gieng in Fäulung über,
   Und der Tod war ihre Frucht.

8. Endlich kam ihr Lebensende;
   Sie verblich in Todesfarb,
   Gab sich hin in Gottes Hände,
   Neigte sanft ihr Haupt, und starb.

9. Doch sie litt die größten Schmerzen
　　Mit beständiger Geduld,
　Und bereute stets von Herzen
　　Ihre Sünden große Schuld.
10. Also können wir vermuthen,
　　Daß sie gut gestorben sey,
　Und ihr Gott, wie allen Guten,
　　Gnad und Seligkeit verleih.

40.
Bei dem Grabe einer Frau, die geduldig litt und starb.
Melod. VIII:

1. Endlich ruht von ihren Schmerzen
　　Unsre Schwester hier im Grab,
　Doch sie litt mit sanftem Herzen,
　　Was ihr Gott zu leiden gab.
2. Sie erhob die dürren Hände
　　Oft voll Sehnsucht nach dem Tod,
　Daß er ihre Leiden ende,
　　Und sie rette aus der Noth.
3. Immer blieb sie Gott ergeben
　　Voll von christlicher Geduld,
　Und gerichtet war ihr Streben
　　Nur nach Gottes Vaterhuld.
4. Endlich hatte Gott erbarmen
　　Mit der sanften Dulderin;
　Sie entschlief in Todes Armen,
　　Voll der Hoffnung reinem Sinn.

5. Wer, wie sie, in Freud und Schmerzen
   Immer Gott ergeben ist,
Der empfindet Ruh im Herzen,
   Lebt und stirbt als wahrer Christ.

6. Lebet also fromm, und strebet
   Immer nach dem höchsten Ziel,
Und ein sanfter Tod erhebet
   Euch zum höchsten Lustgefühl.

41.
Bei dem Grabe eines ehrwürdigen Greisen.
Melod. IV. VIII.

1. Welche wehmuthvolle Schauer,
   Welchen tiefen Seelenschmerz,
Fühlet hier in tiefster Trauer
   Jedes edle Menschenherz.

2. Denn wir stehn am Grabeshügel
   Eines edlen Greisen hier,
Und vor diesem treuen Spiegel
   Unsrer Zukunft beben wir.

3. Seine vielen Lebenstage
   Flogen wie ein Pfeil dahin,
Jeder hatte seine Plage,
   Jeder seine Lust für ihn.

4. Als ein treuer Diener Gottes
   That er seiner Pflicht genug,

Blieb ein Thäter des Gebothes
Bis zum letzten Athemzug.

5. Keine Müh war ihm zu bitter,
   Keine Pflicht war ihm zu schwer,
Alle seine Leiden litt er
   Gott zu lieb, und Gott zur Ehr.

6. Endlich schlug die letzte Stunde,
   Schmerzlich brach sein Aug und Herz,
Und sein Geist, mit Gott im Bunde,
   Stieg voll Hoffnung himmelwerts.

7. Trocknet also eure Thränen,
   Freut euch seiner Seligkeit,
Denn er wohnet nur bei denen,
   Die des Himmels Lust erfreut.

8. Lebet immer nun hienieden
   Fromm, wie er, und tugendhaft,
Bis euch Gott den wahren Frieden
   Dort im Himmelreich verschafft.

―――――

42.
Bei dem Grabe eines Bothen.
Melod IV.

1. Hier machte Philip Nießer
   Im Tod die Augen zu,
Und fand als wahrer Büßer
   Die ewig wahre Ruh.

2. Er hat als treuer Bothe
   Bedienet siebzehn Jahr,

Wobei er seinem Gotte
Noch mehr gehorsam war.
3. Er gieng auf Tugendwegen,
Geführt von Gottes Hand,
Und so, dem Heil entgegen,
Ins wahre Vaterland.
4. Er litt die größten Schmerzen
Mit christlicher Geduld,
Und bath mit Reu im Herzen
Um Gottes Vaterhuld.
5. So gieng er ohne Beben
Zum bittern Tode hin,
Und Jesus war sein Leben,
Und Sterben sein Gewinn.
6. Dieß Alles läßt uns hoffen,
Daß er am Grabesrand
Das Thor des Himmels offen,
Und ew'gen Frieden fand.
7. Auch wir sind alle Bothen,
Und ausgesandt von Gott,
Die Sünde auszurotten,
Zu halten sein Geboth.
8. Den Tugendweg zu gehen,
Und stets mit festem Blick
Nach unserm Ziele sehen,
Dem höchsten Himmelsglück.
9. Lasst uns als Bothen gehen
Voll Unschuld, wie ein Kind,
Und nicht zurücke sehen,
Bis wir am Ziele sind.

43.
Bei dem Grabe eines Familienvaters.
Melod. IV.

1. Hier stehen wir, und beben
 An diesem Grabesrand,
 Wo unsres Bruders Leben
 Ach! viel zu früh, verschwand.

2. Ein Vater von acht Kindern
 Verblich im Todesarm,
 Und nichts vermag zu lindern
 Der Trauer bittern Harm.

3. Die Kinderchen umringen
 Umsonst des Vaters Grab,
 Und ihre Klagen dringen
 Nicht in den Sarg hinab.

4. Die Mutter klagt und jammert,
 Und weint die Augen roth,
 Und ihre Hand umklammert
 Den Mann umsonst im Tod.

5. Wer giebt nun meinen Kindern,
 So ruft sie, künftig Brod?
 Und wer vermag zu lindern
 Die Größe meiner Noth?

6. Doch Alles ist vergebens,
 Der Tod ist taub und kalt,
 Und Niemand kehrt zum Leben
 Aus seiner Allgewalt.

7. So ruft auch diese Leiche
 Kein heisser Thränenblick,
Kein Jammer aus dem Reiche
 Des Todes mehr zurück.

8. Er zog durch vieles Sitzen
 Sich seine Krankheit zu,
Und fand, durch Fieberhitzen
 Verzehrt, die Grabesruh.

9. Allein er hielt zum Sterben
 Sich jederzeit bereit,
Und wird den Himmel erben
 Dort in der Ewigkeit.

10. Wir können also hoffen:
 Daß er am Grabesrand
Für sich den Himmel offen,
 Und Jesum gnädig fand.

11. Drum tröstet euch, ihr Kinder!
 Und du, verlassnes Weib!
Gott sorget ja nicht minder
 Als sonst, für ihren Leib.

12. Gott, der die Raben höret,
 Wenn sie um Nahrung schreyn,
Der ist es, der euch nähret,
 Und wird euch Vater seyn.

13. Sucht also das Reich Gottes,
 Und die Gerechtigkeit,
Und seyt zum Kampf des Todes
 Durch Tugend stets bereit.

14. Gott wird euch Alles geben
 Für diese kurze Zeit,
Und einst nach diesem Leben
 Die höchste Seligkeit.

44.
Bei dem Grabe eines hoffnungvollen Knaben.
Melod. V.

Töne traurig, dumpfe Sterbeglocke!
Bei dem Grabe unsres Bruders hier.

1. Denn ein hoffnungvoller Knabe
 Modert hier im düstern Grabe;
Und in tiefer Trauer klagen wir.

2. Kalter Schaur durch alle Glieder
 Streckte ihn aufs Lager nieder,
Und verschwunden war des Lebens Lust.

3. Und in Bälde gieng das Fieber
 Glüend in Entzündung über,
Und durchwühlte seine zarte Brust.

4. Willig hat er eingenommen,
 Doch kein Mittel wollte frommen,
Immer nahm das Uibel überhand.

5. Und empor zum Nervensitze
 Bis zum Hirne, stieg die Hitze,
Und benahm ihm gänzlich den Verstand.

6. Doch er litt die größten Schmerzen
   Stets mit Gott ergebnem Herzen,
Und mit wahrhaft christlicher Geduld.

7. Er empfieng vor seinem Ende
   Noch die Sterbesakramente,
Und empfahl sich Gottes Vaterhuld.

8. So verblich der arme Junge,
   Hingemäht vom Sensenschwunge,
In des bittern Todes kalter Hand.

9. Doch wir können sicher hoffen:
   Daß er dort den Himmel offen,
Und in ihm den Lohn der Tugend fand.

10. Denn er hatte seine Jugend
    Stets der Frömmigkeit und Tugend,
Und der wahren Gottesfurcht geweiht,

11. Und nach überstandnen Leiden
    Wird er nun des Himmelsfreuden
Dort geniessen in der Ewigkeit.

45.
Bei dem Grabe eines Selbstmörders.
Melod. VI.

1. Hier stehen wir in kaltem Todesschauer,
   Und beben scheu zurück vor einer That,
Die unser Herz mit namenloser Trauer
Und mitleidvollem Schmerz erfüllet hat.

Denn ach! es legte an sein eignes Leben
Ein Mann verzweiflungvoll die Mörder-
hand,
Und Jedermann entfloh voll Angst und Beben,.
Als man die kalte starre Leiche fand.

2. Unglücklicher! was könnte dich bewegen,
Zu rauben dir das höchste Erdengut,
Und hoffnunglos an dich die Hand zu legen,
Und dich zu morden voll der blinden Wuth?
Hast du hienieden Alles dann verlohren,
Was du gebraucht zu deiner Lebensnoth?
Dann bist du einer von den größten Thoren,
Die sterben ... Entsetzen vor dem Tod.

3. Hat sich vielleicht ein heimliches Verbrechen
Gelagert wie ein Berg auf deine Brust?
Und hast du an dir selbsten es zu rächen
Auf keine andre Weise mehr gewußt?
Du schlugst vielleicht aus neidischer Ursache
Wie Kain, den Bruder tod in blinder Wuth?
Verfolgte dich des Himmels heisse Rache
Mit ihrem lauten Rufe: Blut um Blut!

4. Hast du durch deinen Tod dich strafen wollen
Für deiner Sünden ungeheure Schuld?
Du hättest ja doch nicht verzweifeln sollen
An Gottes grenzenloser Vaterhuld.
Warum denn hast du nicht auf ihn vertrauet?
Denn seine Gnade ist unendlich groß,
Und nicht am Kreutze Jesum angeschauet,
Wo er für dich sein theures Blut vergoß?

5. Hast dus gethan aus Furcht vor Straf und
Schande;
So wisse, was die größte Schande ist,
Wenn hier ein Mensch des eignen Lebens
Bande
Verzweiflungvoll zu trennen sich vermißt,
Und eine solche Lasterthat begehet,
Die Gottes Gnade nicht verzeihen kann;
Denn ach! sie schreiet laut zu Gott, und flehet
Den Himmel selbst um seine Rache an.

6. Und welche Strafe harret des Verbrechers,
Der sich das Leben raubt, in jener Welt?
Wenn dort der Mund des allgerechten Rächers
Im Grimme sein Verdammungsurtheil
fällt?
Hinweg von mir, Verfluchter! in die Hölle,
Die ewig dort zu deiner Strafe brennt,
Dort ist der Teufel ewig dein Geselle,
Der keine Hoffnung zur Erlösung kennt.

7. Und welchen Jammer, welche Schande
häufet
Auf seiner Freunde und Verwandten Haupt,
Der ein in Gottes heil'ge Rechte greifet,
Und sich verzweiflungvoll das Leben raubt!
Sie wollen in die Erde sich verstecken,
Und fliehen vor den Menschen und vor Gott,
Und rufen: daß die Berge sie bedecken
Und schützen gegen Schande Hohn u. Spott.

8. Allein wir wollen voll der Liebe hoffen:
   Du warest des Verstandes ganz beraubt,
   Die Uhr in deinem Hirn sey abgeloffen,
   Und habe dir kein Urtheil mehr erlaubt:
   Denn wer begreift, wie sich ein Mensch das Leben
   Mit völliger Besinnung rauben kann?
   Und wer es also thut, der hat es eben
   Aus Unverstand und blinder Wuth gethan.
9. Und doch! wie viele tausend Menschen kürzen
   Sich mit Bedacht ihr kurzes Leben ab?
   Sie folgen ihrer Leidenschaft, und stürzen,
   Durch ihre Glut verzehrt, ins frühe Grab:
   Denn Hoffart Geitz, verzweiflungvoller Kummer,
   Und Uibermaß in dem Genuß der Lust,
   Und Neid und Rachsucht, und der Trägheit Schlummer,
   Ersticken früh den Hauch in unsrer Brust.
10. Lasst uns daher beim Anfang schon bekämpfen
    Der blinden Leidenschaften tolle Wuth,
    Und ihre Wallungen im Herzen dämpfen,
    Und ihnen widerstehn mit Heldenmuth;
    Sonst rauben sie uns jede Lust und Freude
    In dieses Lebens fröhlichem Genuß;
    Wir greifen selbst in unser Eingeweide,
    Und morden uns aus Lebensüberdruß.
11. Und sollten dir die Lebensmittel fehlen,
    Vertrau auf Gott, der auch die Raben nährt,

Und sollten dich Gewissensbisse quälen,
　　Bedenke, daß Gott auch die Sünder hört:
Verzweifle nicht, vertrau auf seine Gnade,
　　Bereu von Herzen deine Sündenschuld,
Dann weiche keinen Schritt vom Tugendpfade
　　Und bitte Gott um seine Vaterhuld.

12. Bereite so durch fromme Lesensweise
　　Dich immer vor zu einem guten Tod,
Sei bis zum Ende deiner Lebensreise
　　Beständig treu dem göttlichen Geboth,
Und folge dann voll Hoffnung ohne Beben,
　　Wenn dir des Todes Hand hinüber winckt,
Und dich nach diesem kurzen Erdenleben
　　Ins Reich der Seligkeit hinüber bringt.

46.
Bei dem Grabe einer Frau, die nach einem langen Leiden geduldig starb.
Melod. IX.

1. Nun hatte vollendet und modert
　　Kreszentia Schuster im Grab;
Sie legte, vom Richter gefodert,
　　Die schuldige Rechenschaft ab:
Und hoffentlich wird sie bestehen
　　Beim fürchterlich strengen Gericht,
Und ewig in Seligkeit sehen
　　Das göttliche Gnadengesicht.

2. Denn hat sie aus Schwäche gefehlet,
    So hat sie es herzlich bereut,
Und niemal die Sünde verhehlet,
    Und war sich zu bessern bereit;
Auch hat sie geduldig gelitten,
    Zur Tilgung der sündigen Schuld,
Und nicht unterlassen zu bitten
    Um Gnade Verzeihung und Huld.

3. Wie namenlos waren die Schmerzen,
    Die Gott ihr zu leiden geboth,
Bis endlich zum bebenden Herzen
    Gedrungen der bittere Tod!
Sie hatte seit Jahren und Tagen
    Gelitten in kränklicher Brust,
Doch ohne zu murren und klagen
    Geduldig zu leiden gewußt.

4. Sie hatte mit heissem Verlangen,
    Um sich zu versöhnen mit Gott,
Die Mittel des Heiles empfangen,
    Die Jesus zu brauchen geboth,
Und gänzlich auf Alles verzichtet
    In dieser vergänglichen Welt,
Und so sich zum Tode gerichtet,
    Der ihr vor die Augen sich stellt.

5. Nun kam die entscheidende Stunde,
    Es brachen ihr Augen und Herz,
Und endlich, mit lächelndem Munde,
    Erlag sie dem tödtenden Schmerz:
So schlief sie in höchstem Vertrauen

Auf Gottes Barmherzigkeit en
Das Angesicht Gottes zu schauen,
Und ewig im Himmel zu seyn.

6. Mag also dieß Leben verschwinden,
Weil ja doch die See n'cht stirbt,
Wir werden Begnadigung finden
Die Besserung sicher erwirbt.
Laßt also die Sünden uns meiden,
Und gänzlich der Tugend uns weihn,
Dann gehn wir beim endlichen Scheiden
Zur ewigen Seligkeit ein.

47.
Bei dem Grabe eines Jünglings, der von einen Pferdte erschlagen wurde.
Melod. II.

1. In Trauer wurde hier begraben
Ein hoffnungvoller Bauernsohn,
Und eh wir es vermuthet haben,
Schlug seine letzte Stunde schon;
Denn ach! durch einen Pferdteschlag
Erschien sein letzter Lebenstag.

2. Er fuhr auf Schlitten, schwer beladen
Mit Boden, auf den Wiesengrund,
Und dachte nicht an einen Schaden,
Vielwen'ger an die Todesstund;

Da schlug ein Vorpferdt muthig aus,
Und über einen Strick hinaus.

3. Er suchte wieder einzulencken
Die Stricke zum bestimmten Zug,
Als plötzlich ihn beim Niedersenken
Das andre Pferdt zu Boden schlug;
Er fiel betäubt in Ohnmacht hin,
Als hätt ein Blitz getroffen ihn.

4. Zwar er erhollte bald sich wieder,
Und stand von diesem Falle auf,
Allein schon war durch alle Glieder
Gehemmet seines Blutes Lauf;
Da fühlte er den höchsten Schmerz;
Denn ach! getroffen war sein Herz.

5. Er kehrte langsam, schmerzbeklommen,
In seiner Eltern Haus zurück;
Man ließ sogleich den Bader kommen
Zu retten seines Lebens Glück;
Allein der Bader sprach sogleich:
Es sei gefährlich dieser Streich.

6. Man seumte nicht, den Arzt zu hollen,
Der auch in kurzer Zeit erschien;
Allein des Herzens Pulse rollen
Schon nicht mehr durch die Adern hin;
Man schlug ihm eine Ader auf,
Sie lief, und stand sogleich im Lauf.

7. So wuchs mit jeder Viertelstunde
Des Lebens schreckliche Gefahr,
Indem vermuthlich eine Wunde

Im Herzen selbst entstanden war;
Denn ach! der Arme wurde bald
An Hand und Füssen todeskalt.

8. Man rief vor seinem Lebensende
Daher den Seelenarzt herbei,
Daß durch die heil'gen Sakramente
Zum Sterben er bereitet sey:
Er fluchte seiner Sündenschuld,
Und bath um Gottes Vaterhuld,

9. Da sprach er noch zu seinen Lieben:
Weil ich denn sterben muß, so soll
Mein Tod euch nicht so sehr betrüben,
Ich sterbe ja der Hoffnung voll:
Gott werde mir dort gnädig seyn,
Und mir die Seligkeit verleihn.

10. Lebt wohl! auf baldes Wiedersehen!
Ich scheide gern von dieser Welt;
Von ohngefähr ists nicht geschehen,
Daß mich der gähe Tod befällt,
Mir wird gewiß mein Seelenheil
Durch diesen frühen Tod zu Theil.

11. Denn ach! die Welt ist voll Gefahren
Für Unschuld und Gerechtigkeit,
Besonders in den Jugendjahren,
Voll Leichtsinn und Verwegenheit
Wo die Verführung sich so leicht
In unbewachte Herzen schleicht.

12. Und ach! was sind die Erdengüter?
Was ist ihr fröhlicher Genuß?

Sie tauschen irdische Gemüther,
  Und Reue folgt und Uiberdruß,
Und nur de Tugendschatz allein
  Kann uns im Tode noch erfreun.

13 O lernet, ihr Eltern und Geschwistern!
  An meinem Grabe weise seyn,
Und seyt ja nicht nach Gütern lüstern,
  Die euch im Tode nicht mehr freun,
Und sucht euch einen Tugendschatz
  Für sie zum ewigen Ersatz.

14. Was nützen mich nun alle Freuden,
  Der Welt, die mir der Tod entreißt?
Ich muß getäuscht von ihnen scheiden,
  Da keine mir den Trost verheißt:
Daß sie mir folgt in jene Welt,
  Indem mich nun der Tod befällt.

15. Ich dank euch mit gerührtem Herzen
  Für alles mir ertheilte Gut!
O laßt euch meinen Tod nicht schmerzen!
  Ich leid ihn ja mit Heldenmuth,
Denn Jesus, Gottes eigner Sohn
  Starb auch für mich. Ich — sterbe—
  schon.

16. Da fiel er in die letzten Züge,
  Und röchelte den Todeston,
Und trug den größten aller Siege,
  Den über Welt und Tod, davon,
Verblich in kalter Todesfarb,
  Und neigte sanft sein Haupt und starb.

17. So starb der hoffnungvolle Junge,
　　Aus Mangel an Behutsamkeit;
　Deswegen schildert keine Zunge
　　Das grenzenlose Herzenleid
　Der Eltern und Geschwistrigen,
　　Die ihrem Schmerz kein Ende sehn.
18. Denn ach! er stand an ihrer Spitze
　　Beim Umtrieb ihrer Landwürthschaft,
　War der Familie zur Stütze,
　　Und seiner schwachen Eltern Kraft,
　Und dennoch modert hier im Grab
　　Gebrochen ihrer Hoffnung Stab.
19. Kein Wunder, wenn sich jedem Grunde
　　Des Trostes ihr Gemüth verschliesst,
　Und lange noch die Herzenswunde
　　Mit namenlosen Schmerzen fliesst,
　Die ihm der letzte Athemzug
　　Des schnell verlohrnen Sohnes schlug,
20. Doch seine unschuldvolle Jugend,
　　Und seine wahre Frömmigkeit,
　Und seine mackellose Tugend
　　Versüsset noch ihr Herzenleid,
　Und hebet ihren Thränenblick
　　Empor zu seinem Himmelsglück.
21. Vergesset also nie beim Fahren
　　Mit Pferdten weislich umzugehn,
　Und euch die Leiden zu ersparen,
　　Die ohne Vorsicht leicht entstehn,
　Und stellt euch niemal hinten an,
　　Damit euch keines schlagen kann.

22. Nun ruhe sanft in deinem Grabe,
　　Du früh entschlafner Jüngling du!
　Noch bleibet uns der Trost: Gott habe
　　Verliehen dir die wahre Ruh,
　Womit in höchster Seligkeit
　　Er alle Frommen dort erfreut.

48.
Bei dem Grabe eines jungen Mannes.
Melod. IV.

1. In diesem Grabe modert
　　Ein abgezehrter Mann,
　Der, was die Pflicht gefodert,
　　Gewissenhaft gethan.

2. Er war schon lang an Kräften
　　Im ganzen Leibe schwach,
　Doch gieng er den Geschäften
　　Von seinem Handwerk nach.

3. Das Uibel wurde schlimmer,
　　Ein Husten kam dazu,
　Und nun entwich auf immer
　　Von ihm des Schlafes Ruh.

4. Er brauchte zwar Arzneien,
　　Und nahm sie pünktlich ein,
　Und ließ sich nichts gereuen
　　Bei seiner Qual und Pein;

5. Allein es war vergebens,
   Die Hülfe kam zu spät,
Der Faden seines Lebens
   War schon zu dünn gedreht.

6. So schwand sein junges Leben
   Und jede Kraft dahin,
Doch gab er ohne Beben
   Es Gott zum Opfer hin.

7. Denn wer sein ganzes Leben
   Der Pflicht und Tugend weiht,
Ist ohne Furcht und Beben
   Zum Tode stets bereit.

8. Laßt uns daher verlassen
   Die Bahn der Tugend nicht,
Dann zeiget beim Erblassen
   Uns Gott sein Angesicht.

49.
Bei dem Grabe einer jungen Frau.
Melod. III.

1. Nun endlich hat sie ausgerungen,
   Die arme stille Dulderin,
Und sich zum Himmel aufgeschwungen
   Nach ihres Herzens reinem Sinn;
Nun sind vollendet ihre Leiden,
   Verschwunden jede Qual und Pein,

Und zum Genuß der höchsten Freuden
Gieng dort ihr Geist in Himmel ein.

2. Schon mehr als Jahr und Tag vermißte
    Sie der Gesundheit edle Lust,
Und keiner Hoffnung Strahl versüßte
    Den bittern Schmerz in ihrer Brust;
Denn jedes Mittel ward vergebens,
    Um sie zu retten, angewandt,
Bis endlich ihres jungen Lebens
    Ganz abgezehrte Kraft verschwand.

3. Mit jedem Tage nahm das Fieber
    In ihrem Lebenspulse zu,
Und ihre Augen wurden trüber,
    Und sehnten sich nach Schlaf und Ruh:
Das Leben wich aus allen Gliedern,
    Das Blut in Adern blieb zurück,
Und unter starren Augenliedern
    Verblich im Tod ihr Thränenblick.

4. Doch litt sie alle diese Schmerzen
    Mit unerschütterter Geduld,
Bereute noch von ganzem Herzen
    Der vielen Sünden grosse Schuld.
Und ihrem Gotte ganz ergeben,
    Und voll Vertraun auf Jesu Wort,
Fand sie gewiß das ew'ge Leben
    Der Seligkeit im Himmel dort.

5. Denn wer nicht will zu Schanden werden,
    Vertraue nur allein auf Gott,
Und trage willig die Beschwerden,

Und halte pünktlich sein Geboth;
Dann mag es, wie der Rauch, verschwinden
Das kurze Leben dieser Zeit,
Er wird das wahre Leben finden
Im Reich der ew'gen Seligkeit.

50.
Bei dem Grabe der alten Jungfrau Afra Schwarz, die durch einen Unglücksfall ihr Leben verlohr.
Melod. III.

1. O welche unverhoffte Leiche,
Die dieses neue Grab verschliesst,
Wobei der Arme, wie der Reiche,
In einen Thränenstrom zerfliesst;
Denn die Person, die wir begraben,
War vor drei Tagen noch gesund,
Und eh wir es vermuthet haben
Schlug schon für sie die Todesstund.

2. Sie both aus Dankbarkeit beim Bauben
Voll Diensteseifer ihre Hand,
Doch sie vergaß dabei, zu schauen:
Ob wohl ihr Fuß auch sicher stand;
Als unvermuthet ihren Füssen
Die Unterlage sich entzog,
Und sie, das Leben einzubüssen,
Ganz umgestürzt hinunter flog.

3. So fiel sie mit des Halses Knochen
 Auf einen harten Gegenstand,
Und hatte das Genick gebrochen,
 Wo sie den höchsten Schmerz empfand;
Zwar war sie noch bei vollen Sinnen,
 Und kannte deutlich die Gefahr,
Worin, ihr Leben abzuspinnen,
 Des Todeshand begriffen war.

4. Sie prüffte also ihr Gewissen;
 Bekannte ihre Sündenschuld,
Und bath, von Reu und Schmerz zerrissen,
 Gott um Verzeihung Gnad und Huld,
Empfieng mit wahrer Vorbereitung
 Der heil'gen Sakramente Gnad,
Und übergab sich Gottes Leitung,
 Und wandelte den Todespfad.

5. So nahte ihre letzte Stunde,
 Sie fiel in Zuckungen und Krampf,
Und mit erblasstem kaltem Munde
 Erlag ihr Herz im Todeskampf,
Die Wärme wich aus allen Gliedern,
 Das Blut im Herzen blieb zurück,
Und bei geschlossnen Augenliedern
 Verblich im Tod ihr Thränenblick.

6. Doch immer war sie vorbereitet
 Auf einen solchen gähen Tod,
Und höchste Zuversicht begleitet
 Hinüber ihren Geist zu Gott;

Und nicht umsonst war ihr Bemühen
    Um einen frommen Lebenslauf;
Und sicher fuhr sie mit Marien
    Heut in das Reich des Himmels auf.
            15. August 1833.

51.
Bei dem Grabe einer alten Frau, die auszehrte.
Melod. IV.

1. In diesem Grabe modert,
    Mit abgezehrtem Leib,
  Vom Tode abgefodert,
    Ein gutes armes Weib.

2. Schon lang war ihre Lunge
    Mit Eiter angesteckt,
  Und von des Todes Zunge
    Ihr armes Herz beleckt.

3. Doch in den letzten Tagen
    Ward heftiger ihr Schmerz,
  Und nicht mehr zu ertragen,
    Bis endlich brach ihr Herz.

4. Allein sie gab ihr Leben
    Mit hoffnungvollem Sinn;
  Dem Höchsten ganz ergeben,
    Nach seinem Willen hin.

5. Sie hatte stets zufrieden
    Mit ihrem Stand gelebt,

Und nichts gesucht hienieden,
  Was nicht zu Gott erhebt;
6. Und noch vor ihrem Ende
  Empfieng sie glaubenvoll
  Die heil'gen Sakramente
  Zu ihrer Seele Wohl.
7. Wir können also hoffen:
  Daß sie, am Grabes Rand,
  Das Reich des Himmels offen,
  Und Gottes Gnade fand.
8. Denn wer mit Ernst hienieden
  Nach wahrer Tugend ringt,
  Gelangt zum wahren Frieden,
  Wenn ihn der Tod umschlingt.

52.
Bei dem Grabe eines Mannes, der von einem Kirchthurm herab zu tod fiel.
Melod. XIV. I.

1. In diesem neuen Grabe ward
  Ein junger Mann begraben,
 Den wir auf nie gehörte Art
  So schnell verlohren haben.
 Im Todesschauer beben wir
  Vor Schrecken und Entsetzen,
 Wenn wir uns in Gedanken hier
  An seine Stelle setzen.

2. Es war in Kirchenhaselach
  Der Thurm zu repariren,
Und diese schwere Arbeit, ach!
  Gefährlich auszuführen.
Man machte also einen Plan
  Und Uiberschlag der Kosten,
Und gieng die Sach mit Vorsicht an,
  Denn schwürig war der Posten.
3. Das Mißlichste der Arbeit war
  Ein passendes Gerüste,
Weil Mancher schon in der Gefahr
  Mit seinem Leben büßte.
Man wollte Anfangs das Gerüst
  Von Memmingen abhollen,
Allein man hätt, was Vieles ist,
  Zehn Gulden zahlen sollen.
4. Der kluge Bauinspektor trat
  Nun mit der Heil'genpflege
Zusamen, daß in weisem Rath
  Er Alles überlege,
Um Alles nach Erforderniß
  Doch billig zu besorgen;
Und wirklich, wenn kein Strick zerriß,
  Wär Alles gut geborgen.
5. Man brauchte also zum Gerüst
  Zwei alte Glockenseiler,
Und, was dabei das Beßte ist:
  Sie waren viel wohlfeiler,
Als das Gerüst von Memmingen.

Dann ward an starken Stangen
Das Baugerüst, um fest zu stehn,
An selben aufgehangen.

6. Drei Maurer waren schon bereit,
 Darauf hinaus zu steigen,
Und hatten dessen sich gefreut,
 Um ihren Muth zu zeigen,
Denn Alles war erstaunlich hoch,
 Daß einem schwindeln müßte,
Nun krochen sie zum Glockenloch
 Hinaus auf das Gerüste.

7. Die beiden ersten kamen an
 Auf ihren hochen Posten,
Und keiner dachte je daran:
 Es könnte sLeben kosten.
So stieg auch schon hinaus zum Loch
 Mit einem Fuß der dritte,
Ganz ahnungslos, und wallte noch
 Hinab in ihre Mitte.

8. Auf einmal brach ein Glockenseil
 Entzwei wie faule Stricke,
Der dritte suchte noch sein Heil,
 Und kehrte schnell zurücke.
Doch um die andern beiden ists
 Geschehn im Augenblicke;
Denn von der Höhe des Gerüsts
 Zerfallen sie in Stücke.

9. Der eine hatte Arm und Bein
 In diesem Fall gebrochen

[Und wird noch nicht geheilet seyn
 In fünf und zwanzig Wochen]
Und noch ein Auge eingebüßt;
 Der andre ward, o Schrecken!
An einem Kirchhofkreutz gespießt,
 Und blieb an selbem stecken.

10. Man zog ihn aus dem Kreutz heraus
 Schon halb entseelt, da traten:
Sogleich die Eingeweide aus;
 Da war nicht mehr zu rathen:
Das Blut ergoß in Strömen sich
 Den Eingeweidewunden;
So war, eh eine Stund verstrich,
 Sein Leben schon verschwunden.

11. In dieser Zwischenzeit genoß
 Er noch die Seelenspeise
Mit festem Glauben, und beschloß
 Die Erdelebensreise;
So starb der letzte Lebenskeim
 Im letzten Pulsesschlage,
Und seine Leiche wurde heim
 Gebracht mit lauter Klage.

12. Und welch ein Anblick für sein Weib,
 Und seiner Kinder Herzen!
Sie sehen seinen todten Leib
 Mit namenlosen Schmerzen
Und fallen, wie vom Donnerstreich
 Berührt, in Ohnmacht nieder,

Und werden, wie sein Leib, so bleich,
Und kalt durch alle Glieder.

13. Man brachte langsam sie zu sich
Doch nur zu größern Schmerzen,
Der Tod des Mannes war ein Stich
Durch ihre zarten Herzen;
Sie werfen auf die Leiche sich,
Benetzen sie mit Zähren,
Und rufen aus: wer wird für dich,
O Vater! uns ernähren!

14. O theures Leben! kehre doch
In seine Brust zurücke!
O Mann! o Vater! öffne noch
Einmal die holden Blicke!
Allein ihr lautes Klaggeschrey
Und Flehen war vergebens,
Und jeder Hoffnungschein vorbei
Zur Rettung seines Lebens.

15. Sein Eingeweide war zu sehr
Zerrissen schon in Stücke,
Der Athem kehrte nimmermehr
In seine Brust zurücke. —
Und nun! wer hat von seinem Tod
Die Schuld sich beizumessen?
Als welche vor Gefahr und Noth
Zu schützen ihn vergessen.

16. Ein Maurer muß auf dem Grüst
Ja mehr als sicher stehen,

Denn um sein theures Leben ist
 Es ja so leicht geschehen;
Und hier allein kann das Zuviel
 Wie nirgendens, niemal schaden;
Sonst steht das Leben auf dem Spiel,
 Und hängt an einem Faden.

17. Ein Thor nur kann sein höchstes Glück
 Auf blinden Zufall bauen,
Und einem alten faulen Strick
 Sein Leben anvertrauen.
Ein weiser Maurermeister geht
 Gewiß auf kein Gerüste,
Wenn es nicht unbeweglich steht,
 Und er sich sicher wüßte.

18. Nehmt also an dem Manne hier
 Ein warnendes Exempel,
Und bauet sicherer dafür
 In euch den Tugendtempel:
Dann mag der Körperbau sogleich
 Im Tod zusamen fallen,
Ihr werdet in das Himmelreich
 Zu Gott hinüber wallen.

53.
Bei dem Grabe eines jungen Mannes, der ganz unvermuthet starb.
Melod. III.

1. O welche unverhoffte Leiche,
 Die dieser Grabeshügel deckt;
Er ward mit einem Sensenstreiche
 Vom Tode plötzlich hingestreckt.
Denn ach! der Mann, den wir begraben,
 War vor acht Tagen noch gesund,
Und eh wir es vermuthet haben,
 Schlug schon für ihn die Todes Stund.

2. Zwar fühlte er schon lange Schmerzen
 In seiner sonst gesunden Brust,
Und leider war aus seinem Herzen
 Verschwunden jede Lebenslust;
Allein er wollte es nicht glauben,
 Und hoffte noch auf Besserung;
Da kam, das Leben ihm zu rauben,
 Der Tod mit seinem Sensenschwung.

3. Er gieng, so lang er es vermochte,
 Bis er entkräftet niedersank,
Allein in seinem Innern kochte
 Die Krankheit seinen Todestrank;
Er sank aufs Sterbelager nieder,
 Und fieng im Schleim zu röcheln an,

Und streckte starr die kalten Glieder,
  Und so war es um ihn gethan.

4. In diesem Zustand erst bemerkte
  Er nun die Größe der Gefahr,
Wo keine Medizin mehr wirkte,
  Und jede Hoffnung eitel war.
So kam zur Rettung seines Lebens
  Die nachgesuchte Hülf zu spat,
Und leider! Alles war vergebens,
  Was man zu seiner Rettung that.

5. Doch war er ganz in Gott ergeben,
  Voll kindlich reiner Zuversicht,
Und that auf dieses Erdenleben,
  Und seine Freuden gern Verzicht,
Und war bei allen seinen Schmerzen
  Nur auf sein Seelenheil bedacht,
Und hat mit reuevollem Herzen
  Der Buße wahre Frucht gebracht.

6. Nach dieser weisen Vorbereitung
  Empfieng er nun das Abendmahl,
Und übergab sich Gottes Leitung:
  In die er liebend sich empfahl;
Deswegen können wir uns trösten,
  Er werde gut gestorben seyn,
Und dort im Reiche der Erlößten
  Sich ewig der Erlösung freun.

7. So kann auch uns der Tod befallen
  In unsrer beßten Lebenskraft;

So werden von des Habichts Krallen
Die jungen Tauben hingerafft.
Seyt also wachsam stets, und bethet,
Ihr wißt ja weder Stund noch Tag,
Damit ihr eure Seelen rettet
Bei eurem lezten Pulsesschlag.

54.
Bei dem Grabe eines Knaben, der von einem Blitze getödtet wurde.
Melod. III.

1. Noch zittern wir vor Angst, und beben
Betäubt von einem Donnerkeil,
Weil wir stets in Gefahren schweben
Für unser Leib= und Seelen=Heil,
Wovon uns dieses Knaben Leiche,
Den dieses neue Grab verschliesst,
Gefällt von einem Donnerstreiche,
Zur Warnung und Belehrung ist.

2. Es war ein schöner Sommermorgen,
Am dreißigsten des Julius [1838]
Und fröhlich, ohne alle Sorgen,
Erscholl der Freunde Morgengruß;
Da kam der heiß ersehnte Regen,
Und tränkte die erhitzte Flur,
Als unter Blitz und Donnerschlägen
Ein kalter Schaur hernieder fuhr.

3. Da suchte Mancher auf dem Felde
Zum Schutze sich den nächsten Baum

Vor starkem Regen Schaur und Kälte,
   Und konnte ihn erreichen kaum:
So glaubte er zu thun am beßten,
   Und dachte nicht an die Gefahr,
In welcher unter seinen Aesten
   Doch offenbar sein Leben war.
4. So kamen, ihr Gewand zu schonen,
   Obwohl mit schlechtem angethan,
Mit ihren Pferten sechs Personen
   Bei der bekannten Forche an:
Auf einmal fuhr, o welch ein Schrecken!
   Ein zackt Blitz auf sie herab,
Sie tod zu Boden hinzustrecken,
   Und so ins unverhoffte Grab.
5. Ein Mädchen und drei Knaben kamen
   Von selbsten zum Vernunft=Gebrauch,
Und wälzten sich mit ihren lahmen
   Und kalten Gliedern aus dem Rauch;
Allein ein Mann und Knabe blieben
   Erschlagen liegen unterm Baum,
Und die erstickten Lungen trieben
   Aus Mund und Nase Blut und Schaum.
6. Da eilten Linck und Härle ihnen
   Zu Hülf in ihrer Todesnoth,
In der sie schon verlohren schienen,
   Und thaten, was die Pflicht geboth:
Sie machten ihre Mundes=Höhle
   Sogleich vom Schleim und Blute rein,
Und bliesen ihnen durch die Kehle
   Den Lebens=Athem wieder ein.

7. Der Mann begann sogleich zu röcheln,
   Bekam den Lebenshauch zurück,
Verzog den Mund zum sanften Lächeln,
   Und öffnete den welken Blick;
Den Mund verließ die Todesblässe,
   Das Auge schloß dem Tag sich auf,
Und durch die leeren Blutgefässe
   Begann aufs neu der Bluteslauf.

8. Allein beim Knaben war vergebens,
   Was man gethan zu retten ihn,
Der letzte Funcken seines Lebens
   War ohne Rettung schon dahin;
Denn ach! vom Blitze war getroffen
   Sein Haupt und Hals und Brust und Bauch,
Und keine Wiederkehr zu hoffen
   Von dem verschwundnen Lebenshauch.

9. Doch izt erscholl das laute Klagen
   Der Schnitter bis herein ins Ort:
Der Blitz hab in die Forch geschlagen,
   Und Alles lieg erschlagen dort;
Sechs Menschen und vier Pferdte fielen
   Vom Blitze tödlich hingestreckt,
Und von den schmerzlichsten Gefühlen
   War jedes Menschen Herz bewegt.

10. Das laute Klaggeschrey vereinte
    Zur Hülfe schnell den ganzen Ort,
Man rang die Hände, klagte, weinte,
    Und eilte zu der Forche dort:

Da führte man auf einem Wagen
Die Unglücksopfer schon herbey,
Und hörte Augenzeugen sagen,
Was eigentlich geschehen sey.

11. Vom Blitze ist allein getödtet
Der arme Knabe Romuald,
Die andern alle sind gerettet
Aus seiner mordenden Gewalt;
So wurden auch zwei schöne Pferdte,
In ihrer beßten Jugendkraft
Gewiß von nicht geringem Werthe,
Vom Donnerstreiche hingerafft.

12. Da liegt er nun, der holde Knabe,
Von einem Blitzestrahl durchzückt,
In diesem neugewölbten Grabe,
Auf einmal dieser Welt entrückt;
Doch seine Unschuld läßt uns hoffen,
Obwohl er durch den Blitz verschwand:
Daß ihm das Thor des Himmels offen
Bei seinem Lebensende stand.

13. Denn Jesus sagte: Lasst die Kinder
Zu mir, die noch voll Unschuld sind,
Denn lieber, als der kleinste Sünder,
Ist mir ein unschuldvolles Kind;
Und wollt ihr ein zum Leben gehen,
So müßt ihr wie die Kinder seyn,
Und jeder Sünde widerstehen,
Und gänzlich euch der Tugend weihn.

14. So schöpfen auch aus diesen Worten
 Des Knaben Eltern Trost und Ruh,
Er gieng ja durch des Himmels Pforten
 Gewiß der höchsten Freude zu:
Gott hats gethan, es ist kein Fehler,
 Dafür gebührt Ihm Dank und Lob,
Da Er ihn jedem Armenquäler
 Entzog, und ihn zu Sich erhob. —

15. Indessen bleibt es doch gefährlich:
 Bei Blitzen unter Bäumen stehn,
Weil wir darunter Manchen jährlich
 Vom Blitz getroffen fallen sehn;
Auch ist verbunden mit Gefahren
 Das Läuten in dem Kirchenthurm,
Denn öfter pflegt hinein zu fahren
 Ein Blitz aus dem Gewittersturm.

16. Wollt ihr daher dem Blitz entgehen,
 So fliehet unter keinen Baum,
Und bleibet lieber draussen stehen,
 Im freyen Illerthales Raum.
Am beßten ists, nach Haus zu gehen,
 Wenn es in fernen Wolken blitzt,
Wo wir im Hause sicher stehen,
 Wenn es ein Blitzableiter schützt.

17. Auch ohne diesen ist es immer
 Zu Hause sichrer, als im Feld,
Im mittern Raum von einem Zimmer,
 Das man zur Vorsicht offen hält,
Nur müssen wir von Wänden ferne,

Und ferne vom Kamine seyn,
Denn schlägt es ein, so schlägt es gerne
Ins Dach, Kamin und Wände ein.

18. Auch soll zum Schutz die Seide dienen,
Wenn man mit ihr das Haupt bedeckt,
Die an Elektrisirmaschinen
Die Blitze abzuleiten pflegt;
Hingegen ziehen die Metalle
Die Blitze ganz besonders an,
Wie Jedermann im Zweifelsfalle
An Blitzableitern sehen kann.

19. Doch ist ein ruhiges Gewissen
Der beßte Schutz in jeder Noth,
Denn wenn wir seinen Trost vermissen,
So drohet uns der Seele Tod;
Denn dieser kann uns immer plötzlich
Befallen ohne Donnerstreich:
Dann wär der Schaden unersetzlich
Im ewigen Vergeltungsreich.

20. Lasst uns daher die Sünde hassen,
Sie ist allein der Seele Gift;
Dann können fröhlich wir erblassen,
Wenn uns des Blitzes Kugel trift:
Dann mag die Welt zusammen brennen,
Und wir mit ihr im heissen Brand,
Weil wir doch sicher hoffen können:
Wir finden Schutz in Gottes Hand.

55.
Bei dem Grabe eines Mannes, der von einer Tanne erschlagen wurde.
Melod. I.

1. Ach! dieser Grabeshügel deckt
 Den Leib von einem Manne,
Zum Tode plötzlich hingestreckt,
 Beim Sturtz von einer Tanne,
Die fern von ihm gefället war;
Er traute blindlings der Gefahr,
 Die ihm von weitem drohte,

2. Er gieng hinaus, der arme Mann
 Gefälltes Holz zu spalten,
Und mochte sich in blindem Wahn
 Im Wald für sicher halten.
Obwohl in seiner Nachbarschaft
Noch andre, durch der Arme Kraft,
 Sehr grosse Tannen fällten.

3. Er glaubte fern genug zu seyn
 Vom Falle dieser Tanne,
Doch die Entfernung war zu klein,
 Und drohte diesem Manne
Mit seinem nahen Lebensziel,
Sobald die Riesentanne fiel
 Mit ihren tausend Armen.

4. Sie fiel, und schlug in ihrem Fall
 Noch viele Bäume nieder,

Und ihres schweren Sturtzes Hall
   Ertönte zehnfach wieder;
Der Arme sah dem Falle zu,
   Und blieb in ungestörter Ruh
Auf seinem Posten stehen.

5. Auf einmal kam ein Eichenast
   In einem großen Bogen
Mit seiner zentnerschweren Last
   Auf ihn herabgeflogen;
Er sah es zwar, und wollte fliehn,
Allein der Ast erreichte ihn,
   Und schlug ihn gäh zu Boden.

6. Da lag er nun im kalten Moos,
   Und schwam in seinem Blute
Besinnung und bewegunglos;
   Der Puls im Herzen ruhte;
Vertilgt war jede Lebensspur,
Denn ach! des Astes Spitze fuhr
   Ihm durch die Schedelknochen.

7. So fanden ihn im Todesarm
   Die andern Mitarbeiter,
Und trugen ihn noch lebenswarm,
   Um ihn zu retten, weiter,
Und brachten ihn nach Haus zurück;
Doch leider blieb sein Lebensglück
   Für diese Welt verschwunden.

8. Vergebens war des Arztes Müh
   Ihn wieder zu beleben;
Das Weib mit ihren Kindern schrie,

Und ihre Herzen beben
Beim Anblick seiner Leich zurück,
Und wollen ihrem Thränenblick
Nicht glauben, was sie sehen.

9. Da liegt sie nun im frühen Grab
Die Stütze ihres Lebens,
Gebrochen ist ihr Hoffnungstab,
Sie sehnen sich vergebens
Nach irgend einem Trostesgrund,
Als nur allein in Jesu Mund,
Und seiner Offenbarung.

10. Er sagte: daß Gott das Geschrey
Der jungen Raben höre,
Und auch der Waisen Vater sey
Und sicher sie ernähre,
Und ohne seinen Willen kann
Kein Spatz, vielweniger ein Mann
Herab vom Tache fallen.

11. Lasst uns daher von weitem schon
Der Todsgefahr entgehen,
Wir flöhen sonst zu spät davon,
Wenn wir sie kommen sehen,
Ein Schritt, ein Tritt, ein Augenblick,
Und schon ist unser Lebensglück,
Eh wirs versehn, verschwunden.

12. Nun ruhe sanft, Unglücklicher!
Im kühlen Schoos der Erde,
Wir hoffen: daß dir Gott der Herr
Die Schuld verzeihen werde,

Die du aus Unvorsichtigkeit
Dir zugezogen, und die Zeit
Des Lebens dir verkürztest.

13. Denn weislich hielt er immer sich
Zum gähen Tod bereitet,
Und Gottes Hand hat sicherlich
Sein Schicksal so geleitet,
Daß plötzlich, ohne Kampf und Streit,
Im Tode er die Seligkeit
Zum Tugendlohn empfange.

56.
Bei dem Grabe eines hoffnungvollen Knaben.
Melod. IV.

1. Hier stehen wir und beben
Vor Tod und Grab zurück,
Denn Staub und Moder schweben
Vor unserm Thränenblick.

2. Ein hoffnungvoller Knabe,
Der Eltern einz'ger Sohn,
Vermodert hier im Grabe
In zarter Blüthe schon.

3. Mit namenlosen Schmerzen
War er im Kopfe krank,
Daß er mit schwerem Herzen
Aufs Sterbelager sank.

4. Man reichte zwar dem Knaben
   Arzney zur Besserung,
Doch alle Mittel gaben
   Ihm keine Linderung.
5. Und zum Beweis: es nage
   An ihm des Todes Zahn,
Fieng er mit jedem Tage
   Mehr abzuzehren an.
6. So welkte dieser Knabe
   In zarter Blüthe hin,
Und modert schon im Grabe,
   Statt länger noch zu blühn.
7. Doch besser ists dem Kinde,
   Wenn es in Unschuld stirbt,
Als wenn es durch die Sünde
   An Leib und Seel verdirbt.
8. Denn besser, nie gebohren,
   Als Knecht der Sünde seyn,
Und ewig gehn verlohren
   In grenzenloser Pein.
9. Lasst uns das ganze Leben
   Daher der Tugend weihn,
Und nach dem Himmel streben,
   Und uns in Gott erfreun.

57.
Bei dem Grabe eines armen Mannes.
Melod. III.

1. Ach ach! schon wieder eine Leiche,
 Die dieser Grabeshügel deckt,
Er war vom Tod mit einem Streiche
 Von seiner Sense hingestreckt;
So blieb er ganz betäubet liegen,
 Und röchelte den bittern Tod,
Und lag in seinen letzten Zügen,
 Und unterlag der größten Noth.

2. Zwar schon vor mehr als einem Jahre
 Verlohr er der Gesundheit Lust,
Und seines Athems Freiheit ware
 Beklommen in der kranken Brust,
Doch schien das Uibel nicht gefährlich,
 Und nur von kurzer Daur zu seyn,
Nun ward sein Athem höchst beschwerlich,
 Und drohte ihn dem Tod zu weihn.
Er brauchte also Medizinen,
 Und hoffte noch auf Besserung,
Doch wollte er sich mehr bedienen
 Der Mittel zur Beseligung;
Bereute also seine Sünden
 Aus wahrhaft reiner Lieb zu Gott,
Und hoffte Gnade so zu finden
 Nach einem hoffnungvollen Tod.

4. So gab er ohne Furcht und Beben
    Sein Leben Gott zum Opfer hin,
Denn Jesus Christus war sein Leben,
    Und Sterben war für ihn Gewinn;
Denn immer blieb er ja zufrieden
    Mit Gott in seinem niedern Stand,
Und gieng, nachdem er hier verschieden
    Dort ein ins wahre Vaterland.

5. Lasst uns daher, so lang wir leben,
    Mit unserm Stand zufrieden seyn,
Zurück vor jeder Sünde beben,
    Und uns der wahren Tugend weihn:
Dann können wir voll Hoffnung sterben,
    Wenn gähling uns der Tod befällt,
Und werden dort den Himmel erben,
    Den Gott für uns bereitet hält.

58.
Bei dem Grabe des verstandlosen Johannes Nassal von Unteropfingen.

Melod. IV.

1. Hier endete sein Leben
    Ein armer alter Mann,
Und ohne Furcht und Beben
    Kam er beim Richter an.
2. Denn ach! dem Armen fehlte
    Vernunft und Glaubenslicht,
Und der Verstand beseelte
    Sein Thun und Lassen nicht.

3. So lebte er unwiſſend,
   Und ſchuldlos, wie ein Kind,
   Die Tugend ſtets vermiſſend,
   Als wie die kleinſte Sünd.
4. So floß in blinden Trieben.
   Sein Erdenleben hin,
   Doch ſchloß ihm ſicher drüben
   Gott auf den Geiſtesſinn.
5. Und weil er ohne Wiſſen.
   Auch keine Sünde that,
   So wird er nicht vermiſſen
   Des Allerhöchſten Gnad.
6. Doch Heil dem Menſchenkinde,
   Das im Verſtandeslicht.
   Vermeidet jede Sünde,
   Und thut nach ſeiner Pflicht.
7. Weh aber allen Sündern,
   Die wiſſend ſündigen,
   Das Gute ſtets verhindern,
   Und einſt zu Grunde geh'n.
8. Laßt alſo Gott uns danken.
   Für das Verſtandeslicht,
   Und nie im Guten wanken,
   Nie weichen von der Pflicht.
9. Dann leuchtet beim Gerichte.
   Uns Gottes Gnadenlicht,
   Und ewig ſeh'n im Lichte
   Wir Gottes Angeſicht.

59.
Bei dem Grabe der Ursula Faller von Unteropfingen, die eilfmal punktirt wurde.

Melod. IV.

1. In kaltem Todesschauer
   Stehn wir an diesem Grab,
   Und senken, voll der Trauer,
   Den Thränenblick hinab.

2. Denn es bedeckt die Hülle
   Von einem guten Weib,
   Die sich nach Gottes Wille
   Getrennt von ihrem Leib.

3. Sie wurde wassersüchtig
   Vor mehr als einem Jahr,
   Ein Uibel, welches wichtig
   In seinen Folgen war.

4. Zur Rettung ihres Lebens
   Ward eilfmal sie punktirt,
   Allein das Ziel des Strebens
   Doch nicht herbeigeführt.

5. Sie fand in der Verbannung
   Des Wassers keine Ruh,
   Und immer nahm die Spannung
   Des Leibes wieder zu.

5. Das Uibel wurde schlimmer,
 Nahm täglich überhand,
Bis aller Hoffnung Schimmer
 Zur Besserung verschwand.

7. So schwand aus ihrem Herzen
 Der letzte Tropfen Blut,
Und sie erlag der Schmerzen
 Und Leiden großer Wuth.

8. Doch litt sie alle Schmerzen
 Mit christlicher Geduld,
Bereute stets von Herzen
 Der Sünden große Schuld.

9. Wir können also hoffen:
 Daß dort im Vaterland
Ihr Geist den Himmel offen,
 Und Jesum gnädig fand.

10. Denn besser ists, zu finden
 Den Tod durch Wassersucht,
Als durch die Fluth der Sünden
 Die ewig uns verflucht.

11. Lasst uns daher vermeiden
 Die Sünde jederzeit,
Dann gehn wir ein mit Freuden
 Zur ew'gen Seligkeit.

60.
Bei dem Grabe eines Mannes, der an der Wassersucht starb.
Melod. VIII.

1. Endlich ruht von seinen Leiden
   Unser Bruder hier im Grab,
   Der mit hoffnungvollen Freuden
   Gottes Willen sich ergab.
2. Schon vor mehr als vierthalb Jahren
   Lähmte ihn ein Nervenschlag,
   Und seit diesem Falle waren
   Alle Stunden Pein und Plag.
3. Mühsam schleppte er die Glieder
   Des geschwächten Leibs umher,
   Endlich sank er kraftlos nieder
   Und sein Athem wurde schwer.
4. Jedes Mittel ward vergebens,
   Noch zu retten ihn, versucht,
   Denn zur Schwäche seines Lebens
   Kam zuletzt die Wassersucht.
5. Immer stieg das Wasser höher,
   Bis es ihm zum Herzen drang,
   Und sein Athem wurde schwächer,
   Als er mit dem Tode rang.
6. Endlich kam sein Lebensende,
   Er verblich in Todesfarb,
   Gab sich hin in Gottes Hände,
   Neigte sanft sein Haupt, und starb.

7. Doch er trug die größten Schmerzen
 Mit erneuerter Geduld,
 Und bereute noch von Herzen
 Seiner Sünden große Schuld.

8. Ja, ganz ohne Furcht und Beben
 Gab, in hoffnungvollem Sinn,
 Er dem Schöpfer hin sein Leben
 Und der Tod war sein Gewinn.

9. Denn die Todesfurcht verschwindet
 Vor der Hoffnung holdem Licht,
 Und ein wahrer Büsser findet
 Dort ein gnädiges Gericht.

10. Dieses also läßt uns hoffen,
 Daß, an seines Grabes Rand,
 Seine Seel den Himmel offen,
 Und den Richter gnädig fand.

61.
Bei dem Grabe eines Mannes, der lange krank war.
Melod. III.

1. Ach ach! schon wieder eine Leiche
 In diesem neugewölbten Grab!
 So tritt der Arme wie der Reiche
 Vom Schauplatz dieses Lebens ab.
 Kaum dreimal gieng die Sonne nieder

Seit einer unsrer Brüder starb,
Und sehet: es verblich schon wieder
Ein Bruder in des Todes Farb.

2. Seit einem halben Jahr entbehrte
Er der Gesundheit süsse Lust,
Und ein verborgnes Uibel zehrte,
Gleich einem Wurm, an seiner Brust;
Am Ende nahm sein kranker Magen
Zur Nahrung keine Speise mehr,
Und also wurde auch zum Schlagen
Sein armes Herz vom Blute leer.

3. So schwanden seine Leibeskräfte,
Er zehrte ab auf Haut und Bein,
Vergebens nahm er viele Säfte
In Hoffnung zur Genesung ein;
Die Wärme wich aus allen Gliedern,
Das Blut im Herzen blieb zurück,
Und unter welken Augenliedern
Verblich im Tod sein letzter Blick.

4. Allein er hatte sich ergeben
In Gottes Hand voll Zuversicht,
Und nahte ohne Furcht und Beben
Sich nun dem göttlichen Gericht;
Bekannte wahrhaft seine Sünden,
Bereute seine große Schuld,
Und hoffte also noch zu finden
Bei Gott Verzeihung Gnad und Huld.

5. Deswegen können wir uns trösten:
Daß, als sein Lebenshauch verschwand,

Sein Geist die Gnade der Erlößten,
Das ewig sel'ge Leben fand.
Laßt uns daher nach Tugend streben,
Und unsre Sündenschuld bereun,
Dann gehen wir nach diesem Leben
Auch in des Himmels Freuden ein.

62.
Bei dem Grabe einer Frau, die an der Lungensucht starb.
Melod. XVIII.

1. Nun endlich hat sie ausgelitten,
Die heldenmüthge Dulderin,
Und ihren letzten Kampf gestritten,
Und Sterben war für sie Gewinn.
Nun sind verschwunden ihre Leiden
In einer sanften Todesnacht,
Sie rief entzückt von Himmelsfreuden
Mit Jesus aus: Es ist vollbracht.

2. Schon viele lange Jahre keuchte
Sie mit Geschwür erfüllter Brust,
Und diese Lungenqual verscheuchte
Des Wohlbefindens edle Lust.
Denn unter Husten Krampf und Schmerzen
Schien oft ihr Athem auszugehn,
Und in dem schwer beklommnen Herzen
Das Blut im Laufe stille stehn.

3. So lag sie schon seit Jahr und Tagen
Auf ihrem Schmerzenlager dort,

Und fressende Geschwüre nagen
  An ihrer wunden Lunge fort,
Bis endlich aus dem hohlen Herzen
  Der letzte Tropfen Bluts verschwand,
Und sie das End von ihren Schmerzen
  In einem sanften Tode fand.
4. Doch trug sie diese Leidenketten
  Mit unerschütterter Geduld,
Und bath, ihr Seelenheil zu retten,
  Gott um Erbarmen Gnad und Huld;
Und sehnte sich nach jener Stunde,
  In der sie Gott zu sich berief,
Wo sie mit athemlosem Munde
  In Todeshänden sanft entschlief.
5. So starb in namenlosen Qualen
  Die christlich fromme Dulderin,
Und sah verklärt in Hoffnungstrahlen
  Voll Zuversicht zum Himmel hin;
Denn muthig hatte sie bestanden
  Die Tugendprüffung lange schon,
Und o gewiß! zum Lohne wanden
  Ihr Engel dort die Siegeskron.
6. Denn wer nach reiner Tugend strebet
  Und pünktlich seine Pflichten thut,
Und nach der Lehre Jesu lebet,
  Gelanget dort zum höchsten Gut.
Lasst uns daher das Böse meiden
  Und immer Gottes Willen thun,
Dann werden wir in höchsten Freuden
  Im Himmel dort auf ewig ruhn.

63.
Bei dem Grabe einer Frau, die an der Gelbsucht starb.
Melod. IV.

1. In diesem Grabe modert
    Von einem guten Weib,
    Vom Tode abgefodert,
    Der abgezehrte Leib.

2. Aus ihrem Eingeweide
    Floh der Gesundheit Lust,
    Und jede Lebensfreude
    Entwich aus ihrer Brust.

3. Sie fühlte stets ein Brennen
    Im Magen Brust und Schlund,
    Und Niemand konnte kennen
    Des Uibels tiefen Grund.

4. Die Aerzte zwar verschrieben
    Die beßten Mittel ihr,
    Allein die Schmerzen blieben,
    Und nahmen zu dafür.

5. Die Eingeweide alle,
    Sie wurden hart und groß,
    Worauf sich ihre Galle
    In ihr Geblüt ergoß.

6. So litt sie große Schmerzen
    Am innerlichen Brand,
    Er stieg empor zum Herzen
    Wobei ihr Hauch verschwand.

7. Doch trug sie alle Schmerzen
   Mit christlicher Geduld,
   Und bath mit Reu im Herzen
   Um Gottes Vaterhuld.

8. Und o ihr heisses Flehen
   Hat Gott erhört gewiß;
   Dort werden wir sie sehen
   Im Himmels Paradieß.

64.
Bei dem Grabe des hoffnungsvollen Knaben Franziskus Blumenthaler.

Melod. X.

1. Seht, ein Strom von Thränen fließt
   Heut an diesem Grabe,
   Denn sein junges Leben schließt
   Hier der beßte Knabe!
   Ach! er wurde angesteckt
   Von dem Scharlachfieber,
   Und, aufs Lager hingestreckt,
   Gieng er schnell hinüber.

2. Von des Giftes rother Glut
   War sein Leib durchdrungen,
   Ganz entzündet floß das Blut
   Schnell durch seine Lungen;
   Immer nahm das Uibel zu

Mit den größten Schmerzen,
Und verschwunden war die Ruh
Ganz aus seinem Herzen.

3. Zwar, er nahm die Medizin,
Die man ihm gegeben,
Aber ihre Wirkung schien
Nie zu seinem Leben;
Denn vom Anfang bis zum End
War zu heiß das Fieber,
Und das Uibel gieng behend
In Zerstörung über.

4. So verblich in Todes Hand
Dieser holde Knabe,
Und in seinem Tod verschwand
Jede Geistesgabe,
Die schon frühe sich erschloß
In der schönsten Blüthe,
Und so lieblich sich ergoß
In des Herzens Güte.

5. Doch sie wird im Geisterreich
Sich nun mehr entfalten;
Dort wird er den Engeln gleich
Ewig nun gehalten,
Und in ihrer Mitte von
Gottes Lobe leben,
Und vor seinem Gnadenthron
Stets in Wonne schweben.

6. Stillet also euern Schmerz,
Höret auf zu weinen,

Hebt die Augen himmelwerts,
   Wo die lieben Kleinen
Jesus zu sich kommen ließ
Aus dem Weltgetümmel,
Da er ihnen einst verhieß:
   Ihrer ist der Himmel.

65.
Bei dem Grabe einer stillen Dulderin.
Melod. V.

Trauert, Christen! hier an diesem Grabe
Denn es steht auch uns der Tod bevor.

1\. Seht, auch dieser Grabeshügel
   Stellet uns als treuen Spiegel
Unser nahes Lebensende vor.

2\. So, wie diesem armen Weibe,
   Geht auch uns der Tod zu Leibe,
Und es hilft kein Zittern vor dem Tod.

3\. Doch zu früh für ihre Lieben
   Hat der Tod sie aufgerieben;
Doch sie starb, weil es der Herr geboth.

4\. Für des Wohlbefindens Freuden
   Hatte schmerzlich sie zu leiden,
Und ihr Leiden daurte Tag und Jahr.

5\. Viele Sorgen Gram und Kummer
   Störten ihren sanften Schlummer,
Und sie schwebte immer in Gefahr.

6. Doch sie litt die größten Schmerzen
 Stets mit gottergebnem Herzen,
Und mit wahrhaft christlicher Geduld.

7. Sie bereute ihre Sünden,
 Um Verzeihung dort zu finden,
Und des strengen Richters Gnad und Huld.

8. Sie verzieh auch ihren Feinden
 Die sich wider sie vereinten
Jede schmerzliche Beleidigung;

9. Und empfieng vor ihrem Ende
 Noch die heil'gen Sakramente,
Voll der Hoffnung auf Begnadigung.

10. Abgezehrt auf Haut und Knochen
 War ihr Aug und Herz gebrochen,
Und ihr letzter Lebenshauch verschwand.

11. Dieses Alles läßt uns hoffen:
 Daß sie dort den Himmel offen,
Und bei dem Gerichte Gnade fand.

12. Denn der Büßer und Gerechte
 Wird mit dem getreuen Knechte
Dort belohnt bey Gottes Gnadenstuhl;

13. Aber Uibelthäter müssen
 Ewig ihre Sünden büssen
Dort im feurdurchglüten Höllenpfuhl.

14. Laßt uns also noch bei Zeiten
 Uns zum Tode vorbereiten,
Eh er uns in Sünden überfällt;

15. Laßt uns Gutes thun hienieden,
Dann entschlafen wir im Frieden
Und erwachen froh in jener Welt.

66.
Bei dem Grabe eines blinden Mannes, der zu tod fiel.
Melod. XV.

1. O welche allgemeine Trauer,
Und welcher namenlose Schmerz,
Und welche nie gefühlte Schauer,
Durchwühlen grausam unser Herz!
Denn ach! der Mann, den wir begraben
War vor drei Tagen noch gesund,
Und eh wir es vermuthet haben
Schlug schnell für ihn die Todesstund.

2. Er hatte einmal schon verlohren
Durch einen Fall sein Augenlicht,
Doch leider! wie bei allen Thoren,
Ihn warnte dieses Unglück nicht;
Er stieg aus eitler Wißbegierde
Im Stadel nocheinmal hinauf,
Und schloß, weil nichts den Blinden führte,
Durch einen Fall den Lebenslauf.

3. Er fiel mit seiner Leibesschwere
Herab von einem hohen Stand,
Und lernte die verschmähte Lehre
Der Vorsicht erst in Todeshand;

Denn ach! er fiel zur Tenne nieder,
  Und brach beinahe das Genick,
Dieß lähmte alle seine Glieder,
  Und keine Hoffnung blieb zurück.

4. In diesem Falle war der Glauben
  Sein Trost und seine Zuversicht;
Nichts kann ihm das Vertrauen rauben
  Auf des Erlösers Gnadenlicht.
Mit Schmerz bereut' er seine Sünden
  Und seine Unvorsichtigkeit,
Und hoffte Gnade noch zu finden
  Bei Gottes Allbarmherzigkeit.

5. Bald schwand die Hoffnung zur Genesung,
  Verlohren war sein Lebensglück,
Und nur nach baldiger Erlösung
  Erhob er seiner Seele Blick;
Der Athem wurde immer schwächer,
  Erblassend schloß er seinen Mund,
Und trank den bittern Todesbecher,
  Wie Jesus, aus bis auf den Grund.

6. So gieng er ohne Furcht und Beben
  Aus dieser Welt in jene hin,
Denn Jesus Christus ist sein Leben
  Und Sterben war für ihn Gewinn.
Wir können also sicher hoffen
  Daß, als sein Lebenshauch verschwand,
Sein Geist für sich den Himmel offen,
  Und beim Gerichte Gnade fand.

7. Laßt uns daher mit Vorsicht wandeln,
Dem Leibe und der Seele nach,
Denn wenn wir unvorsichtig handeln
So folgt zu spätes Weh und Ach;
Und sollten wir dann doch verliehren
Dem Leibe nach das Augenlicht;
Wenn wir ein frommes Leben führen,
Fehlt Gottes Gnadenlicht uns nicht.

67.
Bei dem Grabe des Kaspar Faklers, der an einem fressenden Geschwür starb.
Melod. IX.

1. Nun fand er, der Dulder, im Grabe
Die sehnlich erwartete Ruh;
Er wallte, gebeuget am Stabe
Dem Ziele der Ewigkeit zu:
Er hat vier und siebenzig Jahre
Beinahe hienieden gelebt,
Doch fand er nur hier in der Bahre
Den Frieden, nach dem er gestrebt.

2. Er wurde von heftigen Schmerzen
Des kränklichen Alters gequält,
Wobei es dem leidenden Herzen
An gründlicher Hoffnung gefehlt;
Denn ach! zu des Alters Beschwerden

Kam noch ein sehr böses Geschwür,
Und leider! noch giebt es auf Erden
Kein gründliches Mittel dafür.

3. Man hätte so gerne durch Schneiden
Dem Laufe des Uibels gewehrt,
Doch aber, man hätte sein Leiden
In täuschender Hoffnung vermehrt;
Er mußte sich also ergeben
Mit standhaft erhabner Geduld,
Und wehte sein schmerzliches Leben,
Zu tilgen die Strafe der Schuld.

4. Mit bange beklommenem Herzen
Bereut er die sündige Schuld,
Und suchte, geduldig im Herzen,
Des Richters erbarmende Huld;
Zwar wollt es ihm öfter bedünken
Als wäre die Reue zu klein;
Doch ließ er die Hoffnung nicht sinken:
Gott werde barmherzig ihm seyn.

5. So harrte er aus bis zum Ende,
Erleuchtet von gnädigem Strahl,
Bis er seinen Geist in die Hände
Des himmlischen Vaters empfahl;
Noch rief er vor seinem Verscheiden:
Barmherzig ist Gott, und gerecht,
Und hoffte die himmlischen Freuden
Als reuedurchdrungener Knecht.

6. Nun wollet ihr einst beim Gerichte,
Ihr Sünder! in Gnaden bestehn,

So bringet auch würdige Früchte
　Der Buße mit kindlichem Flehn:
Gott woll euch die Sünden vergeben
　Mit all ihren Strafen und Schuld;
Dann findet ihr ewiges Leben
　In göttlicher Gnade und Huld.

68.
Bei dem Grabe eines jungen gottesfürchtigen Mannes.
Melod. IV.

1. Mit wehmuthvoller Schauer
　Stehn wir an diesem Grab,
Und senken tief in Trauer
　Den Thränenblick hinab.
2. Denn noch bei guten Jahren
　Hat hier ein starker Mann
Durch seinen Tod erfahren,
　Was Schmerz und Krankheit kann.
3. Ein Schmerz im Eingeweide
　Warf ihn aufs Lager hin,
Es war ihm, als durchschneide
　Man stets mit Messern ihn.
4. Zwar linderten Arzneien
　Der Schmerzen höchste Pein;
Doch ganz ihn zu befreyen,
　Das konnte nicht mehr seyn.
5. Es lachte zwar noch immer
　Der Hoffnung sanfter Strahl,

Bis auch ihr letzter Schimmer
Verblich im Todesthal.
6. Mit jedem Tage nahmen
Die Lebenskräften ab,
Die letzten Züge kamen,
Und stürzten ihn ins Grab.
7. Zwar füllte noch mit Grauen
Des Todes Anblick ihn,
Doch gab er, im Vertrauen
Auf Gott, sein Leben hin.
8. Denn alle seine Schmerzen
Ertrug er mit Geduld,
Und starb mit Reu im Herzen
In Gottes Vaterhuld.
9. Denn wenn wir noch im Leben
Verzichten auf die Welt,
Dann dürfen wir nicht beben,
Wenn uns der Tod befällt;
10. Wir schliessen mit Vertrauen
Uns an die Vorsicht an,
Und wallen ohne Grauen
Des Todes düstre Bahn.
11. Denn nach dem Tod beginnet
Ein Leben ohne Tod,
Wo keine Thräne rinnet,
Und kein Verderben droht.
12. Nur Seligkeit geniesset
Des Frommen Seele dort,
In reinster Wonne fliesset
Sein Leben ewig fort.

69.
Bei dem Grabe der Judita Maas, die an Altersschwäche starb.
Melod. IV.

1. Hier schlummert in der Bahre
   Ein Weib in Todesnacht,
   Die neun und siebzig Jahre
   Auf Erden zugebracht.
2. Sie war voll Herzensgüte,
   Und streng gewissenhaft,
   Geduldig im Gemüthe,
   Und ohne Leidenschaft.
3. Sie liebte Gott den Höchsten
   Mehr als die ganze Welt,
   Und wie sich selbst den Nächsten,
   Und that, was Gott gefällt.
4. Auch dachte sie der Armen
   Mit liebevoller Hand,
   Und übte gern Erbarmen,
   Wo sie ein Leiden fand.
5. Das größte ihrer Leiden
   War ihrer Kinder Tod;
   Doch trug sie es mit Freuden,
   Indem es Gott geboth.
6. So lebte sie zufrieden
   Mit Gott und Welt bahin,

Und wandte ohn Ermüden
Zum Himmel ihren Sinn.

7. So schwand in hohem Alter
Des Lebens Thätigkeit,
Wovon der Tod mit kalter
Umarmung sie befreyt.

8. Doch war sie vorbereitet
Zu einem guten Tod,
Und süsser Trost begleitet
Nun ihren Geist zu Gott.

9. Denn sie empfieng mit Würde
Der Sakramente Gnad,
Um die sie mit Begierde
Den Heiland immer bath.

10. Dieß Alles läßt uns hoffen:
Daß sie am Grabesrand
Das Thor des Himmels offen,
Und Jesum gnädig fand.

11. Denn wer sich rein von Sünden,
Und an die Tugend hält,
Wird einstens Gnade finden
Wenn ihn der Tod befällt.

70.
Bei dem Grabe eines Jünglings, der zu tod fiel.
Melod. XV.

1. Hier stehen zitternd wir, und beben
   Vor diesem neuen Grab zurück,
   Denn hier verschwand ein junges Leben
   Durch fürchterliches Mißgeschick.
   Der Jüngling, ach! den wir begraben,
   War vor drei Tagen noch gesund,
   Und eh wir es vermuthet haben,
   Schlug plötzlich seine Todesstund.

2. Er hatte nemlich mit Getränken
   Geschwächt Besinnung und Verstand,
   Vergaß daher zu überdenken:
   Wohin er ging, und wo er stand;
   Er eilte hin zur steilen Stiege
   Und stürzte fürchterlich hinab,
   Und fiel in seine letzten Züge,
   Und auch zugleich ins frühe Grab.

3. Da lag er nun in Blut und Wunden,
   Und des Bewußtseyns ganz beraubt,
   Sein Sehn und Hören war verschwunden,
   Und ganz erschüttert Brust und Haupt;
   Es floß aus Nase Mund und Ohren
   Des schwarzen Blutes edler Saft;
   In tiefer Ohnmacht war verlohren
   Des Leibes und der Seele Kraft.

4. Man eilte plötzlich einzuhollen
  Des beßten Arztes weisen Rath;
Er kam, und hätte helfen sollen,
  Allein die Hülfe kam zu spat:
Er hatte Rettung zwar versprochen,
  Gestützt auf seinen Weisheit Plan,
Und bohrte die verletzten Knochen
  Des ganz zerquetschten Hirnes an.

5. Man denke sich die Wuth der Schmerzen
  Bei dieser Operation;
Wie schlug der Puls in seinem Herzen!
  Man hörte seinen dumpfen Ton;
Es floß der ganze Körper über
  In einem Strom von kaltem Schweiß,
Sein thränend Auge wurde trüber,
  Und seine Lippe kalt und weiß.

6. So nahte seine Sterbestunde
  In Krämpfen Zuckungen und Qual;
Der Hauch erstarb in seinem Munde,
  Es schlug sein Herz zum letztenmal.
So schlief der Jüngling in den Armen
  Des schaudervollsten Todes ein
Gott wolle seiner sich erbarmen,
  Und seiner Seele gnädig seyn!

7. Denn sterbend gab er noch ein Zeichen
  Von Reue über seine Schuld,
Der Sündenstrafe zu entweichen
  In Gottes grenzenloser Huld,
Empfieng mit wahrer Vorbereitung

Der letzten Oelung Sakrament,
Und übergab sich Gottes Leitung,
Die keine Gnadenschranken kennt.

8. Wir können nun die Hoffnung nähren
Daß Gott ihm seine Sünd verzeiht;
Sein Unglück aber soll uns lehren
Die Tugend steter Mäßigkeit.
Seyt also nüchtern, wachet, bethet,
Und haltet euer Haus bestellt,
Damit ihr eure Seelen rettet,
Wenn gähling euch der Tod befällt.

―――――

71.
Bei dem Grabe einer Frau, die öfter schwer und krank war.
Melod. X.

1. Ach! in diesem Grabe ruht
Einer Mutter Leiche,
Und ihr Geist gieng wohlgemuth
Ein zum Himmelreiche;
Denn sie litt ja mit Geduld
Auch die größten Schmerzen
Und bereute ihre Schuld
Stets von ganzem Herzen.

2. Oefter warf sie Gottes Hand
Hin aufs Krankenbette,
Bis zuletzt die Hoffnung schwand,

Daß man sie noch rette;
Denn es kam mit Heftigkeit
  Ihre Krankheit wieder,
Bis in ihrem letzten Streit
  Starrten ihre Glieder.
3. Doch bei allem Leiden blieb
  Sie dem Herrn ergeben,
Gab in hoffnungvoller Lieb
  Willig hin ihr Leben,
Nur fiel ihr die Trennung schwer
  Von den lieben Kindern;
Doch ihr Sterben war nicht mehr
  Länger zu verhindern.
4. Denn es nahm der kalte Brand
  In den Eingeweiden
Unaufhaltsam überhand,
  Und sie mußte scheiden;
Doch sie hatte sich zum Tod
  Würdig vorbereitet,
Daß er sicher hin zu Gott
  Ihre Seele leitet.
5. Laßt uns nun nach dem Geboth
  Nur nach Tugend streben,
Stets bereitet seyn zum Tod
  Durch ein frommes Leben;
Wenn wir dann in kurzer Zeit
  Dieses Leben schließen,
Führt er uns zur Seligkeit
  Die wir dort geniessen.

72.
Bei dem Grabe eines alten Mannes, der auszehrte.
Melod. XVIII.

1. O welche unverhoffte Leiche
   In diesem abgelebten Mann,
  Wo sich der Arme wie der Reiche
   In einem Spiegel sehen kann.
  Denn ach! mit jedem Glockenschlage,
    Mit jedem Puls, mit jedem Hauch,
  Verfliegen unsre Lebenstage
   Und schwinden hin als wie der Rauch

2. So gieng es diesem armen Manne
   Der ein und achtzig Jahr alt war;
  Nun stellt sich uns wie eine Spanne
   Sein doch so langes Leben dar;
  Er war sogar vor dreien Tagen
    Nach seiner Meinung noch gesund,
  Auf einmal hat für ihn geschlagen
   Die unverhoffte Todesstund.

3. Indeßen schwanden doch schon lange
   Die Kräften seines Lebens hin,
  Und immer war es ihm so bange,
   Und freudenleer sein Herz und Sinn;
  Er zehrte ab auf Haut und Knochen,
    Und gieng umher dem Tode gleich,
  Sein düstres Auge war gebrochen,
   Und seine Lippe kalt und bleich.

4. Auf einmal sank er kraftlos nieder,
   Und fiel in Zuckungen und Krampf,
Und schloß die welken Augenlieder,
   Und rang den bittern Todeskampf.
Doch litt er alle diese Schmerzen
   Mit gänzlicher Ergebenheit,
Und war mit reuevollem Herzen
   Zu einem guten Tod bereit.

5. Deßwegen können wir auch hoffen,
   Daß er, obwohl er plötzlich starb,
Doch fand für sich den Himmel offen,
   Und Gottes Gnade sich erwarb.
Laßt uns daher das Böse meiden,
   Und stets zum Tod bereitet seyn,
Dann gehen wir beim letzten Scheiden
   Dort in des Himmels Freuden ein.

73.
Bei dem Grabe eines Knaben, der bei einem Fuhrwerk umkam.
Melod. VIII.

1. Unter diesem Grabeshügel
   Ruht ein hoffnungvolles Kind,
Dessen Hoffnungen im Spiegel
   Künft'ger Zeit erloschen sind.

2. Sorgenlos war er geritten,
   Und fiel von dem Pferdt herab,
Und ein schwer beladner Schlitten
   Drehte ihm das Aermlein ab.

3. Doch zum Glücke, wie man wähnte,
   War der Bader bei der Hand,
Der es auseinander dehnte,
   Und zur Heilung fest verband.
4. So war es fünf Tag verbunden;
   Also nahm der heiße Brand,
Denn es hatte Blut und Wunden,
   Unaufhaltsam überhand.
5. Kunst und Mühe war vergebens,
   Ihn zu löschen, angewandt,
Und der feinste Saft des Lebens,
   Eine Nerve, ward verbrannt.
6. Unter namenlosen Schmerzen,
   Unter Zucken Krampf und Gicht,
Drang der Tod zu seinem Herzen,
   Und es brach sein Augenlicht.
7. So entstehen Unglücksfälle,
   So sieht man dem Uibel zu,
Und schon an der Lebensschwelle
   Geht ein Kind zur Grabesruh.
8. Fliehet nun die Unglücksfälle;
   Trift euch doch ein Unglück dann,
O so suchet auf der Stelle
   Hülfe bei dem rechten Mann.
9. Mag es dann wie immer gehen,
   O so thut ihr eure Pflicht;
Und ihr werdet einst bestehen
   An dem göttlichen Gericht.

74.
Bei dem Grabe eines achtzigjährigen Greisen.
Melod. IV.

1. Das Grab ist öd und stille,
   Und schauervoll sein Rand,
   Es deckt mit schwarzer Hülle
   Ein unbekanntes Land.
2. Das Lied der Nachtigallen
   Tönnt nicht in seinem Schoos
   Des Freundes Thränen fallen
   Nur auf des Hügels Moos.
3. Verlassne Bräute ringen
   Umsonst die Hände wund,
   Der Waisen Klagen dringen
   Nicht in den tiefen Grund.
4. Doch sonst an keinem Orte
   Wohnt die ersehnte Ruh;
   Nur durch des Todes Porte
   Geht man der Heimath zu.
5. Des Menschen Herz, hienieden
   Von manchem Sturm bewegt,
   Erlangt den wahren Frieden
   Erst, wo es nicht mehr schlägt.
6. Dieß hat gewiß erfahren
   Der tugendhafte Greis,
   Der erst nach achtzig Jahren
   Vollendet seine Reis.

7. Denn nie hat er hienieden
 Gefunden Ruh und Glück;
Dieß ward ihm erst beschieden
 Im letzten Augenblick.
8. Laßt uns daher beständig
 Zum Tod bereitet seyn,
Und unser Herz lebendig
 Der wahren Tugend weihn.
9. Dann schließt die Hand des Todes
 Hienieden unsern Lauf,
Doch dort im Reiche Gottes
 Das Thor des Himmels auf.

75.
Bei dem Grabe eines vom Blitz erschlagenen Jünglings.
Melod. I. XIV.

1. Noch zittern wir an diesem Grab
 Von Angst betäubt, und klagen;
Denn ach! ein Jüngling sank hinab
 Vom gähen Blitz erschlagen.
So kann auch plötzlich uns, wie ihn,
 Ein Blitzestrahl erreichen,
Und ach! wir wissen nicht, wohin?
 Demselben auszuweichen.
2. Es war zur heißen Sommerszeit,
 Und in der Aerndte Mitte,
Und auf dem Lande weit und breit

Befand man sich im Schnitte;
Auf einmal kam von Westen her
Ein Wetter angezogen,
Und senkte sich, wie Berge schwer,
Herab vom Himmelsbogen.
3. Verstärket geben Berg und Thal
Den Donnerton zurücke,
Es rissen Blitze ohne Zahl
Das Firmament in Stücke;
Die Schnitter eilten schweißbedeckt
Mit den geladnen Früchten,
Vom Blitz und Donnerton erschreckt,
Nach Hause sich zu flüchten.
4. So sah auch dieser Bauernsohn
Heran das Wetter ziehen,
Und eilte mit der Frucht davon,
Demselben zu entfliehen;
Zu diesem Ende war er auf
Das Sattelpferdt gestiegen,
Und trieb es an zum raschen Lauf,
Und schien davon zu fliegen.
5. Auf einmal fuhr ein zacker Blitz
Herab auf seinen Scheitel,
Und warf ihn von dem Sattelsitz,
Und seine Flucht war eitel;
Die Pferdte lagen tod, wie er,
Vom Blitzestrahl getroffen,
Da war kein Lebenszeichen mehr,
Und keine Hülf zu hoffen.

6. So hauchte er sein Leben aus,
   Berührt vom Blitzesstreiche
Man hob ihn auf, und trug nach Haus
   Die ganz entseelte Leiche.
Bei diesem Anblick gieng ein Stich
   In seiner Eltern Herzen,
Sie kamen völlig ausser sich
   Vor Schrecken Leid und Schmerzen.

7. Sie nahmen voll Verzweifelung
   Die Leiche in die Arme,
Und schluchzten mit gelähmter Zung:
   O daß sich Gott erbarme!
Sie ringen sich die Hände wund,
   Bei seiner kalten Leiche
Und finden keinen Trostesgrund
   In diesem Erdenreiche.

8. Doch ja! wenn Jesus wieder käm,
   Den Leichensarg berührte,
Den Jüngling bei den Händen nähm,
   Und ins Leben führte. —
Allein was dort geschah zu Naim
   Wird künftig auch geschehen,
Sie werden ihren Sohn daheim
   Im Vaterlande sehen.

9. Indessen soll sein Unglücksfall
   Uns weise Vorsicht lehren;
Zwar können wir dem Blitzestrahl
   Das Schlagen nicht verwehren:
Wir können seinem Schlag jedoch
   Bei Zeiten noch entgehen,

Sobald wir ein Gewitter hoch
Am Himmel kommen sehen.
10. Besonders sollen wir niemal
Hin unter Bäume stehen,
Weil öfter wir den Blitze Strahl
In Bäume schlagen sehen;
Auch ists gefährlich allemal
Bei Pferdten Pflug und Wagen,
Denn öfter pflegt der Blitzestrahl
In sie hinein zu schlagen.
11. Am beßten schützt uns allemal
Ein guter Blitzableiter,
Er zieht an sich den Blitzestrahl,
Und lässt ihn nicht mehr weiter;
Den beßten Schutz gewährt jedoch
Ein ruhiges Gewissen,
Wenn wir uns frei vom Sündenjoch
Und seinen Folgen wissen.
12. Lasst uns daher die Sünde fliehn
Mit ihren bösen Streichen,
Denn mag zuletzt uns immerhin
Ein Blitzestrahl erreichen;
Er führet uns in jene Welt
Hinüber frey von Sünden,
Und wenn er uns auch gäh befällt:
Wir werden Gnade finden.

76.
Bei dem Grabe des Anton Göppel, der an einer Entzündung starb.
Melod. XV.

1. O welche unverhoffte Leiche
   Die dieses neue Grab verschliesst,
Wobei der Arme wie der Reiche
   In einen Thränenstrom zerfliesst!
Denn ach! der Mann, den wir begraben
   War vor acht Tagen noch gesund,
Und eh wir es vermuthet haben,
   Schlug schon für ihn die Todesstund.

2. Ein ungewöhnlich heisses Fieber
   Entstand im Innern seiner Brust,
Ging plötzlich in Entzündung über
   Und nahm ihm alle Lebenslust;
Allein er wollte sich nicht geben,
   Und traute blindlings der Gefahr,
In die doch offenbar sein Leben
   Durch diesen Schmerz gekommen war.

3. So wühlte, ohne daß ers kannte,
   In seiner Brust des Todes Hand;
Und ach! die Schmerzenwuth entbrannte
   Und bracht ihn an den Grabesrand;
Da bath zur Rettung seines Lebens
   Er zwar den Arzt um seinen Rath;
Allein da war es schon vergebens,
   Und ach! die Hülfe kam zu spat.

4. Im Todesröcheln sank er nieder,
 Und in des Sohnes Arm zurück,
Und streckte seine starren Glieder,
 Und stellte seinen feur'gen Blick;
Es brach in ihm die morsche Lunge,
 Ganz ausgetrocknet war der Schlund,
Und seine schwarzgebrannte Zunge
 Erstarrte kalt im offnen Mund.

5. So schlief, umringt von Weib und Kindern,
 Er ein in Todes kalter Hand,
Und nichts vermag den Schmerz zu lindern,
 Den liebend ihre Brust empfand;
Denn jammernd ringen sie die Hände,
 Und weinen sich die Augen roth,
Gerührt von seinem Lebensende,
 Und tief gebeugt durch seinen Tod.

6. Doch nichts ist ohne Gottes Leitung,
 Und nichts geschieht von ohngefehr,
Er starb nicht ohne Vorbereitung,
 Und nicht an Trost und Hoffnung leer:
Denn kurz vor seinem Lebensende
 Empfieng, sich seiner ganz bewußt,
Er noch die heil'gen Sakramente
 Mit lieb= und reudurchglüter Brust.

7. Dieß soll uns mit der Hoffnung trösten:
 Daß dort im ew'gen Vaterland
Sein Geist, gezählt zu den Erlößten,
 Beim Richterstuhle Gnade fand.
Uns aber soll sein Sterben lehren,

Zum Tode stets bereit zu seyn,
Daß wir bei Zeiten uns bekehren
Und gänzlich uns der Tugend weihn.

77.
Bei dem Grabe eines Kindes, das durch die Hand seiner Mutter starb.
Melod. III. XVIII.

1. Hier stehen wir betäubt, und beben
 Zurück von diesem Grabesrand,
Wo eines armen Kindes Leben
 Im ersten Augenblick verschwand.
Denn ach! es war noch ungebohren,
 So hatte schon die Annatun
Der Mutter ihm den Tod geschworen;
 Und ach! sie that nach ihrem Schwur.
2. Sie hatte nemlich böse Triebe
 Genährt in unbewachter Brust,
Und dann in unerlaubter Liebe
 Genossen die verbothne Lust;
So traute sie der falschen Schlange
 Und gab sich der Verführung blos;
Doch wars ihr für die Ehre bange,
 Die vor den Menschen sie genoß,
3. Bald merkte unter ihrem Herzen
 Sie den Erfolg der bösen That,
Und wußte voll der Reue Schmerzen

Für ihren Zustand keinen Rath;
Sie wollte noch als Jungfrau gelten,
Aus Tugendstolz und Heuchelei,
Und dachte nicht, daß so nur selten
Das Aug der Welt zu täuschen sey.

4. Sie dachte lange nach darüber,
Zu retten ihren Tugendschein,
Und will von Gott am Ende lieber,
Als von der Welt, verachtet seyn;
Die Gottesfurcht begann zu wanken
Mit blöder Menschenfurcht im Streit;
Und so gewann der Mordgedanken
In ihrem Herzen Festigkeit.

5. Es nahte sich die Schreckensstunde,
Wo unter Schmerzen sie gebahr,
Und ihre Tugend gieng zu Grunde
In dieser schrecklichen Gefahr. —
Der Säugling lag in ihren Armen —
Der Willen war zur That gereift,
In der sie blindlings, ohn Erbarmen,
An seinem Leben sich vergreift.

6. Sie wurde der Geburt verdächtig;
Man suchte nach, und fand sogleich
Sie der Besinnung nicht mehr mächtig,
Und ach! ihr Kind im Todesreich:
Sie war betroffen, und bekannte
Vom strengen Richter inquirirt:
Sie hab, aus Furcht vor Straf und Schande,
Des Kindes Tod herbeigeführt.

7. So wollte sie durch ein Vergehen,
    Das laut zu Gott um Rache schreit,
  Sich vor der Welt geachtet sehen,
    In heuchlerischer Frömmigkeit,
  Und hat, statt ihren Ruhm zu retten,
    Mit größter Schande sich bedeckt,
  Und selbst geschmiedet jene Ketten,
    Die man zur Straf ihr angelegt.

8. Und welche grenzenlose Strafe
    Ist jenseits ihr noch zugedacht,
  Wenn sie aus ihrem Sündenschlafe
    Durch wahre Buße nicht erwacht?
  Bring also wahre Bußefrüchte,
    Unglückliche Verbrecherin!
  Bekehre dich zu Gott, und richte
    Nach seinem Willen deinen Sinn.

9. Betrachte nur, wie ganz unschuldig
    Dein Säugling war, der arme Wurm,
  Und leide deine Straf geduldig
    In deinem Schuldentilgungsthurm;
  Dann kannst du noch Verzeihung hoffen
    Für dein Verbrechen beim Gericht,
  Wenn einst dein armes Herz, getroffen
    Vom scharfen Todespfeile, bricht.

10. Und nun, du leichtsinnvolle Jugend!
    Die du dich noch für besser hältst,
  Gib acht, daß du im Schein der Tugend
    Nicht auch in gleiche Sünden fällst;
  Und hast du eine Sünd begangen,

Die deine Ehre dir verkürzt,
So laß dich nicht vom Stolze fangen,
Der dich in grössre Sünden stürzt.

11. Bekämpf die böse Lust, und binde
  Mit Bösen keinen Umgang an,
Denn mit dem ersten Schritt zur Sünde
  Ist auch der zweite schon gethan:
Und ach! so geht es immer weiter,
  Die Sünde läßt dir keine Rast,
Bis du auf der Verbrechen Leiter
  Die höchste Stuff erstiegen hast.

12. Nun ruhe sanft im Grabeshügel,
  Du unschuldvoller Säugling du!
Dich trugen deines Engels Flügel
  Gewiß dem Reich des Himmels zu;
Und bitt für deiner Mutter Seele:
  Daß Gott ihr einmal gnädig sey,
Und ihr in ihrer Grabeshöhle
  Auch eine sanfte Ruh verleih.

78.
Bei dem Grabe einer Frau, die am Schlagfluß starb.
Melod. IV.

1. Mit schaudervollem Beben
    Stehn wir an diesem Grab;
  Da mahlt sich unser Leben
    In einem Spiegel ab.

2. Es flieht dahin, und währet
   Nur einen Augenblick,
   Der nahe Tod zerstöret
   Das ganze Lebensglück.

3. Dieß lehret uns die Leiche
   Die dieser Hügel deckt;
   Sie ward mit einem Streiche
   Vom Tode hingestreckt.

4. Sie brachte zwar ihr Leben
   Beinah auf achtzig hin,
   Und ihrer Seele Streben
   War stiller Tugendsinn.

5. Lasst uns daher vermuthen,
   Obwohl sie gäh verschwand,
   Sie doch mit allen Guten,
   Bei Gott Verzeihung fand.

6. Ihr gäher Todfall präge
   Die weise Lehre ein,
   Daß wir auf jedem Wege
   Zum Tod bereitet seyn.

7. Dann mag er uns befallen
   Wie Diebe, jederzeit,
   Wir sterben gut, und wallen
   Ins Reich der Seligkeit.

79.
Bei dem Grabe eines Arztes, der ertrank.
Melod. II.

1. Hier modert eines Arztes Leiche,
   Er starb in vollster Lebenskraft;
   Mit meichelmörderischem Streiche
   Ward er vom Tode hingerafft,
   Weil er mit kunstgeübter Hand
   So manchen Kranken ihm entwand.

2. Denn öfter schon, wenn auf der Zunge
   Der Tod dem armen Kranken saß,
   Und ihn mit seinem Sensenschwunge
   Zu mähen drohte, wie das Gras;
   So kam des Arztes Medizin,
   Um ihn dem Tode zu entziehn.

3. Zwar giebt es, leider! Mediziner,
   Die approbirte Pfuscher sind;
   Sie sind des Todes treue Diener
   Denn ihre Heilungsart ist blind:
   Sie ordiniren, Statt zum Heil
   Des Kranken, oft das Gegentheil.

4. Sie stärken den erhitzten Kranken,
   Und giessen Oel zur Fieberglut,
   Und schwächen, wo die Kräften sanken,
   Und zapfen ihm noch ab das Blut,
   Und tödten also unfehlbar
   Den Kranken, der zu retten war.

5. Die einen rathen allen Kranken
      Nichts anders, als die Wasserkur,
   Und andre geben, ohne Schranken,
      Denselben einerlei Mixtur;
   Nach eingen hilft die *Astenie*
      Nach andern *Homoeopatie*.
6. So hangen sie an den Sistemen,
      Und bleiben stets denselben treu,
   Und lassen sich den Wahn nicht nehmen:
      Daß anders nicht zu helfen sey,
   Als nur nach ihrer Theorie,
      Und ganz methodisch morden sie.
7. Nicht so, der hier im Grabe modert;
      Er untersuchte die Natur
   Der Krankheit, und was diese fodert,
      Verschrieb er seinen Kranken nur,
   Zerstörte dann des Uibels Grund,
      Und machte sie dadurch gesund.
8. Und wenn des großen Uibels wegen
      Der Kranke nicht zu retten war,
   So kämpfte dennoch er dagegen,
      Und machte ihn auf die Gefahr
   Des Lebens aufmerksam, daß er
      Noch vor dem Tode sich bekehr.
9. Deswegen war ihm unabläßig
      Der Tod, als seinem größten Feind,
   Der ihm entgegen stand, aufsäßig,
      Und suchte stets mit List, vereint
   Mit offener Gewalt, wie er
      Dem Leben zu entreissen wär.

10. Als einmal nun zu einem Kranken
    Der Illerfluß im Weg ihm stand,
 Gerieth er schnell auf den Gedanken:
    »Ich führe mich mit eigner Hand,«
 Bestieg in Eil das kleine Schiff,
    Wobei er nach dem Ruder griff.
11. So stieß er muthig ab vom Lande
    Und ruderte mit starker Hand,
 Und schwebte so am Grabesrande,
    Das ihm im Wasser offen stand;
 Denn reissend war der Strom und tief,
    Und niemal fuhr das Schifflein schief.
12. Das Landen will ihm nicht gelingen
    Er biethet allen Kräften auf,
 Das Schifflein aus dem Strom zu bringen;
    Allein des Illerstromes Lauf
 War stärker, als des Arztes Hand,
    Und hielt ihn immer ab vom Land.
13. Kaum sah daher die List des Todes
    Die schickliche Gelegenheit,
 So griff er in den Lauf des Bootes
    Und warf es um voll Schadenfreud,
 Und stürzte in des Wassers Grab
    So seinen größten Feind hinab.
14. Vergebens rang er mit den Wogen;
    Er ward, trotz allem Widerstand,
 Von ihnen immer fortgezogen,
    Bis endlich alle Kraft verschwand,
 Und er betäubt zu Boden sank,
    Und so im Illerstrom ertrank.

15. So gieng der beßte Arzt verlohren,
So feyrt den herrlichsten Triumph
Der Tod, und seine kahlen Ohren
Sind gegen alle Klagen stumpf:
Nun hat er wieder freyes Spiel,
Und kann uns morden, wie er will.
16. In Bälde ward des Arztes Leiche
Gefunden an dem Illerstrand,
Der plötzlich aus dem Lebensreiche,
Vom Tode hingestreckt, verschwand:
Er starb in seinem Pflichtenruf,
Den Gott zu unserm Heile schuf.
17. Wir lernten ihn erst würdig schätzen,
Nachdem er uns entrissen war.
Und ach! wer wird ihn uns ersetzen?
Wer uns entziehn der Todsgefahr? —
Denn, wer das Leben uns erhält,
Ist mehr werth, als die ganze Welt.
18. Sein Trosteswort am Krankenbette
Ertönt aus eines Engels Mund,
Und wie wenn Gott gesprochen hätte,
So spricht auch er: du wirst gesund:
Wogegen, wenn der Kranke stirbt,
Er sich des Teufels Dank erwirbt.
19. Und wahrlich! größere Wohlthäter,
Als weise Aerzte giebt es nicht;
Der ist sein eigener Verräther,
Der sie nicht schätzt nach seiner Pflicht,
Und wer derselben Rath verschmäht,
Beleidigt Gottes Majestät.

20. Gott schuf den Arzt, und die Arzneien,
   Und läſſt dir ſeinen weiſen Rath,
Und ſeine Hülfe angedeihen;
   Bedien dich ſeiner nicht zu ſpat;
Sonſt nimmt das Uibel überhand,
   Und Niemand thut ihm Widerſtand.

21. Laſſt uns daher die Aerzte ſchätzen,
   Die uns das größte Erdengut
Erhalten, und nach den Geſetzen
   Der Dankbarkeit, mit frohem Muth
Belohnen ſie nach dem Verdienſt,
   Weil Jeder lang zu leben wünſcht.

22. Nun ruhe ſanft in deinem Grabe,
   Du edler Arzt! du Menſchenfreund!
Ich weiß, was ich verlohren habe,
   Weswegen dich mein Aug beweint;
Denn es beweint zugleich auch mich,
   Der ohne dich ſchon lang verblich.

23. Genieſſe dort in jenen Höhen
   Den Lohn für deine Pflichtentreu;
Sei ſelig dort! — Auf Wiederſehen!
   Denn ohne dich iſt bald vorbei
Auch unſer kurzer Lebenslauf,
   Und lößt in Seligkeit ſich auf.

80.
Bei dem Grabe eines Flosſers, der den 20. März 1838 ertrank.
Melod. II.

1. Hier liegt der Leib von einem Floſſer
   In ſanfter ſtiller Grabesruh;
   Im tiefen Illerſtrome ſchloß er
   Für dieſe Welt die Augen zu:
   Denn er verlohr das Gleichgewicht,
   Und ſo erloſch ſein Lebenslicht.

2. Er war noch in den beßten Jahren,
   In vollſter Lebens=Luſt und Kraft,
   Und öfter auf dem Floß gefahren
   Zum Zwecke ſeiner Handelſchaft,
   Die er mit Holz im Großen trieb,
   Wobei er ſtets voll Sorgen blieb.

3. Er wußte nemlich, wie gefährlich
   Das Floſſen auf der Iller war,
   Denn dieſes ſtellte leider jährlich
   So manches Unglücksopfer dar,
   Da oft ein Floſſer, von dem Floß
   Hinausgeſtürzt, ſein Leben ſchloß.

4. Deswegen wars ihm immer bange
   So oft er einen Floß betrat,
   Und mit der ſtarken Ruderſtange,
   Den Floß zu leiten, Züge that,

Weil manchen Flosser so beim Zug
Das Ruder in die Iller schlug.

5. Deswegen hielt durch frommes Leben
 Er immer sich zum Tod bereit,
Und war, so oft er sich begeben
 Auf einen Floß, voll Aengstlichkeit:
Es könnte leicht auf einem Floß
 Auch treffen ihn ein gleiches Loos.

6. Und so bestieg zum letztenmale
 Er seinen Floß von Ahnung voll:
Daß er das Land im Illerthale
 Ach! nimmermehr betretten soll,
Und schied von Weib und Kind so schwer,
Als wenns sein letzter Abschied wär.

7. So fuhr er fort mit einer schweren
 Und bangen Brust bis Egelsee,
Und wollte noch zurücke kehren,
 Damit er der Gefahr entgeh;
Doch stand zu seinem größten Leid
Kein Flosserknecht für ihn bereit.

8. Er fuhr daher in Gottes Namen
 Mit seinem Kameraten fort,
Und als sie bis nach Kirchberg kamen,
 Dem so gefahrenvollen Ort,
So schwam ein Brett dem Floße nah,
Das er zu seinem Unglück sah.

9. Er wollte es dem Fluß entziehen
 Mit seiner Axt, und hieb darnach;

Doch ward vereitelt sein Bemühen:
  Es war nicht nah genug, und ach!
Er hieb umsonst, und traf es nicht,
  Und stürzte aus dem Gleichgewicht.

10. So stürzte mit gesenktem Haupte
  Er plötzlich in den Strom hinein
Und dieser gähe Sturz erlaubte
  Ihm keiner Hoffnung Dämmerschein,
Obwohl er laut um Hülfe rief;
  Denn reissend war der Strom, und tief.

11. Die Wellen hatten ihn verschlungen
  In einem Nu mit Haut und Haar,
Wo durch den Hals in seine Lungen
  Das Wasser eingedrungen war,
Bis Puls und Athem stille stand,
  Und er sein Lebensende fand.

12. Es reichte zwar sein Mitgeselle,
  Der bey ihm auf dem Flosse war,
Das lange Ruder auf der Stelle
  Zu seiner Lebensrettung dar;
Allein es war nicht lang genug,
  Obwohl ers ihm entgegen schlug.

13. Vergebens rang er seine Hände,
  Als dreimal er empor getaucht;
Es nahte sich sein Lebensende,
  Sein letzter Athem war verhaucht;
So sank er in den Strom hinab
  Der nicht mehr ihn zurüke gab. —

14. Die Gattin fiel in Todeswehen,
   Als sie des Mannes Tod erfuhr;
  Denn ach! sie sollt ihn nicht mehr sehen,
   Der ihr auf ewig Treue schwur
   Vor Gottes heiligem Altar,
   Und plötzlich ihr entrissen war.

15. Man denke sich in ihre Lage
   Als, ohne die ersehnte Frucht,
  Man ängstlich vierzehn lange Tage
   Im Wasser ihren Mann gesucht,
   Bis man zuletzt, in Kies und Sand
   Begraben, seine Leiche fand.

16. Da liegt er nun vor ihren Blicken,
   Des theuren Manns entseelter Leib;
  Die Schmerzen wollen sie erdrücken,
   Das arme, trostberaubte Weib;
   Beklommen droht ihr schwaches Herz
   Zu brechen unter seinem Schmerz.

17. Denn ach! wer giebt nun ihren Kindern,
   Statt des verlohrnen Vaters, Brod,
  Und was vermag die Noth zu lindern,
   Die in der Zukunft sie bedroht?
   Wer nimmt an ihren Leiden Theil,
   Und sorget für ihr Seelenheil?

18. So fragt die Mutter dreier Waisen,
   Und Jesus gibt zur Antwort ihr:
  Ich will sie kleiden, tränken, speisen;
   Komm nur mit ihnen her zu mir,

Ich mache sie den Engeln gleich,
Denn ihrer ist das Himmelreich.

19. Auch wirst du einstens wieder finden
Dort oben deinen treuen Mann,
Denn er bereute seine Sünden,
Und hat des Guten viel gethan,
Da er den Armen in der Noth
So liebreich seine Hände both.

20. Wie Balsam flossen diese Gründe
Des Trostes auf ihr wundes Herz;
Sie sprach entzückt: in Jesu finde
Ich Linderung für meinen Schmerz;
Und gab mit hoffnungvollem Sinn
Sich in die Fügung Gottes hin.

21. Nun ruhe sanft im Erdenschooße,
Der du aus Unbesonnenheit
Herabgestürzt von deinem Floße,
Und so ins Reich der Ewigkeit;
Wir hoffen: daß dir Gott verzeih,
Und deiner Seele gnädig sey.

22. Euch aber, lebensfrohe Flosser!
Stellt sich sein Tod zur Warnung dar;
Ihr schwebet allemal in großer,
Und augenscheinlicher Gefahr,
So oft ihr einen Floß besteigt,
Wie eures Bruders Beispiel zeigt.

23. Erinnert euch lebendig dessen,
Und seyt beständig auf der Hut,

Seyt nie verwegen und vermessen,
  Und überleget, was ihr thut,
Wenn in Gefahren euch der Tod
  Im Wasser zu verschlingen droht.
24. Das Schwimmen wird euch schwer ge=
                                lingen
  Denn eure Kleidung wird durchnässt,
Ihr möget mit den Wellen ringen;
  Allein wenn euch die Kraft verlässt,
So sinkt ihr auf den Grund hinab,
  Und so ins kalte Wassergrab.
25. Drum haltet euch durch frommes Leben
  Beständig auf den Tod gefaßt,
Dann dürft ihr nicht im Tode beben,
  Wenn euch sein kalter Arm umfasst,
Und sterbet voll der Zuversicht
  Auf Gottes gnädiges Gericht.

———

81.
Bei dem Grabe einer jungen glücklichen Frau, die an einer kurzen schmerzlichen Kankheit starb.

Melod. VI.

1. Lebt wohl ihr Freunde! ruft aus diesem
   Grabe,
   Uns zu belehren, unsre Schwester zu,
   Bedenket, wie ich euch geliebet habe,
   Und bethet auch für meiner Seele Ruh;
   Bald schlägt auch eure bittre Sterbestunde,
   Drum haltet euch zum Tode stets bereit,
   Und stehet fest mit Gott im Liebesbunde,
   Bis an das Ende dieser Lebenszeit.

2. Denn ach! wie kurz ist unser Erdenleben,
   Wie schnell verschwindet auch das höchste Glück!
   Und wenn wir auch entzückt in Wonne
   schweben,
   So dauert es nur einen Augenblick;
   Die Lust verflieget, wie der Rauch im Winde,
   Auf einmal bricht der Hoffnung morscher
   Stab,
   Des Todes Hände nehmen uns die Binde,
   Die uns verblendet, von den Augen ab.

3. Ich fühle mich so selig, so zufrieden,
   Und war von meinem Glücke ganz berauscht;

Was ich nur wünschte, wurde mir beschieden,
 Ich hätt mit keiner Königin getauscht:
Auf einmal fiel ich von des Glückes Höhen,
 Getroffen von des Todes Pfeil, herab,
Und meine Brust durchwühlten tausend Wehen,
 Und stürzten mich ins unverhoffte Grab.

4. Wie hiengen meine Augen voll Entzücken
 An meines Gatten holdem Angesicht!
Ich fühlte Seligkeit in seinen Blicken,
 Und dachte an die Trennungstunde nicht:
Nun aber hat im Grabe sich geschlossen
 Vor seinem Bild mein modervoller Blick,
Verschwunden ist das Glück, das ich genossen,
 Und ach! es kehret nimmermehr zurück.

5. Und o! die theuren Pfänder unsrer Liebe!
 Wie waren sie gewachsen mir ans Herz!
O daß ich länger noch bei ihnen bliebe!
 Ich führte sie so gerne himmelwerts:
Als Waisen muß ich sie zurücke lassen
 In dieser so gefahrenvollen Welt;
Und ach! wer lehret sie die Sünde hassen,
 Die ringend sich vor ihre Sinne stellt.

6. Allein so war es Gottes heilger Willen,
 Und was er will und thut, ist wohl gethan;
Bald wird sich seine Güte uns enthüllen;
 Drum bethet seine weise Vorsicht an,
Ja bethet nur mit Jesu seinem Sohne:

Dein heilger Willen, Vater! soll ge=
schehn;
Dann werden wir bei seinem Gnadenthrone
Auf ewig uns im Himmel wieder sehn.

7. Wohlan! wir wollen diese weisen Lehren,
Die uns die Schwester hier im Grabe gab,
Genau befolgen, wahrhaft uns bekehren,
Und treu der Tugend bleiben bis ins Grab;
Dann mag die Welt mit ihrem Tand ver=
schwinden
Wenn unser Herz und Aug im Tode bricht:
Wir werden ewige Belohnung finden,
Und selig seyn vor Gottes Angesicht.

82.
Bei dem Grabe einer Frau, die an der Wassersucht starb.
Melod. VIII. IV.

1. Endlich ward von ihren Schmerzen
Unsre Schwester aufgelößt,
Die schon lange unsern Herzen
Tiefes Mitleid eingeflößt.

2. Seit beinah drei viertel Jahren
Hatte sie die Wassersucht,
Und die besten Mittel waren
Sie zu retten stets versucht.

3. Aber Alles war vergebens
    Immer nahm das Uibel zu,
Es verschwanden ihres Lebens
    Hoffnung Freude Trost und Ruh.
4. Unter namenlosen Schmerzen
    Drang der Tod in ihre Brust,
Wo er nach und nach im Herzen
    Festzusetzen sich gewußt.
5. Immer sehnte sich die Arme
    Nach Genesung, oder Grab,
Bis ihr endlich nach dem Harme
    Gott den wahren Frieden gab.
6. Doch sie trug die größten Leiden
    Stets mit christlicher Geduld,
Und sie fand nach ihrem Scheiden
    Jenseits Gottes Gnad und Huld.
7. Denn wer stets auf Gott vertrauet,
    Und auf Jesum seinen Sohn,
Hat auf guten Grund gebauet,
    Und empfängt des Himmels Lohn.
8. Laßt uns alle Leiden tragen
    Ohne Murren, mit Geduld,
Und bei allen Schmerzen sagen:
    Gott! vergieb uns unsre Schuld.
9. Denn die kurzen Erdenleiden
    Bringen uns in jener Welt
Jene namenlosen Freuden,
    Die uns Gott bereitet hält.

83.
Bei dem Grabe des Martin Angele, der an der Lungensucht starb.
Melod. III.

1. Nun endlich fand im stillen Grabe
   Der Dulder die ersehnte Ruh;
   Er schlich, gestükt von einem Stabe,
   Dem Ende seines Lebens zu;
   Denn schon vor mehr als einem Jahre
   Erkrankte seine schwache Brust,
   Und aus dem ganzen Leibe ware
   Verschwunden der Gesundheit Lust.

2. Ihn abzuzehren war entstanden
   Ein Hinderniß in seinem Schlund,
   Und alle Nahrungsmittel fanden
   Nicht Eingang durch den Magenmund;
   Auf einmal brach in seiner Lunge
   Ein eiterträchtiges Geschwür,
   Die Speisen waren durchgedrungen,
   So schien es ihm geholfen hier.

3. Allein nach einigen Monden kehrte
   Zurück des Uebels neue Wuth,
   Das langsam seinen Leib verzehrte
   Bis auf den lezten Tropfen Blut;
   Vergebens war sein stetes Hoffen:
   Daß es noch besser werden könnt;
   Sein Stundenglas war abgeloffen,
   Und plözlich kam sein Lebensend.

4. Doch hat er auf die Sterbestunde
   Schon lange sich gefaßt gemacht,
   Mit reuevollem Herz und Munde
   Der Buße reife Frucht gebracht;
   Und also starb er voll Vertrauen
   Auf Jesu gnädiges Gericht,
   Und hoffte jenseits anzuschauen
   Auf ewig Gottes Angesicht.

5. Auch uns, o Christen! droht nicht minder
   Der nahe Tod und das Gericht,
   Und ach! auch wir sind arme Sünder,
   Die oft verletzen ihre Pflicht.
   Zerreißet nun der Sünde Ketten,
   Und macht euch auf den Tod bereit;
   Nur wahre Buße kann uns retten,
   Und führen uns zur Seligkeit.

84.
Bei dem Grabe einer Frau, die an der Lungenschwindsucht starb.
Melod. VIII.

1. Unter diesem Grabeshügel
   Ruht ein seelengutes Weib,
   Und es ist ein treuer Spiegel
   Ihr ganz abgezehrter Leib.

2. Vor beinah drei viertel Jahren
   Wurde kränklich ihre Brust,

Und aus ihr verschwunden waren
    Jede Freude, jede Lust.
3. Ihre Lebenskräfte schwanden,
    Schwerer ward ihr Athemzug,
  Alle Hoffnung ward zu Schanden
    Die sie zur Genesung trug.
4. Denn izt kam ein heisses Fieber
    Und zuletzt der kalte Brand,
  Und sie schlummerte hinüber
    In das wahre Vaterland.
5. Unter Zuckungen und Krämpfen
    Sah man zwanzig Stunden lang
  Sie im bittern Tode kämpfen,
    Bis er ihr zum Herzen drang.
6. Doch sie litt die größten Schmerzen
    Stets mit christlicher Geduld,
  Und bereute noch von Herzen
    Ihre große Sündenschuld.
7. Ja sie hat ihr ganzes Leben
    Treu gestrebt nach Frömmigkeit,
  Und war ohne Furcht und Beben
    Immer auf den Tod bereit.
8. Dieses also läßt uns hoffen,
    Daß sie an dem Grabesrand
  Dort für sich den Himmel offen,
    Und den Lohn der Tugend fand.
9. Diese Hoffnung soll uns trösten,
    Wenn auch uns der Tod befällt,

Daß uns Gott zu den Erlössten
Seines Eingebohrnen zählt.

10. Doch zu diesem Ende müssen
Wir nach seinem Willen thun,
Und für unsre Sünden büssen
Bis wir einst im Grabe ruhn.

11. Lasst uns also Gutes üben,
Eh uns Kraft und Zeit gebricht,
O dann zeigt uns ewig drüben
Gott sein heil'ges Angesicht.

75.
Bei dem Grabe eines armen alten Mannes, der plötzlich starb.
Melod. IX.

1. Hier modert im düstern Grabe
Ein armer verlassener Mann,
Er wallte gebeuget am Stabe
Des Lebens gefährliche Bahn;
Er gieng auf beschwerlichen Wegen
Und suchte sein tägliches Brod,
Da kam ihm auf einmal entgegen,
O Schrecken! der plötzliche Tod.

2. Er legte zum Schlafe sich nieder,
Und schlummerte bis in die Fruh,
Und stärkte die wankenden Glieder
Durch eine erquickende Ruh;

Da ward er vom Schlage getroffen,
  Und stürzte vom Lager herab,
Und leider war nichts mehr zu hoffen,
  Als plötzliches Sterben und Grab.

3. So lag er betäubet in Zügen,
  In Zuckungen Gichter und Krampf,
Und mußte in Bälde erliegen,
  Besieget im tödlichen Kampf;
Es bleichten die röthlichen Wangen,
  Es schlossen die Augen sich zu;
So rief ihn nach seinem Verlangen
  Gott ab in die ewige Ruh.

4. Doch war er zufrieden im Leben
  Mit seinem so niedrigen Stand,
Und hatte sich immer ergeben
  In Gottes beschützende Hand;
War immer zum Tode bereitet
  Durch christliche Rechtschaffenheit,
Und wurde auch sicher geleitet
  Zur ewigen himmlischen Freud.

5. So kann auch der Tod uns befallen,
  Und stellen vors höchste Gericht;
Drum lasset beständig uns wallen
  Die Wege der christlichen Pflicht:
Dann können wir, ohne zu beben,
  Erblassen im plötzlichen Tod,
Es wird uns zum Himmel erheben,
  Der gnädig barmherzige Gott.

86.
Bei dem Grabe einer frommen Frau.
Melod. VIII. IV.

1. Christen tretten ohne Beben
 Zu dem offnen Grabe hin,
Denn aus Tod und Grab erheben
 Sie der Hoffnung frohen Sinn.
2. Zwar ergreift im Sterbebette
 Uns des Todes kalte Hand,
Doch der Leiden schwere Kette
 Bricht am düstern Grabesrand.
3. Alle Sorgen, aller Kummer,
 Alle Schmerzen Qual und Pein,
Schlafen auch im Todesschlummer
 Und auf ewig mit uns ein.
4. Lasst uns also nicht mehr beben,
 Wenn des Todes Hand uns droht;
Denn sie führet uns zum Leben
 Aus dem halben Erdentod;
5. Führt uns aus dem Weltgetümmel
 In der Seelen wahre Ruh,
Führet uns ins Reich der Himmel
 Unserm beßten Vater zu.
6. Was verliehren wir im Sterben;
 Was verliehren wir im Grab?
Nichts, als dieser Hülle Scherben
 Fallen von den Seeln ab;

7. Dann erhebt sie von der Erde
   Sich zu Gottes Gnadenthron,
Daß sie dort beseligt werde
   In der Tugend Himmelslohn.

8. Denn wenn wir nach Tugend streben
   Nach der Lehre Jesu Sinn,
Dann ist Jesus unser Leben,
   Und der Tod für uns Gewinn.

9. Lebet also fromm, und strebet
   Immer mehr nach Heiligkeit,
Daß ihr einstens ewig lebet
   In dem Reich der Seligkeit.

10. Diesen weisen Lehren lebte
    Unsre Schwester stets getreu,
All ihr Thun und Lassen strebte,
    Daß sie Gott gefällig sey.

11. Also war sie auch beständig
    Zu dem Todeskampf bereit;
Dieß beweiset uns lebendig
    Ihre grosse Frömmigkeit.

12. Diesem ihrem frommen Leben
    Blieb sie treu bis in den Tod,
Und ihr tugendhaftes Leben
    Wird gewiß belohnt bei Gott.

87.
Bei dem Grabe des Andreas Span, der auszehrte.
Melod. IX.

1. Nun ruhet von Leiden und Schmerzen
Der christliche Dulder im Grab,
Wobei er sich immer von Herzen
Dem göttlichen Willen ergab.
Er wünschte zwar länger zu leben,
Wofern es dem Höchsten gefiel,
Doch schaute er, ohne zu beben
Entgegen dem endlichen Ziel.

2. Er hatte schon lange zu leiden
Im Kopfe die heftigste Qual,
Doch ließ er es sich nicht entleiden,
So lang es der Höchste befahl,
Und hoffte die Sünden zu büssen,
Zu tilgen hienieden die Schuld,
Und so sich den Tod zu versüssen
Durch immer sich gleiche Geduld.

3. So hatte sein schmerzliches Lager
Schon anderthalb Jahre gewährt,
Er wurde entkräftet und mager,
Und bis auf die Knochen verzehrt:
Auf einmal began er zu röcheln
Und kämpfte den bittern Tod,
Doch starb er mit ruhigem Lächeln,
Gehorsam dem höchsten Geboth.

4. So both er, bereitet zum Tode,
   Zum willigen Opfer sich dar,
Nachdem er mit himmlischem Brode
   Schon öfter gesättiget war,
Und hoffte Verzeihung der Sünden,
   Erlösung von Strafen und Schuld,
Und ewiges Leben zu finden
   In Gottes unendlicher Huld.
5. Seyt also durch christliches Leben
   Beständig zum Tode bereit,
Dann dürft ihr nicht zittern und beben
   Im letzten gefährlichen Streit;
Dann könnt ihr mit Zuversicht hoffen,
   Gott werde euch Gnade verleihn,
Dann wird euch das Himmelreich offen
   Zur ewigen Seligkeit seyn.

88.
Bei dem Trauergottesdienst für einen Krieger.
Melod. IV.

1. Welche wehmuthvolle Schauer,
     Welchen hoffnunglosen Schmerz,
   Fühlet hier in tiefester Trauer
     Jedes edle Menschenherz!
2. Denn wir alle denken heute,
     Unter tiefem Schmerzgewühl,
   Eines Jünglings, der als Beute
     Jenes blut'gen Krieges fiel.

3. Unser Bruder, Meinrad Kramer
   Ist es, dieser junge Held;
   Vor drei viertel Jahren kam er
   Als Soldat ins weite Feld.

4. Bald betrat er jene Lande
   Wo man auf die Feinde stieß,
   Und die Pflicht zum Vaterlande
   Siegen oder sterben ließ.

5. Muthig flog er, voll Vertrauen
   Auf die Vorsicht, in die Schlacht,
   Kämpfte sonder Furcht und Grauen
   Von des Höchsten Aug bewacht.

6. Tausend fielen ihm zur Seite
   Hingestreckt von Feindes Hand,
   Während er im heissen Streite
   Heldenmüthig focht und stand.

7. Durch des Krieges höchste Stürme,
   Durch di größte Wuth der Schlacht,
   Stieg er über Leichenthürme
   Glücklich aus der Todesnacht,

8. Doch, man war noch nicht am Ziele,
   Immer wuchs die Krieges Wuth,
   Endlich floß im Schlachtgewühle
   Dieses tapfere Helden Blut.

9. Ganz bedeckt von vielen Wunden
   Sank er kraftlos in den Sand,
   Lag hier blutend unverbunden
   Bis sein Lebenshauch verschwand.

10. Dieses war sein Lebensende,
 Doch ihr Freunde! weinet nicht,
Denn er fiel in Gottes Hände
 Als ein Opfer seiner Pflicht.

11. Jeder kommt zu seinem Ziele,
 Wenn er nur den Himmel erbt,
Ob er dort im Schlachtgewühle,
 Oder hier im Bette stirbt.

12. Ja, die Tugend nur bereitet
 Uns des Himmels höchsten Lohn,
Und die Bahn der Pflichten leitet
 Uns zu Gottes Gnadenthron.

89.
Bei dem Grabe der edlen Jungfrau Kl. Sch. v. K......z.
Melod. Kennst du das Land 2c.

1. Bedenk, o Mensch! daß dir beschieden ist
 Des Todes Loos nach dieser Lebensfrist,
Und hebe deine Augen unverwandt
 Empor zu deinem wahren Vaterland,
Zum Himmel dort, und nur dahin
 Zu kommen, geh beständig dein Bemühn.

2. Denn sieh nur her! schon schlummert in der Bahr,
Die leider! uns zu früh entrissen war;
Sie welkte hin in schönster Blüthe schon,

Und ihre Seele stieg zu Gottes Thron
Von dieser Welt empor, dahin
　Möcht ich mit dir, o theure Schwester!
　　　　　　　　　　　　ziehn.

3. Es hatte schon, noch eh sie hier gelebt,
　Im Mutterleib ihr Kindesherz gebebt,
Als Mord und Brand durch ihre Vaterstadt
Im Kriegessturm der Feind gestiftet hatt';
So wurde sie dem Schmerz geweiht,
　Wovon sie nichts, als nur der Tod, befreyt.

4. So fehlte ihr stets der Gesundheit Lust,
　Und immer schlug beklommen ihre Brust;
Um desto mehr erhob sich ihr Gemüth,
　Von heissem Durst nach Heiligkeit erglüt,
Und all ihr Thun, und Herz und Sinn
　Gieng immer nur nach reiner Tugend hin.

5. Kennst du die Welt mit ihrem schnöden Tand,
　Der öfter schon zu blenden dich verstand?
Kennst du den Stoltz, den Geitz, die böse Lust,
　Die immerfort bestürmen deine Brust?
Vor ihrem Trug und Schein von Glück
　Zog weislich unsre Schwester sich zurück.

6. Kennst du das Licht, das unsern Geist erhellt,
　Wenn ihn die Nacht der Zweifel überfällt?
Es ist des Glaubens reines Himmelslicht,
Und wer ihm folgt, wallt die Bahn der
　　　　　　　　　　　　Pflicht.

Auf dieser Bahn gieng sie dahin
Bis in den Tod, die stille Dulderin.

7. Kennst du die Glut die unser Herz erfüllt,
 Und jeden Wunsch in unserm Busen stillt?
Es ist der heiligen Liebe reine Glut,
 Und lodert auf zu Gott dem höchsten Gut;
Von dieser Lieb war ihr Gemüth
 Bis an ihr Lebensende stets durchglüt.
8. Kennst du sie wohl, die höchste Zuversicht,
 Die Rosen in die Leidenketten flicht,
Und in der Seele des Gerechten lebt,
 Und noch aus Staub und Moder sich
  erhebt?
Die Schwester hier hat sie gekannt,
 Und so durch sie die Todesfurcht verbannt.
9. Kennst du ihn wohl, den endlichen Beruf,
 Zu dem uns Gott in seiner Gnade schuf?
Es ist das Reich der ewgen Seligkeit,
 Den Frommen schon von Anbeginn bereit.
Du kennst es wohl — und nur dahin
 Gieng unsrer Schwester engelreiner Sinn.
10. So lebte sie, die stille Dulderin
 Und gab ihr Leben Gott zum Opfer hin;
Denn sie empfieng aus ihres Bruders Hand
 Des ew'gen Lebens höchstes Unterpfand
In Jesu Leib und Fleisch und Blut
 Und starb voll Zuversicht und Heldenmuth.
11. So lebt und stirbt auch jeder wahre Christ,
 Der stets, wie sie, zum Tod bereitet ist,
Voll Gottesliebe die kleinste Sünde scheut,
 Und gänzlich sich der wahren Tugend weiht.

Lasst uns daher der Pflicht uns weihn,
  Dann gehn auch wir ins wahre Leben ein.

12. Nun lebe wohl in jenen sel'gen Höhn
  O Schwester! dort: auf baldes Wiedersehn!
Wir wollen auch voll Glauben, Zuversicht
  Und Liebe, wallen auf der Bahn der Pflicht;
Dann kommen wir gewiß dahin,
  Wo ewig unsre Friedenspalmen blühn.

90.
Bei dem Grabe eines Mannes, der den 18. August 1838 sich selbst entleibte.

Melod. I.

1. Hier fand ein hoffnungloser Mann
  Zu früh sein Lebensende;
Er legte selbst gewaltsam an
  Sein Leben seine Hände,
Und schnürte sich die Kehle zu,
Und wollte die verlohrne Ruh
  Im Tode wieder finden.

2. Mit Schauder hörte Jedermann
  Den Tod des armen Guten,
Und fieng ihn zu beklagen an,
  Und konnte nichts vermuthen,
Was ihn bewog zu dieser That,
Da er doch auf dem Tugendpfad
  Bis an sein End gewandelt.

3. Er hatte also jederzeit
   Ein ruhiges Gewissen;
  Doch schien er jede Lebensfreud
   Schon lange zu vermissen,
  Und klagte laut und überall:
  Daß eine namenlose Qual
   Und Pein sein Haupt durchwühle.
4. Er hatte nemlich diesen Schmerz
   Bei einem Fall bekommen,
  Seit diesem war sein Kopf und Herz
   Von Leiden eingenommen,
  Und sicher ist ein Aederlein
  In seinem Hirn, auch noch so klein,
   Bei diesem Fall geborsten:
5. Wies mir im Kopf so wehe thut,
   Das kann mir Niemand glauben,
  Gewiß noch wird der Schmerzen Wuth
   Mir die Besinnung rauben:
  Die Aerzte wissen keinen Rath,
  Und was ich brauchte, litt, und that,
   Ach! Alles ist vergebens.
6. So klagte er schon Jahr und Tag
   Und rieb dabei die Stirne,
  Und immer war es ihm: als nag
   Ein Wurm in seinem Hirne;
  Er weinte öfter bitterlich,
  Und wußte oft vor Schmerzen sich
   Beinahe nicht zu fassen.
7. Er war zuvor voll Körperkraft,
   Und fleissig beim Arbeiten,

Und wegen dieser Eigenschaft
  Beliebt bei allen Leuten;
Nun aber war, bei seinem Haupt
Voll Schmerzen, er der Kraft beraubt,
  Und konnte nichts verdienen.

8. Er legte oft vor Weh und Ach
  Sich bei der Arbeit nieder,
Und ließ der Schmerz ein wenig nach,
  So kam er größer wieder;
Er weinte bitterlich dabei,
Und wälzte sich vor Raserey
  Als wie ein Wurm im Staube.

9. Und dennoch wuchs von Zeit zu Zeit
  Die Schmerzenwuth noch immer,
Und laut ertönte weit und breit
  Sein klägliches Gewimmer,
Und öfter stieß er seine Stirn
An eine Wand, um das Gehirn
  Vor Schmerzen zu zerquetschen.

10. So hatte er die letzte Nacht
  Mit grenzenlosem Jammer,
Und lautem Brüllen zugebracht,
  Und sich in seiner Kamer
Herumgewälzt auf seinem Haupt,
Und war, der Geisteskraft beraubt
  Sich seiner nicht mehr mächtig.

11. So ward er, als der Tag erschien,
  Von Weib und Kind verlassen,
Und konnte, bei verwirrtem Sinn

Sich selber nicht mehr fassen,
Und rief in seiner Raserey
Gewaltsam seinen Tod herbei,
Die Schmerzenwuth zu enden.

12. So fand ihn bei der Wiederkehr
Das Weib im Arm des Todes,
Und schwam in einem Thränenmeer,
Und rief die Gnade Gottes,
Und ihrer Nachbarn Mitleid an
Für ihren schon entseelten Mann,
Und wollte fast verzweifeln.

13. Da lag er nun in ihrem Arm
Schon kalt am ganzen Leibe;
Es brach vor Schrecken Schmerz und Harm
Das Herz dem armen Weibe
Sie wußte weder Hülf, noch Rath;
Es blieb vergebens, was man that,
Ihn wieder zu beleben.

14. Man rief sogleich den Arzt herbei,
Zur Rettung seines Lebens
Allein er sprach sogleich: da sey
Schon Müh und Kunst vergebens
Der Leichnam wurde nun *secirt*,
Und im Gehirne nachgespürt
Der Ursach seines Todes.

15. Des Arztes Aug erblickte kaum
Die Haut des Hirnes offen,
Da zeigte sich das Hirn mit Schaum
Und Wasser unterloffen,

Ein sichres Zeichen: daß dabei
Der Mann vor Wuth und Raserey
Sich blindlings tödten mußte.

16. Denn alle Geisteskraft verschwand
In dieser Wassermasse,
Und er war nimmermehr im Stand,
Daß er ein Urtheil fasse;
Die freie Wahl war unterdrückt,
Und seine Urtheilskraft verrückt,
Und kein Bewußtseyn möglich.

17. So war er der Vernunft beraubt,
Und konnte nicht mehr denken,
Sonst hätt er niemal sich erlaubt,
Sein Leben zu verschenken,
Und folglich ist ihm diese That,
Die ohne seines Willens Rath
Geschah, nicht zuzurechnen.

18. Denn anderst ist es möglich nicht,
Sein Leben so verscherzen
Als nur in der Melancholie
Und solchen Hirnesschmerzen,
Und nur in der Verzweiflung Nacht,
Durch ein Vergehn hervorgebracht,
Das laut um Rache schreiet.

19. So ist bei diesem braven Mann,
Der nie ein Kind beleidigt,
Was er ganz unbewußt gethan,
Zum Voraus schon vertheidigt,
Deswegen ward er, wie ein Christ,

Der krank im Bett gestorben ist,
Mit Ehren hier begraben.

20. Drum laßt uns dem Unglücklichen
Noch eine Thräne weihen,
Und mitleidvoll zum Richter flehn:
Er möchte ihm verzeihen,
Die Fehler seiner Menschlichkeit,
Und jenseits ihm die Strafezeit
Der Reinigung verkürzen.

21. Du aber, Wittwe! tröste dich
Bei deinen armen Waisen,
Und denke: Gott wird sicherlich
Sie kleiden, tränken, speisen,
Und bethe Gottes Fügung an,
Und wandle auf der Tugendbahn
Bis an dein Lebensende.

22. Und du, o Wandrer! hüte dich,
Den Bruder zu verdammen,
Der in der Schmerzenwuth verblich;
Und such den Hölleflammen
Durch Buß und Tugend zu entgehn,
Dann wirst du einstens auferstehn
Zum ewig sel'gen Leben.

91.
Bei dem Grabe eines hoffnungvollen Knaben.
Melod. V.

Klaget, Kinder! hier an diesem Grabe,
Denn es modert euer Bruder hier.

1. Ja ein hoffnungvoller Knabe
   Schlummert hier im öden Grabe
Und in tiefer Trauer klagen wir.

2. Ach! der Arme starb zu frühe,
   Schon in seiner Lebensblühe
Welkte er gleich einer Blume hin;

3. Angesteckt vom Scharlachfieber
   Schlummerte er sanft hinüber
Doch es rief die Stimme Jesus ihn:

4. Lasst zu mir die Kleinen kommen,
   Denn sie sind die wahren Frommen
Und der Knabe folgte diesem Ruf.

5. Gerne hat sein junges Leben
   Er dem Schöpfer hingegeben,
Voll der Hoffnung jener Seligkeit.

6. Denn in seiner zarten Jugend
   War er schon ein Freund der Tugend,
Und sie auszuüben stets bereit.

7. In der Unschuld edler Gabe
   Lebte dieser gute Knabe,
Und in stiller Eingezogenheit.

8. Noch auf seinem Sterbebette,
   Wenn er auch gesündigt hätte,
 Hat er wahre Buße noch gethan;
9. Und vor seinem Lebensende
   Nahm im heil'gen Sakramente
 Jesus ihn zu seinem Kinde an.
10. Dieses also läßt uns hoffen:
    Daß er dort den Himmel offen,
 Und beim Kinderfreunde Gnade fand.
11. Drum bewahre bis zum Grabe
    Deiner Unschuld edle Gabe,
 Liebe Jugend! rein und unbefleckt;
12. O dann kannst du ruhig sterben,
    Und das Reich des Himmels erben
 Wenn man deinen Leib zu Grabe trägt.

92.
Bei dem Grabe eines armen mit seinem Stande zufriedenen Mannes.
Melod. VI.

1. Nun endlich ruht von seinen schweren Leiden
   Der arme stille Dulder hier im Grab;
 Er mußte hier entbehren viele Freuden
   An seines Lebens knottenvollem Stab.
 Er war jedoch mit seinem Stand zufrieden,
   Und sehnte sich nach keinem Erdengut,
 Und brachte doch sein Lebensglück hienieden
   Auf achtzig Jahr bei seinem frohen Muth.

2. Er hatte manche Woche, manche Tage,
   Kein Stäubchen Mehl, und keinen Bissen
                                    Brod,
   Und fühlte oft des Hungers harte Plage,
   Und Niemand half ihm in der größten
                                    Noth;
   Allein er fiel Niemanden doch beschwerlich,
   Und klagte nur sein Leiden Gott allein,
   Und eh er es zu betteln wagen würde,
   So würd er eher hungerstorben seyn.

3. Er suchte vielmehr durch ein frommes Leben
   Sich Schäße für das Reich der Ewigkeit,
   Und seinen Geist zum Himmel zu erheben,
   Voll Sehnsucht nach der grenzenlosen
                                    Freud.
   Er strebte nach dem Wohlgefallen Gottes,
   Und that Verzicht auf allen Erdentand,
   Um auf der Bahn des göttlichen Gebothes
   Zu kommen dort ins wahre Vaterland.

4. Am Ende kam die heiß ersehnte Stunde,
   Die ihn von jeder Erdenqual befreyt,
   Er blieb mit Gott im ungetheilten Bunde,
   Und machte sich zum guten Tod bereit.
   Jedoch er hatte namenles zu leiden,
   Bis Gottes Liebe sprach: es ist genug,
   Und, voll der Sehnsucht nach den Himmels=
                                    freuden,
   Sein armes Herz zum leßtenmale schlug.

5. So starb er, Gottes Willen ganz ergeben,
   Bereute seine große Sündenschuld,
Und immer gieng sein einziges Bestreben
   Nach Gottes grenzenloser Vaterhuld.
Wir können nun die süsse Hoffnung nähren:
   Gott werde seiner Seele gnädig seyn,
Und sein inbrünstiges Geberh erhören,
   Und ihm die ewig wahre Ruh verleihn.

6. Laßt uns daher auf alle Erdenfreuden
   Verzichten, eh sie uns der Tod entreißt,
Und stets geduldig tragen alle Leiden,
   Die uns die Liebe Gottes tragen heißt:
Dann möge später, oder bald, erscheinen
   Die Todesstunde nach des Höchsten Wort;
Sie wird auf ewig uns mit Gott vereinen,
   Und allen Seligen im Himmel dort. —

93.
Bei den Leichen des Schullehrers von Faxenfeld und seiner Frau, die als Giftmischer enthauptet wurden.
Melod. VII.

1. Hier liegen sie, die blutgen Leichen
      Von einem jungen Ehepaar,
   Das unter wiederhollten Streichen
      Des Henkerschwerdts enthauptet war.

Wir wenden unsre Thränenblicke
Von dieser blutbefleckten Brücke
  Des strengen Hochgerichtes ab,
Und bethen weinend für die Armen:
Gott wolle ihrer sich erbarmen,
  Und ihnen Ruh verleihn im Grab.

2. Der Lehrer von der Kinderschule
  Zu Faxenfeld war alt und schwach,
Und stieg herab vom Lehrerstuhle
  Und dachte seiner Ruhe nach;
Er übergab zu diesem Ende
Den Dienst in eines andern Hände,
  Und seine Tochter noch dazu;
Nur hatte er vom Diensteinkommen
Sich fünfzig Gulden ausgenommen
  Alljährlich noch zu seiner Ruh.

3. Die jungen Eheleute waren
  Vergnügt in ihrem Ehestand,
Als schon in dreien Vierteljahren
  Ihr Glück in einem Nu verschwand.
Die Frau war hoffnungvollen Leibes,
Und groß die Angst und Furcht des Weibes,
  Als unter Schmerzen sie gebar;
Und ach! sie hatte kaum gebohren,
Als aller Trost für sie verlohren,
  Und sie des Todes Beute war.

4. Der Wittwer zögerte nicht lange,
  Und wählte sich ein andres Weib,

Doch dieß war eine giftge Schlange
Verhüllt in einen Menschenleib;
Sie war dem Stolz, dem Müssiggange,
Und der Verschwendung, und dem Hange
Zur Schwelgerey und Lüsternheit,
Der Habsucht und dem Neid ergeben,
Und so durch lasterhaftes Leben
Zu jeder Frevelthat bereit.

5. Sie lebte nicht, wie ihres Gleichen,
Und hatte also nie genug,
Es wollte also nicht mehr reichen,
Was ihres Mannes Dienst ertrug;
Sie machte also viele Schulden,
Und wäre von den fünfzig Gulden
Des alten Lehrers gerne frey,
Wär ihrer gerne los geworden,
Und dachte: daß die Alten morden
Hiezu das beßte Mittel sey.

6. Sie theilte also ihrem Manne
Die ausgedachte Absicht mit,
Der aber ihrem Mörderplane
Mit Abscheu kühn entgegen tritt:
An ihrem Leben sich vergreifen,
Und so dem Schwerdt entgegen reifen,
Welch unerhörte Frevelthat!
Das wurd ein Blutspektakel geben:
Die alten Leute sollen leben!
Drum schweige mir mit deinem Rath.

7. Sie sind ja schon mit grauem Haare
Bedeckt, und voll Gebrechlichkeit,

Und leben nicht mehr hundert Jahre,
　Das gibt sich schon in kurzer Zeit;
Steh also ab davon, und bleibe
Mit diesem Vorschlag mir vom Leibe
　Und fang dafür zu sparen an,
Steh ab von dem Verschwenderleben
So sprach voll Abscheu Angst und Beben
　Zum bösen Weib der brave Mann.

8. Allein sie wurden immer schwerer
　Gedrückt von ihrer Schuldenlast,
Da sprach das Weib zu ihrem Lehrer:
　Ist das ein Schullohn, was du hast?
Du mußt ja doch das Brod verdienen,
Und fünfzig Gulden geben ihnen,
　Die es verdient auf keine Weis;
Du bist ein Narr in diesem Falle,
Und hast ja deine Gulden alle
　Sehr wohl verdient in saurem Schweiß.

9. Der starke Mann begann zu wanken,
　Und merkte seine Schwache kaum,
Und schenkte schon dem Mordgedanken
　In seinem Herzen größern Raum;
Und schon entschlossen nachzugeben
Begann aufs neue er zu beben
　Von einem Blitzestrahl erschreckt
Der niederfuhr an seiner Seite;
Er ward von ihm beinah zur Beute
　Des gähen Todes hingestreckt.

10. Er kam zu seinem Weib zurücke
　Im Angesichte todtenblaß,

Und sah sie an mit stierem Blicke
  Von Angst und Bußethränen naß.
Sie aber sprach: was ist geschehen?
So hab ich dich noch nie gesehen,
  Du siehst ja aus als wie der Tod!
Er aber sprach mit hohler Stimme
Zu ihr: Gott hat in seinem Grimme
  Mit einem Blitze mich bedroht.

11. Er fuhr an meiner Seite nieder
  Und hätt beinahe mich erreicht,
Noch zittern alle meine Glieder,
  Der Schrecken hat mich ganz erweicht:
Die alten Leute sollen leben!
Ich will nicht in Gefahren schweben
  Für meiner armen Seele Heil;
Ich bin von Gott gewarnet worden,
Drum schweige mir von ihrem Morden,
  Der Himmel ist mir nicht mehr feil.

12. Wie kannst du doch so sehr erschrecken!
  Das hat ein Zufall nur gethan.
So bleib in deinen Schulden stecken,
  Wenn ich dir nicht mehr helfen kann;
Du bist ein rechter Einfaltspinsel
Mit deinem kindischen Gewinsel;
  Wenn du vor Hunger sterben willst,
Und andre sollen es geniessen
Das Brod, das wir verdienen müssen,
  Wenn du nicht meinen Wunsch erfüllst.

13. So lag das Weib dem schwachen Thoren
  Mit ihrem kühnen Mörderplan

Beständig in den tauben Ohren,
Und fieng von vornen wieder an.
Inzwischen war in eingen Wochen
Des Blitzes Wirkung schon verrochen,
Er fieng aufs neu zu wanken an,
Und ließ am Ende sich bewegen,
Mit ihr die Hand ans Werk zu legen,
Und auszuführen ihren Plan.

14. Er ließ, wie Adam, sich verführen
Von seinem Weib zur Lasterthat,
Und seine Seele nicht mehr rühren
Von des Gewissens lautem Rath,
Und unter bangen Herzensschlägen
Zum Doppelmorde sich bewegen
Aus Hunger nach dem lieben Geld:
Sie griffen zu den Mörderwaffen,
Die alten Leute wegzuschaffen
Durch Rattengift aus dieser Welt.

15. Das Gift ward ihnen abgeschlagen
In jeder weisen Apothek,
Doch war demselben nachzufragen
Bei Jedermann das Weib so keck;
Sie hätten, sprach sie, so viel Mäuse,
Von welchen ihnen jede Speise
Gefressen werd an jedem Ort,
Und so bekam sie doch am Ende
Durch ihrer guten Freunde Hände
Ein Gift durch schlaues Lügenwort.

16. Der Mann, schon in des Weibes Kluppe
Gefangen, schlachtete ein Schwein,

Und lud zu einer Metzgersuppe
Die alten Lehrersleute ein;
So, dachten beide schlauerweise,
So bringen wir die Todesspeise
Denselben ohne Argwohn bei,
Und werden von den fünfzig Gulden,
Und also bälder von den Schulden,
Die wir aus Noth bekamen, frey.

17. Allein die alten Leute bathen
Sich diese große Ehre aus. —
Sie nahmen also einen Braten
Von Fleisch, und ein Paar Würst heraus,
Und schikten sie als Metzgergaben
Durch einen kleinen Schülerknaben
Den alten Leuten in das Haus;
Das Gift war schon darein gemischet,
Und so denselben aufgetischet
Zu ihrem letzten Abendschmaus.

18. Die Alten nahmen diese Gaben
Dem kleinen Uiberbringer ab,
Nicht, ohne ihn gefragt zu haben:
Wer sie ihm wohl gegeben hab?
Der junge Farenfelder Lehrer,
Er wäre selbst gekommen, wär er
Nur nicht so schlecht gezogen an;
Allein ich hab ihn an der Sprache
Gekannt, und also seine Sache
Genau nach seinem Wunsch gethan.

19. Auch hat er noch zum Tragerlohne
Den schönsten Apfel mir geschenkt,

Den aber ich noch lang verschone,
    Des beßten Gebers eingedenkt:
So sprach der unschuldvolle Knabe,
Und hob des Apfels schöne Gabe
    Enthaltsam für die Zukunft auf;
Dieß hat sein Schutzgeist ihn gelehret,
Denn hätt er ihn sogleich verzehret,
    So schlöß er seinen Lebenslauf.
20. Die alten Lehrersleute saßen
    An ihrem Tisch mit Appetit,
Vergnügt und argwohnlos, und aßen
    Die Würste und das Gift damit;
Sie wollten zwar dem Weibe eckeln;
Sie aß daher nur einge Bröckeln,
    Und sprach: sie dünken mich nicht gut:
Allein der Alte, dem nicht eckelt,
Genoß die Würste klein gebröckelt
    Mit Appetit und wohlgemuth.
21. Sie hatten kaum das Gift genommen
    So that es seine Würkung schon,
Sie mußten Angst und Schmerz beklommen
    Sogleich erbrechen sich davon.
Man rief die Nachbarsleut zusamen,
Doch eh sie noch zu Hülfe kamen
    Erlagen sie des Giftes Macht,
Sie konnten sterbend kaum noch sagen,
Was sich mit ihnen zugetragen,
    Und wer die Würste hergebracht.
22. So mußten sie im Tode kämpfen,
    Und wanden sich als wie ein Wurm. *

Und unter Zuckungen und Krämpfen
Erlagen sie dem Leidensturm.
Man forschte nach dem Schülerknaben,
Und wer ihm diese Metzgergaben
Hieher zu bringen übergab,
Und hatte also gleich erfahren,
Daß es die Lehrersleute waren,
Und führte sie gefangen ab.

23. Der Apfel wurde zum Verräther
An dem, der ihn dem Knaben gab;
Man fand, daß ihn der Uibelthäter
Zum Knabenmord vergiftet hab. —
Sie waren also überwiesen,
Allein sie läugneten, und stiessen
Die fürchterlichsten Schwüre aus:
Der kleine Lügner müsse schweigen,
Sie könnten es mit Gott bezeugen:
Sie seien nie zum Haus hinaus.

24. So läugneten sie das Verbrechen
Beinahe zwanzig Monath lang,
Obwohl es, durch ihr Widersprechen
Zu überweisen sie, gelang:
Sie hatten nemlich sich verpflichtet
Durch Eide, und sich unterrichtet,
Daß er, wie sie, es läugnen soll;
So lang sie es nicht eingestanden,
War immer noch ein Trost vorhanden,
So dachten sie vertrauenvoll.

25. Allein sie wurden doch des Lebens
Am Ende wie der Ketten satt,

Und sahen ein, es sey vergebens,
  Zu läugnen ihre Frevelthat.
Der Mann gestand zuerst: er habe
Den Apfel wie die Metzgergabe
  Mit scharfem Rattengift vermischt,
Und sie durch dieses Knaben Hände,
Daß er verborgen bleiben könnte,
  Den alten Leuten aufgetischt.

26. Er müßte nemlich fünfzig Gulden
  Den Alten geben alle Jahr,
Was ihm bei seinen vielen Schulden
  Am Ende nicht mehr möglich war.
Er sey, um diese zu ersparen,
Daher so mörderisch verfahren,
  In Hoffnung auf Verborgenheit;
Er hat jedoch gleich eingesehen:
Es wäre besser nicht geschehen
  Er hab es bitter schon bereut.

27. Das Weib hingegen fuhr noch immer
  Hartnäckig fort zu läugnen es,
Und nährte noch der Hoffnung Schimmer:
  Es geh am Ende nicht so bös;
Allein man stellte sie darüber
Zu Red dem Manne gegenüber,
  Der es schon eingestanden hab;
Und als sie endlich eingesehen:
Sie könne nicht mehr widerstehen,
  So brach auch ihrer Hoffnung Stab.

28. Sie machte also das Geständniß:
  Es sey, wie schon der Mann erzählt. —

Nun war auf dieses ihr Bekenntniß
  Das Urtheil über sie gefällt:
Weil sie mit Rattengift vergaben
Den alten Leuten, und den Knaben
  Zu tödten gleicherweis bezweckt,
So werd ihr lasterhaftes Leben
Dem Schwerdt des Henkers übergeben,
  Und so zum Tode hingestreckt.

29. Schon ist der Richterspruch vollzogen
  Und schon vom Rumpf ihr Haupt getrennt,
Schon steigt empor in hohem Bogen
  Ihr Blut, das keine Bahn mehr kennt;
Die blutgen Leichen sind verscharret,
Und unser schönes Auge starret
  Mit Abscheu hin aufs Blutgerüst,
Und ihre armen Seelen müssen
Dort ewig in der Hölle büssen,
  Wenn ihnen Gott nicht gnädig ist.

30. Wir ziehen schweigend uns zurücke
  Von heiligen Entschlüssen voll:
Daß nie ein Weib durch ihre Tücke
  Zum Laster uns verführen soll.
Wir wollen vielmehr uns bestreben,
Genau nach dem Gesetz zu leben,
  Und uns der Pflicht und Tugend weihn,
Dann sind wir frey von allen Strafen,
Und gehen, wenn wir einst einschlafen,
  Begnadigt in den Himmel ein.

94.
Bei dem Grabe eines Mannes, der viel zu leiden hatte.
Melod. VIII.

1. Ruhe sanft entseelte Hülle!
   Von der Leiden schwerer Last,
   Die du hier nach Gottes Wille
   Mit Geduld ertragen hast.

2. Denn Verfolgung, Gram und Plage
   War hier dieses Mannes Loos;
   Doch er führte keine Klage,
   Nur der Schmerzen Thräne floß.

3. Immer that er, im Vertrauen
   Auf die Vorsicht, seine Pflicht,
   Und auf den Erlöser schauen
   War ihm Trost und Zuversicht.

4. Endlich kam sein Lebensende,
   Er entschlief in Seelenruh,
   Und es theilten Gottes Hände
   Ihm den Lohn der Tugend zu.

5. Lasst uns also redlich streben
   Nach der Tugend jederzeit
   Dann wird Gott zum Lohne geben
   Uns die ewge Seligkeit.

95.
Bei dem Grabe des Sattlermeisters Konrad Musch von Unteropfingen.
Melod. IV.

1. Hier liegt ein Sattlermeister,
   Der als ein wahrer Christ
   Gewiß im Reich der Geister
   Nun ewig selig ist.

2. Denn schon von zarter Jugend
   Bis in das späte Grab
   War Gottesfurcht und Tugend
   Sein einzger Wanderstab.

3. Denn unaussprechlich liebte
   Er ja das Christenthum,
   Das er mit Eifer übte
   Zu des Erlösers Ruhm.

4. Er liebte Gott den Höchsten
   Wie Jesus uns geboth,
   Und wie sich selbst den Nächsten
   Und half in jeder Noth.

5. Daher gieng all sein Streben
   Nach reinem Christensinn,
   Und Jesus war sein Leben,
   Und Sterben sein Gewinn.

6. Als Bürger Mann und Vater,
   Als Freund und Handwerksmann,
   Und Jugendlehrer hat er
   Nach seiner Pflicht gethan.

7. So brachte er sein Leben
   Auf zwei und siebenzig;
   Doch viele Jahre geben
   Dem Tode nur den Sieg.

8. Von seiner Arbeit Strenge,
   Und Jahrelast gebeugt,
   Hat seine Lebenslänge
   Zum Ende sich geneigt.

9. Entkräftet sank er nieder,
   Da zehrten langsam ab
   Die schmerzdurchwühlten Glieder
   Und stürzten ihn ins Grab.

10. Doch litt er alle Schmerzen
    Mit christlicher Geduld,
    Und bath mit Reu im Herzen,
    Um Gottes Gnad und Huld.

11. So kämpfte litt und starb er,
    Und trug den Sieg davon,
    Und o gewiß erwarb er
    Sich dort des Himmels Lohn.

12. So ist der Tod des Frommen
    Vor Gottes Angesicht
    Beliebt, und sie bekommen
    Ein gnädiges Gericht.

96.
Bei dem Grabe des Herrn Franz Anton Braun, Kronenwürths in Berkheim.
Melod. XVI.

1. Hier liegt Franziskus Anton Braun,
   Der Würth zur goldnen Krone;
Er nährte immer das Vertrauen:
   Daß ihn der Tod verschone,
Bis er denselben als ein Greis,
   Des Lebens müd, willkommen heiß.

2. Allein in dieser Hoffnung fand
   Er schändlich sich betrogen,
Schon hatte ja des Todes Hand
   Gespannt auf ihn den Bogen,
Und ach er setzte nicht mehr ab,
   Und stürzte ihn ins frühe Grab.

3. Den Schwigervater, blind und taub,
   Schon achtzig Jahr und drüber,
Schon lange reif zu seinem Raub,
   Gieng schlau der Tod vorüber,
Und riß in seinem Eigensinn
   Den jungen Tochtermann dahin.

4. Es zog sich nemlich allgemach
   Sein Eingeweid zusamen,
Wodurch die Säften nicht mehr nach
   Den Leibesgliedern kamen,
Und schloß am End sich gänzlich zu,
   Und führte ihn zur Grabesruh.

5. In Hoffnung zur Genesung nahm
 Er viele Medizinen,
Doch leider! keine Hülfe kam
 Aus dem Genuß von ihnen;
Sie weichten das Gedärm nicht auf,
Und standen still in ihrem Lauf.
6. Vergebens war die heisse Fluth
 Von Millionen Thränen,
Sie konnte nicht die Zorneswuth
 Des grimmen Tods versöhnen;
Der Knochenmann blieb unerweicht,
Bis er in seinem Arm erbleicht.
7. Vergebens flehten Frau und Kind
 Zu seinen trüben Ohren,
Er blieb bei ihrem Elend blind,
 Ihr Liebling war verlohren,
Des Todes Pfeil durchbohrte ihn,
Und streckte ihn aufs Lager hin.
8. Und nun begann der Todeskampf
 In seinem Felsenherzen,
Er fiel in Zuckungen und Krampf,
 Und namenlose Schmerzen
Indem er zwanzig Stunden lang
Gewaltsam mit dem Tode rang.
9. Da bäumte seine Brust sich auf,
 Als wollte sie zerspringen;
Auf einmal stand das Blut im Lauf:
 Er hörte auf zu ringen,
Und sank aufs Sterbebett zurück,
Und schloß den kalten Thränenblick.

10. So starb der hoffnungvolle Mann
  Bei seinen beßten Kräften;
 Da wurde mancher weise Plan
   In wichtigen Geschäften,
 Der noch in seinem Geiste lag,
   Zerstört an seinem Sterbetag.

11. Da sah er nun die Eitelkeit
   Der Welt und ihrer Güter,
 Und ihre Unvermögenheit
   Der Sterblichen Gemüther
 Nach ihrem Wunsch zu sättigen,
   Und sie im Tode untergehn.

12. Er sah daher zur rechten Zeit
   Sich um nach bessern Schätzen,
 Und suchte seine Seligkeit
   In Sicherheit zu setzen,
 Bereute seine Sündenschuld,
   Und bath um Gottes Vaterhuld.

13. Auch hat mit väterlicher Hand
   Voll Mitleid und Erbarmen,
 So viel in seinen Kräften stand,
   Er wohl gethan den Armen,
 Und was er ihnen Guts gethan,
   Das zeigen ihre Thränen an.

14. Wir können also sicher seyn:
   Gott werde ihn erhören,
 Ihm seine Sündenschuld verzeihn,
   Und bei den Engelköhren
 Zum wohlverdienten Tugendlohn
   Ertheilen ihm die Himmelskron.

15. Lasst uns daher auf jedes Glück
In dieser Welt verzichten,
Und immer unsern Seelenblick
Nach unserm Ziele richten,
Wo uns am Ende dieser Zeit
Gott ewge Seligkeit verleiht.

97.
Beim Absterben der Pflanzen im Jahre 1834.
Melod. XIX.

1. Wir brauchen warmen Regen, und kühlen Thau,
Zum reichen Aerndtesegen in Flur und Au.

2. Denn alle Pflanzen sterben am Sonnenstich,
Noch unreif schon entfärben die Saaten sich;

3. Die zarte Frucht der Bäume stirbt ohne Saft,
Und jedem Blüthenkeime entflieht die Kraft.

4. Und Floras Kinder lechzen vor Trockenheit,
Und ihre Kehlen ächzen im Todesstreit.

5. Die Gräser auf den Wiesen verdorrn im Stehn,
Und alle Thiere müssen zu Grunde gehn.

6. Drum lasset euch bewegen, Monarchen ihr!
Und gebt uns Thau und Regen; das brauchen wir. —

7. Ach sprachen die Regenten auf dieses Flehn:
Dieß würde, wenn wirs könnten, gewiß geschehn;
8. Allein wir sind verlegen in gleicher Noth,
Uns stehen Thau u. Regen nicht zu Geboth.
9. Nie hat durch ihr Vermögen Regentenmacht
Ein Tröpfchen Thau und Regen hervorgebracht.
10. Von Gottes Gnade leben wir alle gleich,
Und Thau und Regen geben kann Gott nur euch. —
11. O Schöpfer! so erbarme Du unser Dich!
Laß in der Noth uns Arme doch nicht im Stich!
12. Du weißt ja: wir vertrauen auf Dich, o Gott!
Laß also regnen thauen, und gieb uns Brod.
13. Denn alle Elemente sehn nur auf Dich,
Und keins von ihnen könnte je waigern sich.
14. Wink also nur dem Regen, und ruf den Thau,
Und gieb uns deinen Segen in Flur und Au. —
15. Gott hörte auf das Flehen der Sterblichen,
Und schon war in den Höhen Gewölk zu sehn.
16. Und milder Regen senkte sich auf die Flur,
Der alle Pflanzen tränkte in der Natur.

17. Und auf den warmen Regen kam kühler
Thau,
Und fruchtbar war der Segen in Flur und
Au.
18. Denn jede Pflanz erquickte des Regens
Macht,
Und jedes Hälmchen schmückte des Thaues
Pracht.
19. Hoch heben alle Pflanzen gestärkt ihr Haupt,
Und Alles steht im Ganzen wie neubelaubt.
20. Und unsre Saaten stehen so grün und frisch,
Wie wirs mit Wonne sehen, auf Gottes
Tisch.
21. Drum sagt für Thau und Regen dem Schö=
pfer Dank;
Denn unter seinem Segen wächst Speis
und Trank.

98.
Der Abschied Jesu von seiner Mutter.
Melod. XIII.

Jesus.

1. Ach! ich kann es länger nicht verhehlen,
Beßte Mutter! was mein Herz beschwert,
Was zum größten Leiden unsrer Seelen
Meines Vaters Wort von mir begehrt:
Ach! wir müssen von einander scheiden,

Lebe, beßte Mutter: lebe wohl!
Denn es naht die Stunde meiner Leiden,
Die ich für die Sünder dulden soll.

Maria.

2. Einziger geliebter Sohn! ach scheiden,
Ach von Dir mich trennen kann ich nicht!
Willst Du denn mein armes Herz durch=
schneiden?
Siehst Du nicht, wie es vor Leiden bricht?
O erhöre deiner Mutter Flehen,
Trenne nicht das stärkste Liebeband,
Laß vorher mich noch zu Grabe gehen,
Bleib mein Schutz in meinem Wittwen=
stand.

Jesus.

3. Weib! es ist gekommen meine Stunde,
Und der Kelch des Leidens kömmt herab,
Hör den Ruf aus meines Vaters Munde:
Nimm ihn an, den Kelch, den ich dir gab.—
Sieh, mit wehmuthvollen Seelenfreuden,
Nehm ich ihn zum Wohl der Menschheit an,
Um für sie den bittern Tod zu leiden,
Weil sie sonst nichts anders retten kann.

Maria.

4. Könnt ich doch in deinem Namen sterben!
O ich gäbe gern für Dich mein Blut!
Könnt ich doch den Menschen Heil erwerben!
O ich stürb mit wahrem Heldenmuth!
Aber ach! das kann ja nicht geschehen;

O so ende meiner Seele Pein,
Und laß mich mit Dir zum Tode gehen,
Laß mich doch mit Dir getödtet seyn.
   Jesus.
5. Sieh, da kommen meine Todesfeinde,
   Lang schon dürsten sie nach meinem Blut,
Mich verlassen meine beßten Freunde,
   Und verliehren furchtsam ihren Muth.
Ach! nun werden sie mich grausam binden,
   Schlagen, geisseln, krönen, kreuzigen,
Und du wirst für aller Menschen Sünden
   Deinen Sohn am Kreutze sterben sehn.
   Maria.
6. Schone meinem leidenvollen Herzen,
   Welches schon der Todesschmerz durch=
                                    wühlt,
Denn Du weißt ja, wie es deine Schmerzen
   Heftiger, als eigne Leiden fühlt;
Leichtre doch die Bürde deiner Leiden,
   Und versüsse deinen bittern Tod,
Wandle deine Schmerzen um in Freuden,
   Und vermindre meiner Seele Noth.
   Jesus.
7. Mutter! ach, ich kann dich nicht erhören,
   Meines Vaters Willen muß geschehn,
Hemme also deine heissen Zähren,
   Höre auf, mich fruchtlos anzuflehn;
Unterwirf dich gerne Gottes Willen,
   Lebe, theurste Mutter! lebe wohl!

Laß mich mein Erlösungswerk erfüllen,
    Laß mich sterben für der Menschheit Wohl.

  Maria.

8. Nun so sey es! Gottes Will geschehe;
    Folge seinem Ruf bis in den Tod!
  Stärke mich, wenn ich Dich leiden sehe,
    Hülf mir, wenn mein Herz zu brechen droht:
  Sei mein Trost in allen meinen Leiden,
    Und erhöre nur mein letztes Flehn:
  Laß mich einst in jenen Himmelsfreuden
    Dich verherrlicht ewig wieder sehn.

99.
Die Eitelkeit.
Melod. XX.

1. O Eitelkeit der Eitelkeiten!
    Und Alles ist voll Eitelkeit.

2. So sang der weise Mann vor Zeiten,
    So singt ein Weiser allezeit. —

3. Was ist die Welt mit ihren Freuden?
    Ein kurzer Schlaf, ein eitler Traum;

4. Bald müssen wir von Allem scheiden,
    Und selbst der Weise glaubt es kaum.

5. Von der Geburt zum offnen Grabe
    Ist nur ein kurzer schneller Schritt;

6. Schon wankt der Greis an seinem Stabe
    Der kürzlich noch den Stecken ritt.

7. Was ist Gesundheit, Gelt und Ehre,
   Vermögen Macht und Herrlichkeit?

8. Ach alles dieß versinkt im Meere
   Der unumschränkten Eitelkeit.

9. Was nützt ein aufgethürmter Haufen
   Von Gold, wenn uns der Tod befällt?

10. Nur einen Augenblick zu kaufen
    Ist dann zu arm die ganze Welt.

11. Was ist der höchste Thron der Ehre?
    Ein schwaches Rohr, ein morscher Stab;

12. Er steht am bodenlosen Meere
    Der Eitelkeit, und stürzt hinab.

13. Was sind die irdischen Vergnügen,
    Die uns Vernunft und Gott erlaubt?

14. O seht, wie sie so schnell verfliegen,
    Und Zeit und Tod uns alle raubt.

15. Was sind erst die verbothnen Freuden,
    Als ein verdekter süsser Schmerz?

16. Denn ach! sie übergehen in Leiden,
    Und täuschen so das Menschen Herz.

17. Da fliegt ein Jüngling wonnetrunken
    Im frohen Reihetanz dahin,

18. Und ganz in blinde Lieb versunken
    Besiegt die Macht der Wohllust ihn:

19. Doch izt vergeht vor seinem Herzen
    Das Zauberspiel der falschen Lust.

20. Nun wüthen Scham u. Reu u. Schmerzen
 In seiner sonst so heitern Brust.
21. Und wie! wenn sich in langen Zügen
 Ein Mensch und Christ zum Thiere sauft!
22. O welch ein rasendes Vergnügen,
 Das man um seine Menschheit kauft! —
23. So ist nun die verbothne Freude
 Für unsre Ruhe wahres Gift,
24. Ein Pfeil, der unser Eingeweide
 Durchwühlt, und unsre Seele trift.
25. Und dennoch nehmen sie sehr viele
 Verblendete Gemüther ein,
26. Verleiten sie von ihrem Ziele,
 Und täuschen sie durch Trug und Schein.
27. Ja Mancher bringt sein ganzes Leben
 In diesem Freudentaumel zu;
28. Doch alle diese Freuden geben
 Ihm keine wahre Seelenruh.
29. Denn heimlich predigt sein Gewissen
 Ihm öfter seine Thorheit vor,
30. Bei dessen aufgewekten Bissen
 Er seine falsche Ruh verlohr.
31. Und wenn der Tod mit starken Armen
 Die mörderische Sense schwingt,
32. Und ohne Gnade und Erbarmen
 Ihn Alles zu verlassen zwingt;
33. Wo bleiben dann die süssen Freuden,
 Die er genoß in dieser Zeit?

34. Er muß getäuscht von ihnen scheiden;
    Denn alle sind nur Eitelkeit:

35. Und ach! an ihre Stelle tretten
    Verzweiflung, Schmerzen, Gram u. Wuth,

36. Und seiner Leiden schwere Ketten
    Bricht ewig nicht der Hölle Glut. —

37. Wohin soll alles Dieses führen??
    Zur christlichen Entschlossenheit:

38. Hier Alles gerne zu verliehren;
    Denn Alles ist nur Eitelkeit.

39. Wir wollen also gern verzichten
    Auf alle Güter dieser Zeit

40. Und unverwandt die Augen richten
    Auf jene in der Ewigkeit.

100.
Unsterblichkeit.
Melod. XX.

1. Erhebe dich, o Sterblicher!
   Aus Zeit= und Todes=Schranken,

2. Und segle durch das Wonnemeer
   Unsterblicher Gedanken. —

3. Mag Zeit und Tod die ganze Welt
   Mit Staub und Moder decken!

4. Das wahre Glaubenslicht erhält
   Uns Christen ohne Schrecken.

5. Denn unser Geist ist Gottes Hauch,
   Gemacht nach seinem Bilde;
6. Kann also nicht vergehn, wie Rauch
   Bei Gottes Lieb und Milde.
7. Der Seele ganze Wesenheit,
   Verstand, Vernunft und Willen,
8. Ihr heisser Durst nach Seligkeit,
   Den keine Zeiten stillen,
9. Die Freiheit jeder Geisteskraft
   In ihrem ganzen Streben,
10. Und jede Gab und Eigenschaft
    Voll Thätigkeit und Leben,
11. Ihr zartes edles Rechtgefühl
    Mit seinem Lob und Tadel,
12. Beweisst ihr unbeschränktes Ziel,
    Und ihren Götteradel. —
13. So ist schon unsre Wesenheit,
    Durch edle Seelentriebe,
14. Zur seligen Unsterblichkeit
    Bestimmt von Gottes Liebe. —
15. So sagt uns auch das Glaubenslicht,
    Das uns die Wahrheit lehret,
16. Und eine Lebensdaur verspricht,
    Die ewig, ewig währet;
17. So lehrt der Hoffnung süsse Glut,
    Die unsre Brust entflammet,
18. Die Liebe zu dem höchsten Gut,
    Von dem ihr Feuer stammet:

19. So lehrt uns Gottes eigner Sohn
    In seinen Tugendlehren.
20. Denn sagt: wo blieben Straf und Lohn,
    Wenn Seelen sterblich wären??
21. Denn hier wird ja die Tugend nicht
    Nach ihrem Werth belohnet,
22. Und öfter bleibt der Bösewicht,
    So lang er lebt, verschonet;
23. Hier schwelget mancher im Genuß
    Verbothner Erdenfreuden,
24. Und läßt bei seinem Uiberfluß
    Den Armen Hunger leiden:
25. Dort aber wohnet Lazarus
    In ew'gen Himmelsfreuden,
26. Der reiche Prasser aber muß
    Die Pein der Hölle leiden. —
27. So wird, o Mensch! nach dieser Zeit
    Dein Geist auf ewig leben.
28. Laß nun dein Herz voll Ewigkeit
    Vor Furcht und Freude beben;
29. Bemühe dich mit Aengstlichkeit
    Das Böse stets zu meiden;
30. Du würdest sonst nach dieser Zeit
    Unsterblich seyn zum Leiden,
31. Und dieses dein Unsterblichseyn
    Verzweiflungvoll verfluchen,
32. Umsonst das Ende deiner Pein
    In der Vernichtung suchen;

33. Bestrebe dich: die Tugendbahn
    Mit Freuden hier zu gehen;
34. Du wirst an ihrem Ende dann
    Dich ewig selig sehen:
35. Dich soll der Sünder frecher Spott
    Hierin nicht irre machen,
36. Die, fröhnend ihren Lüsten, Gott,
    Und Ewigkeit verlachen;
37. Sie werden es, doch ach! zu spät
    In jener Welt erfahren:
38. Daß ewig unser Geist besteht,
    Sie aber Thoren waren.
39. Vertrau auf Gottes Wort, o Christ!
    Die Seelen leben ewig,
40. Und mache, was unsterblich ist,
    Durch Tugend ewig selig. —

Schlußlied.
Der Tod an den Verfasser.
Melod. I.

1. Ich las das mir geweihte Werk
   Von deinen Grabesliedern,
   Und habe dir darauf, das merk,
   In Gnaden zu erwiedern:
   Daß es ganz unverzeilich sey,
   Mir diese fade Reimerei
       Zum Urtheil vorzulegen.

2. Wie kannst du, ohne Geist im Hirn,
Ein solches Werk verfassen,
Und es, mit unverschämter Stirn,
Im Druck erscheinen lassen?
Ich bin dadurch prostituirt,
Und werde dich, wie sichs gebührt
Nun offen widerlegen.

3. Du bist, voll blinder Phantasie,
Ein blosser Fabeldichter,
Und, mit dem Trug in Harmonie
Ein ungerechter Richter;
Ein Schwärmer ohne Herz und Kopf;
Ich hätte dich, elender Tropf!
Schon lang befallen sollen.

4. Dann hätt ich, noch unausgeheckt,
Die Mißgeburt vertrieben,
Und meine Ehr wär unbefleckt
Vor aller Welt geblieben;
So aber stellest offenbar
Du allen Sterblichen mich dar
Als ihren größten Wütrich.

5. Du hättest als ein weiser Christ
Mich besser kennen sollen,
Und kein Gebäude ohne Grüst
Und Grund erbauen wollen;
Es weisst ja doch ein jedes Kind.
Daß erst durch ihre eigne Sünd
Die Menschen mich erzeugten. —

6. Ich bin daher die böse Frucht
Der ersten stolzen Sünder;

Die Erde ward von Gott verflucht
Für sie und ihre Kinder,
Und alle wurden mir zum Raub,
Damit ihr Leib zerfall in Staub,
Zur Strafe übergeben.

7. Du siehst daher mein Wesen nur
Durch ein verfälschtes Prisma, [Glas]
Mißkennest der Vernunst Natur
Getäuscht durch ein Sophisma [Trugschluß]
Und nimmst die Folge für den Grund,
Und wäre dein Verstand gesund,
Du würdest anderst schliessen.

8. Du schlössest: Wären dem Geboth
Die Menschen treu geblieben
So hätte sicherlich der Tod
Sie niemal aufgerieben,
Sie wären dann dem Leibe nach,
Wie ihnen Gottes Wort versprach,
Unsterblich auch geblieben.

9. Laß den Apostel Paulus dich
Des Bessern belehren,
Um wahrhaft zu erkennen mich;
Von diesem wirst du hören:
Daß schon vor mir die Sünde war,
Und mich zu ihrer Straf gebahr
Für alle Kinder Adams.

10. Sey also nimmermehr so dumm,
Und fahre mit der Stange
Im Nebel, wie ein Thor, herum,

Und gieb die Schuld der Schlange,
Durch die das erste Menschenpaar
Zum Sündenfall verführet war,
Und ich erzeuget wurde. —

11. Dann aber kommt zu Adams Schuld,
So bitter zu verschmerzen!
Daß seine Kinder Gottes Huld
Durch eigne Sünd verscherzen,
Und sich durch Lasterhaftigkeit
Und Leidenschaft die kurze Zeit
Des Lebens noch verkürzen.

12. Der Stolz empöret sich im Krieg
Und greifet zu den Waffen,
Und suchet sich durch mich den Sieg
Gewaltsam zu verschaffen,
Giebt mir der Menschen Leben preis,
Und stürzt sie millionenweis
Mir in den offnen Rachen.

13. Die Habsucht strebet Tag und Nacht
Nach Gütern, sie zu haben,
Die sie mit Sorgen dann bewacht
Als ihre beßten Gaben,
Und stirbt vor Hunger nach dem Gold,
Um so durch mich zu früh den Sold
Der Sünde zu bezahlen.

14. Der Wohllust blinde Leidenschaft
Reitzt immer zum Genusse,
Verzehret alle Lebenskraft,
Und ziehet mich zur Buße

Und Sündenstraf in Bälde nach,
Um ihre Sklaven dumm und schwach
An mich zu überliefern.

15. Und ach! wie tobt der wilde Sturm
Der Mißgunst, um zu schaden,
Und naget immer wie ein Wurm
An euerm Lebensfaden,
Und kürzt euch so das Leben ab,
Und stürzt euch vor der Zeit hinab
In meinen Staub und Moder.

16. Der Vielfraß der Unmäßigkeit
Hat nie genug genossen,
Und wird daher noch vor der Zeit
Von meinem Arm umschlossen;
Denn er verdirbt den beßten Saft,
Und raubet euch die Lebenskraft,
Anstatt sie zu vermehren,

17. Und o wie macht der tolle Zorn
So grenzenlose Schmerzen!
Er wühlet immer wie ein Dorn
Im wundenvollen Herzen,
Und gießt die Galle aus ins Blut,
Und tödtet, wie die Hundeswuth
In Bälde ihre Sklaven.

18. Die Trägheit und der Müssiggang
Versprechen euch vergebens
Durch ihren unbesiegten Hang
Verlängerung des Lebens,
Sie machen nur den Körper krank,

Und werfen euch zum schönen Dank
Entgegen meiner Sense.
19. Dazu kommt die Unwissenheit
Mit ihren tausend Schwänzen,
Und ohne Kopf und Lenksamkeit,
Und ohne Zeit und Grenzen,
Und führt euch blindlings in Gefahr
Des Lebens, und ist offenbar
Die Führerin der Blinden.
20. Der vorsicht ose Leichtsinn ist
Ein tauber blinder Mörder,
Und wie ihr aus Erfahrung w'sst,
Mein fleissigster Beförder,
Und führet ohne Rast und Ruh
Mir millionen Opfer zu,
Damit ich sie verschlinge.
21. Und welche reiche Nahrung hat
Von allen Krankheitarten
Mein bodenloser Nimmersatt,
Mein Magen zu erwarten?
Ihr Heer ist zahl und namenlos,
Und täglich wird aus ihrem Schoos
Ein neues Kind gebohren.
22. Ich nenne nur die Kolera
Und Pest mit ihren Namen,
Die kürzlich erst aus Asia
Zu uns herüber kamen,
Die Grippe oder *Influenz*,
An derer neuen Pestilenz
Die halbe Menschheit leidet.

23. Nun dieses Alles steht mit mir
 Im ungetheilten Bunde,
Und tödtet einen Menschen hier
 Mit jeglicher Sekunde,
Und liefert mir an jedem Tag
Gewöhnlich eine Niederlag
 Von hundert tausend Leichen.
24. Zu allen diesen kommt dann auch
 Die Zögerung der Kranken,
Und statt dem baldigen Gebrauch
 Der Mittel, der Gedanken:
Daß es noch nicht gefährlich sey,
Es werde ohne Arzeney
 Von selbsten besser werden.
25. So kommt die Hülfe dann zu spat,
 Das Uibel zu bekämpfen,
Und späte Reue nach der That
 Mit Zuckungen und Krämpfen,
Denn wenn ich auf der Zunge sitz,
So kann der Aerzte größter Witz,
 Mich nimmermehr vertreiben.
26. Und wenn man auch die Hülfe sucht
 So ists bei Medickastern,
Und dann bin ich gewiß die Frucht
 Von ihren Brühn und Pflastern.
Die krasse Pfuscherignoranz
Und Frechheit stehn in Allianz
 Mit mir und allen Giften.
27. Die Aerzte selbst, wie stehn sie oft
 Verpflüfft am Sterbebette,

Sind ganz verlegen und verhofft,
  Wenn ihrer Schlüsse Kette,
Im hipokratischen Gesicht,
  Troz ihrer Doktorwürde, bricht
  An einer falschen Ansicht!
28. Und überhaupt: es wachst ja hier
  Kein Kräutchen auf der Erde,
Wodurch ein einzger Kranker mir
  Nicht mehr zur Beute werde,
Und vor des Uibels Uibermacht
Muß endlich doch in meiner Nacht
  Der Aerzte Licht erlöschen.
29. Dieß Alles gehet mir voran
  Mit grenzenlosen Wehen,
Ich aber bin nicht schuld daran,
  Das wirst du eingestehen;
Ich bin vielmehr von jedem Schmerz
Das End; mein erster Griff ins Herz
  Vernichtet die Empfindung.
30. Und dennoch heißt es allgemein:
  Der Tod! der Tod! wie schmerzlich!
Allein was könnte falscher seyn?
  Ich meine es ja so herzlich
Mit allen Kranken wahrhaft gut,
Indem ich von der Schmerzenwuth
  Sie mitleidvoll befreye.
31. Was könnte also besser seyn
  Als daß ich sie erlößte?
Die Thoren aber wenden ein:
  Gesundseyn sey das Beßte;
Doch sich der Pflicht und Tugend weihn,

Und stets auf mich bereitet seyn,
Ist besser als das Leben.
32. Drum fürchtet vielmehr den, der euch
An Leib und Seel verderben,
Und stürzen kann ins Höllenreich,
Und nicht des Leibes Sterben,
Denn das ist nur ein Uibergang,
So lehrte Jesu Liebedrang,
Ins ewig wahre Leben.
33. Ich komme nun, und laß mich sehn
In meinem wahren Lichte,
Und führe alle Sterblichen
Zum göttlichen Gerichte,
Befrey sie von der Körperqual
Und führ die Frommen allemal
Ins Reich des ewgen Friedens.
34. Wie heftig sehnen sich daher
Nach mir die wahren Frommen!
Sie würden ja, wenn ich nicht wär,
Nie in den Himmel kommen,
Wo sie, von jedem Schmerz befreyt,
In ewiger Glückseligkeit
Bei Gott im Frieden wohnen.
35. Die Sünder, freilich, fürchten mich
Der bittern Folgen wegen,
Denn diese führ ich sicherlich
Der ewgen Straf entgegen;
Allein das ist nicht meine Schuld
Sie könnten sich ja Gottes Huld,
Durch Besserung erwerben.

36. Sie sind ja selber schuld daran,
   Wenn sie so lang nicht büssen,
  Bis sie einmal in meinem Kahn
   Hinübersegeln müssen,
  Und immer voll Vermessenheit
  Der Zukunft ungewisse Zeit
   Zur Buße stets verschieben.

37. In dieser Hinsicht hab ich dir
   Mit Gründen vorzuwerfen:
  Daß deine Todten alle schier
   Noch Gnade hoffen dürfen
  Obwohl es, bis ich sie entseelt,
  Den meisten immer noch gefehlt
   An wahrer Buß und Reue.

38. Zwar macht es deinem Herzen Ehr;
   Allein du bist ein Schmeichler,
  Verfälschest Jesu reine Lehr,
   Und machest wie die Heuchler
  Den schmalen Weg zum Himmel breit,
  Und das so enge Thor zu weit,
   Und täuschest so den Sünder....

39. Du hast die Allbarmherzigkeit
   Zu sehr hervorgehoben,
  Hingegen die Gerechtigkeit
   In Hintergrund geschoben,
  Daß in der Unbußfertigkeit
  Die Sünder voll Vermessenheit
   Bis an das End verharren.

40. Dieß Alles mußt du nun, getreu
   Der Wahrheit, widerrufen,

Und sagen: daß es mißlich sey:
Von tiefen Laster = Stuffen,
Durch einen kühn gewagten Sprung,
Zur ewigen Beseligung
Hinüber kommen wollen.
41. Die Buße auf dem Sterbebett
Ist allemal verdächtig;
Der Kranke, wenn er Zeit noch hätt,
Ist seiner selten mächtig,
Er wird betrogen von dem Schein,
Und seine Reue kommt allein
Aus Furcht vor dem Gerichte.
42. Und wenn er auch noch Buße thut,
Wo sind der Buße Früchten?
Wer macht die Aergernisse gut,
Und die verletzten Pflichten?
Wer stellt das fremde Gut zurück?
Und wo ist der Versöhnung Blick,
Wenn ich die Augen schliesse?
43. Ich bin gewöhnlich beim Gericht
Als unparteischer Zeuge,
Und höre, was der Richter spricht,
Wovon ich aber schweige;
Nur wisse: daß vom Richterstuhl
Die meisten Seelen in den Pfuhl
Der Höll verstossen werden.
44. Verkünde nun nach deiner Pflicht
Des Richters heilge Strenge,
Und täusche doch die Sünder nicht
Bei ihrer Sündenmenge;

Ermahne jeden Bösewicht:
Er möchte doch die Buße nicht
Auf mich hinaus verschieben.

45. Sag ihm: ich komme wie ein Dieb,
Das Leben ihm zu rauben,
Es mög ihm leid seyn, oder lieb,
Und werd ihm nicht erlauben,
Daß er vorher noch Buße thu,
Und ihn im Gegentheil im Nu
Ins Feur der Hölle stürtzen.

46. Den Frommen aber sage du:
Sie möchten nicht erschrecken,
Ich schließ nur ihre Augen zu,
Sie wieder aufzuwecken.
Zum Leben ohne Furcht und Qual,
Zu Freuden ohne Maß und Zahl,
Zum ewig selgen Leben.

47. Wozu daher bei einer Leich
Das viele Lamentiren!
Ihr dürfet nur bekehren euch,
Und dann ein Leben führen,
Wie ihr am Ende dieser Zeit
Beim Eingang in die Ewigkeit
Geführt zu haben wünschet.

48. Dann werd ich euch willkommen seyn
Zu jeder Lebensstunde,
Ihr werdet euch zum voraus freun
Auf meine frohe Kunde:
Geh ein, du treuer guter Knecht!
Du Sproß vom göttlichen Geschlecht!
Zur Freude deines Herrn.

49. So predige nach deiner Pflicht
 Den dir vertrauten Seelen;
Vor allem aber laß es nicht
 An eigner Tugend fehlen,
Daß, wenn du andern predigest,
Du selber nicht zu Grunde gehst
 Am Ende deines Lebens.

50. Du darfst dich im geringsten nicht
 Auf meine Gnad verlassen;
Denn wo man bald von sechzig spricht,
 Da laß ich nicht mehr spassen;
Auch bist du ohnehin nicht fest,
Wie dich dein Körper fuhlen läßt;
 Drum wache stets, und bethe.

51. Was hast du von der eiteln Welt?
 Vom irdischen Vergnügen?
Du hast ja ohnehin kein Geld,
 Und wirst auch keines kriegen;
Und wärest du wie Krösus reich,
So wäre dieß am Ende gleich,
 Als wenn du gar nichts hättest.

52. Drum sammle weislich, zum Ersatz
 Für alle Erdenschätze,
Dir einen reichen Tugendschatz
 Für jene Welt, und setze
Auf Gottes Gnade dein Vertraun,
Dann kannst du mir entgegen schaun
 Mit lächelndem Gesichte. —

Nachwort.

Aus den Aeusserungen einiger Herren Sub=
skribenten der Melpomene ist ersichtlich, daß
sie in diesen Grabliedern blos eine Sammlung
schon vorhandener Grablieder erwarten, wie
dieß bei Gesangbüchern gewöhnlich der Fall
ist; allein der Unterzeichnete hat sie alle selbst
verfaßt, und nur einige Nummern sind aus
den Vespergesängen desselben aufgenommen
worden: die Melodien hingegen sind, mit
Ausnahme *Nro. XII,* von andern Liedern
genommen, und sollen alle langsam gesungen
werden. Auch haben einige Herren Sub=
skribenten den Wunsch geäussert, Grabschriften
vom Verfasser der Melpomene zu besitzen.
Diesem Wunsche würde der Unterzeichnete
mit Vergnügen entsprechen, wenn die Zahl
der H H. Subskribenten den Verlag dieser
Grabschriften dekte: denn er hat einen Vor=
rath von mehr als 200 Grabschriften, und
könnte das Exemplar zu 30 kr. abgeben.

Die Melpomene bescheidet sich indessen
zwar, in diesen Grabliedern nichts Vollkom=
menes geliefert zu haben; sie ist vielmehr auf
gegründeten und grundlosen Tadel gefaßt,
weil sie es wagte, unangenehme Wahrheiten
vorzutragen, und die betrübenden Bilder von
Schmerzen, Krankheiten, Tod und Grab,
Eitelkeit und Vergeltung ꝛc. ꝛc. aufzustellen.

284

Denn alle diese Gegenstände sind nicht nach dem herrschenden Geschmack, der vielmehr den Merkurius und die Fama, den Mammon und die Venus mit ihrem Kinde, den Bachus und die Zeres, die Frauen und Nymphen und andre Musen liebt. Bei diesem Geschmacke müssen freilich die *obscoenen* Lieder, in denen die Unschuld und Tugend, die Wahrheit und Treue ꝛc. verhöhnt, und das Gegentheil als *Galanterie* besungen wird, mehr Beifall finden, als Grablieder.

Uiberhaupt sind die Gegenstände der Melpomene, wie die Wahrheiten, die sie vorträgt, nichts weniger als angenehm, und man wird nicht ermangeln, ihnen den religiösen und moralischen Gehalt, und allen poetischen Werth abzusprechen, man wird ihre Sprach derb und roh, ihre Ausdrücke hart, unhöflich, unzart und eckelhaft finden. Ist ja doch den lebenslustigen Weltkindern nichts widriger, als die Erinnerung an den Tod, der doch den Hauptinhalt der Melpomene ausmacht; nur Schade, daß der Tod selbst so unartig ist, die Sterblichen faktisch daran zu erinnern, daß sie nicht nur so heissen, sondern auch wirklich so sind. Du hast dich also schlecht zu empfehlen verstanden, Melpomene! dich sogleich beim ersten Anblick auf Gräbern darzustellen, von deren Anblick sich die Men=

schen so scheu wegzuwenden pflegen, in dem Wahne, demselben entgehen zu können; sie gleichen den Kindern, welche ihre Augen verhalten, in der Meinung, daß man sie nicht sehe. Allein der weise Christ wird mit heiligem Ernste vor deinem Bilde verweilen, und sich auf den Gräbern seiner Brüder und Schwestern des Looses erinnern, das auch ihm bevorsteht, und den Entschluß fassen und ausführen, sich durch Buße und Frömmigkeit auf einen guten Tod, ein gnädiges Gericht, und eine selige Unsterblichkeit vorzubereiten.

Geh also hin, Melpomene! mische dich in die Gesellschaften der Sterblichen, und erinnere sie an die, wenn auch unangenehme Wahrheiten, an denen ihnen doch Alles gelegen seyn muß, wenn sie ihre hohe Bestimmung nicht verfehlen sollen, und laß dich davon durch keinen Tadel abhalten; denn diesem entgeht die verhaßte Wahrheit nicht, wenn sie auch im lieblichsten Tone vorgetragen wird, im gefälligsten Gewande erscheint, und sich nach dem Geschmacke der Menschen richten will. So entgehen auch die beßten religiösen und moralischen Schriften dem Tadel der Kritik nicht, wie du im schwäbischen Merkur unterm 26. Juli v. J. und andern Zeitschriften und Litteraturzeitungen lesen kannst.

Mache also die Sterblichen auf die unumgängliche Nothwendigkeit des Todes aufmerksam, lehre sie aber auch wie Jesus, ihr göttlicher Heiland und Erlöser, leben und sterben, und flöße ihnen dadurch jene gänzliche Ergebenheit in den göttlichen Willen ein, womit Jesus am Oelberg ausrief: Vater! wenn dieser Kelch an mir nicht vorüber gehen kann, ohne daß ich ihn trinke, so geschehe Dein Willen!

Ausgetrunken muß er also doch werden der Leidenskelch, und der Todesbecher, ausgetrunken bis auf den Grund; höre also nicht auf, Trauermuse Melpomene! den Sterblichen, wenn sie es auch noch so ungern hören sollten, beständig zuzurufen:

Bei Allem, was du redest, denkst und thust,
O Mensch! bedenk, daß du sterben mußt,
Und mach dich mit dem Tode so vertraut,
Daß dir vor ihm am Ende nicht mehr graut,
Und halte dich durch wahre Frömmigkeit
Zu einem guten Tode stets bereit,
Dann führt er dich ins Reich des Himmels ein,
Und ewig — ewig — wirst du selig seyn.

Kirchdorf an der Iller
am Pauli Bekehrungstag 1839.

Der Verfasser.

Inhalt.

Seite.

Der Tod . . . . 1.
Auf den Tod ihrer Majeſtät der Königin
 Katharine von Württemberg . . . 4.
Bei dem Grabe des griechiſchen Adjutanten
 Mauromichalis, der an der Kolera ſtarb 16.
Bei dem Grabe der erlauchten gnädigen
 Frau B. von N ꝛc ꝛc. . . . . . . 21.
Bei dem Grabe des Hochwürdigen Herrn
 Frühmeſſers von Heimertingen . . 25.
Bei dem Grabe der Frau Kronenwürthin
 in Kellmünz, die im Wochenbette ſtarb 29.
Bei dem Grabe des Hrn. Benedikt Dilger,
 Grabenmüllers bei Berkheim . . . 34.
Bei dem Grabe eines Jünglings, der ſich
 zu todt tanzte . . . . 37.
Bei dem Grabe eines Mädchens, das ſich
 zu todt tanzte . . . . 40.
Bei dem Grabe eines talent- und hoffnungs-
 vollen Mädchens, das am Gelenkübel ſtarb 45.
Bei dem Trauergottesdienſt für einen jungen
 Krieger . . . . 48.
Bei dem Grabe einer vortrefflichen Sän-
 gerin, die an der Kolera ſtarb . . . 50.
Bei dem Grabe des Jünglings Johannes
 Keller, der von Raubmördern erſchoſſen
 wurde . . . . 55.
Bei dem Grabe eines alten Reichen . . 59.
Bei dem Grabe einer Frau, die auszehrte 61,

                                                        Seite.
Bei dem Grabe eines Mannes, der am
   Schlagfluß plöhlich starb . . . . .   53.
Bei dem Grabe einer alten ehrwürdigen
   Wärthin . . . .   65.
Bei dem Grabe des Franz Joseph Galler,
   der zu tod fiel . . . .   67.
Bei dem Grabe der Rosina Simler von
   hier, die am Schlagfluß starb . . .   70.
Bei dem Grabe der Jungfrau Viktoria
   Mayer von Unteropfingen, die an der
   Epilepsie starb . . . .   72.
Bei dem Trauergottesdienst für einen Krieger 73.
Bei dem Grabe der Ursula Schwarz von
   hier, die am Schlagfluß starb . . .   75.
Bei dem Grabe der ledigen Anna Nedle
   von Kirchdorf, die an der Lungensucht starb 77.
Bei dem Grabe eines Mannes, der bei einem
   Fuhrwerk plöhlich starb . . . . .   80.
Bei dem Grabe eines Mannes, der am
   Schlagfluß starb . . . .   83.
Bei dem Grabe der drei und achtzig Jahre
   alten Ursula Gropper . . . . . .   85.
Bei dem Grabe einer Frau, die sich zum
   Tode gut vorbereitete . . . . . .   87.
Bei dem Grabe einer armen Frau, die
   lang und schwer zu leiden hatte . .   88.
Bei dem Trauergottesdienst für einen Krieger 90.
Bei dem Grabe eines Mannes, der aus Un=
   vorsichtigkeit erschossen wurde . . . 92.
Bei dem Grabe eines Jünglings, der er=
   schossen wurde . . . .   97.
Bei dem Grabe einer frommen Frau . .   101.
Bei dem Grabe eines jungen Mannes .   103.
Bei dem Grabe zweier Knaben, die er=
   tranken . . . .   104.

	Seite.
Bei dem Grabe eines Mannes, der ertrank	109.
Bei dem Grabe eines Mädchens, das im Schlamm erstickte	113.
Bei dem Grabe eines Greisen	115.
Bei dem Grabe eines Knaben, der ertrank	117.
Bei dem Grabe eines Mädchens, das auszehrte	118.
Bei dem Grabe einer Frau, die geduldig litt und starb	120.
Bei dem Grabe eines ehrwürdigen Greisen	121.
Bei dem Grabe eines Bothen	122.
Bei dem Grabe eines Familienvaters	124.
Bei dem Grabe eines hoffnungvollen Knaben	126.
Bei dem Grabe eines Selbstmörders	127.
Bei dem Grabe einer Frau, die nach einem langen Leiden geduldig starb	131.
Bei dem Grabe eines Jünglings, der von einem Pferdte erschlagen wurde	133.
Bei dem Grabe eines jungen Mannes	138.
Bei dem Grabe einer jungen Frau	139.
Bei dem Grabe der alten Jungfrau Afra Schwarz, die durch einen Unglücksfall ihr Leben verlohr	141.
Bei dem Grabe einer alten Frau, die auszehrte	143.
Bei dem Grabe eines Mannes, der von einem Kirchthurm herab zu tod fiel	144.
Bei dem Grabe eines jungen Mannes, der ganz unvermuthet starb	150.
Bei dem Grabe eines Knaben, der vom Blitze getödtet wurde	152.
Bei dem Grabe eines Mannes, der von einer Tanne erschlagen wurde	158.
Bei dem Grabe eines hoffnungvollen Knaben	161.

❦ ❦

	Seite.
Bei dem Grabe eines armen Mannes	163.
Bei dem Grabe des verstandlosen Johannes Nassal von Unteropfingen	164.
Bei dem Grabe der Ursula Faller von Unteropfingen, die eilfmal punktirt wurde	166.
Bei dem Grabe eines Mannes, der an der Wassersucht starb	168.
Bei dem Grabe eines Mannes, der lange krank war	169.
Bei dem Grabe einer Frau, die an der Lungensucht starb	171.
Bei dem Grabe einer Frau, die an der Gelbsucht starb	17 .
Bei dem Grabe des hoffnungvollen Knaben Franziskus Blumenthaler	174.
Bei dem Grabe einer stillen Dulderin	176.
Bei dem Grabe eines blinden Mannes, der zu tod fiel	178.
Bei dem Grabe des Kaspar Faklers, der an einem fressenden Geschwür starb	180
Bei dem Grabe eines jungen gottesfürchtigen Mannes	182.
Bei dem Grabe der Judita Maas, die an Altersschwäche starb	184.
Bei dem Grabe eines Jünglings, der zu tod fiel	186.
Bei dem Grabe einer Frau, die öfter schwer krank war	188.
Bei dem Grabe eines alten Mannes, der auszehrte	190.
Bei dem Grabe eines Knaben, der bei einem Fuhrwerk umkam	191.
Bei dem Grabe eines achtzigjährigen Greisen	193.
Bei dem Grabe eines vom Blitz erschlagenen Jünglings	194.

	Seite.
Bei dem Grabe des Anton Göppel, der an einer Entzündung starb	198.
Bei dem Grabe eines Kindes, das durch die Hand seiner Mutter starb	200.
Bei dem Grabe einer Frau, die am Schlagfluß starb	203.
Bei dem Grabe eines Arztes, der ertrank	205.
Bei dem Grabe eines Flossers, der den 20. März 1838 ertrank	210.
Bei dem Grabe einer jungen glücklichen Frau, die an einer kurzen schmerzlichen Krankheit starb	216.
Bei dem Grabe einer Frau, die an der Wassersucht starb	218.
Bei dem Grabe des Martin Angele, der an der Lungensucht starb	220.
Bei dem Grabe einer frommen Frau	225.
Bei dem Grabe des Andreas Span, der auszehrte	227.
Bei dem Trauergottesdienst für einen Krieger	228.
Bei dem Grabe der edlen Jungfrau Kl. Sch. v. K......z.	230.
Bei dem Grabe eines Mannes, der den 18. August 1838 sich selbst entleibte	233.
Bei dem Grabe eines hoffnungvollen Knaben	239.
Bei dem Grabe eines armen mit seinem Stande zufriedenen Mannes	240.
Bei den Leichen des Schullehrers von Faxenfeld und seiner Frau, die als Giftmischer enthauptet wurden	242.
Bei dem Grabe eines Mannes, der viel zu leiden hatte	253
Bei dem Grabe des Sattlermeisters Konrad Musch von Unteropfingen	254.

	Seite.
Bei dem Grabe des Herrn Franz Anton Braun, Kronenwürths in Berkheim	256.
Beim Absterben der Pflanzen im J. 1834	259.
Der Abschied Jesu von seiner Mutter	261.
Die Eitelkeit	264.
Unsterblichkeit	267.
Schlußlied	270.
Nachwort	283.

Wegen Entfernung des Druckortes vom Verfasser haben sich folgende Druckfehler eingeschlichen, die man zu verbessern bittet.

Verzeichniß
der Druckfehler im ersten Bändchen.

Seite	Zeile	statt	lies
1.	1.	Erschinung	Erscheinung. —
7.	5.	des	die
7.	13.	nervenfiberische	nervenfieberische
19.	6.	dem	den
25.	4.	Rath	Roth
25.	lezte Zeile	Rath	Roth
27.	22.	nuzen	nüzen
34.	2.	*XV*	*XII*
39.	7.	Fleh'n,	Flehen,
40.	24.	gezwungen	geschwungen
45.	27.	Dank;	Dank!
47.	2.	zurück	zurücke
47.	4.	Heldenstück	Heldenstücke
49.	22.	Perdei	Perdri
61.	3.	erzweckt	erzweckt;
67.	lezte Zeile	seinen	feinen
73.	25.	Hülle	Hölle
74.	8.	innern	inneren
81.	5.	Lib'	Lieb
98.	15.	spät	spat
111.	1.	Achsenzug	Ochsenzug
116.	21.	euer	eurer
117.	13.	Um	Und
122.	12.	leben	beben
125.	14.	seinen	seinem
130.	6.	macht	machte
151.	lezte Zeile	Kräften	Kniffen
132.	26.	noch	mich

Seite	Zeile	statt	lies
155.	5.	sorgten	sagten
161.	8.	Gewölbe	Gerölle
163.	3.	Gewölbe	Gerölle
166.	21.	den	dem
169.	15.	seinen	seinem
171.	8.	Jesu	Jesus
185.	10.	Glüter	Glucker
191.	11.	Lebei	Leber
200.	27.	Ihm	Ihn
235.	7.	machte	nahte
251.	4.	den	dem
256.	1.	Alles läßt	Alles also läßt
275.	13.	Sinder	Simler
298.	8.	auch	durch
308.	1.	den	dem

Im zweiten Bändchen.

Seite	Zeile	statt	lies
14.	7.	Wittwe	Wittwen
17.	3.	ihn	ihm
27.	5.	Alters=Bürde	Alters=Bürde,
27.	18.	zugebracht	zugebracht,
30.	13.	pflöckte	pflückte
32.	12.	sichern	sicheren
43.	7.	Gier	Gier,
52.	10.	Katalanium	Katalani um
58.	19.	Denn	Dann
74.	8.	folgen	flogen
75.	22.	aufzuwecken	aufzuwecken,
91.	15.	Dann	Denn
97. lezte Zeile		Rieß	Stieß

Seite	Zeile	ſtatt	lies
105.	26.	den	dem
112.	11.	Dann	Denn
187.	6.	ſeinen	ſeinem
189.	12.	Streben	Sterben
192.	lezte Zeile	An	Bey
200.	12.	Annatun	Unnatur
217.	22.	ringend	reizend
237.	18.	nicht	nie
245.	6.	Verſchwender=leben	Verſchwender=leben. —
251.	16.	hat	hab
257.	14.	trüben	tauben
272.	2.	Beſſern	Beſſeren
276.	8.	allen dieſen	allem dieſem
284.	5.	Frauen	Faunen
284.	17.	Sprach	Sprache
285.	2.	demſelben	denſelben
286.	15.	bedenk	bedenke,

Melodien.

I.

Mit Sehnsucht lag ich hier, o Tod
ein Wort zu deinem Knochen, und
ich so oft du mich bedroht, zu widerrufen
die aufgewogen, wenn du mich
lange nicht aufhältst, nicht ummein
shot überfällst, u. zurück noch dau-
schenst, u. zurück noch aufhorcht.

pfingsten von unsrer Thränenblüten der

u. Grabs. Den auf sie wie aus einem uns-

ren Leiden hinabgesunken in die Welt Geist,

in laute Töne ausser Klagen sie er inn und

Wünschen singst so in der Luft.

VII Hier liegt ein Hoffnung vollen

Knaben am Sterbebett seufzt siehe als Kind so

geht es wenn schliesst zu Grab, mit Alten

10

abgelegt u. sich in diesem Falsengrab
zur Ruhe hingestreckt.

XIII.
1. Hülle dich in deinen frommen
2. Unberührt von deinem Gewerbe

1. Trost und Zuflucht in Thränen
2. Söhne dich den lauten Klagen

1. weht das Herz, das sich das
2. ist dem Schmerz.

das das selbstres Hülle mit den
frevelhaften lechzten Tod bewusst.

Lieder von einem jungen Mann, der schnell in
jugendlicher vollendet seinen Lauf, vollendet seinen Lauf.

XVIII. Nun ach Ach ach nicht von seinen
Schmerzen der stillen Leiden sich in Qual
den Stab mit hoffnungsvollem Herzen
in Gottes Willen sich ergab zwar
schien sein Leiden eine Kette, von welchen

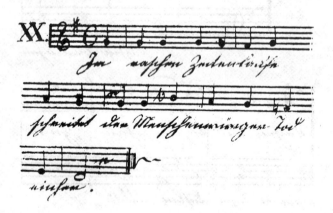

Der

heilige Willebold.

Eine Legende

aus dem dreizehnten Jahrhundert.

In drei Aufzügen dramatisch dargestellt

von

Herrn von Jung,

Pfarrer in Kirchdorf, Schulinspektor und Ritter des Königl.
Württembergischen Civil-Verdienst-Ordens

Aufgeführt von einigen Theaterfreunden in Berkheim
im Juli 1820.

Personen:

Willebold, Graf von Kalw, ein heiliger Pilger.
Heinrich, dessen Bruder, als Kaufmann.
Rudolph von Westernach, Ritter von Kronburg.
Heinrich von Fellheim, Pfarrer.
Pater Sigmund von Roth.
Joseph, Kronenwirth von Berkheim.
Seppel, Kellner.
Jakob, der Meßner.
Guntram, Rudolph's Leibknappe.
Michel,
Hansirg, } Hausknechte beim Kronenwirth.
Martin,
Klem,
Bolde, } Bauern.
Frik,
Wendel,
Staches,
Kasper, } Bauernbursche.
Tuni,
Leo, Räuberhauptmann.
Benz,
Mattes,
Buller,
Grimmele,
Waker, } Räuber.
Veit,
Bär,
Muffer,
Spalding,
Ein Engel, mehrere Knappen, Bauern, Knechte und Volk.
(Die Handlung beginnt Nachmittag den 2. November 1230 und endet gegen Morgen.)

Erster Aufzug.

Scene. Eine Waldgegend unweit der Landstraße.

Erster Auftritt.

Benz, Mattes, Buller, Grimmele, Waker, Bär und Spalding liegen um ein Faß herum und lassen einen Humpen herum gehen, den sie öfter füllen und austrinken.

Chor.

1. Ein flottes Leben führen wir,
   Ein Leben voll Entzücken,
   Da streifen wir durch die Revier,
   Und was da kommt, das rauben wir
   Den Beutel auszupicken.

2. Oft kommen hier im Pilgerkleid
   Baronen, Grafen, Fürsten,
   Und bringen uns, o welche Freud
   Der Beutel goldnes Eingeweid,
   Wornach wir Arme dürsten.

3. Heut kehren wir bei Pfaffen ein,
   Bei fetten Mönchen morgen,
   Berauschen uns im besten Wein,
   Und schlafen sanft und ruhig ein,
   Und leben ohne Sorgen.

4. Und haben wir mit Rebensaft
  Die Gurgel ausgebadet,
 So saufen wir uns neue Kraft
 Und mit dem Teufel Bruderschaft,
  Der in der Hölle bratet.

Benz. (schwenkt den Humpen) Hell auf in der Welt! das ist halt ein Fürstenleben! (trinkt.)

Buller. Ja ja! beim Saufen, da bist du ein ganzer Held, wenn aber Blut statt Wein fließen soll, dann bist du eine Lettfeige — gieb her. (nimmt den Humpen.)

Benz. Was bei Gott! das laß ich mir nicht nach= sagen. Ich scheue kein Blutvergießen, wenn es nöthig ist, aber unnöthig morden, das ist meine Sache nicht.

Mattes. So mein ich auch; denn wenn wir einmal den Raub haben, dann können wir zufrieden sein; das überflüssige Morden nutzt nichts und macht einem nur Skrupel.

Buller. O ihr elenden Skrupulanten! wenn ich Hauptmann wär, euch hätt' ich schon lang zum Teufel gejagt. Denn wer nicht zum Zeitvertreib auch die Un= schuld morden kann, der ist kein wahrer Räuber. Es ist allemal gefährlich, wenn man raubt ohne zu morden.

Spalding. Ja, ja, da hat Buller ganz recht, denn für's erste finden wir bei manchem Reisenden Widerstand, besonders, wenn er nicht übermannt ist, und für's zweite weiß man ja nicht, wo die Ausgeraub= ten hinkommen und uns böse Possen spielen.

Grimmele Richtig — richtig — Denn wie leicht könnte man uns auf die Spur kommen, wenn wir alle die wir ausrauben, leben ließen?

Muffer. So mein ich auch, und es ist beſſer, wir machen ſie kalt und verſcharren ſie in dem nächſten beſten Loche, dann kräht kein Hahn darnach.

Bär. Bin auch der Meinung, und es iſt immer beſſer, das Gewiſſere zu ſpielen.

Buller. Und doch haben dieſe weichen Weiber=ſeelen geſtern einen Pilger entlaſſen, ohne ihn ausge=raubt und gemordet zu haben.

Benz. Wie hätten wir ihn ausrauben können? Er hat ja nichts gehabt, als ein Kruzifix, einen Roſen=kranz, eine Kürbisflaſche und einen Wanderſtab, lauter Sachen, die wir nicht brauchen können.

Grimmele. Aber morden hättet ihr ihn doch ſollen, denn wenn er nun hingeht und es bei den Rittern, die uns ohnehin ſo aufſätzig ſind, anzeigt, daß wir ihn angefallen haben, ſo machen ſie gewiß wieder Jagd auf uns, und wenn ſie dann einen von uns erwiſchen und aufknüpfen, wer iſt dann ſchuld daran, als eure dumme Barmherzigkeit?

Mattes. Er hat aber ſo kränklich, ſo blaß und blutleer ausgeſehen, daß ich zweifle, ob ein Tropfen Blut gefloſſen wäre, wenn wir ihn mitten durchſtochen hätten.

Benz. Auch hat er uns für gewiß verſprochen, uns nicht zu verrathen, wenn wir ihn leben ließen.

Grimmele. Dummheiten! wer wird uns denn das nicht verſprechen, aber ob er es auch halten wird, das iſt eine andere Frage.

Spalding. Ja, zwiſchen Verſprechen und Halten iſt ein großer Unterſchied, und überhaupt herrſcht unter dem Volk und Adel der gottloſe Grundſatz, daß man einem Räuber kein Wort zu halten ſchuldig ſei.

Bär. Ja, und wo rührt dieser Grundsatz vorzüglich her, als von den Pfaffen, Eremiten und Pilgern? Daher sollte keiner von ihnen geschont werden, denn sie sind unsre größten Feinde.

Muffer. Wer sollte uns aber nicht feind sein? das können wir Niemanden übel nehmen; denn wir sind ja doch auch keines Menschen Freund!

Spalding. Wie so? gibt es wohl größere Menschenfreunde als wir? wir rauben ihnen ja nur zeitliche Güter und ein irdisches Leben, das sie ohnehin verlieren müssen, geben ihnen aber dafür das ewige Leben. Und was kann man einem Menschen besseres geben als den Himmel?

Muffer. Auf diese Weise wären die Henker auch unsere besten Freunde, denn sie nehmen uns auch nur dieß vergängliche Leben und schicken uns dafür in die Ewigkeit.

Bär. Ob aber in den Himmel, das ist eine andere Frage.

Buller. Was schwatzt ihr da für ein dummes Zeug. Wir müssen einmal den Grundsatz haben, keinen Menschen zu schonen und Raub und Mord müssen bei uns immer gleichen Schritt halten; denn das ist unser Handwerk, ist unser Brod, und wer es nicht auf diese Manier treibet, der wird bald länger oder kürzer werden. (pantomimiert das Hängen und Köpfen.)

Mattes. Aber es ist doch ein Unterschied beim Rauben und Morden; denn der Raub ist der Hauptzweck unserer Profession, und haben wir diesen vollkommen erreicht, dann mag der Beraubte leben; es kennt uns ja keiner, und wenn wir nur rauben und nicht morden, so ist man uns auch nicht so aufsäßig, als wie wenn wir gleich Alles umbringen, was uns in die Hände läuft. Aber ohnmächtige Weiber und Kinder, wehrlose Greise, Bettler und Pilger morden, das ist nicht meine Sache. Pfui der Schande, (sieht auf Bullern) ein wehrloses, unschuldiges Mädchen zuerst schänden und dann morden zu können!

Buller. Das soll mir gelten, nicht wahr? Aber da müßt ihr wissen, das hab' ich auf allerhöchsten Befehl unsres gnädigsten Herrn Hauptmanns gethan. Die Spröde! drei Monden lang lauerte er auf ihren Raub und so reizte sie seine Begierde. — Sie hat sich aber dann doch nicht in seinen Willen gefügt, sonst hätte sie seine Frau werden und in seinen Armen glücklich sein können. Das hat sie aber absolute nicht gewollt, und aus Rache hat er sie mir preisgegeben und sie zu morden befohlen, und ich bin schuldig, seine Befehle zu vollziehen.

Benz. Ei, wenn du ein so gehorsamer Diener bist, warum bist du dann noch nicht auf der angewiesenen Spähe? Weißt du nicht mehr, daß ein reicher Kaufmann die Gegend durchreist? willst du ihn entwischen lassen?

Buller. Gut, daß du mich daran erinnerst, bald hätten wir diese Beute verplaudert. Kommt Kammeraden! und ihr werdet auch eure Schuldigkeit wissen. — — (alle ab — bis auf Benz und Mattes und nehmen das Faß mit.)

Benz. Schon gut — geht nur. — Sind das nicht grausame Tieger, die nicht aus Noth, sondern blos aus Wohllust und zum Zeitvertreib morden?

Mattes. Ja wahrlich, das sind blutdürstige Tieger.

Benz. Das kann ich nicht. — Ein andres ist morden aus Noth und zur eigenen Sicherheit, und ein andres ein Mord zum Zeitvertreib und Vergnügen. Denn was kann, was wird uns z. B. der arme Pilger schaden, da wir ihn leben ließen? Ich wüßte nicht, warum ich sein blutleeres Herz hätte durchbohren sollen; er sieht ja schon aus wie der Tod und wird ihm ohnehin bald zur Beute werden — warum hätten wir ihm also sein Leben noch abkürzen sollen?

Mattes. Ich habe wirklich Mitleiden gegen ihn empfunden, und als wir ihn anfielen, hat mich ein ganz sonderbarer Schauer ergriffen. Denn er hat ein so frommes und heiliges Angesicht, und sein himmlisches Auge hat mich wie der Blitz getroffen.

Benz. So ist's mir grad auch gegangen, so, daß ich mich wirklich geschämt hätte, es zu sagen; weil es dir aber auch gerade so gegangen ist, so will ich's dir nur gestehen. Wenn uns schon eine ganze Schwadron Lanzknechte umringt hätte, sie hätt' mich nicht so erschreckt, wie der Anblick dieses Pilgers.

Mattes. Und Er! wie unerschrocken war er nicht? Sonst hat noch Jedermann gezittert, wenn er unsre Stimmen gehört und unsre Dolche gesehen hat, wie die Lämmer beim Gebrüll und Anblick der Wölfe; aber dieser Pilger! wie gleichmüthig ist er sich geblieben! wie freundlich hat er uns angesehen, wie liebreich mit uns geredet!

Benz. Ja, und hast du nicht gesehen, als ich ihm den Dolch auf die Brust setzte, hat er auch nur im Geringsten Mucks gemacht?

Mattes. Narr! er hat's dir schon angesehen, daß es dir nicht Ernst gewesen ist, ihn zu morden;

denn du haſt ja gar ein ſo frommes, blaſſes und dummes Schneidergeſicht, daß man dich gar nicht fürchten kann.

Benz. Aber du mit deinem dummen Schafskopf und mit deiner Katzenſtimme! Vor dir hat er gezittert wie ein Felſen im Sturme, als du ihn anriefeſt (ihn nachäffend) halt, oder du biſt des Todes!

Mattes. Hab ich ihn nicht rein ausgeſucht, und er hat ſich mir nicht im Geringſten widerſetzt; er hat alſo vor mir doch mehr Reſpekt gehabt, als vor dir.

Benz. Das glaub' ich gern, denn er hat ſchon gewußt, daß du nichts bei ihm finden werdeſt. Doch wer ſollte vor dir nicht allen Reſpekt haben? wer dich nicht fürchten? denn du haſt ja ein paar Augen im Kopf, wie ein rechter Spitzbube, und erſt dein fürchterlicher Schnurrbart! ha ha ha ha ha!

Mattes. Du därfſt nicht foppen; ein Aug' hab' ich, bi Gott! wie ein Sperber, und wart' nur, bis ich einmal mannbar bin und mir der Bart gewachſen iſt, dann werd' ich eine Stimme kriegen, wie der Donner, und einen Schnautzel wie dieſen da. (zieht einen Schnautzel hervor und hängt ihn an den Ohren unter die Naſe.)

Benz. Es fehlt nicht viel, daß du mich ſelbſt erſchreckt hätteſt! denn du kannſt nicht glauben, wie dich dieſer Bart verſtellt, und wie fürchterlich du ausſiehſt.

Mattes. Kennſt du mich noch Benz!?

Benz. Kaum — du kommſt mir grad vor wie der Eſel in der Löwenhaut — nur die Stimme verräth dich, und wenn du ſchweigſt, ſo glaubt man unſern Hauptmann Leo leibhaftig vor ſich zu ſehen.

Mattes. Nun soll mir einer kommen; schon beim ersten Anblick meiner wird er vor Schrecken ohnmächtig hinstürzen, und dann kann ich ihn commod ausrauben, ohne einen Tropfen Blut zu vergießen. — Denn, Spaß a parte, Bruder! ich muß dir aufrichtig sagen: das Morden will mir halt noch nie recht eingehen, und seit ich den Juden erstochen habe, wurmt es mir immer im Kopfe. — Aber der Kerl hat sich auch so verteufelt gewehrt, und geschrieen hat er dir, wie ein Waldesel. Und doch war es mir um sein Geld und meine Sicherheit zu thun, ich mußte ihn also gleichwohl g'stillen. Und weißt du, unser Hauptmann, der hält gar viel auf's Morden — wie hat er mich nicht wegen dieser Mordthat gelobt, und prophezeit, was noch Alles aus mir werden könne?

Benz. Ja, unser Hauptmann, der ist ein Mordiokerl! Blut und Tod ist seine Losung, und noch nie hat er geraubt, ohne zu morden. Und wie unwürsch ist er nicht, wenn wir ihm einen Raub zu Füßen legen, der nicht mit dem Blute der Beraubten befleckt und mit ihrem Tode versiegelt ist? — Nein, bei Gott! das ist zu arg; so können wir's nicht mehr in die Länge treiben; denn so viele Mordthaten bringen das ganze Land wider uns auf, und zuletzt müssen wir aufgestreift werden.

Mattes. Du hast recht, Bruder! ganz für ist es ohnehin nicht mehr, und die vielen Knappen und Lanzknechte, die immer umherziehen, sind keine guten Aspekten. Ich glaube, wir sollten uns davon machen, eh' dieß Gewitter über uns los bricht (es blitzt.)

Benz. Wo ist denn ein Gewitter?

Mattes. Dummer Teufel, ich meine die Streife. (es blitzt.)

Benz. Aber ich mein doch es blitzt. Haſt du nichts geſehen?

Mattes. Wo denn? (es blitzt.)

Benz. Siehſt du, ſchon wieder.

Mattes. Und was iſt's hernach! laß blitzen und donnern und hageln, uns kann es nie was ſchaden.

Benz. Ja wohl am meiſten. — Denn wenn uns gähling ein Blitz erſchlägt, ſo ſind wir auf ewig verloren — deßwegen geh' ich auch ſchon lang mit dem Gedanken um, mich von dieſer Lebensart los zu machen. Ich finde ſonſt keine Ruhe mehr, und fürchte nicht nur Schwert, Galgen und Rad, ſondern auch die Hölle.

Mattes. Haſt du denn ſchon ſo gar viel geraubt und gemordet?

Benz. Hör, Kammerad! (nimmt ihn bei der Hand.) Siehſt du dort auf der Anhöhe die ſchwarzen Ruinen von der Burg Marchſtetten?

Mattes. Ja wohl — Sie iſt ja vom Blitze getroffen, und mit Mann und Maus ein Raub der Flammen geworden.

Benz. So ging die Sage; allein es iſt nicht ſo — ſie wurde von uns zerſtört, und da war es eben, wo ich auf einen Stoß einen dreifachen Mord beging. Höre nur: Es war eine ſtille Sommernacht, und Nebel und ſchwarzes Gewölk verhüllten den Mond und die Sterne; wir zogen, unſern Hauptmann an der Spitze, unſrer 24 an der Zahl, aus unſern Höhlen und näherten uns gegen Mitternacht der Burg Marchſtetten, wo alles gerad im tiefſten Schlafe verſunken lag. An Strickleitern erſtiegen wir die Felſen und Mauern und waren in einer Viertelstunde im Garten versammelt, ohne daß uns auch nur eine Hundsnase gewittert hätte. Da vertheilte Leo die Rollen, um Alles in der Burg zu morden, sie dann rein auszurauben und in Brand zu stecken. Ich ward unter andern zum Wächter bestimmt, und schätzte mich glücklich, an diesem Raubmord und Brand nicht persönlich Theil nehmen zu müssen. Allein wie schändlich hatte mich diese Hoffnung getäuscht! — Denn wir Wächter hatten alle den strengsten Befehl, Alles, was uns fliehend entgegen käme, ohne Gnade nieder zu stoßen. Da stand ich nun, wie Petrus einst im Vorhofe, um den Ausgang zu sehen, und mir war Todesbang vor Furcht und Erwartung der Dinge, die da kommen sollten. Schon hörte ich das Rüdengebell, das Krachen der erbrochenen Thüren, Läden und Kästen, bald mischte sich das Jammern und Schreien der erwachten Burgbewohner, ihr Mordgeschrei und das Aechzen und Röcheln der Sterbenden unter das Jubeln und Jauchzen der Mörder und Räuber. Mittlerweile erhob sich ein Wind, der immer stärker und stärker ward, ein rabenschwarzes Gewitter zog im Sturmschritte von Westen herauf über die Wälder her und zacke Blitze zerrissen unaufhörlich die schwarze Werkstätte des Donners, der immer näher kam und stärker wurde. In der Burg ward es allmählig ruhig, und ich hörte nichts mehr als das Siegesgeschrei der Räuber und das Klirren der Humpen, die sie auf das letzte Lebewohl der Gemordeten leerten. Indessen ward das Gewitter immer heftiger, die Blitze durchzückten sich ohne Unterlaß, und Schlag auf Schlag brüllte der Donner; auf einmal sah ich bei einem Blitzstrahl eine weiße Gestalt wie ein Gespenst auf mich zueilen. Ich zitterte

wie Espenlaub, und doch fehlte mir der Muth zu ent=
fliehen. Auch hätte ich nicht wohl fliehen können; denn
rechts und links standen meine Kammeraden, vor mir
die Burg, und hinter mir die steile Felsenwand. Die
weiße Gestalt kam näher, und es war, meiner Ver=
muthung nach, die Burgfrau in weißem Nachtgewand,
ein Kind auf dem Arm und eines unter dem Herzen.
Ich stand mit gezücktem Dolch hinter einer Eiche, an
der sie vorbei wollte, und ach, die Arme, die Unglück=
liche! sie wähnte sich zu retten und rennte blindlings
in den Stahl, den ihr mein Arm krampfhaft entgegen
hielt. Sie sank mit ihren Kindern, und ich warf sie
noch röchelnd hinab über die mit Gesträuchen bewachsene
Klippen. Noch lange hätte ich das Geschrei des Kin=
des und das Aechzen der sterbenden Mutter gehört, wenn
ihm nicht die Wölfe ein Ende gemacht hätten; allein
diese unsre Kammeraden witterten den süßen Raub
und hatten in kurzer Zeit Mutter und Kind aufgezehrt.

Mattes. Eine gräßliche Geschichte!

Benz. Da stand ich nun, wie versteinert, es
überfuhr mich kalter Todesschauer, die Haare standen
mir alle zu Berg, ich fühlte mich vom Arm der Ver=
zweiflung ergriffen, und wollte mich schon in den
Abgrund hinabstürzen, als mich ein Blitz zu Boden
schlug. Wie lang ich in der Betäubung gelegen bin,
kann ich dir nicht sagen — als ich wieder zu Sinnen
kam, wurde ich von meinen Kammeraden fortgeschleppt;
die Eiche, unter der ich gestanden, war zersplittert und
die Burg stand in rauschenden Flammen. So kehr=
ten wir mit allen Schätzen der ausgeraubten, ent=
völkerten und im Rauch aufgehenden Burg in die Nacht
unsrer Wälder und Höhlen zurück, ohne daß auch nur

der geringste Verdacht auf uns gefallen wäre. — Noch hörten wir auf dem Rückzuge das Sturmgeläute der ganzen Gegend und das Lärmen der zum Löschen herzueilenden Menge; allein ihre Hülfe kam zu spät, und es verbreitete sich die Sage, daß der Blitz die Burg in Brand gesteckt und mit allen Bewohnern und Schäzen in Asche verwandelt habe. Denn gerade in dem Augenblick, als der Blitz die Eiche zersplitterte, ging auch das Feuer auf, welches die Räuber an allen vier Ecken der Burg angelegt hatten.

Mattes. Hier hat also der Himmel selbst beigetragen, diesen schrecklichen Raubmord zu erleichtern und zu verhehlen.

Benz. So scheint es, aber ich glaube nicht, daß dieses die Absicht des Himmels gewesen sei. Ich wenigstens habe dabei nichts Himmlisches empfunden; im Gegentheile tobt seit dieser Unglücksstunde die Hölle in meinem Herzen. Ich finde Tag und Nacht und Nirgends wahre Ruhe, überall verfolgt mich das Gespenst der unglücklichen Frau mit ihren Kindern, die ich erstochen und über die Felsenwand hinabgeschleudert habe. O warum hat mich jener Blitz nicht erschlagen, der die schuldlose Eiche zerschmetterte, mich schuldigen aber nur betäubt? Noch leuchtet mir kein Blitz, der nicht mein schwarzes Herz durchzückt, noch kann ich keinen Abgrund sehen, ohne daß mir schwindelt und er mich zu verschlingen droht. — Seit diesem Ereigniß geh ich daher immer mit dem Gedanken um, diese Bande zu verlassen und mich zu bekehren, aber seine Ausführung ist mir unmöglich; denn arbeiten kann und mag ich nicht, und des Betteln schäm' ich mich, was kann ich also thun, als mich vom Raube nähren!

Mattes. So geht es mir grad auch, ja und was noch schlimmer ist, unser einer bekommt erst keine Arbeit, denn einen ganz unbekannten Menschen nimmt man nicht leicht in Dienst, und wo man uns kennt, da dürfen wir uns gar nicht mehr sehen lassen. Ist's nicht so, Bruder!?

Benz. Du hast vollkommen recht, und ich würde mir auch keinen bessern Dienst wünschen, als bei unserm Herrn Hauptmann, wenn ich nur Niemanden mehr umbringen müßte; das macht mir Gewissensbisse, die mich ohne Unterlaß foltern.

Mattes. Auch ich habe die nemliche Plage, und ich möchte nur wissen, wie es der Buller, der Grimmele, der Spalding, der Bär und die Kerls alle machen, daß sie so kaltblütig und so resolut morden und dabei so ruhig, so vergnügt und glücklich leben können.

Benz. Das kann ich dir wohl sagen, denn ich habe mit ihnen schon öfter darüber gesprochen. Sie argumentiren so, und sagen: Wir sind einmal in den Dienst unsers Herrn Hauptmanns getreten und haben ihm Gehorsam geschworen, wie der Lanzknecht seinem Ritter, und diesen Schwur sind wir zu halten schuldig; wenn uns daher unser Hauptmann etwas Unrechtes befiehlt, so mag er es verantworten; wir sind unter seinem Commando gerade, was der Dolch in unsern Händen, blos Werkzeuge seiner Thaten und also ganz unschuldig.

Mattes. Nun, das laß ich mir gefallen. Also ging Alles, was wir als gehorsame Diener uns'res Hauptmannes rauben und morden, auf seine Rechnung?

Benz. Ja, der hätte Alles allein auf seinem Gewissen, und wir dürften uns nicht im Geringsten darum bekümmern.

Mattes. So!? Nun wird es mir wieder leichter um's Herz, und nun werd ich mich gerne zu Allem gebrauchen lassen.

Benz. Das ist freilich ein elender Trost, aber doch ist er besser, als keiner; denn wir können es jetzt nicht mehr anders machen, müssen gleichwohl bei diesem unserm Herrn verbleiben und seine wiewohl oft grausamen aber doch nothwendigen Befehle vollziehen — mag er's verantworten, mich soll es nicht mehr kümmern.

Mattes. So freust du mich, Bruder! es lebe unser Hauptmann und nehme alle unf're Schulden auf sich; Leo, unser gnädiger Herr Hauptmann soll leben!

Zweiter Auftritt.
Leo, die Vorigen.

Leo. (zeigt sich im Hintergrunde und schleicht langsam einher.)

Mattes. Leo, unser gnädiger Herr Hauptmann soll leben!

Benz. (nimmt ihn bei der Hand und schlägt ein.) Topp es gilt! er lebe! denn er ist ein Mann, der sein Gewerbe versteht, und vortrefflich anzuführen weiß, und uns Geld und Güter in Menge verschafft.

Mattes. (schlägt dem Benz ein.)

Benz. Und folgen wollen wir ihm bis in den Tod

Leo. (tritt in ihre Mitte und nimmt sie bei der Hand.) Bravo! bravissimo! Kammeraden! das ist scharmant, (Benz und Mattes fahren erschrocken auf, und wenn ihr Wort haltet, so werd' ich euch bald mit Reichthümern überhäufen und dadurch glücklich machen.

Dann nehmen wir unf're Schätze, reisen damit in ein anderes Land und genießen sie, fern von Furcht und Gefahren in süßem Frieden. Seht, das ist mein großer Plan. Sind das nicht schöne Aussichten? ist das nicht eine glänzende Zukunft? Seid und bleibt also standhaft und befolget genau meine Befehle, dann kann es uns niemals fehlen.

Benz. Von Herzen gern, Herr Hauptmann! Aber wie steht es dann mit unserm Gewissen? das will noch nicht recht schweigen.

Leo. Ah, pochts Gewissen! das ist eine Dummheit, ein albernes, von alten Betnockeln geglaubtes Zeug, ein leeres Hirngespinnst, das kein aufgeklärter Kopf mehr glaubt, ein von dummen Pfaffen erdichtetes Gespenst, womit man die Leute schrecken will. Ich bin ja doch gewiß ein kluger Kopf und gescheidter als ihr: glaubt also meinen Worten und legt die dummen Skrupel bei Seiten — verlaßt euch auf mich, laßt mich für Alles sorgen, dann seid ihr geborgen und dürft euch um nichts bekümmern, könnt ruhig schlafen und im Besitz und Genuß der Beute glücklich sein. — Aber nun verhaltet euch still und ruhig; noch diesen Abend reist hier ein Kaufmann vorbei, er reist zu Fuß und ganz allein und hat schwer Geld bei sich, das hab' ich Alles schon ausspionirt; bleibet also hier und beobachtet die Landstraße genau, und wenn er hier vorbei will, so überfallet ihr ihn, stoßet ihn nieder, und schleppet ihn sammt Allem, was er hat, zur Höhle. Macht es mir nicht mehr, wie bei dem Pilger, den ihr, wie ich schon vernommen, lebend entlassen habt.

Benz. Er hat aber gar nichts gehabt und

Leo. Schon gut! für dießmal mag es euch hingehen; aber für den Kaufmann steht mir euer Kopf.

Mattes. Er soll uns gewiß nicht entkommen.

Benz. Ich werd' ihn zehnmal durchstechen.

Leo. Recht so — nun verhaltet euch ruhig, damit er euch nicht wittert; versteckt euch hinters Gebüsch und überfallet ihn aus dem Hinterhalt. Ich gehe nun auch auf meinen Posten, er möchte mir sonst auf dem nähern Fußpfad entschlüpfen. (ab.)

Benz. Hast du's nun gehört, Bruder!

Mattes. O ja, nun mord' ich ohne Anstand. Laß mich den Kaufmann niederstoßen.

Benz. Meinetwegen wohl, triff ihn aber auch gut, daß du ihn nicht marterst, wie den armen Juden.

Mattes. Laß nur mich machen; ich werde ihm auf den ersten Stoß das Herz durchbohren, daß er dir nicht mehr mucks machen soll.

Benz. Und wenn du ihn verfehlen solltest, so werde ich seiner Seele von hinten Luft machen.

Mattes. Wenn er nur bald käme, (bei Seite) denn wenn wir lange warten müssen, so vergeht ihm der Muth wieder. (es blitzt.)

Benz. Es blitzt schon wieder, Kammerad, und das ist kein gutes Zeichen, (schlägt ein Kreuz) denn so spät im Herbst wettert es sonst nicht.

Mattes. Wo denn? ich habe nichts gesehen. (es blitzt.)

Benz. Siehst du, schon wieder; du wirst sehen, es kommt gewiß ein Donnerwetter. (es blitzt, Benz zuckt.)

Mattes. Und dann könnte wohl der Kaufmann ausbleiben, meinst du, und wir stunden die ganze Nacht umsonst auf der Lauer. (es blitzt und donnert.)

Benz. Siehst und hörst du? (läuft hin und her) da bleib ich dir nicht mehr, denn dieß Wetter ist nicht natürlich — komm, wir wollen fliehen. (es blitzt und donnert.)

Mattes. Und den Kaufmann entwischen lassen? Da würden wir bei unserm Herrn Hauptmann schlecht wegkommen. (es blitzt und donnert.) Hast du schon wieder vergessen, daß wir mit unserm Kopfe für ihn gut stehen müssen? (es wettert immer heftiger und öfter.)

Benz. Das wohl, aber (rennt hin und her.)

Mattes. Was aber?

Benz. Wenn uns hier 's Wetter verschlägt? (es wettert.)

Mattes. Bist du doch ein elender Kerl mit deiner dummen Furcht vor dem Wetter (es wettert sehr heftig.) Narr, wenn dich der Blitz treffen soll, so kannst du ihm nirgends entfliehen.

Benz. So will ich mich zum Tode vorbereiten, (kniet nieder) denn alle diese Donnerkeule sind auf mich geschmiedet, (faltet die Hände, es wettert immer heftiger) ach Gott, sei mir armen Sünder gnädig und barmherzig! (betet in der Stille und klopft an die Brust.)

Mattes. Dieses Gewitter ist doch nicht lustig, ich wollte selbst, es wäre vorüber. (es thut einen Blitz und heftigen Schlag. Benz fällt mit einem Schrei zu zu Boden, springt schnell wieder auf und rennt wie rasend hin und her.)

Benz. O Jesus Mari und Joseph! 's Wetter hat mich erschlagen. — Ich bin ein Kind des Todes! 's Wetter hat mich erschlagen! O Gott sei mir gnädig und barmherzig. Die weiße Gestalt, die höllische Flamme und alle die Teufel! ach, ich bin auf ewig

2*

verloren. (fällt auf die Kniee mit über den Kopf ge=
falteten Händen, dann auf's Gesicht und bleibt zitternd
liegen.)

Mattes. Der Kerl ist rasend, er verzweifelt!
He da, Kammerad! he Bruder Benz! Sieh mich doch
an, höre mich! kennst du mich denn nicht mehr, ich bin
der Mattes, kennst du den Mattes nicht mehr? — —
Er gibt mir kein Gehör! er ist ganz vom Verstand.
Jetzt, was ist zu machen! was zu thun, wenn der Kauf=
mann kömmt! (das Gewitter legt sich nach und nach wie=
der.) Allein hab ich nicht 's Herz an ihn, ich müßt' ihn
nur hinterschleichen und von Hinten durchbohren. He
Kammerad! Komme doch wieder zu dir selbst, Narr!
der Kaufmann kommt — sieh das Wetter legt sich, das
Gewölk vertheilt sich, das Aergste ist schon vorüber. —
Sieh, 's hat dir nichts gethan und du hast nun nichts
mehr zu fürchten.

Benz. (Richtet den Kopf auf.) Vorüber sagst du,
das Wetter sei vorüber? Und es habe mir nichts gethan?
— ja leb ich denn noch? und bin noch nicht in der Hölle.

Mattes. Ja freilich! Sieh doch nur her; das
Wetter vertheilt sich ganz, und der Sturm hat es ganz
nach Osten getrieben.

Benz. (Steht langsam auf, sieht um sich und
seufzet.) Ach Gott! wie ist mir! ich wag' es kaum noch
zu athmen — zieht es also fort, das schreckliche Donner=
wetter!

Mattes. Das Wetter war ja gar nicht fürchter=
lich, und nur deine dumme Furcht und Einbildung hat
es so vergrößert. Fasse dich und stelle dich auf deinen
Posten, bis der Kaufmann ankommt, damit wir an ihm
uns're Schuldigkeit thun können.

Benz. Meinetwegen mach du mit ihm, was du willst, ich lege keine Hand an ihn, ich habe unschuldiges Blut genug auf meiner Seele und will sie nicht noch mehr beladen.

Mattes. So! nun willst du mich verlassen, da die Gefahr naht und ich deiner Hülfe am meisten bedarf! du mußt mir ihn wenigstens anhalten, damit ich ihn desto leichter morden und ausplündern kann.

Benz. Zum Rauben will ich dir ihn anhalten, dann mußt du mir aber versprechen, daß du ihn wieder lebend entlassen wollest; denn ist es nicht genug, wenn wir ihm Todesangst einjagen und ihn ausrauben?

Mattes. Aber unser Hauptmann! Du weißt es, wir sind des Todes, wenn wir den Kaufmann nur ausrauben und nicht morden.

Benz. Sage der Hauptmann, was er wolle, ich thue es nicht, und werde in Zukunft lieber dem Teufel als ihm dienen. So kann ich nicht mehr leben und bin des Raubens und Mordens müde.

Mattes. Hör, Bruder! ich will dir einen Vorschlag machen.

Benz. Laß hören.

Mattes. Der Kaufmann soll schweres Geld bei sich haben, wir rauben ihn daher aus und entlassen ihn und nehmen mit der Beute die Flucht — dann wollen wir ferne von hier ein Anwesen kaufen, uns daselbst niederlassen und fern von Raub und Mord uns ehrlich und redlich ernähren.

Benz. Der Vorschlag ist nicht übel.

Mattes. Du hilfst mir ihn also doch ausrauben?

Benz. Ja, aber das ist das letztemal, dann adieu, Partie.

Mattes. Gut — jetzt wenn er nur bald käme, (bei Seite) sonst kommen seine Skrupel wieder und er verläßt mich — horch! — stille! — ich höre Fußtritte. —

Benz. Ich mein's auch! (beede sehen nach der Gegend, wo der Kaufmann herkommen soll.)

Mattes. Jetzt wird er kommen — aufgepaßt — Ich falle ihn von hinten an und du von der Seite — stille — (verstecken sich im Gebüsche.)

Dritter Auftritt.
Willebold, die Vorigen.

Mattes und Benz. (springen hervor.) Halt — halt!

Willebold. Was wollt ihr, meine Freunde!? So, seid ihr es? wir sind ja schon alte Bekannte! O wie freut es mich, daß ich euch nocheinmal sehe, denn eurer Barmherzigkeit hab ich mein Leben zu verdanken. Empfanget also nocheinmal meinen herzinnigsten Dank für diese Wohlthat. Ach! ihr wißt schon, daß ich euch weder Gold noch Silber dafür geben kann, aber, was ich für euch thun kann, das will ich. (fällt auf die Knie nieder und betet mit ausgespannten Armen.) Barmherziger Vater im Himmel, sieh doch gnädig auf diese deine verirrten Kinder. — (Benz und Mattes entblößen ihr Haupt, falten die Hände und fallen jeder auf ein Knie nieder.) Ich weiß es, du hast ihre Herzen zum Mitleiden gegen mich bewogen, daß sie mir dieses irdische Leben nicht geraubt haben; denn ohne deine Zulassung kann mir kein Haar gekrümmt werden. Ach, wende doch auch einen Gnadenblick auf diese meine zween armen Brüder, die von Leidenschaft und Irrthum geblendet die steile Bahn der Tugend verließen, und auf dem breiten

Weg des Lasters in ihr zeitliches und ewiges Verderben rennen. Rette sie, rette ihre unsterblichen, durch das kostbare Blut deines Sohnes erlöste Seelen von der ewigen Verdammniß; führe sie zur Erkenntniß ihrer Laster, zur Reue, zum Vorsatze, zur Besserung, reinige sie durch Beicht und Buße, nimm sie wieder zu deinen Kindern an und führe sie zur ewigen Seligkeit, Amen! (steht auf.) So, meine Brüder! Dieß Gebet sei also der Dank dafür, daß ihr mir das Leben gelassen habt (Benz und Mattes stehen auch auf, es blitzt und donnert); wirket nun zur Erhörung desselben mit, verhärtet nicht eure Herzen gegen die Einflüsse der göttlichen Gnade, und dann wird euch Gott für das zeitliche Leben, das ihr mir vielleicht nur noch auf wenige Stunden gefristet habet, das ewige Leben ertheilen.

Benz. (es blitzt und donnert.) Dank, namen= loser Dank, heiliger Pilger! für dein liebevolles Gebeth, aber ach (es blitzt, zuckt) mit uns, wenigstens mir mir ist es schon zu spät; denn meine Sünden sind zu groß, als daß ich je bei Gott Verzeihung hoffen könnte.

Willebold. (Es blitzt und donnert.) Nicht so mein Lieber! Gottes Gnade kennt keine Schranken und wären deine Sünden roth wie Scharlach und zahllos wie der Sand am Ufer des Meeres; hätten sie sich wie die unübersehbaren Felsenmassen der endlosen Alpen auf= gethürmt; ein reumüthiges und zerknirschtes Herz, fest zur Besserung entschlossen, wird Gott nie verstoßen.

Benz. (Es blitzt und donnert.) Aber ich habe ge= mordet, hab' unschuldiges Blut vergossen, habe einen dreifachen Mord auf meiner Seele, und ohne Unterlaß verfolgt mich die göttliche Rache, wie den Brudermörder Kain. Nirgends find' ich Ruhe, und dieses fürchterliche

Gewitter bei dieser kalten Herbstwitterung ist nicht natürlich; es ist nur meinetwegen ausgebrochen, um mich verworfenen Mutter- und Kindermörder zu zerschmettern. (es blitzt und donnert sehr stark.)

Willebold. O lieber Bruder! Verzage nicht, füge doch deinen Sünden und Lastern nicht noch die größte aller Sünden, die Verzweiflung an Gottes Gnade zu, die lauter als Todtschlag zum Himmel schreit. (Nimmt beede bei der Hand, den Mattes zur rechten Seite.) O ihr verlorenen Söhne Gottes, machet euch auf und kehret wieder zu Gott, eurem himmlischen Vater, zurück. — O seht, seine Arme sind ausgebreitet, sein Vaterherz steht euch gnädig offen und er wird euch mit Freuden wieder aufnehmen. — O welche Freude verursacht die Bekehrung eines Sünders im Himmel! darüber ist die Freude der Engel größer, als über neun und neunzig Gerechte, die der Buße nicht bedürfen.

Mattes. Aber der verlorne Sohn hat nicht geraubt und gemordet, wie wir.

Benz. Er hat nur das vierte und sechste Gebot übertreten, aber unschuldiges Blut hat er keines vergossen, wie wir, und uns bleibet nichts mehr übrig, als wie Kain, Saul und Judas zu verzweifeln.

Willebold. O nein, meine lieben Kinder! denn seht, als Jesus für uns're Sünden am Kreuze starb, da hingen ja auch zween Mörder ihm zur Seite und der reumüthige fand Gnade und war mit Jesu noch am nemlichen Tag im Paradiese. (es blitzt und donnert immer.)

Mattes. O Heil mir armen Sünder! denn du, o heiliger Mann Gottes! bist mir von Gott als mein sichtbarer Erlöser zugesendet — ich glaube deinen Worten und will meine Laster bereuen und bekennen, will mich

bekehren und wahrhaft beſſern, um einſt wie der reu=
müthige Schächer bei Jeſus im Paradieſe zü ſein. —
O, ich fühle ſchon die Wirkungen der göttlichen Gnade,
und um deines Gebetes willen, o heiliger Pilger! er=
weiſt mir Gott Barmherzigkeit.

Benz. (Es blitzt und donnert heftig, Benz zuckt.)
Und ach, mich Verworfenen! ich fühle nichts als Gottes
Rache. Verzweiflung tobt in meiner Bruſt, und bald
werden die Teufel meinen Leib zerreißen und meinen
verworfenen Geiſt hinab in die Hölle ſchleudern. (es
blitzt und donnert ſehr heftig.) Herr Gott! ſtrafe mich,
wenn du gerecht biſt, zerſplittere meine gottloſe Stirne
mit einem Donnerkeul und verſtoße mich auf ewig von
deinem heiligen Angeſicht, wie die verworfenen Geiſter;
denn ich bin zur linken Seite dieſes deines Heiligen,
bin der linke Schächer und muß — verzweifeln. (ſieht
ſtarren Auges zum Himmel und bleibt unbeweglich ſtehen.)

Willebold. O, nicht ſo! nicht ſo, mein lieber
Sohn! hinweg mit dieſen verzweifelnden Gedanken! noch
iſt die Gnadenquelle Gottes nicht verſiegt, noch ſein Vater=
herz nicht verhärtet, und er verſtößt gewiß keinen, der
mit Reu und Schmerz über ſeine Sünden zu ihm zurück=
kehrt. Höre mich, mein Kind! glaube meinen Worten,
traue mir, ich rede dieſes nicht aus mir, ſondern aus
Jeſu Mund, und künde dir in Jeſu Namen Gnade und
Verzeihung an (es blitzt und donnert ohne Unterlaß.)

Benz. (Sieht Willebolden ſtarr an, langſam)
So? — das ſagſt du, das kannſt du — das willſt du? —
ja wer biſt denn du? biſt du nicht ein Teufel, der mich
zerreißen will? — Ja, das biſt du! — wohlan denn —
ſo thue deine Schuldigkeit und zerreiße mich, weil doch
die Blitze zögern, mich hinab in die Hölle zu ſchleudern.

Willebold. O nein, mein Bester! Kennst du mich denn nicht mehr? Sieh, ich bin Willebold, der arme Pilger, dem du das Leben geschenkt hast; ich bin ein Bote des Himmels, dir Verzeihung deiner Sünden und Gottes Gnade zu verkünden, wenn du dich bekehrest. Höre mich und folge mir.

Benz. So? — das bist du? woran soll ich aber dieses erkennen? Gib mir ein Zeichen vom Himmel, mache, daß dieses fürchterliche Gewitter plötzlich aufhört, dann will ich deinen Worten glauben und mich bekehren.

Willebold. (Fällt auf die Knie nieder und betet mit ausgespannten Armen.) Allbarmherzige Vater! Schon oft hast du mein Gebet erhört! Ach! Verschmäh es doch auch diesesmal nicht, und höre gnädig das Flehen deines unwürdigsten Dieners! Strafe nicht im Grimme diesen meinen unglücklichen Mitbruder, der am Abgrunde der Verzweiflung dahin schwindelt und hinabzustürzen droht; halte noch deine strafenden Blitze und deinen rächenden Donner zurück, (es blitzt und donnert zum letztenmal und thut einen heftigen Schlag) gönne ihm noch Zeit zur Buße. (steht auf, nimmt Benzen bei der Hand und führt ihn auf die rechte Seite.) So — nun vertrau auf Gott und seine Gnade — erhebe dein Auge und sieh: es blitzt nicht mehr und der Donner schweigt — ein sichtbares Zeichen der göttlichen Gnade für dich.

Benz. (Sieht empor, dem Gewitter nach.)

Mattes. (Sieht empor.) Wirklich Bruder, das Gewölk vertheilt sich, der Himmel thut sich auf und das blaue Gewölbe tritt hervor — und sieh dort im Osten! o sieh, wie herrlich malt sich dort das Sinnbild der göttlichen Gnade, der Regenbogen!

Benz. Ich sehe — ha! und was fühl ich! — schon thaut es auf in meinem Felsenherzen, die grause Nacht der Verzweiflung verschwindet vor dem Aug meiner Seele und majestätisch leuchtet mir die Sonne der göttlichen Gnade. O welch ein Wundermann bist du heiliger Pilger! (entblößt sein Haupt und kniet vor Willebolden nieder) wie kann ich dir genug danken, wie schuldig dich verehren? —

Mattes. (Kniet ebenfalls nieder.)

Willebold. Steht auf und erniedriget euch nicht vor eures gleichen, denn nur Gott allein gebührt aller Dank und alle Ehre; ich bin ja auch ein armer Sünder, wie ihr, und wenn an mir etwas Gutes ist, so ist es nur an mir aus göttlicher Gnade. Wendet euch also zu Gott, dem Geber aller guten Gaben, danket ihm für das Wollen und bittet ihn noch um das Vollbringen. (steht hinter sie und legt ihnen die Hände auf.) Gott segne euren Vorsatz und führe euch zum erwünschten Ziele.

Benz. O Gott! habe Dank für deine göttliche Gnade, die uns zur Bekehrung führet.

Mattes. Segne unsern Vorsatz mit einem glücklichen Erfolg. —

Benz. Und gib uns zum Wollen auch das Vollbringen.

Willebold. Amen! — Nun stehet auf und zweifelt nicht mehr an Gottes Beistand und Gnade; gehet hin, zeiget euch dem Priester, reiniget euch durch eine aufrichtige Beicht von allen euren Sünden und bringet würdige Früchten der Buße. Gottes Gnade und Segen über euch! — (tritt in's Gebüsch etwas zurück und setzt sich auf einen Hügel.)

(Benz und Mattes sehen einander staunend an, dann stehen sie auf.) Pause.

Benz. Aber wo ist denn unser heiliger Fürbitter?

Mattes. Er ist verschwunden — glaube mir Bruder, das war ein Engel vom Himmel in Menschengestalt.

Benz. Ja gewiß ein himmlischer Bote an uns arme Sünder.

Mattes. Noch leibhaft schwebt sein Bild vor meinem Seelenblick, und mir ist himmlisch wohl in seiner Vorstellung. Und wie ist's denn dir um's Herz, Bruder Benz.

Benz. Wie's mir um's Herz ist, das kann ich dir nicht sagen. Es ist mir so schwer und doch so leicht, so leicht und doch so schwer; wenn ich nur schon gebeichtet hätte und von meinen Sünden losgesprochen wäre! denn an Reu und Vorsatz fehlt es mir nicht, und alle meine Sünden und Laster stehen klar vor meinen Augen.

Mattes. Und mir ist schon so wohl, so himmlisch wohl, und doch zugleich so bang, ich weiß nicht wie. — So mag es den Jüngern in Emaus gewesen sein, als sich ihnen Jesus zu erkennen gab und im nemlichen Augenblicke von ihnen verschwand. — Vielleicht ist dieser Pilger gar der Heiland selbst gewesen.

Benz. Ohne sich uns ganz zu erkennen zu geben, denn er gebot ja, wie Jesus auf dem Meere, dem Sturm und Wetter und es gehorchte ihm. — O, warum hat er es nicht ausgesprochen, das volle Wort seiner Gnade, das er zur Magdalena, zum Kranken am Schwemmteich und zu mehreren Sündern sprach: mein Sohn! deine Sünden sind dir vergeben. —

Mattes. Oder, was er zu dem Aussätzigen sprach: ich will, sei rein; und er war es. — O wären wir doch auch schon rein von unsern Sünden.

Benz. Doch er sagte ja zu uns, was er zu den 10 Aussätzigen sprach, als er sie gereiniget hatte. — "Gehet hin" sprach er, "und zeiget euch dem Priester." — Diesem seinem Auftrage laßt uns folgen — komm Bruder! unweit hier ist das Kloster Münchroth, dessen Mönche Tag und Nacht das Lob Gottes besingen und jede Stunde bereit sind, reumüthige Büßer aufzunehmen; komm, wir wollen sogleich hingehen und beichten, und da werden wir aus dem Munde Jesu des Stellvertreters das Wort der Gnade hören, daß uns unsre Sünden vergeben seyen, denn, wenn wir losgesprochen sind, wollen wir zur Genugthuung für unsre Sünden nach Rom und Jerusalem pilgern; komm.

Mattes. O welchen göttlichen Vorschlag machst du mir, Bruder Benz. (umarmt ihn und nimmt ihn bei der Hand.) Komm, laß uns ihn unverzüglich ausführen, und in Roth, Rom und Jerusalem werden wir die Ruhe unsrer Seelen, Gottes Gnade und die ewige Seligkeit finden. Aber laß mich dir auch einen Vorschlag machen, Bruder Benz. Wir wollen unsre Bekehrung mit der Rettung eines Lebens beginnen, und so unsre Mordthaten so viel möglich wieder gut machen. Der Kaufmann soll unserm Leo nicht in die Hände fallen. Komm, wir wollen ihn warnen und ihn seinen Mörderhänden entziehen, wenn es noch Zeit ist, und dann erst nach Münchroth.

Benz. Auch das ist ein himmlischer Gedanke, eine Wirkung der Gnade Gottes in uns. Komm, laß uns eilen. (beede ab. Pause.)

Willebold allein.

Willebold. (steht auf und will weiter gehen.) Nein, es ist nicht möglich, die Füße brechen mir — keinen Schritt mehr wollen sie mich tragen. — Ich weiß nicht wie mir ist, Alles schwindelt um mich her und es wird mir ganz dunkel vor den Augen. — Wohlan denn, hier will ich ruhen und mich ergeben in den Willen Gottes. — (setzt sich.) Herr, dein heiligster Wille geschehe! — wie's mich schmerzt! — (befühlt mit beeden Händen den Unterleib) — und quält und spannt und brennt! — ach! es durchschneidet mich — wie tausend Lanzen — doch! es hat ja auch eine Lanze — dein Herz — durchstochen — mein Erlöser. (küßt den Christus.) O, laß mich — dir — ähnlich werden — laß mich — wie du — leiden — wie du — sterben — (mit abnehmender Stimme, das Kruzifix entsinkt seinen Händen) so — so! — hier schneide! hier brenne — nur verschone — meiner - in der Ewigkeit. — — Wie mir das Gesicht — vergeht! — o Jesu! — du — mein — (sinkt in eine Ohnmacht, und ruht mit gesenktem Haupte an einem kleinen Abhang.)

Vierter Auftritt.

Heinrich, Willebold.

Heinrich. Hum! — Ein Pilger? hier im Wald? unweit der Landstraße? das ist verdächtig. — Gewiß ein vermummter Straßenräuber, der hier auf seine Beute lauert und sie unter dieser Maske desto leichter zu erhaschen sucht, (schleicht näher) doch er schläft — oder stellt sich so — (erschrocken) wie?! schielt er nicht verstohlnerweise nach mir? — O gewiß! gewiß gelüstet sein Spitzbubenauge nach meiner Börse! (schleicht ängstlich und sorgsam näher) wie todtenblaß er aussieht — es rührt sich gar nichts an ihm — kein Puls, kein Hauch — kein Athemzug — sein Auge ist blaß und wie gebrochen. —

Sieh da — ein Kreuz an seiner Seite — ein Rosenkranz an seinem Arm — vielleicht also doch ein fremder Pilger, der hier in Ohnmacht sank, oder seinen Geist aufgab. Hu — jetzt athmet er — verdreht die Augen — er ächzet — bewegt sich. — (furchtsam umhersehend, laut.) He da, guter Freund! was fehlt ihm, was hat er?

Willebold. (schwach) Gott! ich sterbe. (sinkt wieder hin.)

Heinrich. (rüttelt ihn bei der Schulter, reibt ihm Mund und Nase ꝛc.) He da, guter Freund! was ist ihm denn geschehen, wo fehlt es ihm denn, was thut ihm weh? Haben ihn Räuber mißhandelt? Vielleicht halb oder gar todtgeschlagen? — Geb er mir doch nur wieder ein Lebenszeichen — vor mir hat er sich nicht zu fürchten. — Ach! er stirbt! sein Aug erstarret! sein Mund erblaßt! — Er ist hinüber! ach! warum bin ich nicht bälder gekommen, warum muß ich gar nichts Labendes bei mir haben! (sieht in den Wald hinein, springt rasch auf.) Hu! ein Geräusch! und zwar von da her! Himmel! was ist das! es kommt näher und schnurgerad auf mich zu — ein Mensch! — ein Mann! — Räuber! — also gewiß eine Bande und hier ein vermummter Bandite — Gott! rette, schütze mich! (rasch ab in den Wald.)

Fünfter Auftritt.

Leo, Willebold.

Leo. (Einen Dolch in der Hand und ein Messer an der Seite, sieht umher.) Sollt ich mich betrogen haben? Wollt ich doch darauf schwören, hier hat man geredet! Ich habe deutlich eine Männerstimme gehört (laut) Hollaho; Niemand hier? hollaho! Mattes! Benz!

wo seid ihr denn? (stößt auf Willebolden) aha! da liegt ja schon einer und zwar schon todt, wie es scheint. (rüttelt ihn heftig bei der Schulter.) He da! Kerl! bist du hin? — keine Antwort, kein Lebenszeichen — maustod! da kommt also mein Liebesdienst schon zu spat. Doch sollt ich nicht das Gewissere spielen? (zückt den Dolch nach Willeboldens Brust, befühlt mit der linken Hand Willeboldens Wangen) doch, er ist ja schon ganz kalt, und noch nie hat mein Dolch ein kaltes Herz durchstochen — s'ist ohnehin keine Freude, wenn er nicht von warmem Blute dämpft und trieft! — (steckt den Dolch ein.) Aber welche Todesart?! man sieht ja doch kein Blut, keine Wunde! vielleicht erdrosselt. (visitirt am Halse.) Ei seh man doch, da glänzt etwas am Halse! schau schau, ein verborgener Schatz, (zieht eine goldene Kette, woran ein Ordenskreuz hängt, hervor und nimmt sie Willebolden ab) ah! prächtig, prächtig! Dieser Schatz ist nicht allein. (sucht Willebolden überall aus.) Nichts mehr, gar nichts mehr! Armer Schlucker! Sie haben dich doch rein ausgeplündert, aber diesen Halsschmuck haben sie nicht gefunden. Aber wo sind denn deine Mörder? Hollaho! Benz, Mattes? (pfeift an einer kleinen Pfeife.) Sie können doch nicht weit sein — vielleicht hat ihnen der Kaufmann ausgerissen — sieht in den Wald hinein) was war das? ein Mensch oder ein Thier, was dort vom Gebüsche sprang? — Ja, richtig, das ist er, (rennt ab) halt Schurke! halt! (ab.) Pause.

Sechster Auftritt.

Ein Genius und Willebold.

Genius. (schwebt von oben herab, hat in der einen Hand einen goldnen Becher, in der andern einen goldnen Stab.)

Recitativ.   Gott sendet mich,
O heiliger Willebold!
In deinen Leiden dich zu stärken;
Denn Er ist dir geneigt und hold
Aus Lieb' zu dir und deinen Werken.
Nimm also diesen Saft
Zur neuen Lebenskraft
Am Ende deiner Pilgerschaft.

(setzt ihm ein goldnes Gefäß hin)

Arie.   1. Bald wirst du deinen Lohn empfangen,
Für deinen heldenmüth'gen Tugendstreit,
Bald wird auf deinem Haupte prangen,
Die Kron der ew'gen Seligkeit.

2. Beständig hat mit holden Blicken
Gott deine Pilgerschaft geseh'n,
Bald wird Er ewig dich entzücken,
Und dich zu seinem Thron erhöh'n.

3. Schon nahen sich der Leiden
Und der Schmerzen bittre Stunden,
Schon zielt auf dich des Todes Pfeil!
Bald aber sind auch sie verschwunden,
Und führen dich zum Seelenheil.

(Berührt Willebolden mit einen goldnen Stab und erhebt sich schwebend in die Höhe.)

Willebold. (fängt an, sich langsam zu bewegen, seufzet und ächzet schwach, erhebt sich allmählich auf einem Arm, setzt sich auf und sieht umher, mit schwacher Stimme.) Wo bin ich? wie ist mir! — Wach ich, oder träume ich? — Sollte mich diese Erscheinung getäuscht haben? Ich sah ihn doch so lebhaft, den Abgesandten des Himmels und fühlte mich wie neugestärkt durch ihn. — Aber nun ist sie verschwunden, diese himmlische Erscheinung, und staunend sieht mein Aug nach ihr empor. (gewahrt das Gefäß, das der Engel zurück ließ.) Ei sieh! ein goldnes Gefäß! (nimmt es) mit Liquor angefüllt — gewiß hat es mir der Engel gebracht, der mir im Traum erschien. (riecht daran.) O, wie kräftig! wie balsamisch labend riecht dieser Liquor! Er wird gewiß meine Schmerzen lindern. — (trinkt) Ach! wie stärkend! — wie labend und schmerzstillend! — (trinkt wieder.) So stärkt nur ein Göttertrank. (steht auf und nimmt den Christus.) So hat mich also in meiner Ohnmacht ein Engel vom Himmel gestärkt, wie dich, o mein Erlöser! am Oelberg ein Engel gestärkt hat. (küßt den Gekreuzigten.) O welch namenlose Gnaden ertheilst du mir, deinem unwürdigsten Diener! — denn ich habe ihn gesehen, den heiligen Oelberg, an dessen Fuß dir die Angst vor deinem Leiden und Sterben blutigen Schweiß erpreßte; ich habe ihn gesehen und betreten den heiligen Boden auf dem du mit deinem göttlichen Angesichte gelegen bist. — O, ich möchte ihn noch einmal küssen, diesen durch deinen blutigen Schweiß und durch die Thränen deiner göttlichen Liebe benetzten Boden! — O, laß mich ihn im Geiste küssen. — (küßt den Boden.) O! wie ist mir doch in deiner Nähe so wohl, so himmlisch wohl! — ja, ich fühle sie nur halb, die Schmerzen meines Eingeweides, wenn mich deine Gnade und Liebe beseliget. O mein Jesus! laß mich dir ganz ähnlich werden, laß mich eintreten in deine heiligen Fußstapfen, laß mich dir nachfolgen (geht langsam) und wie du leiden und — sterben. (langsam ab. Der Vorhang fällt.)

Zweiter Aufzug.
Erste Scene. Eine Klosterzelle.

Erster Auftritt.

Pater Sigmund in weißem Habit. (sitzt bei einer Lampe an einem kleinen Tisch und liest durch eine Brille in einem Folianten, nimmt eine Priese Taback, — nießt, nachdem er die Brille abgenommen und schneuzt sich — setzt die Brille wieder auf, schnupft und liest. Pause.) — O mein lieber heiliger Augustin! wie viele Gewalt! wie viel Ueberwindung muß dich dieses gekostet haben! (liest wieder, schnupft und schneuzt.) Aha! nun wird's mir begreiflich — ja ja, der Fürbitte deiner heiligen Mutter Monika, dieser hast du die Gnade deiner Bekehrung zu verdanken. Denn viel vermag das anhaltende Gebet eines Gerechten, sagt der heilige Apostel Jakobus am 5ten Kapitel 16ten Verse seines Briefes. (liest.)

Zweiter Auftritt.
Willebold, Sigmund.

Willebold. (kommt bei verschloßner Thür durch die Mauern mit einem Heiligenschein.) Ja, viel vermag es. —

Sigmund. (erschrickt, legt die Brille ab und fährt auf.) Gott! welche Erscheinung! – Alle guten Geister

Willebold. Loben Gott den Herrn!

Sigmund. Was ist dein Begehren, heiliger Pilger!

Willebold. Höre sie, die dir Gott durch mich zusendet. (ab.)

Sigmund. (ihm nachsehend — Pause.) Sie ist verschwunden, diese himmlische Gestalt und läßt mich in Staunen, Bewunderung und Zweifel zurück — Ich soll sie hören, die mir Gott durch ihn zusendet? — wie soll ich das verstehn? (man klopft) nun wird sich's bald aufklären, (man klopft) wer das wohl sein mag! vielleicht eine zweite Magdalena! (geht hin, die Thüre zu öffnen, man klopft.) Ave Maria!

Dritter Auftritt.
Mattes, Benz, Sigmund.

Sigmund. O Jesus Maria! ihr seyd — ach! verschonet mich! ich will euch Alles geben was ich habe, nur laßt mir das Leben.

Mattes. Erschrecken Sie nicht, hochwürdiger Pater! es geschieht Ihnen gewiß nichts! wir haben nur eine Bitte.

Sigmund. O von Herzen gern, saget nur, was ihr wollet und machet, daß ihr bald wieder fort kommt.

Benz. Was wir wollen, Herr Pater! das können Sie uns geben, und es kostet Sie nichts, als eine kleine Mühe.

Sigmund. Was wollt ihr denn?

Benz. Wir wollen beichten und uns von unsern Sünden lossprechen lassen.

Sigmund. So so? — Schon gut! Ist es aber auch euer Ernst?

Mattes. O ganz gewiß, hochwürdiger Pater!

Sigmund. Wie seyd ihr aber zu diesem edlen Entschluß gekommen?

Benz. O ein heiliger Pilger, den wir ausrauben wollten, und dem wir das Leben schenkten, hat für uns zu Gott gebetet, uns dadurch die Gnade der Bekehrung erworben und die Erhörung seines Gebetes mit einem Wunder bestätiget. Denn hören Sie nur: Es hatte ein schweres Gewitter, dessen fürchterliche Blitze sich stets auf unsern Scheiteln kreuzten, und uns zu zermalmen drohten. Ich war am Rande der Verzweiflung — da bat der heilige Mann Gottes für mich, und sogleich schwieg der Donner und ruhte der Blitz, das Gewölk that sich auf und freundlich glänzte am Himmel das Zeichen der göttlichen Gnade, der Regenbogen. Der heilige Mann wies uns an, uns dem Priester zu zeigen, aufrichtig zu beichten und wahre Früchte der Buße zu bringen, und verhieß uns dann Verzeihung und Gnade.

Sigmund. So so! ich verstehe (für sich) nun wird mir Alles klar. (zu ihnen.) Wie kommt ihr aber so spät in der Nacht in dieses Kloster herein und gerade zu mir?

Mattes. Die Pforte stand offen, wir gingen herein und dem Schein dieser Lampe nach, die uns durch das Glas in der Thür entgegen kam.

Sigmund. So so — schon gut!

Mattes. Wir sind eigentlich keine gebornen Räuber und nur so unglücklicherweise durch ein lüderliches Leben zu dieser Bande gekommen. Ich bin noch kein Jahr dabei.

Benz. Und ich erst im dritten Jahr.

Sigmund. So so! —

Mattes. Mich hat das Saufen und Spielen dazu gebracht. Mein Vater war ein reicher Bauer und ich sein einziger Sohn. Meine Mutter verzärtelte mich von Kindheit an und stellte mir schon vom sechsten Jahre an Geld zu, so viel ich wollte; zur Arbeit wurde ich auch nicht angehalten, und so ist der Müßiggang, der Anfang aller Laster, das Saufen, das Spielen und die Lüderlichkeit mit mir aufgewachsen. Gähling starb mein Vater und ich hauste einige Jahre mit der Mutter. Ich sollte das Gut übernehmen und heirathen, allein es war durch meine schlechte Wirthschaft ganz verschuldet und ich mußte es meinen Gläubigern abtreten. Ich wußte nun nicht, wo aus und wo an. Zum Dienen wollte mich Niemand annehmen und zum Betteln habe ich mich geschämt. Unglücklicherweise traf ich unsern Hauptmann Leo als Jäger verkleidet an. Er kannte bald meine Verlegenheit, warb mich für seine Bande und ich folgte seiner Werbung mit Freuden.

Benz. Und ich bin eines Schneiders Sohn. Ich sollte die Profession meines Vaters lernen; aber ich hatte, wie man zu sagen pflegt, kein Sitzleder, obwohl es mir mein Vater oft wacker durchgegerbt hatte. Ich war lieber auf der Kegelbahn und dem Tanzboden, als auf der Schneiderbank. Das kostete natürlich mehr Geld, als mir meine Eltern geben konnten. Ich mauste daher meinem Vater einigemal seinen Beutel aus. Er kam zuletzt darauf und strafte mich, wie ich's verdiente. Allein es half nichts. Das Tanzen, Saufen und Spielen ging bei mir immer fort und ich mußte Geld haben. Als er mich also einigemal vergebens gezüchtiget hatte, so jagte er mich, trotz des Protestirens meiner Mutter, aus dem Haus. Ich arbeitete eine Zeit lang als Pfuscher, und meine Mutter steckte mir von Zeit zu Zeit einiges Geld zu. So trieb ich's eine Weile in Glück und Freuden, bis mir eine Näherin böse Possen spielte. Sie mußte auf einer Geiß und ich auf einem Geißbock reiten. Meine Schande war unbeschreiblich, ich auf und davon und fort. Aber wohin? das wußte ich nicht. Ich fand lange Zeit keine Arbeit, und wenn ich eine fand, so verlor ich sie bald wieder, weil ich nur ein elender Pfuscher war, und so gerieth ich zuletzt unter diese Bande.

Sigmund. Habt ihr denn die Schule, die Predigt und christliche Lehre besucht?

Mattes. Ja wohl, aber ich hab halt nichts gelernt — ich bin acht Winter in die Schule gegangen, aber der Schullehrer durfte mir nichts thun, sonst hätt' er von meiner Mutter keine Spentaschen mehr gekriegt, und wann ich hie und da eine Predigt hörte, so ließ ich es bei dem einen Ohr hinein und bei dem andern wieder hinaus, und in die christliche Lehre bin ich nicht zehnmal gekommen, denn unser Pfarrer hat's mit uns reichen Burschen so genau nicht genommen. Indessen weiß ich aber doch, was recht und unrecht ist.

Sigmund. So so! —

Benz. Und ich kann lesen, schreiben und rechnen, und im Christenthume bin ich so gut unterrichtet als einer, aber was nützt alles Dieses, wenn einer nicht will?

Sigmund. Habt ihr denn nicht auch öfter gebeichtet und communicirt?

Mattes. Ja wohl hab ich das; aber ich hab mich halt nicht gebessert.

Benz. Und wo ich einmal das Karessiren angefangen habe, so hab ich nicht mehr recht gebeichtet und meine größern Sünden immer verschwiegen.

Sigmund. Und so werdet ihr es wieder machen.

Mattes. O nein! gewiß nicht!

Benz. Jetzt ist es unser wahrer Ernst.

Sigmund. Gut! wir wollen sehen. Kommt nur mit mir in die Bußkapelle, bereitet euch daselbst zur Beicht und Buße vor, und nach einer Stunde werd ich kommen und eure Beichten hören.

Benz. Ganz gut, Euer Hochwürden! (alle drei ab.)

Zweite Scene. Ein Gastzimmer mit zwei Tischen und einem Ofen.

Klemm, Bolde, Frik, spielen an einem Tische mit Karten, Wendel, Kaspar, Staches, Tuni, sitzen am andern Tisch bei ihren Humpen; Kellner wartet auf.

Klemm. Schellen!

Bolde. Gstochen!

Frik. Besser troffen — trumpf, nochmal trumpf! ha ha ha ha ha ha! Ihr seid beide beet. (zieht 's Geld ein.)

Klemm. Das sind doch malesiz Karten!

Bolde. Das ist ein verfluchtes Papier!

Frik. (mischt die Karten.) Heb ab!

Bolde. Ich thu nicht mehr.

Frik. Ja, so hört man nicht auf, ihr müßt 's Beet setzen.

Klemm. Das ist aber 's letzte Spiel, wir müssen auch heim.

Frik. 's thut nicht so noth.

Bolde. Ich rühre keine Karte mehr an.

Klemm. Ei ja! noch ein einziges Spiel.

Frik. Laß ihn gehen; wenn er nicht gern thut, so soll er's bleiben lassen. (trinkt.)

Klemm. Die letzte Beet muß er noch setzen, ich setz sie auch.

Frik. Laß ihn gehen, das schenk ich euch.

Bolde. Ich will nichts geschenkt von dir, (hebt ab.) gieb aus.

Frik. (giebt aus, sie spielen in der Stille.)

Wendel. (trinkt.) Noch einen Becher, Kellner!

Kellner. Sogleich.

Kaspar. Mir auch einen. (trinkt aus.)

Kellner. Schon gut. (ab mit den Bechern.)

Kaspar. Euch zweien will's heut nicht recht schmecken, — trinket aus und lasset einschenken.

Tuni. Das können wir schon.

Staches. Ja wohl. (beede trinken aus.)

Kellner. (bringt die ersten zwei Becher und schenkt die zwei andern ein.)

Kaspar. Das Gewitter hat uns ganz verstimmt; es war aber auch so heftig und erst so spät in der Jahrszeit.

Wendel. Ja die so späten Gewitter sind gefährlich mit dem Einschlagen und der letzte starke Streich hat gewiß wieder irgendwo eingeschlagen.

Tuni. Ja, so hab ich's noch nie gehört und gsehen; lange Zeit ist der Himmel in lauter Flammen gestanden und gedonnert hat's einen Schlag auf den andern, und auf einmal kein Blitz und kein Donner mehr, das schwarze Gewölk verschwand, der blaue Himmel trat hervor und man sah noch die letzten Strahlen der untergehenden Sonne.

Wendel. Und den schönen Regenbogen gegen Memmingen zu! habt ihr ihn gesehen?

Kaspar. Ja wohl, ich bin g'rad von Bonlanden herauf geritten.

Staches. Und ich hab' ihn vom Stadel aus g'sehen. wo ich g'rad G'sod g'schnitten hab — aber der war so schön, so schön wie ich noch gar keinen gesehen habe.

Tuni. Und a, wie prächtig war die Sonne untergegangen! der Regenbogen war gewiß nicht so schön, wie dieser Sonnenuntergang. — Das Gewölk war schön roth wie lauter Scharlach und Purpur und am Saume mit feurigen Goldborten begränzt.

Wendel. Es ist also heut grad gegangen, wie's in dem schönen neuen Lied heißt von den Freuden des Lebens.

Tuni. Ja richtig, wo es heißt: wenn schon die Schöpfung sich verhüllt, und laut —

Staches. Ob uns der Donner brüllt.

Wendel. Ah! das ist ein prächtiges Lied, das wollen wir singen. Ihr könnt es ja doch?

Kaspar, Tuni. Ja wohl — ja wohl. —

Wendel. Nun, so heb an, Kaspar.

Kaspar. Heb nur du an, Wendel.

Staches. Gieb du den Ton an, Tuni! —

Tuni. (Accordirt den 1. 3. 5. und 8. Ton und gibt den Takt.)

Chor. Freut euch des Lebens,
Weil noch das Lämpchen glüht,
Pflücket die Rose,
Eh sie verblüht.

Wendel, Kaspar.

Duet. Man schafft so gern sich Sorg und Müh,
Sucht Dornen auf und findet sie,
Und läßt das Veilchen unbemerkt,
Das uns am Wege blüht. (Chor da capo.)

Staches, Tuni.

Duet. Wenn schon die Schöpfung sich verhüllt,
Und laut ob uns der Donner brüllt,
So lacht am Abend nach dem Sturm
Die Sonne doch so schön. (Chor da capo.)

Wendel, Kaspar.

Duet. Wer Neid und Mißgunst sorgsam flieht,
Genügsamkeit im Herzen zieht,
Dem schießt sie schnell zum Bäumchen auf,
Das goldne Früchte trägt. (Chor da capo.)

Staches, Tuni.

Duet. Wer Redlichkeit und Treue liebt,
Und gern dem armen Bruder giebt,
Da siedelt sich Zufriedenheit
So gerne bei ihm an. (Chor da capo.)

Wendel, Kaspar.

Duet. Und wenn der Pfad sich furchtbar engt,
Und Mißgeschick uns plagt und drängt,
So reicht die Freundschaft schwesterlich
Dem Redlichen die Hand. (Chor da capo.)

Staches, Tuni.

Duet. Sie trocknet ihm die Thränen ab,
Und streut ihm Blumen bis in's Grab.
Sie wandelt Nacht in Dämmerung,
Und Dämmerung in Licht. (Chor da capo.)

Wendel, Kaspar.

Duet. Sie ist des Lebens schönstes Band,
Schlagt, Brüder! treulich Hand in Hand.
(alle viere geben einander die Hände und stehen auf.)
So wallt man froh, so wallt man leicht
In's beff're Vaterland.

Chor. Freut euch des Lebens!

Zweiter Auftritt.

Heinrich, die Vorigen.

Heinrich. (stürzt vor Schrecken herein.) Ich bin des Todes! Rettet, ach rettet mich doch! (alle Gäste stehen auf und umringen ihn.)

Bolde. Was ist's?

Frik. Was giebt's?

Staches. Wo fehlt's?

Tuni. Was ist denn geschehen?

Heinrich. Ach Gott! die Räuber! — (wankt und zittert, die vier Bursche halten ihn und setzen ihn auf einen Stuhl.)

Mehrere Stimmen. Wo, wer — was — wie — wo? —

Heinrich. Haben mit nachgesetzt und einer — hat mich, bis hieher — verfolgt. — Seht doch nach — ob keiner herein ist — und schließt Alles zu. — (die vier Bursche und der Kellner ab.)

Bolde. Ja guter Freund! wo kommt er denn her?
Heinrich. Da von der Straße durch den Wald.
Frik. Nahe beim Ort?
Heinrich. Ganz nahe.
Klemm. Nicht hundert Schritte von hier?
Heinrich. Ja, so ungefähr.
Frik. Und da?
Bolde. Ja, was ist Ihnen da begegnet?

Dritter Auftritt.

Die vier Bursche, Kellner, die Vorigen.

Wendel. So! nun ist alles richtig! 's ist nichts Verdächtiges im Haus, und Alles wohl verschlossen. Und nun mein Herr! Lassen Sie uns doch ihre Geschichte wissen.

Heinrich. Lassen Sie mich nur vorher zu Athem kommen, ein Becher Wein!

Kellner. Sogleich. — (ab.)

Heinrich. Ach! den Schrecken! nein, den werde ich nie mehr vergessen.

Kellner. Hier! (giebt ihm Wein.)

Heinrich. Ah!! — Nun Gott sei Lob und Dank! daß ich diesesmal noch glücklich entkommen bin. Ein glücklicher Zufall hat mich gerettet; denn, als ich da an der Stallung vorbeirannte, fuhr ein großer Kettenhund auf mich zu; die Kette ward ihm aber zu kurz, daß er mich nicht erreichen konnte; er muß aber gerade meinen Verfolger erwischt haben, dann ich habe ein Gerammel, ein Schreien und Winseln gehört.

Kellner. Aha! das ist unser Mohr! ja wenn der einen packt, dem gnade Gott!

Klemm. Aber er gibt doch nicht laut? Geh Kellner! schau was er macht.

Kellner. Ich hab allein nicht 's Herz! geh nur einer mit mir.

Wendel. Geh Tuni, geh du mit ihm, und du Staches kannst auch mit. (Kellner, Staches und Tuni ab.)

Bolde. Wo sind sie also eigentlich hergekommen?

Heinrich. Ich bin ein Reisender, wie ihr seht, und gieng heute Nachmittag weil das Wetter so schön war, ganz allein zu Fuß. Ich verspätete mich wegen des Gewitters, kam bei Sonnenuntergang an diesen Wald und wollte eben den schönen Fußpfad einschlagen, den man mir im letzten Ort als den sichersten und nächsten beschrieb. Da begegneten mir aber zween junge Männer, die mich warnten und sagten: ich möchte doch auf der Straße bleiben, denn der Fußweg sei nicht sicher. Ich glaubte ihnen und ging auf der Straße fort. — Aber die hatten mich schrecklich angeführt. Denn kaum war ich ein paar hundert Schritte gegangen, so sah ich einen Menschen als Pilger gekleidet an der Straße liegen. Ich erschrack bei diesem Anblick, weil ich schon gehört habe, daß die Räuber sich als Pilger zu kleiden pflegen. Er verhielt sich aber ganz ruhig und schien zu schlafen. Ich wagte es daher, etwas näher hinzutreten und ihn genauer zu betrachten; da sah ich aber, daß er kein Lebenszeichen von sich gab. Ich hielt ihn also für einen Pilger, der da in eine Ohnmacht gefallen, oder gestorben, oder von Räubern mißhandelt worden sein könnte. Ich dachte an den barmherzigen Samariter und wollte ihm Hülfe leisten — allein während ich ihn zu beleben suchte, er schon ein Lebenszeichen von sich gab und wieder in Ohnmacht fiel, hörte ich ein Geräusch, und sieh! ein Räuber mit gezücktem Dolch und einem feuerrothen Schnurrbart kam aus dem Walde schnurgerad auf mich zu. Er hatte mich noch nicht gesehen, daher nahm ich leise die Flucht und versteckte mich hinter einem Dickicht. Er sprach dann eine Weile mit dem Pilger, bückte sich einigemal zu ihm nieder und schien ihm etwas in's Ohr zu sagen; dann stand er auf und sah starr auf das Dickicht, das mich ihm versteckte. Ich wagte es nicht mehr, länger zu bleiben, sondern suchte mein Heil in der eiligsten Flucht. Aer schon beim ersten Schritt hatte er mich er — blickt und rief: halt, Schurke! halt! und setzte mir mit Riesenschritten nach. Ich floh aus Angst so schnell, wie ein verscheuchtes Reh, sonst hätte er mich gewiß bald eingeholt, und noch hätte er mich vor der Thürschwelle erreicht und gemordet, hätte ihn nicht der Kettenhund angehalten und so mich gerettet.

Klemm. Schrecklich, schrecklich! Das ist wieder eine Geschichte von der Bande in unf'rer Gegend.

Vierter Auftritt.
Kellner, Staches, Tuni, die Vorigen.

Kellner. Ach, ach! unser Mohr! er liegt von vielen Stichen durchbohrt, maustod vor seiner Hütte.

Heinrich. O Gott! wie dank ich deiner Vorsicht! diese Dolchstiche waren alle auf mich gezückt, und du hast sie wunderbar von mir ab und auf dieses unvernünftige Thier geleitet, das sich zwischen mich und meinen Verfolger gestellt und so sein Leben für mich geopfert hat.

Bolde. Es ist doch besser, es habe den Hund betroffen.

Frik. Das mein ich auch.

Kellner. 's ist aber doch schad für unsern Mohr, denn er ist gar so wachsam gewesen, und auf den Mann abgerichtet, wie keiner.

Wendel. Ja es deucht mich viel, daß ihn der Räuber gezwungen hat; das muß ein geschickter und starker Kerl seyn.

Heinrich. Ja groß und stark.

Kaspar. Das ist gewiß der Räuberhauptmann Leo, von dem man schon so viel gesprochen hat.

Staches. Der so grausam sei und schon so viele Mordthaten begangen habe.

Tuni. Ja, er habe erst wieder ohnweit hier ein schönes Mädchen entführt, und nach drei Tagen habe man sie todt im Walde gefunden.

Wendel. Das habe ich auch schon g'hört.

Kaspar. Die ganze Bande hält sich schon lange wieder im unsern Wäldern auf, und man ist bald in den Häusern nicht mehr sicher.

Heinrich. Trifft man denn keine Anstalten gegen diese Bande?

Bolde. Ach Herr! das ist bei uns ein Elend! Man läßt alles Lumpengesindel herumlaufen, und hat man einen rechten Spitzbuben erwischt, so sperrt man ihn eine Zeit lang in ein Burgverließ und läßt ihn dann wieder los.

Frik. Und es bestätiget sich so bei uns haarklein das Sprichwort: die kleinen Diebe henkt man, und die großen läßt man laufen. Denn unter uns geredt: Einige von den Herren Rittern sind selbst die größten Räuber, da ist dann kein Recht und keine Gerechtigkeit mehr.

Heinrich. Aber man sollte doch mehr für die öffentliche Sicherheit thun. Denn ihr seid ja eures Lebens und Eigenthums nicht einen Augenblick sicher.

Klemm. Das hat unser Wirth schon oft gesagt: Wenn er doch nur da wär, er würde gewiß wieder eine Jagd auf die Räuber veranstalten.

Heinrich. Ist denn der Herr Wirth nicht hier?

Kellner. Nein, er ist heute ausgegangen, sollten aber schon lang wieder da sein; wenn er nur nicht unter die Räuber gekommen ist.

Wendel. Kommt Kammeraden, wir wollen ihm entgegen.

Kaspar. Ja, das wollen wir. (Wendel, Staches, Kaspar, Tuni ab.)

Heinrich. Wo ist denn die Frau Wirthin?

Kellner. Sie ist schon schlafen gegangen — 's ist ihr nicht recht wohl.

Heinrich. Ich möchte nur ein eigenes sicheres Zimmer, um mich commod machen zu können.

Kellner. Wie Sie befehlen, werd's gleich besorgen.

Heinrich. Es ist mir gar nicht wohl. Ich weiß nicht, wie's mir ist; es schüttelt mich wie Fieberfrost und fährt mir eiskalt durch alle Glieder. Noch steckt der Schrecken in mir.

Kellner. Lassen Sie sich noch einen Becher belieben.

Fünfter Auftritt.

Kellner, Leo, als Jäger mit einem Köcher und einer Armbrust, die Vorigen.

Kellner. (von außen.) Wer hat ihm denn aufgemacht?

Leo. (von außen.) Es war ja nicht geschlossen.

Kellner. Geh er nur wieder, so spät nehmen wir keine Gäste mehr an.

Leo. Was? in einem öffentlichen Gasthaus? das wär schön!

Kellner. Wir können ihn nicht mehr übernacht halten.

Leo. Ich will ja nur einen Becher Wein und dann geh ich wieder. (tritt auf und der Kellner hinter ihm.) Was das für ein impertinenter Kellerjunge ist! Wein muß ich haben. (alle stutzen und sehen auf Leo.) Wie mich der Hirsch ermüdet und erhitzt hat! — Sehen sie nur, meine Herren! ich hatte da einen Hirsch angeschweißt — er fiel und ich saß ihm schon auf der Haut — aber er auf einmal auf und davon. Ich hab ihn schon öfter aufgespürt, und nie mehr hat er mir Stand gehalten. Ich war ihm noch auf der Spur, als mich die Nacht überfiel und so meinem Nachsuchen ein Ziel setzte.

Heinrich. (nimmt den Frik auf die Seite und redet leise mit ihm, auf den Leo schielend.)

Leo. Nun, wo bleibt denn der Kellner? Wein will ich, Safremillion!

Kellner. (giebt ihm einen.) Hier, mein Herr!

Leo. (trinkt aus und giebt das leere Gefäß dem Kellner.) Das war aber ein Kapitalhirsch und es wäre schad für ihn, wenn er zu Grund gehen sollte, denn ich habe ihn so angeschweißt, daß er noch diese Nacht ver=

enben muß. Ich möchte nur gern den hiesigen Revier=
förster um die Gefälligkeit bitten, mir mit einem Schweiß=
hund auszuhelfen, diesen Hirsch aufzusuchen und ihn gegen
gleiche Gefälligkeit meinem Herrn verabfolgen zu lassen.

Heinrich. (bei Seite.) Sein feuriger Blick.

Kellner. (giebt ihm einen Becher.) Hier, mein Herr!

Leo. (trinkt wieder auf einmal aus.) Noch einen.

Heinrich. (bei Seite.) Seine Stimme.

Klemm. Aber wo ist denn der Herr her?

Leo. Da aus der Nachbarschaft. Ich bin bei mei=
nem gnädigen Herrn erst vor ein paar Tagen in Dienst
getreten und kenne eben den Forst noch nicht genau.

Heinrich. (bei Seite zu Frik.) Sein rother
Schnurrbart.

Kellner. (giebt ihm einen Becher.) Hier —

Leo. (trinkt halb aus und stellt den Rest hin.)

Bolde. Aber was hat denn der Herr da an den
Händen, ich glaub er blutet!

Leo. Ah! das ist Schweiß von dem Hirsche! Ver=
zeihen Sie! Ich habe es nicht bemerkt. (wäscht die Hände
mit dem übrigen Wein.) Kellner! was bin ich schuldig?

Kellner. Sechs Groschen.

Leo. (bezahlt.) Meine Herren! können Sie mir
nicht dienen, wo der hiesige Revierförster wohnt? Ich
glaubte ihn hier im Gasthause anzutreffen.

Bolde. Unser Revierförster wohnt nicht hier, son=
dern eine Viertelstunde von hier, oben im Walde.

Leo. Aha! nun weiß ich schon! Da rechts, oben, auf
der Anhöhe. Ich danke ihnen meine Herren! Adieu! (ab.)

Heinrich. (ihm nach.) Der ist es mit Leib und
Seele! Habt ihr nicht gesehen, wie er so verstohlen

auf mich geschielt hat? Und seine blutigen Hände, die haben ihn vollends verrathen; das ist Blut von dem Hunde, den er erstochen hat.

Klemm. Wir hätten ihn gleich arretiren sollen.

Bolde. Ja, wenn wir's gewußt hätten, daß er's ist.

Klemm. Hätten Sie's uns doch gleich gesagt.

Heinrich. Ich hab es ja diesem Manne da gesagt.

Bolde. Warum hast du's uns denn nicht gleich gesagt? wir hätten ihn sogleich gepackt und gebunden.

Frik. Narr! ich hab mir nicht getraut; und es ist auch nicht zu trauen; denn wer weißt, wo die andern sind; und was wollten wir drei alte Hasen gegen diesen Löwen? Ja wenn die vier Bursche noch da gewesen wären.

Bolde. Aber daß sie gerade fort sein mußten! Da hätten wir nun den Vogel so leicht fangen können, da er uns so unverhofft in's Garn geloffen.

Sechster Auftritt.
Kellner, die Vorigen.

Kellner. So, nun hab ich wieder geschlossen, damit uns kein so unberufener Gast mehr besuchen könne.

Bolde. Nun, das ist g'scheid.

Frik. Ja, wär nur der Wirth da gewesen, dann wär er uns nicht mehr entkommen.

Heinrich. Wenn ihm doch nur kein Unglück begegnet ist, es wird mir bange für ihn.

Bolde. Ja, wenn er nicht bald kommt, so ist es verdächtig.

Klemm. Die vier Bursche werden ihn schon ausfindig machen, er mag sein, wo er will.

Frik. Wenn sie nur nicht schon zu spät kommen, und er nicht schon umgebracht ist.

Siebenter Auftritt.

Die vier Bursche, Wirth, Willebold, die Vorigen:

Wendel. (von außen.) Aufgemacht.

Tuni. Wir sind's, die Buben.

Kellner. Jetzt kommen sie, das sind die Bursche. (ab.)

Frik und Klemm. (ihm nach.)

Bolde. (sieht durch die offene Thür.) Haben sie ihn? Ist ihm nichts g'schehen?

Wendel. Nur auf d' Seite, wir bringen ihn schon. (die vier Bursche tragen den heiligen Willebold herein auf einer von Tannenreis gemachten Trage, die andern ihm nach.)

Bolde. Ach um Gottes Willen! O du lieber Herr Wirth — also bist du ihnen auch unter ihre Hände gekommen.

Wirth. (tritt hinten drein auf.) So — endlich sind wir da (sie legen den heiligen Willebold in's Zimmer.)

Frik. Ja, was ist denn das? Wen bringt ihr da?

Wirth. Ich hörte da oben im Walde seufzen, und fand diesen armen Pilger, wo er eben von heftiger Kolik überfallen wurde. Ich half ihm auf und führte ihn, so gut es gehen mochte, einige Schritte weit. Glücklicherweise kamen diese vier Bursche da, machten geschwind eine Trage zurecht, und so bringen wir ihn her.

Heinrich. (sieht ihn an.) Gott! was seh' ich! Das ist der Pilger, wo mich der Räuber überfiel. Das ist verdächtig.

Wirth. Verzeihen Sie mein Herr! (nimmt seine Mütze ab) ich habe Sie nicht sogleich bemerkt. Darf ich wissen, wen ich zu bewirthen die Ehre habe?

Heinrich. Ich bin ein Reisender, wie Sie sehen, hätte aber bald die Reise in die Ewigkeit angetreten.

Wirth. So? Sind Sie der fremde Kaufmann, von dem mir die Burschen unterwegs erzählt haben? Seien Sie nur ruhig: Hier sind Sie sicher — noch diese Nacht wird eine allgemeine Streife vorgenommen, und wir werden Ihre Verfolger gewiß aufstreifen. Es waren schon alle Anstalten dazu getroffen, ehe sich der Unglücksfall mit Ihnen ereignet; es streifen nämlich Lanzknechte von allen Seiten und Herrschaften. Natürlich mußte dieses in geheim gehalten werden, sonst hätten es die Räuber erfahren, und sich der Streife entzogen, — denn die Kerls haben auch hier im Ort ihre Schlupfwinkel und Höhlen, wo man ihnen Unterschlauf giebt und sie mit ihrem Raube verhehlet.

Frik. So eben ist der Räuberhauptmann Leo als Jäger verkleidet, hier gewesen.

Heinrich. Ja, ich habe ihn gekannt, und als er dieses merkte, machte er sich witsch wieder davon.

Wirth. Schon gut, der soll uns nicht mehr entwischen.

Bolde. Ja, er kann nicht weit sein, wüßte man nur, wo er hin wäre, dann wäre er leicht einzuholen.

Wirth. Schon gut! Wer hat Lust, auf ihn und seine Bande zu streifen?

Mehrere. Ich — ich, ich auch, und ich. —

Wirth. Schon gut. Nun geht nach Haus, bewaffnet euch und kommet dann bis Punkto 10 Uhr zur Linde auf dem obern Wasen, wo alle Streifmänner zusammenkommen und wo der edle Ritter, Rudolph von Westernach, mit seinen und andrer edler Ritter Knappen eintreffen und die ganze Streife anordnen wird. Geht nun und bewaffnet euch!

Heinrich. Haltet noch! Herr Wirth! ich glaube, daß es nicht überflüssig wäre, diesen Pilger zu bewahren, denn ich vermuthe, daß er ein vermummter Räuber sein könnte.

Wirth. Ich danke Ihnen für Ihre gütige Bemerkung. Er soll mir nie außer acht kommen und keinen Augenblick unbewacht bleiben. Er ist ohnehin sehr schwach, und bedarf beständig einer sorgfältigen Pflege. (zu Willebolden.) Nun, mein lieber Freund! was ist ihm anständig? womit kann ich ihm dienen?

Willebold. Ach! mein bester Herr Wirth! Ich bin nicht im Stand, Ihnen ihre Liebe zu vergelten; denn ich habe nichts, als diesen Pilgerstab. Ich bitte daher um nichts mehr, als noch um einen kurzen Aufenthalt in irgend einem Winkel des Hauses oder Stadels, wo ich mein Leben in stiller Einsamkeit und in der engsten Vereinigung mit Gott beschließen kann. Ich will Niemanden beschweren; lassen Sie mich nur in einen Stall, in eine Hütte hinaustragen, oder unter ein Strohdach legen, wo ich Niemanden im Weg umgehe — und denn noch meine letzte Bitte: Lassen Sie mir den Herrn Pfarrer kommen, damit ich mich von diesem Stellvertreter Gottes über meine Sünden anklagen, mich mit Gott versöhnen, mit Jesu seinem Sohn in der heiligen Kommunion auf's innigste vereinigen, mit dem heiligen Oele gesalbt und gestärkt werden, und so zu einem guten Tod vorbereiten könne.

Wirth. Werd' Alles genau besorgen.

Heinrich. Trauen Sie doch nicht zu viel, Herr Wirth! Ich fürchte, wir hegen und pflegen eine Schlange, die uns dann zum Dank vergiften wird. Denn sehen Sie, dieser Pilger war es, der mich durch eine verstellte Ohnmacht an sich lockte, bis mich die Räuber überfielen, und die zween Männer, die mich vom Fußweg ab, auf die Landstraße wiesen, waren gewiß auch von der Bande;

denn ohne ihre Weisung wär' ich auf dem Fußweg glück=
lich entkommen. Glauben Sie sicher: dieß ist kein wahrer
Pilger und seine Krankheit ist nur Verstellung. Er wird
sich dieser Hülle bedienen, um einen Spionen zu machen.
Wir haben daher alle Ursache, auf uns'rer Hut zu sein,
und Vorsicht kann niemals schaden.

Wirth. Seien Sie ohne Sorgen, mein Herr! ich
werd' ihn ganz unschädlich zu machen wissen, und wär'
er der Teufel in Menschengestalt, er soll uns nichts
anhaben können.

Heinrich. Ihn allein fürchte ich nicht so sehr,
als seine Bande, denn er, für seine Person allein, kann
uns nie was schaden, aber wenn seine Bande naht, und
er ihr vielleicht nur durch einen Ruf oder Ton ein Zei=
chen giebt, wie dann? Herr Wirth! Es ist mir nicht nur
um meine eigene, sondern auch um Ihre und aller Sicher=
heit zu thun. Ich würde unmaßgeblich rathen, diesen
Menschen da aus dem Hause zu entfernen, und ihn
irgendwo in einem Schopf oder Stadel unter zu bringen.

Wirth. Zu Ihrer Beruhigung will ich das thun.

Heinrich. Und ihn dann doch nicht außer Acht
und Pflege lassen.

Wirth. Keinen Augenblick. — Hört ihr Bursche!
nehmt den Kranken nochmal auf und folget mir mit ihm.

Mehrere. Sogleich! schon gut! (nehmen ihn auf.)

Willebold. Nur unter ein Strohdach, oder in
einen Stall; denn gleichwie Jesus in einem Stalle
geboren wurde, so möchte auch ich in einem Stalle
durch meinen Tod wieder geboren werden zum ewigen
Leben.

Wirth. Schon gut! geht nur. (die vier Bursche
mit Willebolden und Wirth ab.)

Heinrich. Das ist mir eine sonderbare Geschichte mit diesem Pilger da. — Seine Verbindung mit den Räubern ist offenbar, und dennoch wollte der Wirth Anstand nehmen, ihn aus dem Hause zu schaffen.

Frik. Er ist halt ein guter Mann und will Niemanden Unrecht thun.

Klemm. Und voll Mitleid und Barmherzigkeit.

Heinrich. Bei Räubern ist aber das Mitleiden am unrechten Ort, da ist strenge Gerechtigkeit und weise Vorsicht nöthig.

Achter Auftritt.

Wirth, die vier Bursche und die Vorigen.

Wirth. So, nun ist er gut verwahrt und aufgehoben.

Heinrich. Wo ist er?

Wirth. Er liegt in meinem Speicher, draußen unter der Stiege, auf dem Stroh.

Heinrich. Und wer bewacht ihn?

Wirth. Niemand! ich finde es für überflüssig; denn für's erste ist er schwer krank und äußerst schwach, und für's zweite, wenn es auch lauter Verstellung wäre, so kann er uns doch nicht schaden und sich nach Belieben entfernen. Indessen laß ich ihn doch immer genau beobachten, ohne daß er es weißt und da wird es bald aufkommen, ob er wirklich ein frommer Pilger, oder ein maskirter Räuber sei. Denn wenn er allein zu sein glaubte, so wird er sich wohl unverhohlen äußern. Indessen zweifle ich, ob es ein Räuber sei, denn er will sich diese Nacht noch versehen lassen. Denn, sagte er: er fühle wohl, daß er den Tag nicht mehr erleben werde. Ich habe daher sogleich nach dem Herrn Pfarrer geschickt.

Heinrich. Auch das kann Verstellung sein. Verlangt er keine Arznei?

Wirth. Keine, als die geistliche. Ich laß ihm zwar auch den Bader holen. Aber die Bader hier zu Land verstehen nicht viel. Aderlassen, Schrepfen und Lariren, das ist Alles, was sie können, und von allem dem taugt nichts für unsern Kranken. Wollte man ihn aber schnell in die Ewigkeit schicken, dann wäre freilich das Rezept von einem Bader der beste und sicherste Reisepaß.

Klemm. Ja es ist noch nicht lang, daß ein Bader einen noch jungen Mann in wenigen Stunden todt larirt hat.

Bolde. Das wär so eine Kur für die Räuber.

Frik. Ja, wenn wir die Kerls nur alle hätten, so dürfte man ihnen nur von den Badern eingeben und wir würden bald von ihnen befreiet sein.

Wirth. 's hat keine Noth! Nur Geduld! diese Nacht geht die Streife gewiß nicht leer aus. — Aber he! ihr Bursche! habt ihr's schon wieder vergessen? oder ist euch 's Kurasche vergangen? 's wird bald 10 Uhr sein, macht, das ihr zur Linde kommt, wenn ihr mitstreifen wollt.

Einige. Ja ja, wir gehen schon mit — Kömmt, Kammeraden! (die vier Bursche ab.)

Wirth. Hätten wir nur einmal das Haupt von der Bande, dann würden sich die übrigen bald auflösen und zerstreuen.

Frik. Er kann noch nicht weit sein, denn 's ist noch keine Stunde, daß er hier war.

Klemm. Er kann nicht wohl mehr entwischen, wenn man ihn nur aber auch kennt, und nicht wieder los läßt, wie wir es gemacht haben.

Wirth. Haben müßten wir ihn, und wenn er der Teufel wäre. Wann er nur mir einmal unter die Augen käme! Dem Beschrieb nach würde ich ihn schon auf den ersten Anblick erkennen.

Bolde. Er soll aber verschiedene Gestalten annehmen, wo nicht gar sich unsichtbar machen können.

Wirth. Und wär' er ein Hexenmeister von der ersten Klasse; man ruht nicht, bis man ihn hat. Ihr gewöhnlicher Aufenthalt ist schon bekannt, noch diese Nacht werden sie von unzählbaren Lanzknechten umzingelt, und ist ihr Hauptmann bei ihnen, so ist er unser.

Heinrich. Herr Wirth! Könnt ich nicht ein paar Worte mit Ihnen allein sprechen?

Wirth. Wie Sie befehlen. Ist Ihnen gefällig, mit mir abzutreten?

Bolde. Ist nicht nöthig, Herr Wirth! wir gehen ohnehin jetzt nach Haus — und wollen euch allein lassen.

Frik. Ja ja — wir wollen dann Morgen bezahlen, gute Nacht.

Klemm. Ich wünsche eine angenehme Ruh. (Klemm, Bolde, Frik ab.)

Wirth. Nun gute Nacht — nichts in Uebel?

Heinrich. Sind wir allein?

Wirth. (sieht umher.) Ja, so viel ich weiß — nun reden Sie mit mir, wie mit Ihrem Bruder.

Heinrich. So wissen Sie denn, Herr Wirth! Ich bin eigentlich kein Kaufmann, wie man mich dafür hält, sondern ein Graf, (Wirth nimmt seine Haube ab und macht sein Kompliment) der ausgereist ist, seinen verreisten Bruder zu suchen. Wir sind unf're drei Brüder, nehmlich ich, der Heinrich, Ulrich der älteste und Konrad der jüngste. Dieser unser jüngster Bruder hatte immer eine besondere Neigung zur Schwermuth, die er Frömmigkeit und Andacht nannte. Schon von Kindheit an liebte er mehr die Einsamkeit, als die Gesellschaft, war lieber bei der Mutter und betete, als auf der Jagd, lieber in der Burgkapelle, als im Waffensaal, lieber beim Burgpfaffen, als beim Rittmeister. Er hielt sich oft mehrere Tage in Wäldern und Höhlen auf und nährte sich, wie Johannes, von Wurzeln und Kräutern. Er haßte nichts mehr, als das Waffengeklirr, und immer trug er das Evangelienbuch unter seinem Wamms. Er war überhaupt ein abgesagter Feind von allen Freuden und Lustbarkeiten, und hatte eine unüberwindliche Abneigung gegen alles Irdische. Ich und mein Bruder wollten mit ihm jagen, reiten und fechten, um seine Schwermuth zu zerstreuen, aber vergebens — er machte Alles nur aus Zwang mit, und lernte nichts; wir zogen aus zu Fehden, er blieb zu Haus, wir ritten auf Tourniere, er ritt nicht mit uns; wir warben bei schönen Fräulein um süßen Minnesold, und er getraute sich nicht, ein weibliches Gesicht anzusehen. Er wollte sich immer aufmachen, Alles verlassen und als armer Pilger in der Welt herumziehen. Aber wir hielten ihn ab. Allein, er wußte uns zu täuschen. Er sagte lange nichts mehr von seiner Pilgerschaft und wir glaubten ihm trauen zu können. Wir wollten ihn nehmlich auf den prachtvollen Tournier nach Worms mitnehmen, wo sich eine große Zahl der tapfersten Ritter einfand; er schlug es aber aus. Ich und Ulrich wir zogen allein gen Worms und kehrten mit Lorbeern geschmückt vom Tourniere zurück; und sieh — Konrad, unser lieber Bruder war verschwunden. Sein Knappe erzählt uns: er sei von ihm auf die Jagd geschickt worden, und als er nach Hause kam, sei sein Herr schon fort gewesen. Man sandte sogleich Boten nach ihm aus, allein es ward uns keine Kunde von ihm. Endlich entschloß ich mich auszureisen und ihn aufzusuchen, reise aber schon über Jahr und Tag vergebens. So eben bin ich auf dem Wege nach Haus begriffen, diesen Abend aber, wie Sie schon wissen, von Straßenräubern verfolgt, und durch sie meines treuen Leibknappen sammt meines Felleisens beraubt worden; denn ich habe ihn vom letzten Ort eine halbe Stunde vorausgeschickt und noch bis jetzt keine Spur von ihm. Gewiß ist er den Räubern in die Hände gefallen und ausgeraubt und getödet worden, denen ich nur durch einen glücklichen Zufall entgangen bin. Ich bin daher in großer Verlegenheit — ich habe noch weit nach Haus, auf meine Stammburg Kalw und alle meine Reiserequisiten, und namentlich meine Börse sind unglücklicherweise in meinem Felleisen. Sollte sich also mein Knappe nicht mehr einstellen, und meine Vermuthung von seinem Schicksale gegründet sein, so müßte ich Sie bitten, mir mit Geld und ein paar bewaffneten Männern auszuhelfen; denn ohne sicheres Geleit reis ich keinen Schritt weiter, weil es überall so unsicher ist.

Wirth. Mein gnädigster Herr Graf! Ich bin gerührt von Ihrem und Ihres Herrn Bruders und Leibknappens Schicksal. Mit Freuden werde ich Ihrem Wunsche entsprechen. Ich werde Sie Morgen dem edlen Ritter, Rudolph von Westernach vorstellen, und der wird sich das größte Vergnügen machen, Sie sicher bis auf ihre Stammburg zu geleiten. Er ist einer der edelsten Ritter im ganzen Gau, und wird noch diese Nacht bei mir einkehren und die Ausbeute der Streif hier in Verwahrung bringen. Indessen werde ich Sie in ein sicheres Zimmer bringen und dasselbe von außen bewachen lassen. —

Heinrich. Sie verbinden mich unendlich, mein bester Herr Wirth! und ich bin außer Stands, Ihnen Ihre Sorgfalt und Liebe zu vergelten. Denn solche Dienste lassen sich mit Geld nicht bezahlen.

Wirth. Es ist nicht werth, hievon zu reden, denn es kostet mich nichts und es ist meine Schuldigkeit, für die Sicherheit meiner Gäste zu sorgen. Kommen Sie nur, und sein Sie nicht im Geringsten um die Zeche verlegen.

Heinrich. Ich werde mein Mögliches thun und Sie gewiß reichlich belohnen. (beede ab.)

(Der Kellner trägt die Tische hinaus und das Theater verändert sich.)

Dritte Scene. Eine rauhe Waldgegend, in deren Hintergrund eine Höhle zu sehen ist, in die man aus und eingehen kann.

Neunter Auftritt.

Waker, Veit, Bär und Spalding schleppen einen Leichnam daher und werfen ihn auf die Scene.

Bär. Da liegst, Hund! Bin doch froh, daß wir am Ziel sind.

Veit. Ich auch; hat uns verdammt warm gemacht. (wischt sich den Schweiß ab.)

Waker. Und wacker zu thun gegeben.

Spalding. Ja ja, wir haben uns alle vier an ihm ganz müd gearbeitet und satt an ihm geschleppt.

Bär. Ist aber auch ein Fetzenkerl, und ein Leben hat er gehabt, wie eine Katze.

Spalding. Mich hat er gleich gepackt wie ein Henkersknecht.

Waker. Und hast wacker blau und schwarz ausgesehen. Er hätte dir freilich den Garaus gemacht, wenn wir dir nicht zu Hülfe gekommen wären; aber ich hab ihm wacker eins hinter's Ohr versetzt, daß er dich gern ausließ.

Spalding. Haben ihn aber auch recht gemartert für seinen tapfern Widerstand. Er muß gewiß mehr als zehn Stich und Streiche haben.

Veit. 's ist doch beinahe schad um seine Riesenkraft und um sein junges Blut.

Spalding. So? gelt, aber um unser eins wär's kein schad, wenn er schon einen erdrosselt hätte.

Veit. Ich mein's nur so, daß unser einer seine Stärke haben sollte. Narr! wenn du stärker gewesen wärest, als er, so hättest du allein ihn leicht gezwungen, so aber haben wir dir müssen z' Hülf kommen.

Bär. Will doch gern sehen, ob's auch der Mühe lohnt und ob wir heut auch gute Masematten gemacht haben.

Spalding. 's wird halt ein armer Knappe sein, der nicht viel besonders hat.

Waker. Er hat sich aber doch wacker g'wehrt; wenn er nichts g'habt hätt, so würd er sich nicht so g'wehrt haben.

Veit. Narr! er hat sich halt um sein Leben g'wehrt.

Spalding. (nimmt der Leiche das Felleisen ab.) Wollen doch einmal sehen — 's ist einmal verdammt schwer; drum haben wir ihn so mühsam geschleppt.

Veit. (hebt das Felleisen.) Ei malefiz! wie schwer! Brüder, da ist's nicht leer.

Spalding. Werdens gleich sehen. (setzt sich und die andern um ihn, er macht auf und zieht seine Wasche heraus.) Eine sehr feine Wasche.

Bär. In der auch wir uns're Hände haben wollen. (sie nehmen mehrere Stücke heraus.)

Waker. Der Kerl muß wacker reich sein.

Spalding. Und nicht von schlechter Herkunft sein.

Veit. (nimmt ein Futteral und öffnet es.) Und was gibt's denn da Hübsches? Schau schau! allerhand rare Sachen, alles von Silber und Gold.

Waker. Das ist wacker, das hätte man hinter dem Kerl nicht g'sucht.

Spalding. (zieht einen Geldsack hervor.) Jetzt kommt erst der wahre Schatz.

Bär. Wie? — ja beim Teufel! (hebt ihn) und wie schwer! mach auf.

Veit. Den haben wir, glaub ich, nicht umsonst abgetafelt.

Spalding. Dem Gewicht nach muß es lauter Gold sein. (hat geöffnet und leert das Gold auf den Boden.)

Veit. Ei — ei — 's lautere, 's reinste Gold!

Bär. Lauter Dukaten und Doblonen!

Waker. Ah, das ist wacker.

Bär. Da könnten wir uns wohl etwas auf die Seite thun, der Hauptmann wird's nicht grad schmecken, wie viel es Stücke sind. (alle kleppern im Geld und stecken hie und da einige Stücke ein.)

Zehnter Auftritt.

Buller, Grimmele und Muffer zeigen sich auf der Seite, ohne von den andern bemerkt zu werden.

Buller. Bis Mitternacht auf der Lauer stehn und ganz leer ausgehn, das macht mich ganz wittisch.

Grimmele. Vielleicht haben die andern was kriegt.

Buller. Was die andern — das sind feige Memmen.

Muffer. Da sind sie ja schon — und was haben sie doch?

64

Buller. St! — richtig — kommt, laßt sie uns belauschen. (Buller, Grimmele, Muffer schleichen hinter ein Gebüsch und belauschen sie.)

Spalding. (zu Bären.) Laß 's Geld liegen, ich glaube gar, du steckst eines ein?

Bär. Und was ist's hernach? Wir habens ja wohl verdienen müssen.

Waker. Und habens auch wacker verdient.

Spalding. Nein, nein, das geht nicht! 's Geld muß beisammen bleiben, 's wird alsdann schon vertheilt werden, wann der Herr Hauptmann kömmt; dann kriegen wir ja doch redlich unsern Theil. (thuts Geld wieder in Sack.)

(Waker, Veit, Bär, nimmt jeder eine handvoll Gold und schiebt's zu sich.)

Bär. Wir müssen doch auch ein Trinkgeld haben, (steht auf.)

Veit. Ja das g'hört uns. (steht auf.)

Waker. Und das ganz wacker. (steht auf.)

Spalding. So g'hörts mir auch. (nimmt auch eine handvoll Gold und steckt es zu sich, das übrige bindet er wieder zu und legt es auf die Schulter, steht auf.) Das muß aber bei uns bleiben — und den Rest hier liefern wir ein.

Bär. Wär nur der Hauptmann da, der würd uns Mores lehren.

Veit. Ja, oder nur der Buller.

Spalding. Was, der Buller? Der soll uns nur kommen — den geht es einen Pfifferling an —

Bär. Ja nach dem fragen wir so viel als nichts.

Veit. Aber dem Hauptmann würd er's gleich sagen, wenn er's wüßt.

Buller. (hervortretend mit Muffer und Grimmele.) Ja der soll es erfahren, was ihr für Spitzbuben seid. 's Geld her, sag' ich, oder ich zeig es dem Hauptmann an.

Grimmele. Ja, 's Geld muß her bei Heller und Pfenning; wir sind auf den Raub angestanden wie ihr, und haben gleichen Anspruch auf die Beute.

Muffer. Ja, und wir sind nicht schuldig, daß uns nichts gekommen ist — wir hätten ihn so gut als ihr abgetafelt.

Spalding. (giebt dem Buller den Geldsack.) Hier hast du Alles.

Buller. Nicht wahr! ihr habt noch Vieles eingesteckt, wir haben Alles gesehen und gehört — und Alles muß heraus.

Bär. Was wir im Sack haben, das gehört uns, wir habens wohl verdienen müssen, und davon lassen wir uns nichts nehmen.

Veit. Ja, und darzu g'wiß keinen Kreuzer.

Waker. Wir habens waker verdient, und es ist noch Geld genug da für die Bande. Von uns kommt kein Kreuzer.

Buller. Das wird sich zeigen. — 's Geld her, sag' ich, oder

Veit. Ich mag nicht.

Waker. Ich wacker auch nicht.

Spalding. (streckt Bullern eins hin.) Hier hast du 's meine.

Buller. (will's nehmen.) Auch die andern müssen's hergeben.

Spalding. (zieht es wieder zurück.) Dasmal bist du z' tappig g'wesen. — Ha ha ha ha ha ha! —

Buller. Schon gut! werd's zu melden wissen, und es soll euch keine Rosen tragen — denn ihr müßt wissen: ich bin vom Herrn Hauptmann aufgestellt, dafür zu sorgen, daß ihm jede Beute ungeschmälert eingeliefert werde, und in seiner Abwesenheit bin ich so viel als Hauptmann.

Eilfter Auftritt.

Leo als Jäger, die Vorigen.

Leo. So, seid ihr da? Habt ihr was?

Buller. Ja, ihr Gnaden Herr Hauptmann! (zeigt ihm den Geldsack.)

Leo. Und der Beraubte?

Spalding. Nun, sag's, Buller!

Buller. Der Beraubte, (sieht umher) nun ja der Beraubte, (sieht ihn) der liegt hier — nicht wahr Kammeraden. —

Spalding. Ja, Herr Hauptmann, wir vier haben ihn todt gemacht und ihn mit Allem hieher geschleppt.

Leo. Schon gut — schleppt ihn sogleich in die Höhle.

(Bär und Veit schlepen ihn hinein.)

Leo. Ist Benz und Mattes nicht hier?

Buller. Hab noch keinen gesehen.

Leo. Wißt ihr nicht, wo sie sind? Weißt es keiner von euch?

Grimmele. Ich weiß es nicht.

Muffer. Ich auch nicht. —

Spalding. Sie werden wohl noch auf der Lauer stehn.

Leo. Ja beim Teufel werden sie stehen! das sind himmelsakerments Kerl; wo ihr einen antrefft, so stoßt

ihn nieder. Denn hört nur: Ich stand am Fußpfad im
Gebüsch versteckt und lauerte auf den Kaufmann. — Der
Zeit nach hätte er schon lang da sein sollen, ich gab
aber dem Gewitter zu und harrte noch bis Abends.
Schon hatten sich Sturm und Wetter gelegt und der
Kaufmann konnte entweder nicht lange mehr ausbleiben,
oder er mußte dir Buller! oder dir, Spalding! oder
dem Benz und Mattes gekommen sein. Ich harrte noch
eine Weile mit Ungeduld und wagte mich endlich her=
vor, um zu sehen, ob er noch nicht komme. Und seht,
er kam, ich sah ihn schon von ferne, und flugs war ich
wieder auf meinem Posten; denn ich zweifelte keinen
Augenblick, daß er den Fußweg einschlagen und mir
kommen werde. Allein ich harrte seiner vergebens —
er kam nicht, und vorbei war die Zeit, wo er bei mir
hätte anlangen sollen. Ich spionirte also gegen die
Straße zu, lauschte, und hörte daselbst reden. — Ich
glaubte die Stimme des Kaufmanns zu hören, wie ich
sie mir zu Mittag bei seiner letzten Einkehr gemerkt
hatte. Ich glaubte ihn dem Mattes und Benz ganz
gewiß in den Dolchen zu finden, ich kam und sah —
und seht, fort war Alles, und ein todter Pilger lag auf
dem Platz. Endlich sah ich den Kaufmann durch's Ge=
hölz fliehen und setzte ihm nach bis in's Gasthaus zur
Krone, wo ich von einem Kettenhund angehalten, ihn
aus den Augen verlor, und er mir in's Haus hinein
entwitschte. Ich stach die Bestie nieder, warf mich beim
Dobler in dieses Jägerkleid und stand bald als Jäger
im Gastzimmer, wo ich den Kaufmann wirklich wieder
antraf. Er schien mich zu kennen, ich wurde verdächtig
und entfernte mich ungesäumt, um euch hievon in Kennt=
niß zu setzen und euch meinen Plan mitzutheilen. Denn

als ich noch eine Weile um die Krone herum spionirte, sieh, da trug man einen kranken Pilger hinein, wo er gute Aufnahme fand. Nun werd ich mich als Pilger verkleiden, und diesen kranken Pilger als meinen Mitbruder heimsuchen. Ihr begebet euch dann bis halb 1 Uhr alle um's Wirthshaus herum. Wenn Alles ruht, mach ich euch auf und laß euch herein — Alles was lebt, machen wir kalt, und dann reichliche Beute.

Mehrere. Vortrefflich, Herr Hauptmann! Vortrefflich!

Buller. Aber noch ist nicht Alles im Reinen, Ihr Gnaden, Herr Hauptmann! Diese Treulosen hier haben schon Vieles von dieser Beute zu sich gesteckt.

Leo. Thut nichts zur Sache! die Zeit ist kostbar und flüchtig, wir müssen eilen, und man muß keine Beute, die man schon hat, vertheilen wollen, wenn man noch eine andere zu machen hat. Das wird sich schon geben — vergesset also nicht bis halb 1 Uhr um die Krone in Berkheim zu sein. Und nun holt mir den Pilger. (Bär, Veit und Muffer holen einen Habit, ein Haar, einen Bart, Stab und Flasche aus der Höhle.) Da Buller! (giebt ihm eine Kohle.) Du machst mir Falten und Runzeln. —

Buller. Soll ich Sie recht alt machen, Ihro Gnaden?

Leo. Ja, nur recht alt und häßlich, damit mich Niemand erkenne.

Veit. (mit dem Habit.) Hier, Herr Hauptmann!

Leo. (zieht ihn an.) So — so — nun den langen Bart —

Bär. (giebt ihm ihn und hängt ihm ihn an die Ohren.) Hier! —

Leo. Und die langen weißen Haare. —

Muffer. Hier! (setzt sie ihm auf.)

Leo. Und den Pilgerhut.

Bär. Hier. —

Leo. Jetzt noch den Stab und die Flasche.

Veit. Hier ist Alles. (bindet ihm die Flasche an den Gürtel:)

Leo. So — nun ist der Pilger fertig. (mit veränderter Stimme.) Ein armer alter Pilger bittet ganz demüthig um ein Nachtquartier! (mit natürlicher Stimme.) Bin ich so nicht ganz unkenntlich?

Buller. Kein Teufel kennt sie mehr.

Leo. So, nun wird Alles gut gehen, und sollte allenfalls außer dem Gasthof ein Lärm entstehen, und uns Gefahr drohen, dann stecken wir das Haus in Brand und decken so unsre Flucht. Nun Adieu! Vergesset nicht bis halb 1 Uhr präcis einzutreffen. (ab.)

Buller. Wollen schon bis 12 Uhr da sein.

Spalding. (zu Buller.) Hast du's nun g'hört? Gelt du hast wenig Audienz kriegt, wo du uns verschwätzt hast.

Buller. Wart nur 's ist noch nicht aus.

Bär. Dein Drohen fürchten wir nicht und unser Hauptmann wirst du nie, wenn wir heut unsern Leo verlieren sollten.

Waker. Und das gewiß nicht, das kann ich dir wacker wohl sagen.

Veit. Da ist mir unser Leo tausendmal lieber, er läßt doch auch mit sich reden.

Spalding. Ja, lieber wollen wir den Teufel zum Hauptmann haben, als den Buller, nicht wahr? Kammeraden!

Muffer. Unser Hauptmann wird Buller nie, nicht wahr Grimmele. Oder möchtest du unter ihm stehn?

Grimmele. Nein wahrlich, ich auch nicht.

Buller. Ja wer sagt denn, daß ich euer Hauptmann werden wolle?

Spalding. So? hast du's schon wieder vergessen? Grad thust 's Maul davon zu, daß du g'sagt hast: wann Leo nicht da sei, so seiest du unser Hauptmann. Hat er das nicht g'sagt, Kammeraden?

Bär, Veit. Ja wohl hat er's g'sagt.

Waker. Aber daraus wird wacker nichts.

Spalding. Und er hat dazu keinen Heller mehr Recht, als jeder von uns.

Grimmele. Das ist ganz richtig, und auf jeden Raub haben wir mit ihm gleichen Anspruch, denn wir sind was er.

Spalding. Und wir haben es geraubt und können es dem Herrn Hauptmann so gut übergeben als er. — Wie er sich groß gemacht hat, als er dem Leo den Sack voll Geld zeigte.

Bär. Und wußte doch nichts von dem Gemordeten. —

Veit. So will er sich mit fremden Federn schmücken und sich beim Herrn Hauptmann wohl dran machen.

Spalding. Und das leiden wir nicht. Gieb nur das Geld wieder her, wir wollens dem Hauptmann schon selbst übergeben. (will's ihm nehmen.)

Buller. (wehrt sich.) Das laß ich nicht mehr aus den Händen. — Ich bin vom Herrn Hauptmann dazu aufgestellt, ihm Alles ordentlich einzuliefern.

Spalding. Das können wir eben so gut; helft mir, Kammeraden!

Buller. Und es spitzbübisch unter euch vertheilen, das könnt ihr auch. —

Spalding. (reißt um den Geldsack.) 's Geld her, sag ich, oder! Helft mir doch, Kammeraden! (Bär, Veit, Waker, helfen ihm.)

Buller. Helft mir auch, Grimmele, Muffer! —

Waker. Nur wacker auf ihn zu! (sie reißen.)

Veit. Er muß unterliegen. —

Grimmele. So laß ihn doch gehn — hört auf, oder wir legen uns auch drein.

Buller. Wartet nur, ihr Spitzbubenkerls, ich will euch schon (wird niedergerissen.)

Spalding, Bär, Waker. So so — nur recht auf ihn — 's Geld muß her.

Grimmele. Geht doch auseinander — ich weiß nicht, was das ist.

Muffer. Hört auf, Brüder! es kommen Feinde. —

Zwölfter Auftritt.

Ritter Rudolph von Westernach, mehrere Lanzknechte, Knappen, die vier Bursche und andre Bauern bringen von allen Seiten mit Spießen, Schwertern, Gabeln auf die Räuber ein, Rudolph an der Spitze.

Rudolph. Halt — halt! — (die Räuber springen alle erschrocken auf und ziehen ihre Schwerter und Dolche.)

Mehrere. Halt — haltet! —

Rudolph. Ergebet euch! ihr seyd übermannt — wer fliehen will, ist des Todes.

Grimmele. (zieht aus und will Rudolphen niederhauen, wird aber von ihm niedergestochen und fällt auf den Platz.) Ach Kammeraden! Hülfe! ich bin des Todes! — rührt euch!

Buller. Laßt mich! — Auf, wir wollen uns durchschlagen! —

Spalding. (sieht umher.) Es ist zu spät und umsonst — kein Ausweg steht mehr offen, und es gieng uns Allen, wie dem Grimmele.

Bär. 's wird am besten sein, wir ergeben uns!

Buller. Alle Donner und Teufel! mit euren Dummheiten da!

Rudolph. Legt eure Waffen nieder! — die Mordgewehre nieder, sag ich, oder, wer zögert, wird durchstochen. —

Muffer. (legt sie ab.) Hier! — ich bin euer Gefangener! —

Rudolph. Nun, wird's bald? oder muß ich ferner Gewalt brauchen? (alle Räuber legen die Mordgewehre ab.)

Rudolph. Sucht jeden aus und nehmt ihm Alles ab, bindet ihn und spießet jeden an, der sich nicht gerne binden läßt. (die Knappen suchen alle Räuber aus und binden sie. —)

Rudolph. Welcher aus euch ist euer Hauptmann?

Buller. Er ist nicht unter uns.

Bär. Da der Buller wär gern unser Hauptmann g'wesen und

Rudolph. Wo ist denn euer Hauptmann?

Buller. Er ist noch auf dem Raub.

Rudolph. Wo? In welcher Gegend? wo ist er? sag' ich.

Bär. In der Gegend von Berfheim.

Rudolph. Wie ist er gekleidet?

Buller. Wie ein Jäger.

Rudolph. Schon gut. — Und wo habt ihr diese Sachen her?

Spalding. Von einem Knappen.

Rudolph. Wo ist der Knappe?

Spalding. Er liegt gemordet in der Höhle.

Rudolph. (zu den Knappen.) Seht nach — (sie thuns.)

Rudolph. Wo habt ihr ihn gemordet?

Spalding. Da unten im Hohlweg, durch den er gehen wollte. —

1. Knappe. (kommt zurück.) Ja ihr Gnaden Herr Ritter, da liegt ein Leichnam, aber schon ganz kalt und schrecklich massakrirt. —

Rudolph. Nun bindet sie Alle zusammen und führt sie still und ruhig ab. Ich werd euch vorangehen und auf dem ganzen Transport soll kein Wort gesprochen werden. Nehmt auch die geraubten Sachen und den Leichnam des Räubers und des Beraubten mit.

1. Knappe. Schon gut. — (die Knappen umringen die Räuber, binden sie in eine Reihe hintereinander und führen sie, rechts und links begleitend, über's Theater ab. — Andere nehmen die geraubten Sachen mit sich, ihrer Viere tragen den Leichnam des Räubers Grimmele, vier Andere den gemordeten Knappen und Andere schließen den Zug, mit verkehrten Lanzen, während welche Andere von der Streife einen Marsch machen. Der Vorhang fällt.

Dritter Aufzug.
Erste Scene. Willebold's Krankenlager.

Erster Auftritt.
Willebold, ein Genius, Hausknecht.

Arie.
(Der Engel erscheint von oben herab, an der Seite des heiligen Willebolds, eine Krone haltend. Der Haus=
knecht steht am Haupt desselben und fällt bei der Er=
scheinung desselben auf die Knie, sein Haupt entblößend.)

Genius.
1. O heiliger Pilger Willebold!
   Dir ist und bleibet Jesus hold.
   Er wohnet nun in deiner Brust,
   Und füllet sie mit Himmelslust!
   Auf ewig, heiliger Willebold!
   Ist Jesus gnädig dir und hold.
2. Du hast so rein und tugendhaft
   Gelebt auf deiner Pilgerschaft,
   Den Sündenreiz mit Muth bekämpft
   Und jede Leidenschaft gedämpft,
   Daher, o heiliger Willebold!
   Ist Gott so gnädig dir und hold.

3. Bald endet sich dein Lebenslauf,
   Und Jesus nimmt dich gnädig auf,
   Und diese Krone wartet schon
   Auf dich bei Gottes Gnadenthron,
   Und deine Seele, engelrein,
   Geht siegreich in den Himmel ein,
   Dein Leib sogar wird heilig sein.

(Genius ab in die Höhe.)

Michel. Nein, das ist nicht natürlich! das ist himmlisch und wunderbar! dieser Engel! welche himmlische Schönheit! und sein Gesang! wie entzückend! — Und dieser Pilger da! der kann kein Räuber sein; sonst käm der Teufel und nicht sein Schutzengel zu ihm. Wenns nur auch noch Jemand g'sehen und g'hört hätt, als nur ich — denn wenn ich's schon erzähle, man glaubt mirs nicht.

Willebold. So! nun ist er wieder fort, der himmlische Gesandte, und läßt mich noch einmal auf dieser Welt zurück. — Aber bald, so sang er, bald endet sich dein Lebenslauf und Jesus nimmt dich gnädig auf. — O welche Wonne verkündest du mir. — Ja, ich fühle sie, die göttliche Gnade in mir, die durch die heiligen Sterbsakramente in mein Herz ausgegossen ist. Ich habe gefunden, was ich suchte — nemlich dich, o Jesus, meinen Heiland und Erlöser, dich meinen einzigen Trost, das Ziel und End all meiner Hoffnungen und Wünsche, den einzigen Schatz meiner Seele — du bist Christus, der Sohn des lebendigen Gottes. —

Zweiter Auftritt.
Wirth, die Vorigen.

Michel. (winkt dem Wirthe, stille zu sein und herbeizuschleichen.) St! St!

Michel. Herr Wirth! dieser Pilger ist ein Heiliger, denn es ist ihm so eben sein Schutzengel erschienen und hat vor ihm gesungen.

Wirth. Es wird dir geträumt haben.

Michel. Nein, gewiß nicht, ich habe so hell gewacht, wie grad jetzt —

Willebold. Du hast mich zu Gast geladen bei dem Tisch deiner Gnade, und nähreſt meine Seele — durch dein allerheiligſtes Fleisch und Blut — zum ewigen Leben. Nun iſt mein Leib ein Tempel deiner Gottheit — mein Herz ein Tabernakel deiner Gnade.

Michel. So heilige Selbſtgespräche führt er immer, seit er hier ist, und besonders, seit er mit den heiligen Sterbsakramenten versehen iſt.

Willebold. Ich habe ihn besucht, den Grabeshügel des heiligen Apostels Jakobus — habe ſie betreten und geküßt die Grabmähler der heiligen Apostel Petrus und Paulus, und bin selbst so glücklich gewesen, den Fuß des heiligen Vaters, des sichtbaren Stellvertreters Jesu, zu küssen. Ich hab ihn betreten, o Jesus! den mit deinen Fußstapfen bezeichneten Weg, auf den du das heilige Kreuz, das Werkzeug unsrer Erlösung, getragen hast, und ihn vom Garten Gethsemane bis zum Kalvariberg gewallt, wo du, (küßt den Christus) zwischen zween Mördern, für mich und alle Menschen, am Kreuze gestorben biſt. —

Wirth. Du kannst recht haben, Michel.

Willebold. Ich bin eingetreten in die Hallen deines heiligen Grabes und habe den Ort mit wehmuthvollen Freudenthränen benetzt, wo dein heiliger Leib gelegen ist.

Wirth. Also wirklich ein frommer Pilger.

Michel. Ja gewiß, ein heiliger Pilger.

Willebold. Aber alle diese Gnaden! was sind sie wohl gegen die größte aller Gnaden, gegen das allerheiligste Abendmahl, dieser himmlischen Wegzehrung der Sterbenden zum ewigen Leben?

Michel. Ein heiliger Mann Gottes.

Willebold. O! ich verlange aufgelöst mit Dir, o Jesus! auf ewig vereinigt zu werden, und dich von Angesicht zu Angesicht anzuschauen.

Wirth. Er spricht wie ein Apostel.

Michel. Wie ein Heiliger!

Willebold. Schon fühl ich sie — im Innersten meines Eingeweides — die so lang ersehnte Ankunft meines Todes. — O wie schmerzlich ist der Tod! — Aber ich sterbe gern, sterbe mit Freuden, denn auch du, mein Jesus! (küßt ihn) bist mir zu lieb am Kreuze gestorben, und dieses irdischen Leibes Tod — führt mich zum ewigen Leben. Oder warum soll ich dich fürchten, Tod! bist du nicht ein Bote des Himmels, der mich zum Himmel ruft, und zum Gastmahle der ewigen Seligkeit einladet? Warum sollt ich nicht gern diesem göttlichen Ruf, dieser Einladung folgen? Was kannst du mir noch nehmen, o Tod! was ich nicht schon selbst verlassen habe? o wie nichts! wie gar nichts ist doch die ganze Welt, mit allen ihren Gütern und Freuden, gegen einen einzigen Tropfen aus der Gnadenquelle Gottes!

Wirth. Nun zweifle ich keinen Augenblick mehr, dieß ist ein heiliger Pilger! denn so kann nur ein Heiliger sprechen.

Willebold. Ja, nur eine kurze Pilgerschaft ist dieses Leben und ihr Ziel ist der Himmel, wo unser unsterblicher Geist in der Anschauung des göttlichen An=

gesichtes — **ewig selig sein wird.** O — ich sehe den Himmel offen, und Jesum zur rechten Hand Gottes! Komm o Jesus! und nimm auf zu dir — meinen — Geist!

Wirth. (nach einer Pause, tritt näher.) Er ist ganz verzuckt! — ich wag es nicht, ihn zu stören in seinem himmlischen Entzücken. — Komm doch näher Michel! und sieh! — Heiligkeit und Unschuld umstrahlen sein Angesicht, und das sanfte Lächeln seines Mundes ist ein Beweis von der Seligkeit seines Herzens. — O ganz gewiß! — er sieht den Himmel offen, sonst könnte sich sein Antlitz nicht so himmlisch verklären. —

Dritter Auftritt.

Heinrich, die Vorigen.

Heinrich. (im Nachtgewand.) Endlich find ich Sie doch, Herr Wirth!

Wirth. Gott im Himmel, was fehlt Ihnen? warum bleiben Sie doch nicht in der Ruhe? Es ist ja Alles sicher.

Heinrich. Ach! ich kann nicht mehr schlafen — ich fürchte mir so sehr! — Wir sind doch hier allein?

Wirth. Geh Michel — Diesen Pilger hier dürfen wir nicht (Michel ab) scheuen, er liegt schon in einer Verzuckung.

Heinrich. So hören Sie doch! ein Traum, ein fürchterlicher Traum!

Wirth. Ist halt ein Traum und weiter nichts.

Heinrich. Ein Traum hat mich aus meinem ersten Schlummer geweckt, und nun find' ich keine Ruhe mehr.

Wirth. Das macht der ausgestandene Schrecken.

Heinrich. Es träumte mir von meinem Eduard und zween Pilgern. Mein treuer Eduard erschien mir nemlich in den Wolken, hatte mehrere Wunden an seinem glänzenden Leibe, und verschwand in der Höhe. Dann erschien mir ein Pilger mit einem mir sonst wohl bekannten Gesichte, er nahte sich mir mit einem freundlichen Lächeln, senkte sein Haupt auf mich nieder und küßte mich; dann hob er sich in die Höhe, winkte mir, ihm zu folgen und verschwand. Mit Staunen sah ich nach ihm empor, wo er sich in goldenen Wolken aus meinen Augen verlor. Auf einmal packte mich ein anderer Pilger bei der Schulter, zückte einen Dolch und schwang ihn auf, mich durchzustoßen — und sieh — eine Hand aus den Wolken hielt seinen Mörderarm zurück. — Ich that einen Schrei, sprang vom Lager und erwachte. Und von nun an hab' ich keine Ruhe, kein Bleiben mehr.

Wirth. Beruhigen Sich Ihro Gnaden! denn sehen Sie, Herr Graf! ich finde diesen Traum sehr natürlich. Sie vermissen ihren Leibknappen, und halten ihn für gemordet, daher ihre erste Erscheinung. Sie suchen Ihren Herrn Bruder, der ein Pilger sein soll, und weil Sie ihn nicht finden, so halten Sie ihn für todt — daher Ihre zweite Erscheinung. Dieser Pilger da brachte Sie im Walde in Lebensgefahr, ein Räuber verfolgte Sie und zückte den Dolch nach ihrer Brust; daher Ihre dritte Erscheinung. Und die Hand aus den Wolken, das ist die Hand der Vorsehung, die Sie so wunderbar gerettet hat. Alle diese Erscheinungen sind also gewiß nirgends, als in Ihrer gereizten Phantasie, und in dieser hat sich Ihr sonderbarer Traum zusammen gesetzt.

Heinrich. Nein nein! das laß ich mir nicht nehmen; es war ja alles so lebhaft, so natürlich, und noch schweben mir alle diese Bilder lebhaft vor Augen.

Wirth. Nichts als eine Wirkung Ihres gehabten Schreckens. — Ihr Blut ist noch in Wallung, es ist Nacht, Sie sind in einem fremden Hause, und Alles dieses zusammen führte Ihnen diese Bilder im Traume vor.

Heinrich. Das reden Sie mir nicht aus, Herr Wirth! Mein Eduard ist gemordet, mein Herr Bruder gestorben und mir droht neue Lebensgefahr.

Wirth. Beruhigen Sie sich doch, mein bester Herr Graf! Gehen Sie zurück in ihr Schlafgemach und verlassen Sie sich auf mich und die Wache, die ich Ihnen vor's Zimmer gegeben habe. Ich will indessen hier bleiben, um diesen frommen Pilger sterben zu sehen.

Heinrich. Nein und nimmermehr! Herr Wirth! Sie bringen mich nicht mehr von der Seite. Erlauben Sie doch, daß ich hier bleiben darf.

Wirth. Von Herzen gern, aber ich hätte doch geglaubt, daß Sie in Ihrem Zimmer sicherer wären, als hier. —

Heinrich. Sie meinen vielleicht wegen dieses Pilgers da? — Hat sich mein Verdacht bestätiget?

Wirth. Ganz und gar nicht. Ich kann Euer Excellenz im Gegentheile versichern, daß dieser Pilger ein heiliger Mann ist, und man thut wirklich unrecht, Mißtrauen in ihn zu setzen. Denn Anfangs hat ihn mein Hausknecht in der Stille beobachtet und mir nicht genug sagen können, mit welcher Andacht, Ehrfurcht und Begierde er die heiligen Sterbsakramente empfangen, und welch heilige Selbstgespräche er immer geführt habe. Und so eben hat er mir erzählt, daß ein Engel zu ihm gekommen sei, und ihm eine goldne Krone gezeigt, bei ihm gesungen habe, und dann wieder verschwunden sei. — Ich wollte es nicht glauben, allein alle Umstände machen es wahrscheinlich — denn ich hab ihn nun selbst beobachtet und seine heiligen Reden selbst angehört. Er sprach wie ein Heiliger, wie ein Prophet und Apostel, und liegt nun schon lang in himmlischem Entzücken. Belieben Sie nur näher zu treten, und sehen Sie! wie fromm und heilig ist sein Angesicht! wie funkelt sein entzücktes Aug von himmlischen Freuden, gleichsam, als wenn er in den Himmel hineinsehe, wie er gesagt hat. — Und sein ruhiges und himmlisches Lächeln!

Heinrich. Wirklich, Herr Wirth! das ist was Außerordentliches! Das ist gewiß ein wahrer frommer Pilger — ja wahrlich, das ist ein Heiliger. — Und — o welche Aehnlichkeit! Gesichtszüge, die mir bekannt zu sein scheinen — — ja — ja — ganz richtig, — das ist der nemliche Pilger, der mir im Traum erschien — Gott im Himmel! wenn's mein Bruder wäre! (bleibt starren Blickes vor Willebolden stehn.)

Vierter Auftritt.
Leo als Pilger, die Vorigen.

Leo. (schleicht an seinem Stabe gekrümmt, langsam herein.) Gelobt sei Jesus Christus!

Wirth. In Ewigkeit! Woher noch so spät in der Nacht!

Leo. Verzeihen Sie, Herr Wirth! Ich habe so eben im Gastzimmer vernommen, daß hier ein armer Pilger krank liege, (schleicht näher) und habe daher nicht ermangeln wollen, meinen lieben Mitbruder zu besuchen, (sieht Heinrichen in's Gesicht) und ihm beizustehen.

Heinrich. (wird ihn gewahr, für sich) Gott! welche Erscheinung! (bei Seite. —) Der Pilger im Traume mit dem gezückten Dolche! (schnell ab.)

Wirth. Wohin so schnell, Herr Graf?

Leo. (bei Seite, mit seiner Stimme.) Graf? Graf?!

Wirth. Bleiben Sie doch, oder warten Sie noch, ich will Sie begleiten. (ab.)

Leo. (mit natürlicher Stimme.) Graf? Also kein Kaufmann, sondern gar ein Graf? und doch ist er es, (zückt den Dolch) desto besser. Werden muß er mir mit allen seinen Schätzen. Nun entgeht er mir nicht mehr. Bald ist er mein. (steckt den Dolch ein und naht sich Willebolden.) Nun, wie stehts, wie gehts, mein bester Herr Kollega! — Wie! ist's denn schon so gefährlich? (für sich mit natürlicher Stimme.) Wirklich, das ist der Pilger, den ich im Walde für todt hielt und bei dem ich die prächtige Kette fand. — Da steckt was anders dahinter, denn das ist kein armer Pilger. — (zu Willebolden mit fremder Stimme.) Verzeihen Sie, wenn ich Sie beunruhigen sollte. — Ich bin nur gekommen, Ihnen meine Dienste anzubieten, denn ich weiß wohl, in einem Wirthshause giebt man (Wirth tritt auf) unser einem wenig acht, besonders in kränklichen Umständen.

Fünfter Auftritt.
Wirth, die Vorigen.

Wirth. Hör er, guter Freund! seine Sorgfalt ist überflüssig; dieser Kranke wird hier gewiß gut verpflegt! seine Gegenwart ist hier ganz entbehrlich.

Leo. Ich meine doch, es sollte mir vergönnt sein, meinem sterbenden Mitbruder beizustehen.

Wirth. Ist nicht nöthig, wie ich ihm schon g'sagt hab — denn der Kranke ist schon mit allen Heiligen versehen, und wenn's einmal zum Sterben kömmt, so wird ihm unser Herr Pfarrer schon beistehen.

Leo. Nun, so, meinetwegen; wenn Sie also besorgen, Herr Wirth! ich möchte dem Kranken beschwerlich fallen, so will ich mich gleichwohl wieder entfernen; gelobt sei Jesus Christus! (hustet, keucht und hinkt ab.)

Wirth. Ja, ja, er kann schon wieder gehen, woher er gekommen ist. (sieht ihm nach.) Ich muß doch sehen, wo er hingeht — Wirklich, er geht ins Haus hinein! hab ich's denn zu schließen vergessen? Da muß ich nach. (ab.)

Zweite Scene. Gastzimmer.

Sechster Auftritt.

Leo.

Leo. (sieht sich schnell überall um.) Hier ist er nicht. (ab.)

Siebenter Auftritt.

Wirth.

Wirth. Da ist er nicht. Und ich sah ihn doch in's Haus hereingehen, wo mag er wohl hingekommen sein? Wo sich versteckt haben? Er wird wohl zu finden sein — denn im Haus ist er gewiß. (ab und nimmt ein Licht mit.)

Achter Auftritt.
Kellner, Leo.

Kellner. (von außen.) Pack er sich nur hinaus zu seinem kranken Kammeraden, wie ich ihm vorhin schon g'sagt hab, wir können ihn nicht da herin brauchen, wir haben einen großen Herrn über Nacht und noch mehrere Leute, und ihn können wir nicht mehr übernachten.

Leo. (tritt auf und nach ihm der Kellner.) Man wird mich armen alten Mann doch nicht überall hinausstoßen! ich war so eben bei meinem sterbenden Mitbruder, und da hat mich der Herr Wirth auch hinausgeschafft. Da laß ich mich also nicht mehr abtreiben.

Kellner. So meinetwegen, aber er muß sich ruhig verhalten, damit er uns're Gäste nicht beunruhige.

Neunter Auftritt.
Wirth, die Vorigen.

Wirth. So? ist er hier? Was macht er denn mitten in der Nacht für einen Lärm da? Gleich pack er sich aus meinem Hause. Es laufen solche Pilger und Eremiten weißt der Henker, wie viele, und wer weißt —

Leo. Verzeihen Sie doch, Herr Wirth! ich hab mich heute bei dem fürchterlichen Gewitter verirrt und verspätet, sonst hätt ich Sie so spät nicht mehr beunruhiget. Ich bitte doch um Gottes Barmherzigkeit willen, mich armen alten Pilger nicht zu verstoßen, sondern mich noch diese Nacht hier hinter dem Ofen zu dulden; denn wo ich so spät hinkomme, ist Alles schon in der Ruh, und unter freiem Himmel müßt ich ja bei dieser Kälte zu Grunde gehen; und o wie friert's mich! — husch!

Laſſen Sie mich doch im Ofenwinkel, ich will mich ge‑
wiß nicht rühren und Niemanden im Geringſten beun‑
ruhigen.

Wirth. (für ſich.) Das iſt ein verteufelter Kerl! —

Leo. Ueben Sie doch dieſes leibliche Werk der
Barmherzigkeit an mir armen alten Pilger, und beden‑
ken Sie: wer einen Armen aufnimmt, der hat Jeſum
ſelbſt aufgenommen.

Wirth. Nun ſo meinetwegen; aber das ſag' ich
ihm, hinter dem Ofen muß er mir bleiben und darf
ſich nicht muſiren. Es mag vorgehen, was will, er
bleibt mir ruhig hinter dem Ofen.

Leo. O tauſend Dank, mein beſter Herr Wirth!
für dieſe Wohlthat — Gott vergelte es Ihnen, und
gebe Ihnen dafür den Himmel zur ewigen Wohnung.
Ich werde mich hier nicht im Geringſten rühren.

Wirth. Kellner! du beobachteſt ihn genau, und
gehſt mir nicht vom Fleck, und wie er nur im Gering‑
ſten etwas macht, oder gar hinter dem Ofen hervor
will, ſo ruf nur mir, ich werde nicht weit ſein und dich
allzeit hören. (ab.)

Kellner. Nun hat er's g'hört? Alſo darf er
nur ruhig ſein, dann kann er ſich hier hinter dem Ofen
wohl ſein laſſen.

Leo. O von Herzen gern, ich werde gewiß mäus‑
chenſtill ſein. Aber Kellner! ich bitte dich doch um eine
kleine Labung.

Kellner. Ich darf nicht von der Stelle, er hat
ja g'hört, was mir der Wirth befohlen hat.

Leo. O ich bitte dich doch gar ſchön, denn ich
muß ja vor Durſt beinahe verſchmachten, denn denke
nur: ſeit Sonnenuntergang irr ich in Wäldern umher

und bin schon vorher den ganzen Tag gereist. Labe
doch mich armen durstigen Pilger mit einem Becher
Wasser — und o, es wird gewiß nicht unbelohnt blei=
ben, wie Jesus sagt: wer auch nur einem der Gering=
sten einen Trunk frischen Wassers geben wird; er wird
nicht unbelohnt bleiben. — Geh also, ich bitte dich um
Gotteswillen, laß mich nicht sterben vor Durst!

Kellner. Einen Becher will ich ihm gleichwohl
holen, aber er muß mir ordentlich hinter dem Ofen
bleiben, sonst ruf ich dem Wirth. (ab.)

Leo. Ich bleibe schon. — (mit natürlicher Stimme.)
Ist er hinaus? — Ja! — Sein Zimmer wüßt ich wohl
— aber der verdammte Hausknecht mit dem fürchter=
lichen Knittel! — doch, es wird sich Alles geben; wenn
sie nur genau eintreffen.

Zehnter Auftritt.

Kellner, Leo.

Kellner. (mit dem Wasser.) Hier.

Leo. Tausend Millionen Dank (trinkt) mein gol=
dener Kellerjunge! Siehst du, wie ich so ordentlich
auf meinem Platze bleibe? (trinkt.) Ha! wie mich das
erquickt und stärkt (trinkt — gähnt) nun wandelt mich
schon der Schlaf an. Wie wohl mir dieser Labetrunk
und diese Wärme thut! sie wiegt mich ein in sanften
Schlummer, und neugestärkt erwach ich morgen wieder.
Gute Nacht. — (schläft ein.)

Kellner. Auch gut Nacht. — (Pause. —) So!
nun ist Alles ruhig. Es ist doch sonderbar, daß ich
einen Schlafenden bewachen soll, und bin selbst so
schläfrig. — (gähnt.)

Leo. (fängt an zu schnarchen.)

Kellner. Ja der schläft fest, (setzt sich) warum sollt ich nicht auch ein wenig schlummern? (gähnt, läßt den Kopf sinken und schläft ein. Pause.)

Leo. (mit natürlicher Stimme.) Der schläft, so viel ich glaube (schleicht hervor, sieht dem Kellner in's Gesicht und rüttelt ihn sanft —) ja fest — nun ist's Zeit — (naht sich der Thüre und öffnet sie.)

Eilfter Auftritt.

Wirth, die Vorigen.

Wirth. Wo will er hin, Hundskerl! Hab ich ihm's nicht schon gesagt, er soll sich nicht rühren?

Kellner. (fährt erschrocken auf und reibt sich die Augen.) Ach! ah!

Leo. Ich wollte nur 's Wasser abschlagen.

Wirth. Nichts da! Allo Marsch! hinter den Ofen, oder! — (Leo geht hinter den Ofen) und du, Seperl! du bist ein Wächter wie die Grabwächter! Du fauler Schlingel du! wart ich will dich wachen lehren.

Kellner. Er hat halt g'schlafen und dann bin ich auch eingeschlafen.

Wirth. Ja ja, ihr seid mir zwei saubere Schläfer! Hör, Seppel! ich sage dir's! Du gehst mir nicht vom Fleck, und wachest mir genau auf den Pilger da, und wie er sich nur im geringsten rührt, so rufst du mir — und auf der Stelle bin ich da. Und wenn du mir ihn nocheinmal hinter dem Ofen hervorläßt, ohne mich zu rufen, denn soll dir Gott gnädig sein. (ab.)

Leo. Du hast einen strengen Gebieter, Kellner!

Kellner. Er ist nur heute so; ich weiß gar nicht, was ihm heut im Kopf umgeht? Sonst ist er ein seelenguter Mann. Doch, er wird schon wissen, warum. — Er wird ihm halt etwas verdächtig vorkommen; denn er weißt wohl, es laufen jetzt allerhand Kerl als Pilger umher, und es ist nicht Jedermann zu trauen.

Leo. Ja, ich hab's auch schon g'hört, aber man sollte doch den Unschuldigen nichts entgelten lassen.

Kellner. Er darf nur ruhig hinter dem Ofen bleiben, dann geschieht ihm nichts.

Leo. Sind denn gar so vornehme Leute hier über Nacht, daß man gar so ruhig sein muß?

Kellner. Ja, 's ist halt ein großer vornehmer Herr bei uns über Nacht, und den haben diesen Abend die Räuber verfolgt, und jetzt fürchtet er sich halt recht sehr, deßwegen muß Alles so still und ruhig sein, und deßwegen muß auch der Hausknecht vor seiner Thür Wach stehen.

Leo. So? wacht aber der Hausknecht nur allein?

Kellner. So viel ich weiß, müssen die andern Knechte auch wachen und einander ablösen, und ich muß auch wachen, und das nur wegen ihm. Denn diese Nacht soll es überhaupt gar nicht sicher sein; denn man streift überall, und Alles, was man aufstreift, das bringt man dann hieher.

Leo. So? g'streift wird? Und die Steifer kommen hieher?

Kellner. So hab ich weitläufig g'hört.

Leo. Sind es viele Streifer?

Kellner. Das weiß ich nicht, aber wenig sind es gewiß nicht; denn man streift auf die Räuberbande, die sich in unsern Wäldern aufhält.

Leo. So so? — ja dann bleib ich nicht mehr da, ich mag nicht in die Streife kommen, denn man kann unschuldigerweiße weiß Gott wie lang herumgeschleppt werden. (steht auf.)

Kellner. Setz er sich, oder ich rufe dem Wirth.

Leo. (rennt den Kellner bei Seite.) Adieu! —

Kellner. Herr Wirth — Herr Wirth!

Zwölfter Auftritt.

Wirth und zwei Knechte mit Knitteln, die Vorigen.

Wirth. (den Leo packend.) Halt Schurke! (wirft ihn hinter den Ofen) der Malefizkerl kann nicht ruhig sein. Da hinter dem Ofen muß er bleiben; oder wir schlagen ihn todt. Ihr zween Knechte bewacht mir diesen Pilger da, und laßt mir ihn ja nicht hinter dem Ofen hervor! ihr steht mir für ihn mit eurem Leben. — Du Kellner kannst gehen. (ab.)

Kellner. O Gott Lob und Dank, daß ich doch einmal entrinne. (ab.)

Martin. Soll keine Noth haben, Herr Wirth.

Hansirg. He! guter Freund! wo kommt er denn her, so spat?

Martin. Und warum will er denn immer wieder fort, mitten bei stockfinsterer Nacht?

Hansirg. Ja, und als man ihn nicht hereinlassen wollte, da hat er sich mit Gewalt aufgedrungen.

Martin. Und als man ihn hinausschaffte, da wollte er nicht gehen.

Hansirg. Und jetzt, da man ihn nicht gehen lassen will, da will er immer und mit aller Gewalt wieder fort. Sieht er, das macht ihn verdächtig.

Martin. Ja ja, denn wenn er ganz für wäre, so mein ich, sollt er es hinter dem Ofen wohl verleiden können.

Leo. Laßt mich gehen, ich will schlafen.

Hansirg. Und wir wollen wachen. (Pause.)

Leo. (nickt mit dem Kopf und beginnt zu schnarchen.)

Martin. Ein sonderbarer Mensch, dieser Pilger da.

Hansirg. Gewiß nicht werth, daß wir seinetwegen den Schlaf brechen. Ich wollte, die Pilger wären alle beim Henker.

Martin. Und der im Speicher draußen soll mir auch ein b'sondrer Heiliger sein. Ich glaub, 's wird auch nicht viel Guts hinter ihm stecken, sonst dürft man ihn nicht immer so genau beobachten und bewachen.

Hansirg. So sagst du? Hast's nicht grad g'hört, was unser Michel Alles von ihm erzählt hat?

Martin. (Leo schnarcht.) Ei schweig mir von unserm dummen Michel — Narr, 's wird ihm traumt haben. —

Hansirg. Aber er hat's doch für g'wiß g'sagt, daß er einen Engel bei ihm g'sehen und g'hört hab, wie schön er g'sungen hab.

Martin. Ja glaubst du dieß verlog'ne Zeug?

Hansirg. Narr! wenn's nicht wahr wär, so würd er's doch dem Wirth nicht erzählt haben, und unser Wirth glaubts selbst, und der ist doch g'wiß ein g'scheidter Mann; und 's sei ganz g'wiß wahr, daß ihm sein Schutzengel erschienen sei.

Martin. Das thät ich nicht glauben, und wenn man's predigen würde? Ja wenn's ein Engel wär aus dem rusigen Himmel, wo sie einander auf d' Schwänz treten, denn wollt ich's eher glauben — und der Herr da droben wird auch nicht umsonst eine Wache vor der Thür haben.

Hansirg. Ich weiß gar nicht, was heut in unserm Haus für eine unruhige Nacht ist. — Bald lärmt der Wirth, bald schreit d' Wirthin; bald lärmt der Herr und will im Hemd fortspringen, bald heißt es, der kranke Pilger will sterben, bald will der Kerl da mit G'walt herein und bald mit G'walt wieder hinaus; und der Wirth springt die ganze Nacht im Haus und Hof herum, als wenn er besessen wär; bald müssen wir einen Herrn, bald wieder einen Pilger bewachen. — Verstehe das, wer's kann, ich kann es nicht verstehen. —

Martin. Ich auch nicht. (gähnt.) Will doch gern sehen, was noch daraus entsteht.

Hansirg. (gähnt.) Ich wollte, 's wär einmal Tag. (hängt den Kopf.)

Martin. Ja — 's wär besser. (gähnt — hängt den Kopf.)

Leo. (schnarcht still.)

Hansirg. Wie viel Uh'r ist's denn auch schon? (gähnt.)

Martin. (gähnend.) Ich weiß nicht recht, ich glaub, es hat erst eins g'schlagen. (gähnt.)

Hansirg. (gähnend.) O je! dann ist's noch lang bis am Morgen. (nikt mit dem Kopf.)

Martin. Ja — ja: — (hängt den Kopf. Pause. —)

Leo. Wenn sie nur beede fest schliefen. (schleicht hervor.) Ich glaube doch. (schleicht weiter.)

Dreizehnter Auftritt.

Wirth, Rudolph, Knappen, Bauern, Lanzknechte, Räuber, Volk.

Wirth. (von außen.) So so! nur herein da! heut seid ihr, glaub ich, nicht leer ausgegangen.

Martin. (auffahrend.) Ah ha! — (sieht den Leo.) Halt Schurke! hinter dem Ofen.

Hansirg. (auffahrend.) Was ist's denn?

Rudolph. (tritt auf mit dem Wirth und der ganze Zug mit ihm, die Leichen ausgenommen.)

Wirth. So, so, mein edler Herr Ritter! das ist brav! Sie sind halt ein Ritter ohne gleichen.

Rudolph. Herr Wirth! kann man hier diese Kerls wohl in sichere Verwahrung bringen?

Hansirg und Martin. (lassen den Leo außer acht.)

Leo. (kriecht langsam und leise unter dem Ofen durch und entwischt zur Thüre hinaus.)

Wirth. Ja wohl, ich habe einen leeren gewölbten Keller mit einer eisernen Thüre.

Rudolph. Nun, das ist gut. Jetzt ihr Knappen, legt Alles, was ihr von den Räubern habt, auf den Tisch hieher. (die Knappen thuns.) So — nun führt sie ab in's Gefängniß — da mögen sie ihres nahen Urtheils gewärtig sein.

Wirth. Haltet noch — Herr Ritter! hier haben wir noch einen hinter dem Ofen. (will ihn zeigen.) Was, ihr faule Malefizkerl! wo habt ihr den Pilger.

Martin. Ach, er ist verschwunden!

Hansirg. Er hat sich unsichtbar gemacht — das ist ein Hexenmeister. (macht ein Kreuz.)

Wirth. Und ihr seid faule Hund! Allons! g'schwind, fort und sucht ihn auf. —

Vierzehnter Auftritt.

Guntram, Mattes, Benz, Leo und drei Knappen.

Guntram. (von außen.) Streife. —

Rudolph. Ah, das ist Guntram.

Guntram. (von außen.) Halt, Schurke! halt — packt ihn.

Leo. (von außen mit fremder Stimme.) Ach! ich bin ein armer Pilger, laßt mich doch zu meinem sterbenden Mitbruder.

Guntram. Was, Mitbruder! Schindluder! daher muß du — nehmt ihn mit. (tritt auf und alle nach ihm.)

Martin. Ah! Gottlob! da bringen sie ihn ja wieder. Wart, du alter Graubart! nun sollst du uns nicht mehr entwischen.

Hansirg. Da komm her. (reißt ihn zwischen sich und den Martin.)

Leo. Laßt mich nur wieder hinter den Ofen, ich will

Hansirg. Nichts da — da bleib, du Racker!

Guntram. Hier, ihro Gnaden! bring ich Ihnen zween Pilger. An der Roth haben wir sie aufgestreift. Sie sind auch vermummte Räuber, die aber die Bande schon verlassen haben und sich wie sie sagen, bekehren wollen.

Rudolph. Schon gut! Aber was haben Sie denn da für einen Pilger, Herr Wirth!

Wirth. Er hat sich heute Nacht mit G'walt hier aufgedrungen und einquartirt — er schien mir verdächtig, und zur Vorsicht ließ ich ihn beobachten und bewachen. — Da wollte er immer mit G'walt wieder fort — dieß stärkte meinen Verdacht, und deßwegen gab ich ihm diese zween Knechte zur Seite.

Rudolph. (zu Leo.) Wer ist er denn? wo kommt er her, wo will er hin?

Leo. Ach, ich bin ein armer Pilger, komme von Jerusalem und will nach Haus pilgern.

Rudolf. (zu den Knappen.) Sucht ihn aus!

Leo. Nein nein! ich laß mich nicht aussuchen.

Rudolph. (zu den Knappen ernsthaft.) Sucht ihn aus! nun, wird's bald? —

Guntram. Wir zwei halten ihn und zwei Andere suchen ihn aus.

Leo. (rettet sich.)

Rudolph. Bindet ihn zuvor.

Leo. Ich laß mich nicht binden; die Pilger sind frei. (wehrt sich.)

Rudolph. Nun, wird's richtig?

Leo. (zieht einen Dolch und will ihn auf Rudolphen werfen.)

Guntram. (fällt ihm in den Arm.) Halt, Erzspitzbube, der du bist, (entwindet ihm den Dolch, sie fesseln und binden ihn.)

Leo. (mit eigener roher Stimme und knirschenden Zähnen.) Alle Teufel zerreißen mich!

Rudolph. Aha! du bist, glaub ich, ein schöner frommer Pilger! Zieht ihn aus. (die Knappen öffnen ihm den Habit und nehmen ihm den Hut ab. —)

Rudolph. Ei, ei! seh man doch! ein Jäger im Pilgerkleid! Wie kommst du zu dieser heuchlerischen Mummerei? Jäger? Nicht wahr! du bist grad ein Jäger, wie ein Pilger. — Zieht ihm das Jägerkleid aus, (die Knappen öffnen ihm es) nehmt ihm auch seinen

Graubart ab und seht, ob seine Haare nicht falsch sind. (die Knappen thun's lachend.) Ei ei! wie schön! seh man doch, wie sonderbar. — Ja ja, du bist es — Nichwahr! ihr Räuber! das ist euer Hauptmann!

Mattes. Ja, edler Herr Ritter, der ist es.

Benz. Ja ja, mit Leib und Seel!

Leo. O daß ich euch erdrosseln könnte!!

Rudolph. Allerliebst! Da steckt der Jäger im Pilger, und der Räuberhauptmann im Jäger! Ein hübsches Futteral über ein Räuberhaupt. — Nun ist unser Zweck vollkommen erreicht. — Knappen, sucht ihn ganz und rein aus. (sie thuns und finden die goldne Kette vom heiligen Willebold in seiner Kleidung.)

Rudolph. Wie! Geld her — ei seht, ein adelicher Schmuck — und dieses Wappen — ein Ritterwappen! — Höre Räuber! woher hast du diese gold'ne Kette?

Leo. Sie ist von dem Pilger, der draußen krepirt.

Rudolph. Du lügst — der müßte ja von Adel sein. — Ist das richtig, Herr Wirth!

Wirth. Es muß sich erst noch aufklären und alle Umstände scheinen sich in Bälde zu entwickeln. O welchen Dank sind wir Ihnen schuldig! edelster Herr Ritter! daß Sie die Streife so geschickt und zweckmäßig geleitet haben.

Rudolph. Der größte Dank gebührt euch selbst, Herr Wirth! indem ihr uns in diesem Pilger und Jäger den Hauptmann dieser Räuberbande in die Hände geliefert habt.

Wirth. Daran ist nur der sonderbare Traum des Herrn Grafen schuld, der bei mir loschirt. Ich werd ihn sogleich von ihrer Gegenwart und dem glück-

lichen Erfolg dieser Streife in Kenntniß setzen. Sie
erlauben. (ab.)

Rudolph. Nun ihr, meine Getreuen! versichert
euch ganz dieses Räuberhaupts und dieser seiner Ban=
diten, und bringet sie in das vom Wirth bestimmte
Gefängniß — geht nur hin zum Wirth, und laßt es
euch anweisen. Sondert sie von einander ab, und fesselt
und bewachet jeden besonders bis am Morgen, wo man
dann sogleich Standrecht über sie halten und sie nach
Recht und Gerechtigkeit bestrafen wird. Guntram, du
sendest einen Knappen nach Erolzheim zum edlen Ritter
von Bömmelberg, mit der Bitte, heut früh bis 8 Uhr
hier beim Standrecht über die gefangenen Räuber und
ihren Hauptmann zu erscheinen und alle Edlen des
ganzen Gaues hiezu einzuladen.

Guntram. Wird Alles auf's Genaueste besorgt
werden. (sie führen die Räuber und zuletzt den Leo ab.)

Leo. (im Abgehen.) O daß ich mich vernichten
könnte! Giebt es denn keinen Teufel mehr, der mich
zerreißen könnte?

Rudolph. Hat nicht Eil! wird ohnehin nicht
lange mehr anstehen. (sieht ihnen nach.) Gott! welchen
Dank sind wir deinem allmächtigen Beistand schuldig,
wodurch du uns diese Räuber, ohne unschuldiges Blut
zu vergießen, in die Hände geliefert hast! Keiner der
Unschuldigen wurde verwundet, und nur auf die Ver=
brecher blitzet das Schwert der Gerechtigkeit. —

Fünfzehnter Auftritt.
Guntram und Rudolph.

Guntram. Nun ist Alles in Ordnung, ihro
Gnaden, Herr Ritter.

Rudolph. Komm, laß uns noch die Sachen hier in Ordnung bringen. (setzt sich.)

Guntram. Wie Sie befehlen. (setzt sich und ordnet das Felleisen.)

Rudolph. Lauter feine und kostbare Sachen; gewiß vom Leibknappen des Herrn Grafen, der hier logiren soll.

Guntram. Und erst diese Menge Goldes — das muß von mehreren Beraubten sein. —

Rudolph. Diese Kette will ich zu mir nehmen. (steckt sie zu sich.)

Sechszehnter Auftritt.
Heinrich, die Vorigen.

Rudolph. Ach! wo ist mein Eduard! mein treuer Knappe?

Rudolph. Ihr Diener, Herr Graf! Verzeihen Sie, wenn wir Ihre Ruhe stören. Die Umstände bringen es mit sich — Sehen Sie da, wir haben wichtige Geschäfte.

Heinrich. Gott im Himmel! mein Felleisen! Und mein Eduard ist gemordet, denn er ist mir in seinen Wunden erschienen.

Rudolph. Beruhigen Sie sich, Herr Graf! und danken Sie vielmehr dem Himmel für Ihre wunderbare Rettung, denn ich habe schon gehört, daß auch Sie in augenscheinlichster Lebensgefahr waren.

Guntram. Auch ich habe von den zween Räubern, die ich hier eingebracht, Ihre ganze Geschichte vernommen. Sie standen nemlich auf der Landstraße und paßten auf Sie, da kam aber ein heiliger Pilger und bekehrte sie — und sie giengen hin, Sie von dem Fußweg abzuhalten, wo der Räuberhauptmann Leo auf der Lauer stand.

Heinrich. Ach! das sind gewiß die zween Männer, die mich vom Fußpfad abhielten?

Guntram. Ja, die sind's gewesen.

Heinrich. Ach, edler Herr Ritter! verschonet doch diese zween Männer, da sie mir mein Leben retteten.

Rudolph. Ich werd Ihrem Wunsch ganz entsprechen.

Heinrich. Gott, wie kurzsichtig ist der Mensch! und wie unerforschlich sind deine Rathschlüsse. Ich glaubte, daß diese zween Männer mich dem Räuberhauptmann in die Hände geliefert hätten, da sie mich doch demselben entzogen haben! — Aber ach! mein Eduard! mein unglücklicher Eduard! All meine Schätze wollt ich geben, könnt ich nur meinem treuen Knappen sein Leben kaufen! Ach! Eduard! mein theuerster Eduard! du hast also für mich dein Leben geopfert, wie du tausendmal gesagt hast, daß du für mich in den Tod gehen wollest.

Rudolph. Herr Graf! Ich bedaure sehr Ihres Dieners unglückliches Loos, und nehme herzlichen Antheil an Ihrem gerechten Schmerzen. Aber fassen Sie sich doch, und ergeben Sie sich in die Fügungen des Himmels.

Heinrich. Und die andre Erscheinung! Gott im Himmel! mein Bruder! mein allerliebster Bruder!

Rudolph. Was reden Sie da von Ihrem Herrn Bruder?

Heinrich. Ach Gott! seine Erscheinung! Er wird schon mehrere Jahre vermißt, ich such ihn schon seit seinem Verschwinden, und heute Nacht erschien er mir im Traume, und aus diesem muß ich schließen, daß er auch schon in jene Welt hinüber ist. —

Rudolph. Vielleicht bin ich so glücklich, Ihnen von ihrem Herrn Bruder eine Nachricht geben zu können. (reicht ihm die Kette mit dem Wappen.) Kennen Sie vielleicht diese Kette und dieses Wappen?

Heinrich. Himmel! was seh ich! das Wappen

meiner Familie, und den Halsschmuck meines Bruders! Wie kommen Sie zu dieser Kette! Herr Ritter!

Guntram. (nimmt all die Sachen auf dem Tische zu sich, man hört das Geläute der Glocken und eine Musik von Ferne und es verbreitet sich ein Wohlgeruch.)

Rudolph. Sie ist von dem Räuberhauptmann, der hier gefangen liegt. Er habe sie dem armen Pilger abgenommen, der draußen im Nebengebäude mit dem Tode ringen soll.

Heinrich. O Himmel! das ist mein Bruder! Gott! laß mich ihn noch lebend antreffen! (ab.)

Rudolph. Was ist denn das? — hörst du nichts, Guntram?

Guntram. Ja doch, mein Herr! ich höre läuten und musiziren.

Rudolph. Ist das nicht Sturm geläutet? Sind vielleicht Räuber in der Nähe? oder haben die Gefangenen ausgebrochen? daß man auf sie stürmet? Geh, sieh doch geschwind nach, Guntram!

Guntram. Den Augenblick! (ab.)

Rudolph. Und diese Musik in der Höhe? und dieser ambrosische Geruch? ganz wunderbare Erscheinungen! — hm! hm! — was das noch werden mag! —

Siebenzehnter Auftritt.

Wirth, Rudolph.

Wirth. Wunder über Wunder! Herr Ritter! Hören Sie das Geläut? hören Sie den Gesang der Engel? und riechen Sie den Wohlgeruch?

Rudolph. Alles das. Aber ist das nicht Sturm geläutet? Und diese Musik und der Wohlgeruch? Ist das nicht ein Zauberwerk von den Räubern?

Wirth. O nein! edler Herr Ritter! sondern so

eben ist der heilige Pilger im Nebengebäude verschieden, und das sind lauter Wunder, die den Tod dieses Gerechten offenbaren und seine Heiligkeit verkünden. Kommen Sie doch, sein verklärtes Angesicht und sein heiliges Sterbelager zu sehen, und diese Wunder in der Nähe anzustaunen. Engel schweben über seinem heiligen Leib, empfangen seine Seele mit Jubelgesängen und tragen sie triumphirend hinüber in das Reich der Seligen. Kommen Sie.

Achtzehnter Auftritt.
Meßner, die Vorigen.

Meßner. Was ist doch das, Herr Wirth! daß alle Glocken läuten? Ich hörte es, sprang rasch vom Lager und der Kirche zu; allein alle Thüren sind fest verschlossen und Niemand kann hinein. Denn sehen Sie, hier hab ich alle Kirchenschlüssel beisammen. (zeigt eine Schlüsselbürde.)

Wirth. Kommt nur alle mit mir, und es wird sich Alles aufklären. (alle drei ab.)

Letzte Scene. Willebolds Sterblager.

Neunzehnter Auftritt.

Zween Engel schweben über dem heiligen Willebold und halten die goldene Krone, die der Engel am Anfange dieses Aufzuges ihm zeigte. Sein Schutzengel in ihrer Mitte, sein Bruder Heinrich kniet vor ihm; hinter ihm erscheinen der Wirth und seinen Hausgenossen, vor ihm rechts und links die Lanzknechte, Knappen und Bauern, in der Mitte Ritter Rudolph von Westernach mit seinem Bertram, und der Meßner. Die Musik geht piano fort und das Läuten hört nicht auf.

Heinrich. O mein bester Herr Bruder! So muß ich dich endlich finden! o gieb mir doch noch ein einziges Lebenszeichen! Laß mich den letzten Hauch deines Lebens verschwinden sehen! — Ach! es ist zu spät! er hat vollendet, der Geliebte! er ist hinüber in die Wohnungen der Seligen, und laut verkünden diese Wunder seine Heiligkeit.

Rudolph. Geh Bertram, laß die Gefangenen herführen, um ihre gefühllosen Herzen durch diesen Anblick zu rühren, und vielleicht zu bekehren.

Bertram. (ab.)

Heinrich. Ach! wie Unrecht hab ich dir gethan, dich für einen vermummten Räuber zu halten. O verzeihe mir diesen Argwohn; er kam nicht aus einem bösen Herzen, sondern aus den Anständen. Nichtwahr? Du verzeihst es mir? O ja, ganz gewiß, denn du bist ein treuer Nachfolger Jesu unsres göttlichen Erlösers gewesen. Und nun laß mich dir die Augen zudrücken, und deinen heiligen Leib mit meinen Thränen benetzen (drückt ihm die Augen zu, legt sich ihm auf seine Brust — und weint.)

Chor der Engel.

Ein Vorspiel von Blasinstrumenten und der Posaune begleitet.

Komm Willebold!
Heiliger Erbe des Himmels!
Komm und empfange diese Krone
Deiner erhabenen Tugend zum Lohne
Komm heiliger Pilger Willebold!

Ein Nachspiel von zwei Flöten, zwei Horn, Fagotte, Posaune.

Zwanzigster Auftritt.

Bertram. (mit den Räubern und Knappen und Lanzknechten, die sich rechts und links anreihen.)

Rudolph. Seht hier, ihr gottlosen Räuber und gefühllosen Mörder, seht hier den Tod des Gerechten, der, um heilig zu leben und selig zu sterben, seine Graf=

schaft, und alle die Schätze verließ, welchen zu lieb ihr den Weg der Gerechtigkeit und Tugend verlassen, und geraubt und gemordet habet, und euch dadurch in euer zeitliches und ewiges Verderben stürzet. Nehmet also an ihm ein Beispiel und bekehret euch, damit ihr durch das Schwert der Gerechtigkeit nur das zeitliche, nicht aber auch zugleich das ewige Leben verlieret.

Chor der Engel.

Komm, Willebold!
Heiliger Erbe des Himmels!
Komm und empfange diese Krone
Deiner erhabnen Tugend zum Lohne;
Komm, heiliger Pilger Willebold.

Letzter Auftritt.

Pfarrer, die Vorigen.

Pfarrer. Wirklich! hier find ich ihn, den heiligen Pilger, wie er mir im Traum erschien. Wirklich, Alles ist wahr! Die Glocken läuten alle von selbst, Engel besingen seinen Tod und jubeln bei dem Einzug seines Geistes in ihre Mitte; himmlischer Wohlgeruch und majestätischer Glanz verbreitet sich um seinen heiligen Leib, und Engel setzen ihm am Ende seiner heiligen Pilgerschaft die Krone der ewigen Seligkeit auf. — So, meine schätzbarsten verehrtesten Freunde, so, wie ich ihn hier finde, ist mir dieser heilige Pilger im Traum erschienen. Ich erwachte und wollte lange meinen Sinnen nicht trauen, als ich das Geläut und Gesang der Engel hörte und mir der himmlische Wohlgeruch entgegen kam. Allein bald verschwanden alle Zweifel, und ich finde nun alle diese Wunder in der Wirklichkeit bestätiget. — O wer hätte gestern Abends geglaubt, daß hier unter diesem verächtlichen Pilgerkleid ein so großer Heiliger, ein so innigster Freund und Liebling Gottes wohne, dessen erhabene Tugend und Heiligkeit Gott durch alle diese Wunder offenbaret und bestätiget?

Rudolph. Und welch auffallender Kontrast! hier dieser Erzbösewicht, dieser grausame und abscheuliche Räuberhauptmann und Mörder, wußte sich mit all seinen Verbrechen und Lastern in ein so ehrwürdiges Pilgerkleid zu verhüllen und so künstlich den abscheulichsten Heuchler zu spielen, um unter dieser Hülle der Frömmigkeit und Unschuld seine Verbrechen desto leichter begehen und verheimlichen zu können! —

Pfarrer. So kann leider oft unter einem und dem nemlichen Kleid ein edles oder gottloses Herz schlagen, und in einem und dem nemlichen Gewand der größte Heilige, oder der größte Bösewicht, der wahre Tugendfreund, oder der abscheulichste Heuchler stecken. — Aber es ist ein Aug über uns, das nicht nur den Schein, sondern die Wahrheit sieht, und unsre Herzen und Nieren durchschaut — es ist ein Richter über uns, der nicht nur die verborgensten Thaten, sondern sogar unsre geheimsten Gedanken und Absichten kennt, und uns einst nach unserm wahren Werthe oder Unwerthe beurtheilen, und ewig belohnen und beseligen, oder ewig bestrafen und verdammen wird. Ja es wird eine Stunde kommen, wo der Tugendhafte aus der Verachtung, der Verfolgung, und dem Dunkel seiner Verborgenheit an das Licht der Wahrheit hervorgezogen, und nach seinen Verdiensten belohnet, der gottlose und glückliche Heuchler aber ebenfalls ans Licht der Wahrheit hervorgezogen und entlarvt, und nach seinen bösen Thaten, Gedanken und Begierden verurtheilt, und von Gott auf ewig zu den verworfenen Geistern verstoßen wird.

Rudolph. Diese göttlichen Wahrheiten sehen wir hier an dem Beispiele des heil. Pilgers Willebold, und an dem Beispiele des gottlosen Räuberhauptmanns Leo wirklich bestätiget, da der heilige Willebold den Tod des Gerechten starb, zur ewigen Seligkeit eingieng, und selbst hier auf Erden als ein Heiliger verehrt wird, der gottlose Leo aber, mit seiner Bande, wenn sie sich nicht bekehren, heute noch von der Welt ihr gerechtes Urtheil hören, aus der menschlichen Gesellschaft verstoßen, und von Gott auf ewig verworfen und verdammt werden wird.

Leo. Oeffne dich, o Hölle, und verschlinge mich, deine Beute!

Pfarrer. Und wir wollen alle das Beispiel des heil. Willebolds nachahmen, und heilig leben wie er, um wie er den Tod des Gerechten zu sterben, und ewig selig zu werden. Und nun laßt uns in den Jubel=Chor der Engel einstimmen.

Chor von Engeln und Menschen.

Engel. 1. Willkommen, heil'ger Willebold!
  In unserm Engelchor,
  Du steigest, wie das reinste Gold
  Im Feu'r geprüft, empor.

Engel. 2. Du walltest ja voll Heldenmuth
  In deinem Pilgerstand
  Und walltest nun zum höchsten Gut
  In's wahre Vaterland. —

Menschen. 1. O heil'ger Pilger Willebold!
  Im sel'gen Engelchor!
  Du steigest, wie das reinste Gold
  Im Feu'r geprüft empor.

Menschen. 2. Erbitt' uns deinen Heldenmuth
  In unserm Pilgerstand,
  Und führ auch uns zum höchsten Gut
  In's wahre Vaterland.

Nachspiel von Blasinstrumenten während der Vorhang fällt.)

Marienklage

Einführende Anmerkungen

Michael von Jungs sogenannte Marienklage findet sich als Nr. 98 im zweiten Bändchen von „Melpomene" (S. 641ff. dieser Ausgabe) unter dem Titel „Der Abschied Jesu von seiner Mutter". Es ist ein erbaulicher Text wie die Nummern 2, 3 und 100 im ersten und 1, 97, 99, 100 im zweiten Bändchen; diese Stücke geben, zusammen mit Einleitungs- und Schlußgedichten, den Grabliedern einen gedanklichen Rahmen.

Nr. 99 und Nr. 100 sind leicht überarbeitet aus Jungs „Deutschen Vespergesängen" übernommen; sie stehen dort in der „Vesper auf die Faßnachts-Sonntage" bzw. der „Vesper auf die Sonntage nach der Erscheinung des Herrn", zu deren Thema Jung das Memento mori wählte.

„Der Abschied Jesu von seiner Mutter" ist Jungs Version der eigentlichen Marienklage, einer traditionsreichen Sonderform der Mariendichtung, die man seit dem 12. Jahrhundert in Form von Sequenzen in Karfreitagsliturgien findet. Die monologische Klage Mariens um den Tod des Sohnes wurde bald zum Dialog mit Jesus oder Johannes erweitert und in dieser Gestaltung auch in Passionsspiele übernommen. Bei Jung fehlt die zentrale Idee mittelalterlicher Marienklagen: der ergreifende Gedanke, daß Maria nicht nur als Mutter Jesu, sondern als Vertreterin der ganzen Christenheit den Tod des Erlösers mitleidet, wodurch die Gemeinde wiederum zur leidenden Maria wird. An die Stelle dieser mystischen Compassio tritt Empfindsamkeit, die rührende Schilderung eines zwischenmenschlichen Geschehens.

Die von Jung empfohlene Melodie – Nr. XIII im Anhang – wurde von einem Unbekannten für einen Chor gesetzt und vereinfachend bearbeitet. In dieser Form wird Jungs

„Marienklage" in Kirchdorf gesungen. In Erolzheim ist sie seit Menschengedenken fester Bestandteil einer volkstümlichen Karfreitagsandacht; sie wird von einem Singkreis vorgetragen und erst in jüngster Zeit wieder bewußt mit dem Namen Michael von Jungs verbunden.

Melodie XIII

Der Abschied Jesu von seiner Mutter

Jesus 1. Ach, ich kann es länger nicht verhalten, liebste Mutter, was mein Herz be-
Maria 2. Ein-zi-ger geliebter Sohn, ach scheiden ach von dir mich trennen kann ich
Jesus 3. Weiß es ist gekommen meine Stunde, und der Kelch der Leiden kommt her-
Maria 4. Könnt ich doch in deinem Namen sterben! O, ich gäbe gern für dich mein
Jesu 5. Sieh, da kommen meine So-des-feinde, lang schon dürsten sie nach meinem
Maria 6. Soh-ne mei-nes Leiden-vollen Herzens, wolltest schon der Todesschwure durch-
Jesus 7. Mut-ter, ach ich kann dich nicht erhören, meines Vaters Willen muß ge -
Maria 8. Nun, so sei es! Gottes Will geschehe; folge seinem Ruf bis zu dem

1. schwört, was zum größten Leiden unsrer Seelen meines Vaters Wort von mir begehrt:
2. nicht! Willst du denn mein armes Herz durchbohren? Siehst du nicht, wie es vor Beiden bricht?
3. ab. Hör den Ruf aus meines Vaters Munde! Nimm ihn an, den Kelch, den ich dir gab.
4. Blut! Kämst ich doch den Heuchlern Heil erwerben! O, ich stürb mit wahrem Hel-den-mut!
5. Blut. Mich verlas-sen meine besten Freunde und verlieren Furchttsam ih – ren Mut.
6. willst, denn du weißt ja, wie es deine Schmerzen hät-ti-ger als eigne Lei-den fühlt.
7. solehn! Komme al-so deine heißen Zähren, höre auf, mich fruchtlos anzuflehn.
8. Tod! Stürbe mich, wenn ich dich beiden sehe, hilf nun, wenn mein Ohr zu Frieden droht.

1. Ach, wir müssen von einander scheiden; lebe, beste Mutter, le-be wohl!
2. O er-höre deiner Mutter Flehen, trenne nicht das stärkste Lie-bes-band.
3. Sieh, mit wehmutsvollen Seelen-Freuden nehm ich ihn zum Wohl der Menschheit an,
4. A-ber ach, das kann ja nicht geschehen; o, so ende meiner See-le Pein.
5. Ach, nun werden sie mich grausam binden, schlagen, geißeln, krönen, kreuzi-gen!
6. Leichtre doch die Bürde deiner Leiden und verzei-ße dei-nen bittern Tod!
7. Unterwirf dich gerne Gottes Willen! Lebe, teuerste Mutter, le-be wohl!
8. Sei meine Trost in allen meinen Leiden und erhöre nur meine letzte Flehn.

1. Denn es naht die Stunde meiner Leiden, die ich für die Sünder dulden soll.
2. Laß vor-der mich noch zu Grabe gehen, bleib mein Schutz in meinem Witwenstand.
3. um für sie den bittern Tod zu leiden, weil sie sonst nicht anders retten kann.
4. Und laß mich mit dir zum Tode gehen, laß mich doch mit dir ge-tö-tet sein.
5. Und du wirst für aller heuschen Sünden dei-nen Sohn am Kreuze sterben sehn.
6. Wandle dei-ne Schmerzen um in Freuden und ver-mind-re meiner Seele Not.
7. Laß mich mein Erleuengeweb erfüllen, laß mich sterben für der Menschheit Wohl.
8. Laß mich nun in jenen Himmelsfreuden dich unterschict e-wig wieder-sehn.